Dieses Symbol fordert dich dazu auf, im **Lernbegleitbogen** (am Ende des Kapitels) einzutragen, wie gut du die bisherigen Aufgaben lösen konntest. Dabei kannst du dich entweder selbst einschätzen oder dir von einem Mitschüler oder deiner Lehrerin / deinem Lehrer eine Rückmeldung geben lassen. **Du darfst aber nicht ins Buch schreiben**, sondern solltest deine Anmerkungen auf einer **Kopie des Lernbegleitbogens** eintragen.
In der rechten Spalte des Blattes findest du **Hinweise auf zusätzliche Übungsmöglichkeiten** im Buch oder im Arbeitsheft. Diese Übungen helfen dir auch, wenn du die bisherigen Aufgaben noch nicht so gut gelöst hast.

Texte, bei denen du dieses Symbol siehst, findest du als **Hörtexte im Internet**. Du musst dazu nur folgende Internetadresse im Computer eingeben: www.westermann.de/123751–hoerproben

Du darfst nicht ins Buch schreiben. Wenn du in Aufgaben aufgefordert wirst, etwas zu markieren oder zu unterstreichen, kannst du eine **Klarsichtfolie** oder **Folienhülle** verwenden. Lege sie über die Seite und befestige sie mit einer Büroklammer. Beschreibe die Folie mit einem abwaschbaren Stift. Statt auf einer Folie kannst du die Aufgaben auch in deinem Heft bearbeiten.

Klar|text 6

Sprach-Lesebuch Deutsch
Differenzierende Ausgabe

Erarbeitet von:
Martina Feldhues
Reinhild Föll
Hiltrud Fox
Andrea Heinrichs
Heiko Judith
Maren Trowitzsch
Martina Wolff

Beratung:
Andrea Heinrichs
Heiko Judith
Martina Wolff

westermann

Inhaltsverzeichnis

Und schon geht die Reise los ... 74–93

Gesprächsregeln einhalten

Begründet Stellung nehmen

Zeit für Gedichte 94–113

Gedichte gestaltend vortragen

Einen literarischen Text mithilfe von Fragen untersuchen

Essen verbindet 114–131

Einen Text nach vorgegebenen Kriterien überarbeiten

Sagenhaft 132–153

Einen literarischen Text mithilfe von Fragen untersuchen

Mehr als Sand und Meer 154–173

Arbeitsergebnisse anschaulich vortragen

Aufgabengeleitet aus Texten Informationen ermitteln, vergleichen und daraus Schlüsse ziehen

Alle mal herhören: Der Vorlesewettbewerb 174–189

Erlebnisse und Erfahrungen anschaulich vortragen

Die bunte Welt der Medien 190–201

Arbeitsergebnisse anschaulich vortragen

Dialogische Texte gestaltend vortragen

Wir spielen Theater 202–209

Wortarten und ihre Funktion untersuchen

Sprache betrachten 210–245

Strukturen des Satzes untersuchen

Bildung von Wörtern untersuchen

Richtig schreiben 246–279

Rechtschreibprobleme erkennen

Wortbezogene Regeln erkennen und anwenden

Satzbezogene Regeln erkennen und anwenden

Lösungsstrategien für Rechtschreibprobleme anwenden

Computer im Unterricht 280–285

Methoden und Arbeitstechniken 286–300

Basiswissen 301–312

Anhang 313–320

Schule in Aktion

1 In der Schule kannst du viel erleben. Welche Situationen sind auf den Bildern oben dargestellt? Sprecht darüber.

2 Wie würdest du jemandem, der deine Schule nicht kennt, diese vorstellen? Bereite dazu einen kurzen Vortrag vor:
Überlege, was deine Schule besonders macht. Sammle in einer Mindmap stichwortartig Ideen zum Unterricht, zu Schulfesten ...

unsere Schule

AG-Angebot
- Badminton
- ...

Schulmannschaften
- Fußball
- ...

Schulfest
- Adventsbasar
- ...

Stundenplan
- Mittagspause
- ...

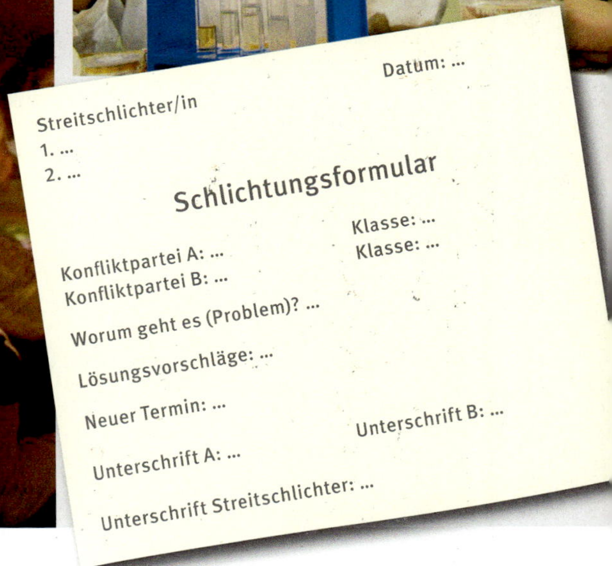
Datum: ...

Streitschlichter/in
1. ...
2. ...

Schlichtungsformular

Konfliktpartei A: ... Klasse: ...
Konfliktpartei B: ... Klasse: ...
Worum geht es (Problem)? ...
Lösungsvorschläge: ...
Neuer Termin: ...
Unterschrift A: ... Unterschrift B: ...
Unterschrift Streitschlichter: ...

3 Vergleiche deine Mindmap mit der eines Partners. Ergänze sie, wenn du bestimmte Informationen von ihm übernehmen willst.

4 Stelle nun deine Ergebnisse in der Klasse vor. Die Mitschüler überprüfen, ob sie alles verstanden haben.

5 Bildet Vierergruppen und gestaltet für eure Schule eine Bild-Collage wie auf dieser Doppelseite. Nutzt dazu eure Mindmaps.

Auf den folgenden Seiten erfährst du, was in der Schule alles los sein kann und wie du andere darüber informieren kannst. Du lernst, darüber zu berichten, z. B. in einem Schülerzeitungsbericht, und bestimmte Vorgänge, wie beispielsweise Zaubertricks, zu beschreiben.

Streitschlichter im Einsatz – einen Bericht schreiben

Lara hat von ihrer Tante eine neue Armbanduhr geschenkt bekommen. Am Montag zeigt sie diese vor der Schule stolz ihren Freundinnen Rahina und Jasmin. Jasmin ist von der Uhr besonders begeistert.

1 Seht euch den Comic genau an und erzählt euch gegenseitig, was dargestellt ist. Geht so vor:

a) Bildet Paare: Der eine erzählt, was sich ereignet hat. Der andere vergleicht die Erzählung mit den Bildern und korrigiert, falls nötig.

b) Tauscht danach die Rollen.

2 Mache dir zu den Bildern Notizen, indem du die folgenden W-Fragen beantwortest:
Was ist passiert? *Es gab Streit.* Wer war beteiligt? Wann geschah es?
Wo ereignete es sich? Wie geschah es? Warum geschah es?
Welche Folgen haben sich daraus ergeben?

3 Tauscht euch darüber aus, welche Möglichkeiten die Mädchen haben, um den Konflikt zu lösen.

Die Streitschlichter der Schule sollen Jasmin und Lara helfen, ihren Konflikt zu klären. Um sich ein Bild machen zu können, benötigen sie einen sachlichen Bericht.

Vorfall: Streit um eine Uhr
Am Montag gab es auf dem Schulhof Streit zwischen Jasmin und mir. Vor der ersten Stunde zeigte ich Jasmin und Rahina meine neue Uhr. Jasmin fand sie schön und wollte sie sich ausleihen. Nachdem es zur ersten Stunde geklingelt hatte, zog Jasmin sich die Uhr schnell an. Wir gingen gemeinsam rein. Im Klassenraum sah ich, dass die Uhr weg war. Es kam zum Streit, weil ich die Uhr wiederhaben wollte und Rahina meinte, dass Jasmin die Uhr geklaut habe. Jasmin bestritt das und fing an zu weinen. In der großen Pause gingen wir zu den Streitschlichtern.

Wann? / ...

4 Überprüfe Laras Bericht. Welche W-Fragen hat sie beantwortet? Setze die Markierungen und die Notizen am Rand fort.

Folie

5 Verfasse für die Streitschlichter einen Bericht über das Ereignis aus der Sicht von Jasmin (Ich-Form). Lies die **LERNBOX** und gehe so vor:
a) Übertrage den Schreibplan rechts in dein Heft und beantworte darin stichwortartig die W-Fragen. Nutze dazu auch deine Notizen von Aufgabe **2**.
b) Schreibe mithilfe des Schreibplans deinen Bericht.

Einleitung	Was ist passiert?	Es gab Streit.
	Wer war beteiligt?	Lara, ...
	Wann geschah es?	
	Wo ereignete es sich?	
Hauptteil	Wie geschah es?	
	Warum geschah es?	
Schluss	Welche Folgen haben sich daraus ergeben?	

6 Betrachte das Bild rechts und gib wieder, wie sich der Konflikt zwischen Lara und Jasmin geklärt hat. Ergänze deinen Bericht, indem du von den hier abgebildeten Folgen berichtest.

LERNBOX

So schreibst du einen Bericht:

1. Stelle das **Ereignis** so dar, dass sich ein Außenstehender ein Bild von dem **genauen Ablauf** machen kann.
2. Die **Einleitung** liefert **kurze Informationen** zu den Fragen: *Was? Wer? Wann? Wo?*
   Der **Hauptteil** liefert **genauere Informationen** zu den Fragen: *Wie? Warum?*
   Der **Schluss** nennnt **Konsequenzen**: *Welche Folgen?*
3. Formuliere **sachlich** ohne Spannungsmacher und Wertung.
4. Schreibe im **Präteritum** (*ich sah, er ging*) oder nutze das **Plusquamperfekt** (*Nachdem es geklingelt hatte, ...*).

TIPPBOX

Zu 6:
Diese Formulierungshilfen kannst du für den Schluss deines Berichts nutzen:
Die Streitschlichter schlugen uns vor, dass ...
Schließlich fanden wir die Uhr ...
Letztlich waren wir alle ...
Das führte dazu, dass ...

Akrobaten und Jongleure – einen Schülerzeitungsbericht gliedern

1 **a)** Lies den folgenden Schülerzeitungsbericht: Worum geht es darin?
b) Tausche dich mit einem Partner darüber aus, warum der Text so nicht veröffentlicht werden kann.

Akrobaten und Jongleure in unserer Schule

A Katja Beyer, die Leiterin der Zirkus-AG, hatte bereits fünf Wochen lang mit ihren Akrobaten für den Auftritt geprobt.
B „Die Kinder sind in wenigen Wochen richtig fit geworden", staunte Katja Beyer.
C Auch einige bunt bemalte Clowns sorgten für Stimmung beim Publikum.
D „Bühne frei" hieß es am Mittwoch für die kleinen und großen Stars unserer Schule. In der Mensa fand ein ungewöhnlicher bunter Abend statt. *(Was? Was?)*
E Viele der jungen Talente hatten vorher noch keine Erfahrung mit Akrobatik und Jonglieren gesammelt. Dennoch trauten sie sich, auf dem Seil zu tanzen, bauten sich zu Pyramiden auf und warfen Keulen in die Luft.
F Ab 19.00 Uhr präsentierten die Klassen ein buntes Programm mit zahlreichen Liedern und akrobatischen Einlagen.
G Die Zuschauer, unter denen auch viele Eltern und Freunde waren, klatschten minutenlang begeistert Beifall.
H Die musikalische Begleitung übernahm die Schülerband.
I Der Abend sollte zeigen, dass Schule mehr sein kann als Unterricht. Viele Schüler zeigten Talente, die im Alltag oft nicht zur Geltung kommen.

Folie

Seite 305

2 Bringe die Sätze A bis I in eine passende Reihenfolge, sodass ein gut lesbarer Bericht entsteht. Lies dazu die **LERNBOX** und gehe so vor:
a) Markiere zunächst die Textstellen, die Antworten auf die W-Fragen geben. Ordne die W-Fragen dabei der Einleitung, dem Hauptteil und dem Schluss zu, indem du drei verschiedene Farben verwendest.
b) Notiere mithilfe der Buchstaben A bis I eine sinnvolle Reihenfolge.
c) Vergleicht eure Ergebnisse im **Lerntempoduett** und begründet sie.
d) Schreibe nun den Bericht in der richtigen Reihenfolge in dein Heft.

! LERNBOX

So gliederst du einen Schülerzeitungsbericht:

1. Der Bericht beginnt mit einer **Überschrift.**
2. In der **Einleitung** schreibst du, was passiert ist, wer daran beteiligt war sowie wo und wann es stattgefunden hat.
3. Im **Hauptteil** lieferst du genauere Informationen dazu, wie (*Wie wurde der Abend gestaltet?*) und warum (*Warum wurde der Abend durchgeführt?*) das Ereignis stattgefunden hat.
4. Im **Schluss** informierst du über die Folgen des Geschehens.
5. Die einzelnen Teile gliederst du durch **Absätze.**

TIPPBOX

Zu 2 b): So kann der Text beginnen: *Überschrift, D, F ...*
Du kannst die Sätze auch jeweils auf Papierstreifen schreiben und durch Verschieben eine passende Reihenfolge festlegen.

„Aktion Tagwerk“ – einen Schülerzeitungsbericht untersuchen

Zwei Schüler unterhalten sich im Klassenzimmer über die neue Schülerzeitung:

Hi Ben, hast du schon gesehen? Die neue Schülerzeitung ist da!

Oh, das habe ich noch gar nicht mitbekommen. Ich hole mir eine in der großen Pause. Kommst du dann mit? Ich möchte unbedingt den Bericht über das Lehrer-Schüler-Fußballduell lesen.

Willst du vielleicht schon mal in meiner Zeitung mitlesen? Ich habe sie dabei. Allerdings lese ich gerade den Artikel von Kristin Maier aus der Achten. Kennst du die?

Na klar, mit der fahre ich morgens immer zusammen zur Schule. So was, sie hat mir gar nicht erzählt …

Und der Bericht ist richtig gut geworden. Es geht um den Sozialen Tag. Da haben wir doch auch mitgemacht. Ich bin noch nicht ganz durch. Vielleicht werden wir ja noch erwähnt.

Rück mal ein Stück! Das interessiert mich jetzt auch!

1 Lies die Sprechblasen.

a) Welche Berichte in der Schülerzeitung wecken besonders das Interesse der beiden Schüler? Was sind die Gründe dafür?

b) Hast du auch schon einmal eine Schülerzeitung gelesen? Erkläre einem Partner, was dich darin besonders interessiert hat oder interessieren würde.

c) Sammelt weitere Gründe, warum Schüler, Eltern und Lehrer gerne Schülerzeitungen lesen. Haltet eure Ergebnisse stichwortartig fest.

2 Die Schüler unterhalten sich über einen Bericht zum Sozialen Tag. Untersuche diesen Schülerzeitungsbericht (siehe Seite 14). Setze die Markierungen fort und gehe so vor:

Folie

a) Prüfe, ob in der Einleitung die W-Fragen *(Was? Wer? Wann? Wo?)* beantwortet werden. Halte die Antworten auf die W-Fragen stichwortartig fest.

b) Von welchen Ereignissen wird im Hauptteil berichtet? Notiere, wie und warum die Aktion stattfand.

c) Notiere, was die Folgen des Sozialen Tages waren.

Eine weitere Aufgabe findest du im Arbeitsheft.

AH, Seite 9

„Aktion Tagwerk“: Wir alle zusammen!

von Kristin Maier, Klasse 8.4

Was?

Wann? / Wo?

„Dein Tag, deine Arbeit, deine Hilfe“ – unter diesem Motto waren die meisten Schülerinnen und Schüler unserer Gesamtschule vom Unterricht befreit. Sie sollten einen Tag lang in verschiedenen Bereichen außerhalb der Schule möglichst viel Geld für einen guten Zweck erarbeiten.

Neben unserer Schule beteiligten sich vor einer Woche 1.700 Schulen an der „Aktion Tagwerk“. Mit den Einnahmen sollten Jugendliche in ärmeren Ländern, wie Afrika, Asien, Südamerika und Südosteuropa unterstützt werden.

Der Fantasie waren dabei keine Grenzen gesetzt. Viele Schüler trugen Zeitungen aus, machten sich im Haushalt oder im Garten nützlich, betreuten Kinder, führten Tiere aus oder gaben Nachhilfe. Einige Schüler halfen in Geschäften oder Tankstellen. „Ich habe in einer Eisdiele geholfen. Das war eine gute Wahl, denn ich durfte alle Eissorten probieren“, schwärmte Max (12) aus der 6.2 vom Sozialen Tag. Fredi aus der Klasse 7.4 war dagegen nachdenklicher: „Meine 85-jährige Nachbarin hatte meine Hilfe dringend nötig. Ich habe für sie eingekauft und die schweren Getränkeflaschen geschleppt. Das hätte sie alleine gar nicht hingekriegt.“ Er will auch in Zukunft der alten Frau helfen: „Es macht zufrieden, wenn man etwas Nützliches tun kann. Diese Aktion war eine richtig gute Idee!“ Carina aus der 8.1 meinte schmunzelnd: „Ich habe acht Stunden im Kindergarten gearbeitet. Das war ganz schön anstrengend, weil die Kinder einem auf der Nase herumtanzen. Jetzt verstehe ich die Lehrer, aber auch die Erzieher im Kindergarten.“

Für viele Schüler war der Soziale Tag gleichzeitig eine Gelegenheit, um in verschiedene Berufe hineinzuschnuppern. Die Lüdenscheider Geschäfts- und Firmeninhaber reagierten durchweg positiv, berichteten viele Schüler zufrieden.

Wer keine Arbeit gefunden hatte, konnte in der Schule helfen. „Wir haben endlich mal die Sporthalle aufgeräumt. Da mussten viele kaputte Sportgeräte aussortiert werden“, äußert sich Karen (10) aus der 5.3 stolz über ihre Unterstützung. „Ich habe mit Frau Wolff sogar die Mannschaftsbänder wieder mit Nadel und Faden zusammengeflickt!“

Die Einnahmen des Projektes von etwa 10.345 Euro wurden von unserer Schülervertretung eingesammelt. Der Erlös wurde einem Kinderheim in Chile gespendet. Da gab's dann auch viel Lob vom Schulleiter: „So viel uneigennütziges Engagement ist wirklich vorbildlich. Weiter so! Es gibt noch viele Menschen, die unsere Hilfe benötigen, denn wir alle zusammen können viel erreichen.“

3 Beantworte zunächst die folgenden Fragen zum Text in ganzen Sätzen:
Wer hat ihn geschrieben? Für wen wurde er geschrieben?
Wo wurde er veröffentlicht?

4 Untersuche den Bericht genauer. Gehe so vor:

a) Überprüfe, ob die Schülerin sachlich über die Aktion informiert. Begründe deine Einschätzung. Lies dazu den ersten Hinweis in der **LERNBOX** auf Seite 15.

Folie

b) Untersuche, wie die Schülerin den Bericht ansprechend gestaltet hat. Spüre Textstellen auf, die den Text lebendig machen, und unterstreiche sie. Lies dazu den zweiten Hinweis in der **LERNBOX**.

c) Beurteile, ob die Überschrift zum Inhalt passt und neugierig macht. Begründe .

5 Beurteile in einem kurzen Text, ob der Schülerzeitungsbericht gelungen ist. Begründe deine Einschätzung. Nutze dafür die Ergebnisse aus Aufgabe **4**.

6 **a)** Habt ihr an eurer Schule schon einmal eine Veranstaltung für einen wohltätigen Zweck durchgeführt? Erzählt davon.
b) Wie könnte man Geld für einen wohltätigen Zweck sammeln? Tauscht euch in der Klasse darüber aus.
c) Betrachtet die Fotos. Für welche Zwecke wurden hier Spendengelder eingesetzt? Wofür würdet ihr spenden? Begründet eure Meinung.
d) Recherchiert im Internet und sammelt Informationen zu einem bestimmten Spendenziel. ☆

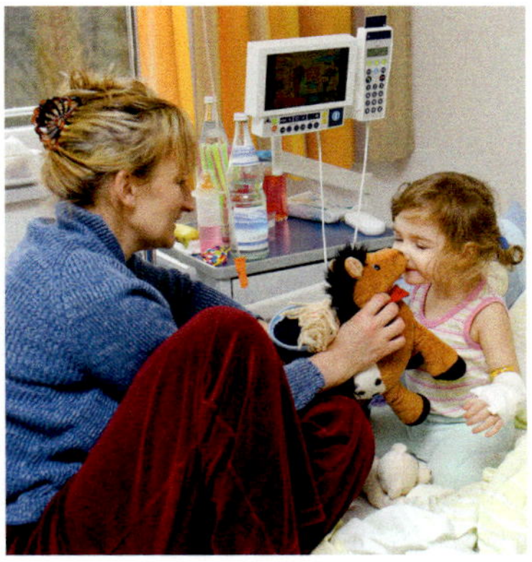

LERNBOX

Merkmale eines Schülerzeitungsberichts
Schülerzeitungsberichte informieren einerseits **sachlich**, sollen andererseits aber auch **ansprechend**, d. h. anschaulich und lebendig, geschrieben sein.

1. **So berichtest du sachlich über ein Ereignis:**
   a) Vermittle wichtige **Informationen zu den W-Fragen**.
   b) Stelle die Zusammenhänge in **sinnvoller** und **nachvollziehbarer Reihenfolge** dar: *zuerst, dann, daraufhin ...*
   c) **Wichtige Informationen** müssen im Vordergrund stehen. Verzichte auf überflüssige Informationen und spannendes Erzählen.
2. **So berichtest du ansprechend über ein Ereignis:**
   a) Beschreibe, wie das Ereignis erlebt wurde. Du kannst die **Stimmung beschreiben** (*Die Schüler hatten Spaß und waren stolz und zufrieden.*) oder Aussagen von Teilnehmern in **wörtlicher Rede** wiedergeben: *„Es macht zufrieden, wenn man etwas Nützliches tun kann.“*
   b) Denke daran, dass vor allem Schüler den Bericht lesen werden. Schreibe verständlich und beziehe deine Leser in das Geschehen ein: *Die Schüler unserer Schule waren vom Unterricht befreit.*
   c) Wähle eine **Überschrift**, die neugierig macht.

TIPPBOX

Zu 4 a): Die Sachlichkeit überprüfst du, indem du untersuchst, ob
- die Informationen zu den W-Fragen wichtig sind,
- der Bericht in einer logischen Reihenfolge geschrieben wurde,
- auf Spannungsmacher und persönliche Wertungen verzichtet wurde.

Zu 4 b): Anschaulich und lebendig sind Textstellen,
- in denen wörtliche Rede benutzt wird, da der Leser auf diese Weise erfährt, wie Personen etwas wahrgenommen haben.
- in denen der Leser direkt angesprochen wird, da er sich so eingebunden fühlt.

Schüler feuern Schüler an – über ein Sportfest berichten

Ein Schülerzeitungsreporter hat sich beim Schulsportfest Notizen gemacht, um in der Schülerzeitung darüber berichten zu können.

1 Betrachte die Bilder links und lies die Notizen, um dich mit dem Verlauf dieses Sportfestes vertraut zu machen, bei dem es viele neue Disziplinen gab.

Was?

- Sportfest „Einer für alle – alle für einen“; mit neuartigen Disziplinen; am Mittwoch, 23. Mai
- Beginn der Wettkämpfe ca. 9.00 Uhr; Ende um 16.00 Uhr; ~~1. Std. fällt aus – yeah!~~
- Jugendliche kämpfen nicht für sich, sondern für die ganze Klasse
- Schüler müssen sich selbst einschätzen; bekommen nur Punkte, wenn sie sich vorher richtig beurteilt haben
- Leichtathletik: Stab- und Froschweitsprung (in der Turnhalle), Schweifballwerfen, Zeit-Schätz-Laufen (auf dem Sportplatz)
- am Nachmittag: Orientierungslauf in Gruppen und Streetbasketball
- nicht nur Sportlichkeit ist wichtig, sondern man muss auch gut überlegen
- 650 Schülerinnen und Schüler nehmen teil; voll genial
- von Lehrern und Eltern organisiert; auch Tims Oma war dabei
- Yannis: „Toll finde ich, dass jeder etwas zum Klassenergebnis beiträgt. Wir sind ein großes Team und helfen einander. Das stärkt die Klasse.“
- Luisa: „Das Sportfest hat uns allen viel Spaß gemacht und wir möchten es unbedingt im nächsten Jahr wiederholen.“
- Gewinner ist die 6.1, obwohl nur einige Vereinssportler dabei waren

2 Bei dem Sportfest wurden einige ungewöhnliche Disziplinen durchgeführt:

a) Tauscht euch zu zweit darüber aus, was Froschweitsprung, Schweifballwerfen, Zeit-Schätz-Laufen und Orientierungslauf in Gruppen bedeuten könnten.

b) Sprecht darüber, was das Besondere an diesem Sportfest ist. Welche Ziele verfolgen die Veranstalter damit?

c) Vergleicht in der Klasse eure Erklärungen zu **a)** und **b)**.

d) Sammelt eigene Ideen für besondere Disziplinen, z. B. Teebeutelweitwurf ...

Folie

3 Bereite einen Schülerzeitungsbericht über dieses Sportfest vor. Gehe so vor:

a) Markiere in den Stichpunkten oben Stellen, die Antworten auf die W-Fragen geben, und schreibe die Fragen wie im Beispiel an den Rand. Markiere außerdem Informationen, die für die Leser interessant sein könnten.

b) Wähle eine Schüleräußerung aus, die du im Bericht aufgreifen möchtest.

c) Streiche Stellen, die nicht in den Bericht aufgenommen werden sollen.
Lies dazu die **LERNBOX** auf Seite 17.

4 Schreibe mithilfe deiner Ergebnisse aus Aufgabe **3** einen Bericht für die Schülerzeitung. Gehe so vor:

a) Übertrage die Tabelle unten als Schreibplan in dein Heft und notiere darin stichwortartig die Antworten auf die W-Fragen.

b) Füge die Schüleräußerung, die du aufgreifen möchtest, an geeigneter Stelle in deinen Schreibplan ein.

Struktur	Stichpunkte
Einleitung: Was? Wer? Wann? Wo?	 – Sportfest „Einer für alle – alle für einen“ mit neuen Disziplinen – 650 Schülerinnen und Schüler ...
Hauptteil: Wie? Warum?	 – Selbsteinschätzung ... – ...
Schluss: Welche Folgen?	 – Stärkung der Klassengemeinschaft ...

c) Schreibe einen Entwurf deines Berichts. Beachte dabei die **LERNBOXEN** von Seite 12 und 15. Verwende das **Präteritum**. So kannst du beginnen:
„Einer für alle – alle für einen“, unter diesem Motto stand das diesjährige Schulsportfest, welches am Mittwoch, den 23. Mai stattfand. Um 9.00 Uhr ...

Seite 22

5 Gestalte eine Urkunde, die den Zweck dieses Sportfestes verdeutlicht.

Eine weitere Aufgabe zum Schreiben eines Berichts findest du im Arbeitsheft.

AH, Seite 10

LERNBOX

So streichst du überflüssige Textstellen:

1. Prüfe, welche Informationen für den Leser nicht wichtig und uninteressant sind.
2. Straffe den Bericht, indem du diese überflüssigen Informationen streichst. Nutze dafür das folgende Korrekturzeichen:
Das Sportfest begann ~~zum Glück erst~~ um 9.00 Uhr.

TIPPBOX

Zu 2 b): Beziehe in deine Überlegungen mit ein, dass bei einem Sportfest normalerweise nur sportliche Schülerinnen und Schüler gewinnen.

Zu 4 c):

– Du musst nicht alle Sportarten auflisten. Berichte nur von denen, die für deine Leser interessant sind.

– Schreibe deinen Bericht lebendig und anschaulich, indem du z. B. die Stimmung der Schüler beschreibst: *Der Schüler Yannis war begeistert: „Toll finde ich, dass ...“*

Markt alter Bücher – über eine Schulveranstaltung berichten

1 Betrachtet das Foto. Was stellt ihr euch unter einem „Markt alter Bücher“ vor? Woher stammen wohl die vielen Bücher? Sprecht darüber.

2 **a)** Lies die Stichpunkte und markiere diejenigen, die W-Fragen beantworten und interessant sind (Folie).
b) Prüfe, ob Stichpunkte überflüssige Informationen enthalten, und streiche sie (vgl. **LERNBOX**, Seite 17).
c) Unterstreiche Äußerungen, die du in deinen Schülerzeitungsbericht über die Veranstaltung aufnehmen möchtest.

Wer?

- Schüler der 6. Klasse verkaufen Bücher
- Um Bücherspenden wurde in der Zeitung gebeten.
- Das eingenommene Geld wird an das Kinderkrankenhaus gehen.
- Freitag, 14.30 Uhr, in der Pausenhalle der Schule
- Bücher aus verschiedenen Bereichen: Romane, Krimis, Comics, Sachbücher, Kinder- und Jugendliteratur, Zeitschriften, Geschichtsbücher …
- Merle (12 Jahre): „Ich habe in 20 Minuten schon elf Bücher verkauft. Das hat Spaß gemacht. Gleich gehe ich los und gucke nach Büchern für mich.“
- Bücher sind für alle total günstig zu kaufen

Wer?

- Schüler, Eltern und Lehrer organisierten den Basar gemeinsam
- „Das Planen des Büchermarktes hat uns alle verbunden. Jeder hat seinen Teil dazu beigetragen, damit viel Geld für das Krankenhaus gesammelt werden kann“, sagte Frau Seehüps (Mutter einer Schülerin der 6. Klasse).
- Schüler übernehmen eine ganze Menge Verantwortung
- viele Besucher; was für ein Gedrängel …
- „Mit dem Basar wollen wir für alle Schüler das Buch in den Mittelpunkt stellen“ äußerte die Lehrerin Frau Gregorius. (Das finde ich richtig super!)
- 653,50 Euro durch Bücherverkauf eingenommen

3 Lege für deinen Bericht einen Schreibplan als Tabelle an (siehe Seite 17).

4 **a)** Schreibe einen Entwurf für den Schülerzeitungsbericht. Beachte dazu die **LERNBOXEN** auf den Seiten 12 und 15. So kannst du beginnen:
„Markt alter Bücher“ – so lautete das Motto des Bücherverkaufs, welcher am ____________ ab _______ Uhr in der Pausenhalle der Schule stattfand. Die Schülerinnen und Schüler der 6. Klasse …
b) Ergänze eine passende Überschrift.

TIPPBOX

Zu 4 b): z. B.: *Für Bücherwürmer und Leseratten – Basar ein voller Erfolg – Schule spendet für guten Zweck – An der Schule ist was los! – Bücher für alle*

Einen Bericht überarbeiten

Markt alter Bücher

Nachdem sich die Schüler für die Aktion |~~entschieden~~|, organisierten Schüler, Lehrer und Eltern gemeinsam den Bücherbasar. Die Klasse hatte beschlossen, die Gewinne aus dem |~~coolen~~| Bücherverkauf der Kinderklinik unter dem Motto „Kinder unterstützen Kinder" zu spenden. In der Jahrgangsstufe 6 wurde ein Jugendbuch gelesen, um auch die Jüngeren für das Lesen zu begeistern. Daraus entstand die abgefahrene Idee, einen Bücherbasar zu veranstalten. Einfach genial! Am letzten Freitag veranstalteten die Schüler der 6. Klasse unserer Schule einen „Markt alter Bücher" in der Eingangshalle des Schulgebäudes. Nachdem sie die Lüdenscheider per Zeitungsanzeige um Buchspenden baten, konnten sie weit mehr als 1.000 Exemplare anbieten. Romane und Unterhaltungsbücher, Kinder- und Jugendliteratur sowie Sachbücher lagen aus, aber auch Zeitschriften finden sich auf den Verkaufstischen. Plötzlich äuserte die Lehrerin Frau Gregorius: „Mit dem Bücherbasar wollen wir für alle Schüler das Buch in den Mittelpunkt stellen." Und dies klappt ausgezeichnet.
Der Erlöß von 653,50 Euro wird am Montag von Vertretern der Schule an die Mitarbeiter der Kinderklinik übergeben.

|—| entschieden hatten (Plusquamperfekt)
|—| (unsachlich)

gehört in die Einleitung

s-Laut falsch

1 Du bist Mitglied des Schülerzeitungsteams:
a) Lies den Bericht „Markt alter Bücher".
b) Überarbeite den Text mithilfe der **CHECKLISTE**. Setze die Korrekturen fort, verwende dazu die Korrekturzeichen.
c) Schreibe den überarbeiteten Bericht in dein Heft. Achte dabei auch auf Rechtschreibung und Zeichensetzung.

Folie

Seite 23

2 Überarbeite nun deinen Text von Seite 18 mithilfe der **CHECKLISTE**.

CHECKLISTE

Einen Schülerzeitungsbericht überarbeiten
1. Gibt dein Bericht **Antworten** auf die **W-Fragen**?
2. Sind die Informationen in einer **sinnvollen Reihenfolge** angeordnet?
3. Enthält der Bericht nur **wichtige Informationen**?
4. Wo kannst du noch genauer informieren?
5. Schreibst du **anschaulich** und **lebendig**, indem du Äußerungen von Beteiligten aufgreifst oder die Stimmung beschreibst?
6. Hast du auf **persönliche Wertungen** und **Spannungsmacher verzichtet**?
7. Strukturierst du deinen Bericht durch **Absätze**?
8. Weckt die **Überschrift** Interesse?
9. Verwendest du das **Präteritum** bzw. das **Plusquamperfekt**?

TIPPBOX

Zu 1 b):
Folgende Fehler sind im Text enthalten:
- Dreimal sind Informationen nicht sinnvoll angeordnet.
- Drei überflüssige Stellen müssen gestrichen werden.
- Es befindet sich ein Spannungsmacher im Text.
- Es gibt bei vier Verbformen Fehler bezüglich der Zeitform.
- Zwei *s*-Laute sind fehlerhaft.

Kompetenz-Check A: einen Bericht schreiben

An einer Schule fand eine Fahrradolympiade statt. Ein Schülerzeitungsreporter hat sich Notizen gemacht, weil er in der Schülerzeitung darüber berichten will.

Wann? Was?

- Dienstag; 8.00 Uhr; Start der Olympiade auf dem unteren Schulhof; vier Klassen mit Lehrern
- Sportlehrer und Schüler der 9. Klasse haben Stationen schon aufgebaut
- ~~Gott sei Dank ist das~~ Wetter schön; 18 Grad
- es kommt nicht darauf an, schnell zu fahren; sicheres und gutes Fahren steht im Mittelpunkt
- ~~ich hoffe, alle können Fahrrad fahren; bei einigen sieht das ganz schön brenzlig aus~~

  1. Station: „Luftballontransport" – jeder Teilnehmer bekommt einen Luftballon zwischen Po und Sattel eingeklemmt; fährt Slalomstrecke und muss Hindernisse umfahren; au weia – die Wippe ist schwierig

  2. Station: „Achterbahn" – mit Kreide wurde eine Acht mit einer Doppellinie aufgezeichnet; Radler muss genau zwischen den Linien fahren; bei Berührung darf man nicht weiterfahren; Mustafa hat schon sieben Runden hinter sich: ein wahrer Radkünstler
- „Beim Luftballontransport haben wir die meisten Punkte geholt, obwohl alle gelacht haben, weil das so witzig aussah", erzählt Emir.
- Justus (12 Jahre): „Ich fahre viel mit meinem Rennrad, aber Geschwindigkeit hat mir heute gar nichts gebracht. Schnelligkeit ist eben nicht alles!"
- Ende der Olympiade um 11.00 Uhr; Gewinner ist die Klasse 6.3
- Gewinn ist Fahrradsicherheitstraining bei der Polizei mit der ganzen Klasse; Klassenlehrerin übergab einen Pokal mit Süßigkeiten – genial!

Folie

1 **Verfasse** den Bericht für die Schülerzeitung. Gehe so vor:

a) Markiere zunächst die Informationen, die Antworten auf die W-Fragen geben und interessant sind.

b) Streiche alle überflüssigen und unsachlichen Informationen durch. Bedenke dabei, was deine Leser interessieren könnte.

c) Überlege, welche Informationen du zusammenfassen kannst, um deinen Bericht übersichtlicher zu gestalten.

d) Lege einen Schreibplan als Tabelle an und fülle ihn stichwortartig aus. Orientiere dich dabei an den W-Fragen.

e) Schreibe einen Entwurf deines Berichts. Verwende das Präteritum.
So kannst du beginnen: *Am Dienstag war es so weit! Gegen 8.00 Uhr startete unsere Fahrradolympiade auf dem unteren Schulhof. Alle Schülerinnen und Schüler der 6. Klasse ...*

f) Überlege dir eine Überschrift, die neugierig macht.

2 **a)** Überarbeite deinen Text mithilfe der **CHECKLISTE** von Seite 19.

b) Schreibe den Bericht fehlerfrei und leserlich ab.

Kompetenz-Check B: einen Bericht schreiben

An einer Schule fand eine Fahrradolympiade statt. Ein Schülerzeitungsreporter hat sich Notizen gemacht, weil er in der Schülerzeitung darüber berichten will.

- Dienstag; 8.00 Uhr; Start der Olympiade auf dem unteren Schulhof; vier Klassen mit Lehrern
- Sportlehrer und Schüler der 9. Klasse haben Stationen schon aufgebaut
- ~~Gott sei Dank ist das~~ Wetter schön; 18 Grad
- es kommt nicht darauf an, schnell zu fahren; sicheres und gutes Fahren steht im Mittelpunkt
- ~~ich hoffe, alle können Fahrrad fahren; sieht bei einigen brenzlig aus~~

  1. Station: „Luftballontransport“ – jeder Teilnehmer bekommt einen Luftballon zwischen Po und Sattel eingeklemmt; fährt Slalomstrecke und muss Hindernisse umfahren; au weia – die Wippe ist schwierig; nicht zerplatzter Ballon bringt Punkt für die ganze Klasse

  2. Station: „Ausrollen“ – zehn Schüler einer Klasse radeln ca. 30 m; dann dürfen sie nicht mehr in die Pedale treten oder bremsen; Ziel ist es, einen Punkt auf der Ziellinie möglichst genau zu treffen. Das gibt viele Punkte; ich glaube, ganz genau hat's keiner geschafft.

  3. Station: „Rad-Ball“ – Fabienne erzählt: „Das war für mich wirklich die schwerste Station. Man musste eine Strecke mit dem Ball in der Hand fahren und diesen dann ohne abzusteigen in einen Metalleimer schmeißen. Mein Lenker hat ganz schön gewackelt!“
- „Beim Luftballontransport haben wir die meisten Punkte geholt, obwohl alle gelacht haben, weil das so witzig aussah“, erzählt Emir begeistert.
- Justus (12 Jahre): „Ich fahre viel mit dem Rennrad, aber Geschwindigkeit hat mir heute gar nichts gebracht. Schnelligkeit ist eben nicht alles!“
- gegen 11.00 Uhr ist die Olympiade zu Ende; gewonnen hat die Klasse 6.3
- Gewinn ist Fahrradsicherheitstraining bei der Polizei mit der ganzen Klasse; Klassenlehrerin übergab einen Pokal mit Süßigkeiten – genial!

1 **Verfasse** den Bericht für die Schülerzeitung. Gehe so vor:

Folie

a) Markiere zunächst die Informationen, die Antworten auf die W-Fragen geben und interessant sind.
b) Streiche alle überflüssigen und unsachlichen Informationen durch. Bedenke dabei, was deine Leser interessieren könnte.
c) Überlege, welche Informationen du zusammenfassen kannst, um deinen Bericht übersichtlicher zu gestalten.
d) Lege einen Schreibplan an und fülle ihn stichwortartig aus. Orientiere dich dabei an den W-Fragen.
e) Schreibe einen Entwurf deines Berichts. Verwende das Präteritum.
f) Überlege dir eine Überschrift, die neugierig macht.

2 **a)** Überarbeite deinen Text mithilfe der **CHECKLISTE** von Seite 19.
b) Schreibe den Bericht fehlerfrei und leserlich ab.

Im Blickpunkt: Sprache betrachten

Präteritum und Plusquamperfekt

A Als ich mir die Zähne putzte, ging ich zur Schule.
B Wir probten für den Zirkusabend, als wir Mathematik übten.
C Als sie jonglierte, trank sie Apfelsaft.

1 **a)** Lies die Sätze. Sie vermitteln den Eindruck, dass zwei Dinge gleichzeitig passieren. Untersuche, woran das liegt und was geändert werden muss. Tausche dich mit einem Partner über deine Ergebnisse aus.
b) Schreibe die Sätze so um, dass die richtige Reihenfolge der Handlungen deutlich wird. Lies dazu die **LERNBOX**.

Gronau putzt sich raus

Nachdem die Schüler von der Aktion „Wir packen den Müll in die Tonne" hörten, zeigten sie großes Interesse daran, sich für die Umwelt einzusetzen. Nachdem sich in den letzten Jahren viele freiwillige Helfer für die Müllsammelaktion fanden, bat die Stadt Gronau auch dieses Jahr um tatkräftige Unterstützung. Als Anfang des Jahres die Stadt rund 150 Einladungen verschickte, hoffte sie auf viele Anmeldungen.

Allen Schülern war bekannt, dass Müll unserer Umwelt schadet und viel Abfall falsch entsorgt wird. Nachdem sie den Plan fassten, an der Aktion teilzunehmen, setzten sie die Idee schnell um. Die Klasse 6 konnte sich ihr Sammelgebiet selbst aussuchen. Nachdem die Schüler diskutierten, einigten sie sich auf die Schulumgebung.

Als die Teilnehmer das große Reinemachen beendeten, nahmen sie zum Abschluss einen gemeinsamen Imbiss auf dem Gelände des Bauhofs ein, zu dem die Stadt alle fleißigen Helfer einlud.

Folie

2 **a)** Finde im Schülerzeitungsbericht die falschen Zeitformen und markiere sie.
b) Schreibe den Text so in dein Heft, dass die Abfolge der Handlungen deutlich wird. Verwende dazu, wo es notwendig ist, das Plusquamperfekt.

LERNBOX

Vorzeitigkeit durch das Plusquamperfekt ausdrücken

1. Wenn du schriftlich berichtest, benutzt du in der Regel das **Präteritum**:
   Die Schüler nahmen am Sportfest teil.
2. Wenn in der Vergangenheit zwei Handlungen aufeinanderfolgen, verwendest du für die frühere der beiden Handlungen das **Plusquamperfekt** (siehe **Seite 216**):
   Nachdem wir die Stationen der Olympiade durchlaufen hatten (Plusquamperfekt), *fand* (Präteritum) *die Siegerehrung statt.*

TIPPBOX

Zu 2 a): Sätze, die deutlich machen sollen, dass ein Vorgang schon beendet war, als der nächste begann, fangen meist mit *als* oder *nachdem* an:
Nachdem (Signalwort) *die Schülerinnen und Schüler der Klasse 6 davon gehört hatten* (Plusquamperfekt), *führten* (Präteritum) *sie die Aktion durch.*

Im Blickpunkt: richtig schreiben

Wörter mit *s* oder *ß* – *s*-Laute zum Klingen bringen

das Gla(?) – hei(?) – der Spa(?) – ich sa(?) – das Lo(?) – der Gru(?) – das Moo(?) – ich la(?) – das Paradie(?) – der Krei(?) – ich lie(?) – er nie(?)t – der Spie(?) – gro(?) – er hei(?)t – das Ma(?) – fie(?)

1 **a)** Entscheide dich bei den Wörtern oben, ob *s* oder *ß* eingesetzt werden muss. Lies dazu die **LERNBOX**.
b) Bilde zu den Wörtern Verlängerungsformen und schreibe sie auf:
das Glas – die Gläser …
c) Formuliere mit jedem dieser Wörter einen Satz, z. B.:
Auf dem Adventsbasar habe ich ein Glas Tee getrunken.

Kuchen für den guten Zweck

Mehr als hundert Kuchen, Sü(1)igkeiten und andere Leckereien hatte die Klasse 6.3 der Sophie-Scholl-Realschule in die(2)er Woche in der Pau(3)enhalle aufgebaut, um sie in den gro(4)en Pau(5)en zu verkaufen. Das Angebot beinhaltete auch ein Gla(6) Tee, das hei(7) begehrt war.
Der Grund für die(8)e Aktion: Die Schüler wollten durch den Verkauf Spenden für die Kinderklinik der Stadt sammeln. Von dem Erlö(9) soll auch die Besetzung des neuen Sorgentelefons finanziert werden.
Die Aktion bewie(10), dass sich soziales Engagement auszahlt, denn neben einem gro(11)artigen Erlö(12) hatten die Schüler viel Spa(13) beim Verkauf der sü(14)en Spei(15)en. Die Schüler schlie(16)en nicht aus, dass sie solche Aktionen häufiger durchführen werden.

2 Schreibe den Text ab und ergänze die Lücken mit *s* oder *ß*.

LERNBOX

Wörter mit *s* oder *ß*

1. Kannst du den *s*-Laut deutlich **summen** hören, dann wird das Wort mit **s** geschrieben: *das Glas – die Gläser.*
2. Kannst du den *s*-Laut deutlich **zischen** hören, schreibst du das Wort mit ***ß***: *der Fuß – die Füße.*
3. **Einsilbige Wörter** musst du **verlängern**, um die *s*-Laute zum Klingen zu bringen:
   Bei **Nomen** bildest du die **Pluralform**:
   der Ausweis – die Ausweise, der Gruß – die Grüße.
   Bei **Verben** bildest du die **Pluralform** (*wir*) oder den **Infinitiv**:
   er reist – wir reisen, er beißt – beißen.
   Bei **Adjektiven** bildest du den **Komparativ** (Steigerungsform):
   süß – süßer.

TIPPBOX

Zu 2:
Wenn du unsicher bist, wie du die Lückenwörter ergänzen sollst, bringe die *s*-Laute zum Klingen. Verlängere dazu die Wörter, falls nötig:
– Hörst du den *s*-Laut summen, setze *s* ein: *die Maus – die Mäuse.*
– Hörst du den *s*-Laut zischen, setze *ß* ein: *das Maß – die Maße.*

Lernbegleitbogen *Schule in Aktion*: einen Bericht schreiben

Kompetenz / Inhalt Ich kann ...	Selbstein-schätzung ☺ 😐 ☹	Fremdein-schätzung ☺ 😐 ☹	Bemer-kungen	Hier kannst du weiter-üben:
über einfache Sachverhalte informieren (S. 8–9)				
anhand von Bildern W-Fragen beantworten (S. 10)				
die Antworten auf die W-Fragen der Einleitung, dem Hauptteil und dem Schluss zuordnen (S. 11)				
Teile eines Schülerzeitungsberichts in eine sinnvolle Reihenfolge bringen (S. 12)				AH, S. 9
aus einem Bericht Antworten auf die W-Fragen herausarbeiten (S. 13)				
Merkmale eines Schülerzeitungsberichts herausarbeiten: Sachlich schreiben (S. 14–15) – W-Fragen beantworten – sinnvolle Reihenfolge einhalten – Verzicht auf Spannungsmacher und persönliche Wertungen Ansprechend schreiben (S. 14–15) – wörtliche Rede nutzen – Adressatenbezug – Überschrift, die neugierig macht				
erarbeiten, welche Informationen für einen Schülerzeitungsbericht wichtig sind (S. 16)				
anhand von Notizen einen eigenen Bericht schreiben (S. 17, 18): – einen Schreibplan anlegen – einen Entwurf schreiben				AH, S. 10 AH, S. III, IV
einen Bericht überarbeiten (S. 19)				
Vorzeitigkeit durch das Plusquamperfekt ausdrücken (S. 22)				SB, S. 216 AH, S. 45–46
s-Laute durch Wortverlängerungen zum Klingen bringen (S. 23)				SB, S.255 AH, S. 64

AH = Arbeitsheft, SB = Schülerband

Trainiere die Kompetenzen, bei denen du selbst oder ein anderer ein 😐 oder ☹ eingetragen hat. Tipps zum Üben findest du in der letzten Spalte.
→ Überprüfe anschließend dein Wissen und Können, indem du einen der **Kompetenz-Checks** bearbeitest: **Kompetenz-Check A** (Seite 20) oder **Kompetenz-Check B** (Seite 21). Vergleiche dein Ergebnis mit dem Mustertext im Lösungsheft.

Zauberhafte Karte – einen Kartentrick beschreiben

Johannes kennt einen Zaubertrick mit Karten. In der Projektwoche führt er ihn den anderen Mitgliedern der Zirkus-AG vor.

Johannes: Vielleicht können wir diesen Trick für unseren Zirkusabend verwenden. Er heißt „Zauberhafte Karte" und man braucht dazu nur ein einfaches Kartenspiel. Ich erkläre mal. Silja, magst du gleichzeitig mitmachen?

Silja: Gerne! Hier sind die Karten. Die mische ich jetzt gründlich. Und nun? 1. Schritt

Johannes: Jetzt lässt du Nils eine Karte seiner Wahl ziehen. Du behältst die Karten aber in deiner Hand.

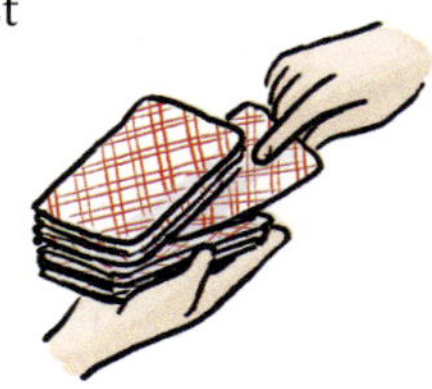

Nils: Okay, ich nehme eine aus der Mitte.

Johannes: Nils, schaue dir die Karte an und merke sie dir. Silja, während Nils sich die Karte anschaut, blickst du ganz schnell und unauffällig auf die unterste Karte deines Stapels. Merke sie dir.

Silja: Nils, lege deine Karte bitte oben auf meinen Kartenstapel. Und nun?

Johannes: Jetzt teilst du den Kartenstapel etwa in der Mitte. Achte darauf, dass du die untere Hälfte in der linken Hand hältst. Nun legst du diese untere Hälfte aus der linken Hand auf die andere Hälfte in deiner rechten Hand.

Silja: Alles klar, das hab ich gemacht.

Johannes: Danach legst du die Karten wie einen Fächer mit der Bildseite nach oben auf den Tisch. Nun suchst du nach der Karte, die du dir gemerkt hast. Die Karte, die auf dieser Karte liegt, ist die von Nils.

Silja: Tatatata! Das ist sie!

Nils: Richtig. Ich finde den Trick toll!

1 **a)** Lies den Text und mache dir den Ablauf des Tricks klar, indem du Textstellen markierst, die für den Vorgang wichtig sind. Notiere am Rand die Schritte. **Folie**
b) Erkläre einem Partner den Trick anhand deiner Notizen. Er ergänzt, falls nötig.

2 **a)** Schreibe nun die Zaubertrickanleitung. Lies dazu die **LERNBOX**.
b) Lies deine Anleitung in der Klasse vor. Parallel dazu führt ein Mitschüler jeden Schritt aus, um die Anleitung zu überprüfen.

Eine weitere Aufgabe zur Beschreibung eines Vorgangs findest du im Arbeitsheft. **AH, Seite 11–12**

! LERNBOX

So beschreibst du einen Vorgang:

1. Du nennst die benötigten **Materialien**.
2. Du beschreibst den **Ablauf** des Vorgangs **genau** und in der richtigen Reihenfolge.
3. Einen Vorgang beschreibst du im **Präsens**.
4. Mache nach der **Materialliste** und den einzelnen Schritten jeweils einen **Absatz**.

TIPPBOX

Zu 2 a): Mögliche Satzbausteine:
Der Kartentrick heißt … / Man benötigt dazu … / Als Erstes muss man die Karten … / Anschließend lässt man … / Während der Zuschauer … / Dann blickt man unter … / Man teilt den … / Danach legt man …

Papier herstellen –
eine Bastelanleitung schreiben

Während der Projektwoche soll Papier hergestellt werden. Zunächst müssen sich die Schüler um die Bastelanleitung kümmern.

die Kunststoffwanne

der Schöpfrahmen

A Eingeweichte Schnipsel mit dem Mixer verrühren, bis grauer Brei entsteht.

B Wasser aufkochen, in die Wanne füllen und Schnipsel hinzugeben. Mit dem Löffel verrühren und einweichen lassen.

C Schwammtücher vom Papier lösen und aufpassen, dass das Papier dabei nicht einreißt.
Jetzt hast du Papier hergestellt.

D Zeitung in 3–4 cm große Schnipsel zerreißen.

E Das feuchte Papier mit einem Schwammtuch abdecken, zweites Holzbrett drauflegen und das Wasser herauspressen.

F Das obere Holzbrett entfernen und auf dem Schwammtuch die Papiermasse trockenbügeln.

G Schöpfrahmen ganz in die Schöpfwanne eintauchen. Schöpfrahmen waagerecht aus der Wanne heben und die Papierreste vom Rand entfernen.

H Holzbrett auf gerade Unterfläche legen, dünnes Schwammtuch drauflegen und das geschöpfte Papier aus dem Schöpfrahmen auf das Tuch stürzen.

I <u>Materialliste:</u>
- alte Zeitungen
- Wasser
- Mixer
- Kunststoffwanne
- Löffel
- Schöpfrahmen
- dünne Schwammtücher
- Bügeleisen
- zwei Holzbretter
- Wasserkocher

1 Die Zettel sind Teile einer Anleitung, mit der man Papier herstellen kann. Bringe sie in die richtige Reihenfolge. Gehe so vor:
a) Lies die Zettel und tausche dich mit einem Partner darüber aus, was bei der Papierherstellung zu tun ist.
b) Notiere mithilfe der Buchstaben A bis I die richtige Reihenfolge der Anleitung.
c) Vergleiche dein Ergebnis mit dem des Partners.

TIPPBOX

Zu 1: Du kannst dir das Video „So stellst du Papier her!“ anschauen, um dir den Vorgang klarzumachen (www.westermann.de/123751-video).

2 **a)** Lege einen Schreibplan an. Übertrage dazu die Tabelle in dein Heft.
b) Fülle den Schreibplan anhand deiner Ergebnisse von Aufgabe **1** aus.

Einleitung: Überschrift Materialliste	So stellst du Papier her! - alte Zeitungen - Wasser ...
Hauptteil: 1. Arbeitsschritt 2. Arbeitsschritt 3. Arbeitsschritt ...	Zeitungen in Schnipsel zerreißen
Schluss: Ergebnis nennen	

3 Schreibe die Anleitung zur Papierherstellung in der richtigen Reihenfolge für deine Mitschüler auf. Gehe so vor:
a) Lies zunächst die **LERNBOX**.
b) Beginne mit der Überschrift und notiere in einer Materialliste stichwortartig alle Materialien, die du benötigst.
c) Entscheide dich für eine Form der Ansprache und formuliere die Arbeitsschritte verständlich aus. Nutze dafür treffende Verben und anschauliche Adjektive. So kannst du beginnen: Als Erstes zerreißt man die Zeitungen ...
d) Entscheide, wie du deine Anleitung übersichtlich gestalten willst. Lies dazu nochmals den letzten Hinweis in der **LERNBOX**.

4 Fertige zu den einzelnen Arbeitsschritten kleine Zeichnungen an, um deine Bastelanleitung noch ansprechender zu gestalten.

LERNBOX

So schreibst du eine Bastelanleitung:
1. Gliedere deinen Text in **Einleitung**, **Hauptteil** und **Schluss**:
   a) **Einleitung:** Beginne mit der **Überschrift** und **Materialliste**.
   b) **Hauptteil**: Nenne die Schritte in **sinnvoller Reihenfolge.**
   c) **Schluss**: Benenne das **Ergebnis**.
2. Bedenke, für wen du die Anleitung aufschreibst (Adressatenbezug). Wähle zwischen folgenden **Anredeformen**:
   a) *Du zerreißt die alte Zeitung.* (Du-Form)
   b) *Zerreiße die alte Zeitung.* (Imperativ = Befehlsform)
   c) *Man zerreißt die alte Zeitung.* (Man-Form)
   Die Du-Form kannst du mit der Befehlsform mischen.
   Die Man-Form benutzt du durchgängig.
3. Formuliere **verständlich** (treffende Verben und anschauliche Adjektive).
4. Eine Bastelanleitung schreibst du im **Präsens**.
5. Strukturiere die Anleitung durch **Absätze**, durch **Nummerierung der Arbeitsschritte** oder durch **Zwischenüberschriften**.

TIPPBOX

Zu 2 c): Wörter, die die Reihenfolge deutlich machen, sind:
als Erstes, danach, nun, daraufhin, jetzt, dann, als Nächstes, zum Schluss.
Passende Verben und Adjektive lauten:
– *zerreißen, eintauchen, schöpfen, stürzen, verrühren, mixen, ablösen, einweichen, trockenbügeln ...*
– *langsam, vorsichtig, zügig, gründlich ...*

Papierherstellung – eine Bastelanleitung überarbeiten

Überschrift fehlt
Materialliste unvollständig
├─┤ Verb unpassend: zerreißt

Anrede falsch

Materialliste: alte Zeitungen, Wasser, Löffel, Wasserkocher, Bügeleisen
Arbeitsschritte:
1. Zuerst ~~trennt~~ man die Zeitungen in 3–4 cm große Schnipsel.
2. Danach mixt man die eingeweichten Schnipsel, bis ein Brei entsteht.
3. Jetzt kocht man Wasser auf, füllt es in die Plastikwanne und gibt die Zeitungsschnipsel dazu. Nun verrührst du alles zunächst mit einem Löffel und lässt die Schnipsel einweichen.
4. Dann schubst man den Schöpfrahmen in die Plastikwanne und zieht ihn danach, so schnell es geht, aus der Wanner heraus. Den Rand musst du auch noch sauber machen! Anschließend legt man das Holzbrett auf eine gerade Fläche, schmeißt ein Schwammtuch darauf und stürzt langsam das geschöpfte Papier aus dem Schöpfrahmen auf das Tuch.
5. Zum Schluss deckt man das klitschnasse Papier mit einem dünnen Schwammtuch ab, legt ein zweites Holzbrett darüber und presst das restliche Wasser heraus.
6. Im Folgenden entfernst du das obere Holzbrett und bügelst auf dem Schwammtuch die Papiermasse trocken.
7. Am Ende macht man die Schwammtücher unvorsichtig ab, sodass das Papier nicht einreißt. Jetzt hat man Papier hergestellt.

Folie

1 **a)** Vergleiche die Anleitung mit den Zetteln A bis I von Seite 26.
b) Überarbeite die Bastelanleitung mithilfe der **CHECKLISTE**. Verwende dafür die Korrekturzeichen von **Seite 239** und ergänze Notizen am Rand.

2 Schreibe die Bastelanleitung als zusammenhängenden Text fehlerfrei auf.

3 Überarbeite ebenso die Zaubertrickanleitung von Seite 25.

CHECKLISTE

Eine Bastelanleitung überarbeiten

1. Hast du eine passende **Überschrift** formuliert?
2. Ist die **Materialliste vollständig**?
3. Sind die Arbeitsschritte in der **richtigen Reihenfolge** angeordnet? Benennst du am Schluss das **Ergebnis**?
4. Sind die einzelnen Arbeitsschritte **verständlich formuliert** (z. B. durch treffende Verben und anschauliche Adjektive)?
5. Sind die Arbeitsschritte **übersichtlich** dargestellt (z. B. durch Absätze, Nummerierungen oder Zwischenüberschriften)?
6. Ist die **Anredeform** (Man-Form oder Du-Form + Imperativ) richtig?
7. Verwendest du immer das **Präsens** (*du gibst, man füllt*)?

Kompetenz-Check A: einen Vorgang beschreiben

Für das Schulfest soll in der Projektwoche Schminkfarbe hergestellt werden. Dafür benötigen Schüler der Klasse 6 noch eine Bastelanleitung.

Materialliste:
- Baby-Wundschutzcreme
- Back- oder Speisefarbe
- Teelöffel
- kleine Gläser mit Deckel (Senf- oder Joghurtgläser)
- kleine Holzstäbchen
- Mikrowelle
- Topflappen
- Waschlappen

A einen halben gestrichenen Teelöffel Creme in ein Glas füllen

B einen Spritzer Speisefarbe dazugeben

C Rot: 5 Spritzer rote Farbe
Rosa: 1 Spritzer rote Farbe
Blau: 5 Spritzer blaue Farbe
Hellblau: 1 Spritzer blaue Farbe
Lila: je 1 Spritzer rote und blaue Farbe
Gelb: 3 Spritzer gelbe Farbe

D etwa fünf Minuten mit einem Holzstäbchen verrühren

E Glas mit gefärbter Creme für fünf Sekunden in die Mikrowelle: Topflappen zum Herausnehmen

F rausnehmen: nochmal umrühren und Deckel drauf, damit nichts austrocknet

G dann hast du: biologische Hautschminke

H Schminke lässt sich mit feuchtem Waschlappen abwaschen

1 **Beschreibe** die Herstellung von Schminkfarbe in einem zusammenhängenden Text. Gehe so vor:

a) Formuliere eine passende Überschrift.

b) Lies die Zettel und übernimm die Materialliste.

c) Notiere zunächst stichwortartig die einzelnen Schritte des Vorgangs in der Reihenfolge A bis H.

d) Wähle eine Anredeform: Zuerst füllst du einen halben gestrichenen Teelöffel … / Zuerst füllt man einen halben gestrichenen Teelöffel …

e) **Verfasse** die Beschreibung. Achte dabei darauf, dass die einzelnen Arbeitsschritte anschaulich dargestellt werden, damit man den Vorgang gut nachvollziehen kann: als Erstes, zuerst, danach, dann, anschließend, jetzt …

2 Überarbeite deine Bastelanleitung mithilfe der folgenden Fragen:
- Passt deine Überschrift zum Text?
- Ist deine Materialliste vollständig?
- Hast du an alle Arbeitsschritte in einer sinnvollen Reihenfolge gedacht?
- Ist die Anleitung übersichtlich (Absätze, Nummerierungen) dargestellt?
- Nutzt du die Anredeform richtig?
- Hast du treffende Verben (*geben, nehmen, vermischen*) und anschauliche Adjektive (*vorsichtig, zügig, schnell*) verwendet?
- Hast du als Zeitform das Präsens (*du gibst, du füllst*) verwendet?

Kompetenz-Check B: einen Vorgang beschreiben

Für das Schulfest soll in der Projektwoche Schminkfarbe hergestellt werden. Dafür benötigen Schüler der Klasse 6 noch eine Bastelanleitung.

- Baby-Wundschutz-creme
- Back- oder Speisefarbe
- kleine Gläser mit Deckel (Senf- oder Joghurtgläser)
- kleine Holzstäbchen

…

A Glas mit gefärbter Creme für fünf Sekunden in die Mikrowelle: Topflappen zum Herausnehmen

B einen Spritzer Speisefarbe dazugeben

C Schminke lässt sich mit feuchtem Waschlappen abwaschen

D Ergebnis: biologische Hautschminke

E rausnehmen: nochmal umrühren und Deckel drauf, damit nichts austrocknet

F einen halben gestrichenen Teelöffel Creme in ein Glas füllen

G Rot: 5 Spritzer rote Farbe
Rosa: 1 Spritzer rote Farbe
Blau: 5 Spritzer blaue Farbe
Hellblau: 1 Spritzer blaue Farbe
Lila: je 1 Spritzer rote und blaue Farbe
Gelb: 3 Spritzer gelbe Farbe

H etwa fünf Minuten mit einem Holzstäbchen verrühren

1 **Beschreibe** die Herstellung von Schminkfarbe in einem zusammenhängenden Text. Gehe so vor:

a) Formuliere eine passende Überschrift.

b) Lies die Zettel und erstelle eine vollständige Materialliste.

c) Die Reihenfolge der Zettel stimmt nicht. Notiere zunächst stichwortartig die einzelnen Schritte des Vorgangs in der richtigen Reihenfolge.

d) Entscheide dich für eine Form der Anrede:
Zuerst füllst du … / Zuerst füllt man …

e) **Verfasse** die Beschreibung. Achte darauf, dass die einzelnen Arbeitsschritte anschaulich dargestellt und sinnvoll verknüpft werden (*als Erstes, danach …*), damit man den Vorgang gut nachvollziehen kann.

Im Blickpunkt: Lesen

Ich bin Schülerin

Ingrid Hintz

Ich heiße Daniela. Ich bin 12 Jahre alt und gehe in die 6. Klasse. Mein älterer Bruder sagt manchmal zu mir: „Freu dich, dass du noch zur Schule gehst.“

Dann ärgere ich mich. Denn auch Schüler müssen arbeiten, manchmal sogar ziemlich schwer. Wenn jemand das nicht glauben will, dann erzähle ich jetzt mal, was ich gestern alles tun musste. Gestern war nämlich Mittwoch, das ist mein schlimmster Tag.

Ich bin um Viertel vor sieben aufgestanden. Meine Mutter hat mich geweckt, ausgeschlafen war ich noch lange nicht. Dann waschen, anziehen, frühstücken, Schultasche packen und zur Bushaltestelle gehen.

Um zwanzig nach sieben fährt der Schulbus ab. Gestern habe ich nur noch einen Stehplatz gekriegt. Und das bedeutet: zwanzig Minuten lang stehen, durchgeschüttelt werden, geschubst werden, selbst schubsen, drängeln, schimpfen, Rippenstöße.

Dann in der Schule auf das Klingeln warten, bis man rein kann. Hausaufgaben austauschen, schnell noch etwas abschreiben, ein bisschen in der Pausenhalle rumtoben, dann vor der Klasse warten, bis der Lehrer die Tür aufschließt, reindrängeln, auf die Plätze. Der Unterricht beginnt um zehn nach acht Uhr. Gestern hatte ich acht Stunden.

Erste Stunde Englisch – Unit 2, Step 6, People in London – CD anhören, Fragen beantworten, Antworten vorlesen, das Buch aufschlagen und lesen, Arbeitsblatt ausfüllen – und Überraschungsvokabeltest. Schön!

Pause – Sachen wegpacken, über die Fernsehserie von Dienstag reden. Verpasst!

Zweite Stunde Deutsch – Text schreiben, Erlebniserzählung – eine Einleitung schreiben. Schreibkonferenz: vorlesen, zuhören, besprechen, überarbeiten. Ins Heft eintragen, was an der Tafel steht, die Einleitung noch mal neu schreiben.

Große Pause – am Kiosk drängeln, keine Käsebrötchen mehr. Auf dem Schulhof herumstehen, kurzer Streit mit zwei Jungen aus der Klasse.

Dritte Stunde Naturwissenschaft – die Aufgaben der Waldameise – Sachen auspacken, Arbeitsblatt rausholen (eigentlich Hausaufgabe) und vergleichen, einen Film sehen, über den Film reden, unter der Bank einen Comic lesen (in der Pause ausgeliehen), ins Heft eintragen, was an der Tafel steht.

Kleine Pause – Sachen wegpacken, schnell den Raum wechseln. In der Klasse rumlaufen, die Blumen auf der Fensterbank gießen.

Vierte Stunde Gesellschaftswissenschaften – Alltag im alten Ägypten – Bücher aus dem Klassenschrank austeilen, im Buch S. 36 und 37 lesen, erst allein ein Arbeitsblatt ausfüllen, dann mit Partner vergleichen. Mit Papierkugeln schießen, vorlesen, was man geschrieben hat, ins Heft eintragen, was an der Tafel steht. Hausaufgaben.

Große Pause – auf dem Pausenhof rumstehen, Fünfer ärgern, bis die Aufsicht kommt.

Fünfte Stunde Mathematik – Bruchrechnen – rechnen, rechnen, rechnen, an der Tafel, im Heft, im Buch. Pause durcharbeiten, nur schnell die Sachen wegpacken.

Sechste Stunde Sport – Wandball – umziehen, schnell Turnschuhe ausleihen, in die Halle rennen, aufwärmen. Aufregen, Mannschaften sind unfair, rennen, kämpfen und doch verlieren. In die Umkleide eilen, auf das Klingeln warten.

Siebte Stunde – Mittagspause. In die Mensa hetzen, 20 Minuten anstehen, Spaghetti sind aus! Mal wieder Pommes rot-weiß essen, mit Servietten beworfen werden, Tischdienst, Tee umgekippt. Schweinkram! Schnell zum Bastelraum – Mamas Geburtstagsgeschenk fertig anmalen. Schon wieder klingelt es.

Achte Stunde – Fördern im Klassenraum. Rechtschreibung – Doppelkonsonanten vorwärts und rückwärts, Arbeitsblatt ausfüllen, vorlesen, was man geschrieben hat.

Der Mittwoch ist wirklich der Hammer. Acht Stunden, siebenmal fünfundvierzig Minuten, eine Mittagspause und dazwischen insgesamt fünfundvierzig Minuten Pause. Das macht vierhundertfünf Minuten Schule, bis mittags fünf vor drei.

Vierhundertfünf Minuten Schule: lesen, schreiben, still sitzen, nachdenken, rechnen, zuhören, reden, sich melden, mit drei verschiedenen Lehrern und zwei Lehrerinnen auskommen, aufmerksam sein, sich ärgern, weil man nicht drankommt, wenn man etwas weiß, sich noch mal ärgern, weil man aufgerufen wird, wenn man gerade aus dem Fenster guckt, tun, was der Lehrer sagt, still sitzen, sich mit anderen streiten, sich wieder vertragen (oder auch nicht), mit dem Tischnachbarn zusammenarbeiten, still sitzen, bei der Klassenarbeit schwitzen (das war allerdings vorgestern), mogeln, ohne erwischt zu werden (das war auch vorgestern) …

Nach der Schule zum Bus rennen. Um vier Uhr war ich gestern zu Hause. Nachher gleich die Hausaufgaben. Ich hatte in drei Fächern etwas auf. Gott sei Dank war der Mathelehrer gnädig und hat nichts mehr aufgegeben. Ich bin nämlich nicht die Schnellste. Gestern war ich erst um sechs Uhr fertig. Da warteten schon meine Freundinnen, weil um Viertel nach sechs Uhr unser Training beim Sportverein anfängt.

Das war also mein Zehn-Stunden-Schul-Mittwoch. Und dann sagt mein älterer Bruder zu mir: „Freu dich, dass du noch zur Schule gehst. Wenn du erst mal arbeiten musst …!“

1 Erarbeite die Geschichte mithilfe der **Lesemethode für erzählende Texte** (Folie). **Seite 288–289**

2 Wie sieht Danielas Stundenplan am Mittwoch aus?
Kreuze die richtige Antwort an (Folie):

A **Deutsch, Englisch, Gesellschaftslehre, Naturwissenschaft, Mathe, Sport, Mittagspause, Förderunterricht** [*]

B **Englisch, Naturwissenschaft, Gesellschaftslehre, Deutsch, Mathe, Mittagspause, Sport, Förderunterricht** [*]

C **Englisch, Deutsch, Naturwissenschaft, Gesellschaftslehre, Mathe, Sport, Mittagspause, Förderunterricht** [*]

3 Lies die Aussagen und kreuze an, ob sie zutreffen oder nicht.

A **Vom Aufstehen bis zum Beginn der ersten Stunde vergehen 85 Minuten.**
trifft zu [*] trifft nicht zu [*]

B **In Gesellschaftslehre wird der Alltag im alten Ägypten behandelt.**
trifft zu [*] trifft nicht zu [*]

4 Lies die Fragen und beantworte sie in ganzen Sätzen:

A **Wie verbringt Daniela die Zeit zwischen der Busfahrt zur Schule und dem Beginn des Unterrichts?**

B **Was macht sie in den großen Pausen?**

C **Was wollte Daniela in der Mittagspause essen? Was gab es stattdessen?**

5 Was sagt Danielas älterer Bruder manchmal zu ihr? Warum ärgert sie das?
Welcher der beiden hat deiner Meinung nach recht? Begründe.

Lernbegleitbogen *Schule in Aktion*: einen Vorgang beschreiben

Kompetenz / Inhalt Ich kann …	Selbstein-schätzung ☺ 😐 ☹	Fremdein-schätzung ☺ 😐 ☹	Bemer-kungen	Hier kannst du weiter-üben:
eine Zaubertrickanleitung schreiben (S. 25)				AH, S. 11–12 AH, S. I, II
Textteile einer Bastelanleitung in die richtige Reihenfolge bringen (S. 26)				
anhand von Notizen eine Bastelanleitung schreiben (S. 27): – einen Schreibplan anlegen – eine Überschrift formulieren – eine Materialliste erstellen – die Arbeitsschritte verständlich formulieren und übersichtlich darstellen – einheitliche Anredeformen verwenden				AH, S. I, II
eine Bastelanleitung überarbeiten (S. 28)				
einen erzählenden Text erschließen und Fragen zum Inhalt beantworten (S. 31–32)				

AH = Arbeitsheft, SB = Schülerband

Trainiere die Kompetenzen, bei denen du selbst oder ein anderer ein 😐 oder ☹ eingetragen hat. Tipps zum Üben findest du in der letzten Spalte.

→ Überprüfe anschließend dein Wissen und Können, indem du einen der **Kompetenz-Checks** bearbeitest: **Kompetenz-Check A** (Seite 29) oder **Kompetenz-Check B** (Seite 30). Vergleiche dein Ergebnis mit dem Mustertext im Lösungsheft.

Tiefseeabenteuer

1 Schau dir das Bild an und beschreibe, was du entdeckst:
- Wo befinden sich die Kinder?
- Worauf stoßen sie?
- Was erkennst du unter der Wasseroberfläche?
- …

Folie

2 Was könnten Justus und Samir sagen, als sie das merkwürdige Gefährt entdecken? Was könnte der Hund denken? Fülle die Sprechblasen und die Gedankenblase.

3 Stelle Vermutungen darüber an, wie die Kinder und ihr Hund an Bord des Gefährts kommen könnten.

4 **a)** Plane eine Geschichte, in der du erzählst, wie die Kinder und ihr Hund auf die Aquafähre *Seeigel* gelangen. Lege dazu eine Erzählkarte wie im Beispiel rechts an.
b) Sucht euch einen Partner und stellt euch gegenseitig eure Ideen vor.

Personen: Caro, Samir, Justus, Hund Einstein
Handlung:
- Kinder spielen im Urlaub am Strand
- Caro entdeckt merkwürdiges Fahrzeug im Wasser
- Kinder und Einstein wollen Fahrzeug erkunden

Auf den folgenden Seiten geht es um die Tiefseeabenteuer der Freunde Caro, Samir, Justus und ihres Hundes Einstein. Du lernst in diesem Kapitel, wie du eine spannende Abenteuergeschichte nach Vorgaben schreibst.

Der Weg zum *Seeigel* – mündlich erzählen

Hier erzählt eine Schülerin, wie die drei Freunde und Einstein zum *Seeigel* kommen:

„Also, alles hat damit begonnen, dass die Freunde Caro, Samir und Justus zusammen am Meer Urlaub gemacht haben. Natürlich war auch Caros Labrador Einstein mit dabei. Alle haben fröhlich am Strand gespielt. Sie haben ja nicht ahnen können, was sie an diesem Tag noch Aufregendes erleben würden! Wie immer ist Einstein am Strand hin und her gesaust und ständig ins Wasser gelaufen. Das machen Labradore nämlich gerne. Sie finden Wasser absolut toll und sind prima Schwimmer. Sie haben sogar Schwimmhäute!

Es war ein herrlicher Sommertag, doch dann hat Caro plötzlich ganz hektisch aufs Meer gezeigt und gerufen: „Justus, Samir, seht mal! Was ist denn das?“ Daraufhin haben auch die beiden anderen intensiv aufs Wasser gestarrt. Selbst Einstein hat ganz aufmerksam geguckt. „Das sieht wie ein Boot mit Schornstein aus“, hat Justus gemeint. „Na bestens! Wir werden das näher erkunden. Los, kommt mit!“, hat Samir gerufen. Er hat das einfach superspannend gefunden, aber Justus war etwas ängstlich. Gemeinsam haben sie nun darüber nachgedacht, wie sie zu dem merkwürdigen Ding kommen sollten. Um zu schwimmen, war der Weg nämlich zu weit. Einstein sollte natürlich auch mit. Ist doch klar, dass sie ihren Hund nicht alleine lassen! Sie haben hin und her überlegt. Schließlich hat Justus vorgeschlagen, dass sie sein Schlauchboot nehmen könnten. Nur war darin nicht genug Platz für alle. Was sollten sie also tun?

Kein Problem, es gab ja Einstein! Und Einstein ist der verfressenste Hund der Welt! Bald hatten sie den perfekten Plan. Als Erstes haben sie das Schlauchboot ins Wasser gelassen. Nacheinander sind Samir und Justus eingestiegen. Zum Schluss dann Caro. Einstein hatten sie sein Hundegeschirr angelegt und die Leine daran befestigt. Caro hat nun mit der einen Hand Einsteins Leine gehalten und mit der anderen Hand eine Angelrute. An der Angelschnur hatte sie Einsteins Lieblingsleckerchen festgemacht. Los ging's! Caro brauchte jetzt nur Einstein das Leckerchen vors Maul zu halten. Einstein ist sofort voller Eifer ins Wasser gesprungen und darauf zugeschwommen, konnte es aber natürlich nicht erreichen. Da Caro auch seine Leine gehalten hat, hat der Hund das Schlauchboot mit den Kindern in Höchstgeschwindigkeit durchs Wasser gezogen – und zwar auf das merkwürdige Ding zu. Caro musste nur die Angelrute in die Richtung halten, in die sie wollten. Wahnsinn! Das hat allen riesigen Spaß gemacht! Viel schneller, als sie gedacht haben, sind sie am Ziel angekommen. Aus der Nähe haben sie gut erkennen können, dass das Ding eine Art U-Boot war. An der Seite des U-Boots war der Name *Seeigel* zu lesen. Sie hatten ihr Ziel erreicht. Neugierig sind die Freunde auf das Gefährt geklettert. Auch Einstein haben sie aus dem Wasser an Bord gehoben. Dort hat er dann endlich auch sein Leckerchen bekommen.“

1 Hör dir die Geschichte an. Wie gefällt sie dir? Begründe deine Meinung. Nenne dazu Stellen, die dir besonders aufgefallen sind.

2 Untersuche die Geschichte genauer:
a) Erläutere, wie es den Freunden gelungen ist, zum *Seeigel* zu kommen.
b) Wie gefällt dir diese Lösung? Begründe deine Meinung.
c) An einigen Stellen hätte die Schülerin sich kürzer fassen können.
Nenne diese Stellen und erkläre, warum sie unnötig sind.

3 Erzählt euch eigene Geschichten mithilfe eurer Erzählkarten (siehe Seite 35):
a) Übt eure Geschichten zunächst in einem **Erzähltandem**. Gebt euch dabei gegenseitig Rückmeldung zu den einzelnen Punkten im ersten Teil der **LERNBOX**.

Seite 303

b) Bildet Vierergruppen und tragt euch nacheinander eure Geschichten vor. Wählt anschließend einen Erzählvortrag aus, der vor der Klasse gehalten werden soll. Achtet bei der Auswahl darauf, dass die Kriterien der folgenden Zielscheibe besonders gelungen sind.

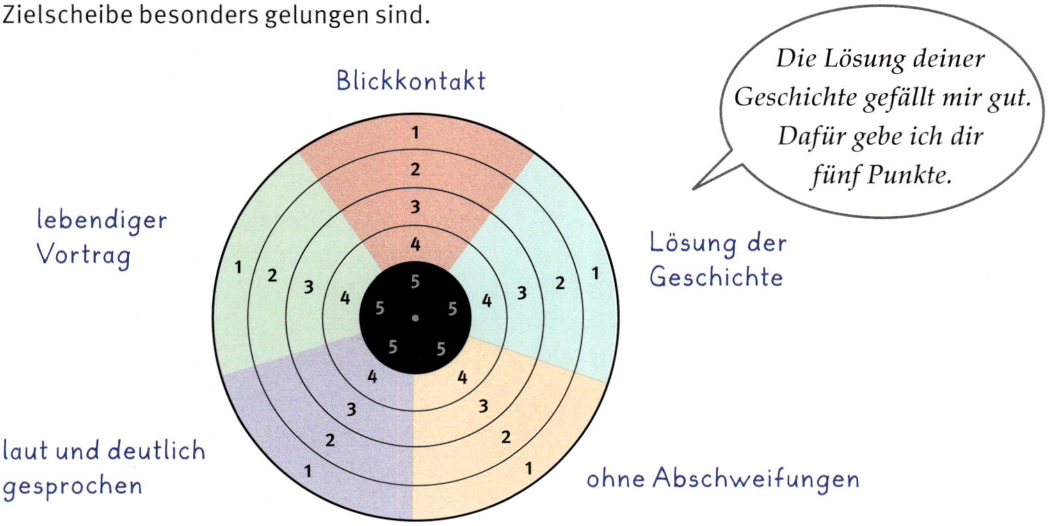

c) Setzt euch in der Klasse in einen Erzählkreis und tragt die ausgewählten Geschichten vor. Erläutert anschließend anhand der Kriterien der Zielscheibe, wie euch die Erzählvorträge gefallen haben (siehe zweiter Teil der **LERNBOX**).

! LERNBOX

So erzählst du mündlich spannende Erlebnisse:
1. Achte auf den **Inhalt** deiner Erzählung:
   – Ist das dargestellte Erlebnis **erzählenswert** (*lustig, aufregend, ungewöhnlich*)?
   – Enthält die Geschichte **keine Abschweifungen**?
2. Achte auf die **Erzählweise** bei deinem Vortrag:
   – Trage deine Erzählung **lebendig** vor, indem du Pausen machst, Wichtiges betonst und Stimmungen (z. B. *Angst, Ungeduld* ...) anschaulich wiedergibst.
   – Sprich **laut** und **deutlich**.
   – Halte mit deinen Zuhörern **Blickkontakt**.

So gibst du Rückmeldung mit der Zielscheibe:
– Jeder Bereich steht für ein Kriterium, auf das du achten sollst (z. B. *Blickkontakt*).
– Jeder Bereich ist in **Punkte** eingeteilt: von 5 (sehr gut) bis 1 (noch ausbaufähig).
– Kreuze nach dem Erzählvortrag in jedem Bereich an, wie du ihn bewertest (Folie).

Abgetaucht! – die Handlung einer Erzählung untersuchen

Seite 288–289

Folie

1 Erschließe den folgenden Text mit der **Lesemethode für erzählende Texte.**

An Bord des *Seeigels*

Ankunft auf dem Seeigel

Neugierig sahen sich Caro, Samir und Justus auf dem seltsamen Gefährt um, während Einstein aufgeregt überall schnüffelte. Wie sollten sie sich bemerkbar machen? Caro begann, an die Außenhülle der Kapsel zu klopfen. Aber nichts tat sich. „Hallo! Hört uns jemand?", riefen die drei. Justus wippte unruhig auf den Füßen. Ihm war absolut nicht wohl bei der Sache. „Caro, dort oben scheint eine Luke[1] zu sein. Ich nehme dich auf die Schultern und du schaust, ob du etwas erkennen kannst", schlug Samir vor. Sofort schnappte er sich Caro und hob sie auf seine Schultern, sodass sie in das Innere der Kapsel spähen konnte. „Kannst du was erkennen?", fragte er ungeduldig. „Seid mal ruhig! Ich glaube, ich habe was gehört", flüsterte Justus ängstlich.

Eingangstür öffnet sich

Im gleichen Augenblick tat sich langsam eine Tür auf. Nach und nach öffnete sich der Eingang, aus dem jede Menge Dampfwolken stiegen. Allmählich nahmen die Freunde eine Gestalt wahr. Wer kam da auf sie zu? Vorsichtig traten die drei zurück und Samir ließ Caro unsanft auf den Boden plumpsen. „Aua, pass doch auf!", zischte sie. Nur Einstein lief dem Unbekannten freudig entgegen.

„Na, wen haben wir denn da? Ist doch jemand auf mich aufmerksam geworden?", sprach eine tiefe Stimme die Freunde an. Noch immer konnten sie die Gestalt nicht genau erkennen. „Tretet ein und schaut euch um!" Allmählich ließ der Dampf nach und man konnte wieder etwas sehen. Was für eine lustige Erscheinung stand da vor ihnen! Ein kleines rundliches Männchen mit einem breiten Schnurrbart und einem grauen Haarzopf, das sie freundlich anlächelte. „Ich bin Professor Fischgold, von Beruf Tiefseeforscher, und dies ist mein *Seeigel*. Der alte Kasten hat so seine Tücken[2], deshalb musste ich auch auftauchen. Aber jetzt habe ich ihn wieder flottbekommen. Wer hätte gedacht, dass er sich mit heißem Wasser im Tank wohlfühlt!" „Aha!", dachte Samir, „daher kamen also die Dampfschwaden!"

[1] die Luke: eine Fensteröffnung

[2] die Tücke: Problem, Macke

Neugierig betraten die drei Freunde zusammen mit Einstein den *Seeigel* und schauten sich um. Was es hier alles zu entdecken gab! Ihnen blieb vor lauter Staunen der Mund offen stehen. Einstein kam aus dem Schnüffeln gar nicht mehr heraus. Die Innenwände waren fast vollständig mit Aquarien[3] bedeckt, in denen die seltsamsten Fische fröhlich herumschwammen. Merkwürdige Gegenstände baumelten von der Decke. Und in der Mitte der Aquafähre erblickten die drei eine hohe Glassäule, davor stand eine Art Steuerkonsole[4].

Doch was war das? Ein durchdringendes Piepsen ertönte und kurz darauf hörte man eine hektische Stimme: „Hilfe! Notruf! Hilfe! Professor Fischgold, bitte kommen Sie sofort nach *Aquatanien*. Wir brauchen Sie dringend! Hier ist etwas passiert." Dann brach der Notruf ab. „Ich muss sofort abtauchen. Es ist keine Zeit mehr, euch von Bord zu lassen. Ihr müsst mich wohl in die Tiefsee begleiten", sagte Professor Fischgold und betätigte eilig einige Hebel, drehte ein Rohr nach rechts und zog einen Spiegel zu sich heran.

Im gleichen Moment schien es den Freunden, als würde der Boden unter ihnen nachgeben. Bevor Samir, Caro und Justus auch nur Luft holen konnten, setzte sich der *Seeigel* ruckartig in Bewegung. Jetzt erklärte sich auch die Funktion der Glassäule: Sie füllte sich allmählich mit Wasser und zeigte so an, dass die Kapsel immer weiter in die Tiefe des Meeres glitt. Für einen Moment geriet Justus in Panik. Ihm wurde schlagartig klar, dass sie heute nicht mehr zurück an Land kommen würden. Nur gut, dass Ferien waren und sie alle Zeit hatten!

Den anderen schien die unfreiwillige Reise sehr gelegen zu kommen. Erwartungsvoll und ein bisschen aufgeregt standen sie beisammen und staunten: Durch ein breites Panoramafenster[5] konnten sie nach draußen blicken. Die Tiefe des Meeres wurde zudem durch zahlreiche Scheinwerfer des *Seeigels* hell ausgeleuchtet. Die kleinste Muschel, die zarteste Alge und das winzigste Fischchen waren so bestens zu erkennen.

„Das gibts doch gar nicht, Leute! Jetzt sind wir auf Tiefseetour!", rief Samir aufgeregt. „Was kommt wohl auf uns zu?", fragte Justus ein wenig unsicher. Einstein hatte indessen Freundschaft mit dem Professor geschlossen und wich ihm nicht mehr von der Seite. Wahrscheinlich hoffte er auf besondere Fischleckerchen. Der Professor hatte den Autopiloten[6] der Aquafähre eingeschaltet und trat nun zu den Kindern: „Tja, wir halten Kurs[7] auf *Aquatanien*. Dort wird dringend meine Hilfe gebraucht, wie ihr ja gehört habt. Nach *Aquatanien*, der Unterwasserstadt, wollte ich ohnehin. Außerdem wollte ich eine Unterwasserhöhle erkunden und Otto, den Schwammtaucher, bei seiner Arbeit begleiten. Und wie immer werden wir sicher noch weitere interessante Erlebnisse auf unserer Tiefseetour haben. Nun denn! Schaut euch in Ruhe im *Seeigel* um." Und so starteten Caro, Samir, Justus und Einstein, wenn auch unfreiwillig, in ein erlebnisreiches Tiefseeabenteuer ...

[3] das Aquarium / die Aquarien: Fischbecken

[4] die Steuerkonsole: Instrumente, mit denen das Boot gesteuert werden kann

[5] das Panoramafenster: ein Fenster, das eine große Aussicht auf etwas bietet

[6] der Autopilot: damit steuert sich ein Gefährt selbst

[7] auf etwas Kurs halten: auf ein Ziel zusteuern

2 Kontrolliere, ob du den Text auf Seite 38–39 richtig verstanden hast.
Bearbeite dazu Aufgabe **A**, **B** oder **C**.
Versetze dich in Caro, Samir oder Justus hinein. Informiere deine Eltern über die Fahrt mit dem *Seeigel*.

A Entwirf ein Telefongespräch. Beschreibe die Erlebnisse auf dem *Seeigel* und formuliere mögliche Fragen der Mutter / des Vaters:
Caro: „Hallo Paps, du musst nun wohl eine Zeit lang auf mich verzichten."
Vater: „Mensch, Caro, wo steckst du denn?"
Caro: „..."

B Schreibe einen SMS-Text, um die Eltern über die Fahrt mit dem *Seeigel* zu informieren: Sind auf Tiefseetour mit ...

C Schreibe eine E-Mail an die Eltern und informiere sie über die Fahrt mit dem *Seeigel*: Hallo zusammen, uns ist etwas Unglaubliches passiert! Keine Sorge, uns gehts gut. Wir sind auf Tiefseetour mit ...

3 Zeichne einen Plan vom Inneren des *Seeigels*. Orientiere dich dazu an den Beschreibungen im Text.

Folie

4 Überprüfe die Handlung der Erzählung (siehe Seite 38–39):
a) Welche Personen kommen vor? Markiere sie im Text.
b) Ermittle den roten Faden der Geschichte. Notiere dazu die einzelnen Schritte der Erzählung stichwortartig:
Ankunft auf dem Seeigel ...
Untersuche, ob die Reihenfolge nachvollziehbar ist. Begründe.
c) Passt die Überschrift zur Erzählung? Begründe deine Meinung:
Die Überschrift passt / passt nicht zum Inhalt, weil ...
d) Formuliere eine eigene Überschrift zu der Erzählung.

TIPPBOX

Zu 2: Darüber kannst du die Eltern informieren:
Wie sieht das Innere des Seeigels aus? Was befindet sich in der Tiefsee?
Wie sieht Professor Fischgold aus? Was hat er auf seiner Tiefseetour vor?
Was könnte in Aquatanien passiert sein? Welchen Eindruck macht Professor Fischgold? Geht es den Kindern gut?
Zu 4 b): Bringe die folgenden Stichpunkte in die richtige Reihenfolge, sodass sie zur Erzählung passen:
Ankunft auf dem Seeigel – Hilferuf aus Aquatanien – Im Inneren des Seeigels – Eingangstür öffnet sich – Professor erklärt, was sie auf der Fahrt erwartet – Blick auf die Tiefsee – Begegnung mit dem Professor – Start des Seeigels
Zu 4 c): Daraus kannst du auswählen:
... die Überschrift nichts mit dem Inhalt der Erzählung zu tun hat.
... die Überschrift den Inhalt der Erzählung berücksichtigt.
... die Überschrift auf das Tiefseeabenteuer einstimmt / nicht einstimmt.
... die Überschrift (nicht) neugierig macht.

5 Überprüfe, welche erzählerischen Mittel im Text vorkommen. Verwende dazu die folgenden Textlupen und lies den zweiten Hinweis in der **LERNBOX**.

In den ersten Sätzen des Textes (siehe Seite 38) sind bereits drei erzählerische Mittel unterstrichen:

a) Setzt euch zu zweit zusammen. Welche Textlupen passen zu den unterstrichenen Beispielen? Ordnet sie zu.

b) Findet im ersten Abschnitt zwei weitere Beispiele für erzählerische Mittel und unterstreicht sie. Folie

c) Vergleicht euer Ergebnis mit dem eines anderen Paares und begründet es.

d) Unterstreicht in eurer Vierergruppe weitere Beispiele für erzählerische Mittel im Text. Verwendet dazu die Textlupen. Geht arbeitsteilig vor: Ihr könnt Folie Seite 44

- euch jeder zwei Textlupen aussuchen (alle fünf müssen aber vergeben sein),
- die Textabschnitte unter euch aufteilen oder
- für jede Textlupe zwei Beispiele finden.

Tragt anschließend eure Ergebnisse zusammen.

6 Die Erzählung enthält auch *Zeitdehner* und *Zeitraffer*. Informiere dich in der **LERNBOX** über diese Erzähltricks und spüre sie im Text (siehe Seite 38–39) auf. ☆ Seite 44

LERNBOX

Merkmale einer anschaulichen und spannenden Erzählung

1. Handlung:
- Die Erzählung hat eine **Überschrift**, die neugierig macht.
- Es gibt einen **roten Faden**.

2. Erzählweise / erzählerische Mittel:

a) **Neugierwecker** und **Vorausdeuter**: *Aufgeregt betraten sie das Schiffswrack. Was sie hier wohl erwarten würde? / Es war etwas geschehen, womit keiner gerechnet hatte.*

b) **Mitfühler (wörtliche Rede)**: Was erleben die Personen? Was denken sie? Was fühlen sie?

c) **Spannungswörter, treffende Verben, beschreibende Adjektive**.

d) Die Erzählzeit ist das **Präteritum**.

e) Durch **Zeitdehner** wird eine Handlung in die Länge gezogen, um die Spannung zu erhöhen: *Der Weg zu den Schwämmen zog sich endlos hin: Sie glitten an Algen und Muscheln vorbei, unterhielten sich mit neugierigen Fischen, spielten mit …*

f) **Zeitraffer** verkürzen eine Handlung, indem der Zeitraum zusammengefasst wird: *Als sie tagelang gewartet hatten, …*

TIPPBOX

Zu 5 d): In den Textabschnitten findest du z. B.:

(2): ein Adjektiv, einen Vorausdeuter, drei Verben,
(3): zwei Adjektive, ein Verb,
(4): ein Adjektiv, einen Neugierwecker, drei Verben,
(5): einen Neugierwecker, zwei Adjektive, zwei Verben,
(6): einen Mitfühler, ein Spannungswort, zwei Verben,
(7): zwei Adjektive, ein Verb,
(8): zwei Mitfühler, zwei Verben.

Der Schatz im Meer – eine spannende Erzählung planen

Caro, Samir, Justus und Einstein begleiten den Tiefseeforscher Professor Fischgold nach *Aquatanien*. Auf dem Weg dorthin erleben sie viel Aufregendes.

1 **a)** Betrachtet die Bilder und tauscht euch darüber aus, welche Station des *Seeigels* auf seinem Weg nach *Aquatanien* ihr besonders spannend fändet.
b) Überlegt, was die Kinder, Einstein und der Professor bei der Begegnung erleben könnten.

Plötzlich stockte der *Seeigel*. „Was ist denn jetzt los?", rief der Professor. Wir müssen doch so schnell wie möglich nach *Aquatanien*!" Gespannt blickten alle durch das Panoramafenster. Nichts war zu entdecken. Der Professor gab erneut Gas, aber der *Seeigel* rührte sich keinen Zentimeter von der Stelle. Es schien, als würde das Gefährt von einer unsichtbaren Hand festgehalten. Einstein lief aufgeregt hin und her, er hatte die Ursache nämlich längst entdeckt: Der *Seeigel* war doch tatsächlich auf einer Schatzkiste aufgelaufen und hatte sich mit seinem Anker in ihrem Deckel verhakt. Was sollten sie nun tun? Einerseits mussten sie eine Lösung finden, um wieder freizukommen, andererseits waren sie aber auch alle gespannt, zu erfahren, was sich in der Schatzkiste befand ...

2 Tausche dich mit einem Partner aus: Was ist mit dem *Seeigel* passiert? Wie könnte er befreit werden? Was könnte in der Schatzkiste sein?

3 Setze die Geschichte fort. Erzähle darin, wie der *Seeigel* befreit wird und was sich in der Schatzkiste befindet. Die Geschichte soll gut ausgehen, denn der *Seeigel* und seine Besatzung sollen die Fahrt nach *Aquatanien* fortsetzen.

a) Sammle Ideen für deine Geschichte. Lege dafür eine Tabelle wie im Beispiel an. Lies dazu die **LERNBOX**.

Erzählschritte	Hilfsfragen	Meine Antworten / Ideen
Ausgangssituation	Was ist mit dem Seeigel passiert?	- Seeigel hängt an Schatzkiste fest
Lösungsmöglichkeit	Wie wird der Seeigel befreit?	- Delfine ziehen am Anker - ...
Handlung	Wer ist beteiligt? Was erleben die Personen?	- Professor Fischgold, Kinder, Einstein, Delfine ... - ...
	Was ist in der Schatzkiste?	- Gold, Schmuck ...

b) Halte deine Ideen zur Handlung in Stichpunkten in einem Schreibplan fest.

Schreibplan

Justus (ängstlich): „Jetzt sitzen wir auch noch unter Wasser fest!“

Seeigel hängt mit Anker an Schatzkiste → Seeigel wird befreit, indem ... → Inhalt der Schatzkiste: ... → ...

4 Schreibe mithilfe der **LERNBOX** von Seite 41 deine Geschichte. Achte darauf, anschaulich und spannend zu formulieren. Nutze dazu das Wortmaterial auf Seite 44.

! LERNBOX

So planst du eine Erzählung:

1. Lege eine **Tabelle** an und fülle sie so aus:
   a) Notiere die **Ausgangssituation**: **Was** ist passiert?
   b) Sammle **Ideen**:
      – Welche **Lösungsmöglichkeiten** gibt es?
      – **Wie** kommt es zur Lösung? **Wer** ist beteiligt?
      – **Was** gibt es zu entdecken / **Was** geschieht?
2. Wähle aus der Tabelle die Ideen aus, die du ausgestalten willst, und lege einen **Schreibplan** an:
   a) Formuliere Stichpunkte.
   b) Füge Gedanken und wörtliche Rede ein.

TIPPBOX

Zu 3 a): Stichwörter zur Planung deiner Geschichte:
- **Befreiung** des *Seeigels*: *Schwertfisch nagt am Anker / Kiste bricht auseinander / ein Bohrer / Delfine ziehen ihn*
- **Inhalt** der Schatzkiste: *Gold, Schmuck, alte Flaschen, ein Fotoalbum, Schuhe, sie ist leer, alte Handys, Wohnung eines Tiefseebewohners*

Geschichtenerzählmaterialkammer

Neugierwecker und Vorausdeuter: Schon immer wollte Justus einmal die Tiefsee erkunden, deshalb ... / Jetzt bot sich ihnen endlich die Gelegenheit, auf Tiefseetour zu gehen und dabei ... / Was sie in der Höhle wohl erwarten würde?

Irgendetwas ging hier vor. / In *Aquatanien* war etwas geschehen, mit dem keiner von ihnen gerechnet hatte. / Keiner konnte sich vorstellen, was dann passierte ... / Wenn sie das vorher gewusst hätten, wären sie nicht mitgegangen. / Was sie dann sahen, hätten sie sich im Traum nicht vorstellen können. / Sie ahnten nicht, dass sie bald ... / Gleich sollten sie die Gelegenheit haben, eine ganz andere Welt zu entdecken, nämlich ...

Mitfühler (wörtliche Rede/Gedanken und Gefühle): „Was soll ich als Nächstes tun?“, fragte Justus. / Samir murmelte: „Das ist wirklich unglaublich!“ / „Ihr seid ein tolles Team“, sagte Professor Fischgold, „so wie ihr mich unterstützt habt!“ / „Das glaubt mir keiner!“, dachte Caro. / Justus wurde ganz schlecht. / Sie waren sehr aufgeregt. / Er war sehr stolz auf seinen Einfall. / Sie fragte sich: „Was wird in *Aquatanien* wohl passiert sein?“

beschreibende Adjektive: mutig / beherzt / entschlossen / unverzagt / furchtlos / forsch / wagemutig / draufgängerisch / kühn / aufgeregt / wissbegierig / neugierig / fröhlich

treffende Verben: eintauchen / überqueren / durchqueren / balancieren / gleiten / betreten / sich trauen / gluckern / zurückschrecken / erforschen / erkunden / entdecken / etwas bzw. jemanden erkennen / etwas bzw. jemanden treffen / kennenlernen / etwas bzw. jemanden befreien / etwas öffnen

Spannungswörter: plötzlich / schlagartig / aus heiterem Himmel / völlig überraschend / augenblicklich / auf einmal / genau in diesem Moment / gerade als / allmählich

Zeitdehner: Während sie weiterliefen, ging Caro durch den Kopf, dass ... / Um sie herum nahmen sie immer mehr wahr, wie z. B. die bunten Höhlenwände ... / Sie glitten gemächlich durchs Wasser, sammelten einen Schwamm nach dem anderen ein, sahen dabei den Nixen beim Tanzen zu ...

Zeitraffer: Nach einigen Stunden ... / Mehrere Minuten später ... / Als sie am Ziel angekommen waren, ...

Auf dem Weg nach *Aquatanien* – eine spannende Erzählung schreiben

Caro, Samir, Justus und Einstein begleiten weiterhin Professor Fischgold auf dem Weg nach *Aquatanien*. Was sie unterwegs erleben, bestimmst du in deiner Tiefseegeschichte.

1 Lies die folgenden Geschichtenanfänge. Überprüfe anhand der Bilder von Seite 42, für welche Erlebnisse sich die Schüler entschieden haben.

A Schon wieder wurde ihre Rettungsaktion unterbrochen. Anstatt mit Vollgas durch die Tiefsee zu schießen, befanden sie sich plötzlich in einem großen schwarzen Loch. War das etwa ein Unterwassertunnel? „Oh nein! Ich bin eingeschlafen und der Autopilot hat versagt", rief der Professor erschrocken, „nun sind wir in der Unterwasserhöhle gelandet!" Und wieder begann ein neues Tiefseeabenteuer, denn ...

B Der Seeigel kam gut voran. Doch kurz vor dem Ziel tauchte plötzlich ein finster aussehendes U-Boot auf, auf das eine Piratenflagge aufgemalt war. „Das muss Käpten Seetang mit seinen Piraten sein", rief der Professor entsetzt, „der hat nie etwas Gutes im Sinn!" Caro, Justus, Samir und Einstein fürchteten sich nicht. Sie hatten schon einen Plan, um die Piraten zu überlisten. Zuerst würden sie ...

2 Schreibe deine eigene Tiefseegeschichte. Setze Anfang A oder B fort oder wähle selbst ein Ereignis von Seite 42 aus, über das du schreiben möchtest.
a) Sammle Ideen zu deiner Geschichte. Lege dazu eine Tabelle an. Orientiere dich an der **LERNBOX** auf Seite 43.
b) Lege einen Schreibplan an und halte darin in Stichpunkten deine Ideen zur Handlung fest.

3 Schreibe mithilfe der **LERNBOX** von Seite 41 den Entwurf deiner Tiefseegeschichte. Passende Wörter findest du auf Seite 44. Ergänze am Schluss eine spannende Überschrift.

4 Denke dir eine weitere Geschichte aus und schreibe sie auf: Wem könnte der *Seeigel* noch begegnen? Was könnte noch auf der Reiseroute passieren?

Eine weitere Schreibaufgabe findest du im Arbeitsheft. **AH, Seite 13–15**

TIPPBOX

Zu 2 a): Wenn du Anfang A oder B fortsetzt, kannst du unter folgenden Hilfsfragen auswählen: Was ist passiert? / Wem begegnen sie? / Was passiert in der Höhle? / Was wollen die Piraten? / Wie können sie sich retten? / Wer hilft ihnen? / Welche Gegenstände sind hilfreich?
Zu 3 : Wähle eine Überschrift aus und ergänze sie so, dass sie deine Leser neugierig macht: *Abenteuer in dem ... / In der ... / Der Kampf mit ... / Begegnung mit ...* Setze dazu ein passendes Adjektiv ein, z. B.: *Die unheimliche / unglaubliche / wundervolle / aufregende Unterwasserhöhle.*

Otto, der Schwammtaucher – eine Erzählung überarbeiten

zu ausführlich! Hier kannst du etwas streichen.

Beschreibe die Begegnung.

durch treffendes Verb ersetzen

wörtliche Rede einfügen

durch treffendes Verb ersetzen

durch treffendes Verb ersetzen

wörtliche Rede

durch treffendes Verb ersetzen

Spannungswort ergänzen

Gleich war es so weit! Justus war mit Otto, dem Schwammtaucher, verabredet. Vor einer Stunde wurde der Professor auf der Fahrt nach Aquatanien von Otto angefunkt. Der fragte, ob ihm jemand helfen könne. Sein Mitarbeiter hatte nämlich Tiefsee-Grippe und konnte nicht arbeiten. Um nicht noch mehr Zeit zu verlieren, ließ sich Justus bei Otto absetzen. Er hatte nämlich noch nie von Schwammtauchern gehört. Wie so ein Schwammtaucher wohl arbeitete?

Justus hatte den Spezialanzug, den Professor Fischgold ihm geliehen hatte, an. Auch Otto hatte einen solchen an. Gemeinsam glitten sie durch das Wasser. Justus kam aus dem Staunen nicht mehr heraus. Rundherum konnte er Erstaunliches entdecken: Zunächst stupste ihn ein neugieriger Tintenfisch an und fragte ihn, wer er sei. Plötzlich stand er vor einer Seekuh, die unbedingt mit ihm Fangen spielen wollte.

Nachdem sie einige Zeit vor sich hingeschwommen waren, standen sie vor der Schwammsiedlung. Die einzelnen Schwämme bildeten zusammen einen Schwammbusch. „Hallo Otto, wen hast du denn da mitgebracht?“, fragte einer der Schwämme. „Darf ich vorstellen: Dies ist Justus. Er ist gerade mit Professor Fischgold unterwegs“, sagte Otto, „aber heute arbeitet er mit mir.“ „Nun, dann soll er mich doch pflücken. Er ist jung und hat noch zarte Hände“, sagte der Schwamm. „Prima Idee, dann leg mal los, Justus! Du musst den gesamten Schwamm fassen und ihn mit einem Ruck abpflücken“, sagte Otto.

Langsam ging Justus auf den Schwamm zu. Seine Hände zitterten. Sein Herz klopfte. Wie sich der Schwamm wohl anfühlte? War er stachelig? War er weich? Oder etwa glitschig? Sein Auftrag wurde ihm doch ein wenig unheimlich. Kräftig atmete er ein. Dann streckte er seine Hände aus, packte den Schwamm, holte noch einmal tief Luft und hielt ihn in den Händen. „Das hast du sehr sanft gemacht. Danke!,“ sagte der Schwamm.

Justus fragte, was nun mit dem Schwamm passiere. „Eine der Nixen hat ihn als Sitzkissen bestellt. Bei ihr liefern wir ihn dann gleich ab“, sagte Otto. „Ich bin nämlich besonders weich und bequem und freue mich auf die Gesellschaft der Nixen“, sagte der Schwamm.

Einige Stunden später war es dann so weit. Justus konnte seinen Schwamm bei den Nixen abliefern. Und Otto brachte ihn nach Aquatanien.

1 **a)** Erkläre, wodurch die Reise nach *Aquatanien* diesmal unterbrochen wird.
b) Was erfährst du über die Arbeit des Schwammtauchers?

2 Überarbeitet die Erzählung in einer **Schreibkonferenz** (drei Personen) mithilfe der **CHECKLISTE** und den Tipps am Rand des Textes.

Seite 308

a) Teilt die Überprüfungsaspekte 1. bis 6. der **CHECKLISTE** unter euch auf und beschriftet jeweils eine Textlupe mit dem Aspekt, auf den ihr besonders achten wollt (siehe Seite 41).
b) Untersucht in Einzelarbeit die Erzählung nach dem Aspekt, der auf eurer Lupe steht. Hakt ab, wenn der Aspekt erfüllt wurde, setzt ein Korrekturzeichen an die Stelle, wo ihr noch etwas überarbeiten könnt. Folie
c) Wenn ihr mit allen Textlupen gearbeitet habt, sammelt in der Schreibkonferenz eure Rückmeldungen:
Der Inhalt der Erzählung passt gut, weil … / Ich habe folgende Spannungswörter gefunden: … / An diesen Stellen können noch Mitfühler eingesetzt werden … / Die Überschrift muss noch ergänzt werden …
d) Überprüft in der Erzählung auch die Aspekte 7. und 8. der **CHECKLISTE**.
e) Überarbeitet die Textstellen, an denen noch etwas ergänzt werden könnte. Seite 50

3 Überarbeitet eure eigenen Tiefseegeschichten ebenfalls mit den Textlupen.

4 Finde im Text einen Zeitdehner und einen Zeitraffer. Unterstreiche die Textstellen. ☆ Folie

CHECKLISTE

Eine Erzählung überarbeiten

1. Hat die Erzählung eine passende **Überschrift**?
2. Enthält die Erzählung folgende **drei Schritte**: Ausgangssituation – Handlung – Lösung?
3. Ist die Handlung nachvollziehbar (**roter Faden**)?
4. Enthält die Erzählung **Neugierwecker** und **Vorausdeuter**?
5. Wo können **Mitfühler** durch Gedanken und Gefühle sowie **wörtliche Rede** (→ **Seite 51**) eingesetzt werden?
6. An welchen Stellen kannst du die Erzählung interessanter machen durch
   - **Spannungswörter**,
   - treffende **Verben**,
   - beschreibende **Adjektive**?
7. Gibt es **Wortwiederholungen**, die du ersetzen kannst?
8. Ist die Erzählung im **Präteritum** geschrieben?

TIPPBOX

Zu 2 e):

- Ergänze an diesen Stellen ⌐ Adjektive, z. B.: *stolz – blitzschnell – vorsichtig – mächtig – riesig – beeindruckend – behutsam.*
- Ersetze einige Verben durch treffendere, z. B. durch: *tragen – ernten – umfassen – gleiten – sich annähern – festhalten – auffordern – wissen wollen – loben – schmunzeln – erklären – sich wünschen*
- Hier kannst du wörtliche Rede einfügen: Z. 11–12: *Ein neugieriger Tintenfisch fragte ihn: …* / Z. 13: *Die Seekuh forderte: …* / Z. 30: *Justus meinte erstaunt: …*
- Ersetze das Wort *Schwamm* durch: *das Wassertier / das Gewächs / der Meeresbewohner / der Seepilz.*
- Beschreibe die Begegnung: Wie stellt Justus sich vor? Was will er von Otto wissen?
- Schreibe den Schluss ausführlicher: Was sagt die Nixe zu dem Schwamm? Ist sie zufrieden?

Kompetenz-Check A: Erdachtes erzählen

Der *Seeigel* ist immer noch unterwegs nach *Aquatanien*. Diesmal gerät er mitten in ein großes Seepferdchenrennen.

1 Schreibe eine Tiefseegeschichte, in der es darum geht, welches Abenteuer die Kinder, Einstein und Professor Fischgold beim Seepferdchenrennen erleben.

a) Plane deine Geschichte mithilfe einer Tabelle. Du kannst die folgende Tabelle übernehmen und ergänzen:

Erzählschritte	Hilfsfragen	Meine Antworten / Ideen
Ausgangssituation	Was ist passiert? Warum kommt der Seeigel nicht weiter?	- Seeigel gerät in Seepferdchenrennen - Seeigel kann nicht weiterfahren, Durchfahrt ist versperrt
Lösungsmöglichkeit	Wie kann der Seeigel seine Fahrt fortsetzen?	- Seeigel macht beim Rennen mit - ...
Handlung	Wer ist beteiligt? Was erleben sie beim Seepferdchenrennen?	- Seepferdchen ... - ...
	Wie reagieren die Seepferdchen?	- ...

b) Erstelle einen Schreibplan und halte in Stichpunkten die Handlung fest:

„Halt! Keine Durchfahrt! Hier findet gleich unser Rennen statt!“

Seeigel wird durch Seepferdchenrennen gestoppt → Seeigel will beim Rennen mitmachen → Seeigel steht am Start → ...

2 **Verfasse** deine Geschichte und nutze die erzählerischen Mittel:
- Verwende Neugierwecker und Vorausdeuter.
- Drücke die Gedanken und Gefühle der Personen in wörtlicher Rede aus bzw. verwende Mitfühler.
- Nutze Spannungswörter.
- Verwende treffende Verben: *sich konzentrieren, rasen, überholen ...*
- Verwende beschreibende Adjektive: *rasant, ehrgeizig, elegant, aufgeregt ...*
- Schreibe im Präteritum: *er rief, sie liefen, sie starteten, er freute sich.*
- Suche eine passende Überschrift.

So kannst du beginnen: Kurz vor Aquatanien ging es plötzlich nicht mehr weiter. Die Strecke war gesperrt, der Seeigel musste stoppen. Es fand doch tatsächlich ein Seepferdchenrennen statt. Was nun? Als Erstes ...

Kompetenz-Check B: Erdachtes erzählen

Der *Seeigel* ist immer noch unterwegs nach *Aquatanien*. Diesmal gerät er mitten in ein großes Seepferdchenrennen.

1 Schreibe eine Tiefseegeschichte, in der es darum geht, welches Abenteuer die Kinder, Einstein und Professor Fischgold beim Seepferdchenrennen erleben.

a) Plane deine Geschichte mithilfe einer Tabelle. Du kannst die folgende Tabelle übernehmen und ergänzen:

Erzählschritte	Hilfsfragen	Meine Antworten / Ideen
Ausgangs-situation	Was ist passiert? Warum kommt der See-igel nicht weiter?	- ...
Lösungs-möglichkeit	Wie kann der Seeigel seine Fahrt fortsetzen?	- ...
Handlung	Wer ist beteiligt? Was erleben sie beim Seepferdchenrennen?	- Seepferdchen ... - ...
	Wie reagieren die Seepferdchen?	- ...

b) Erstelle einen Schreibplan und halte in Stichpunkten die Handlung fest.

2 **Verfasse** deine Geschichte und nutze die erzählerischen Mittel:
- Verwende Neugierwecker und Vorausdeuter.
- Drücke die Gedanken und Gefühle der Personen in wörtlicher Rede aus bzw. verwende Mitfühler.
- Nutze Spannungswörter.
- Verwende treffende Verben.
- Verwende beschreibende Adjektive.
- Füge Zeitdehner, z. B.: *Kurz vor dem Start dachte Professor Fischgold noch an viele Dinge, etwa ...*, und Zeitraffer, z. B.: *Nach der Siegerehrung ...*, ein.
- Schreibe im Präteritum.
- Suche eine passende Überschrift.

So kannst du beginnen: Kurz vor Aquatanien ging es plötzlich nicht mehr weiter. Die Strecke war gesperrt und der Seeigel musste stoppen. Es fand doch tatsächlich ein Seepferdchenrennen statt. Was nun? Als Erstes ...

Im Blickpunkt: Sprache betrachten

Erweiterungs-, Ersatz- und Umstellprobe anwenden

ungläubig
grünen
interessiert
seltsame

Die Kinder standen ⌈ vor einem ⌈ Wassermann. Einstein schnüffelte den Wassermann ⌈ ab. Er hatte so eine ⌈ Gestalt noch nicht gesehen!
Der Wassermann interessierte sich auch für die ⌈ Besucher. Er tastete mit seinen ⌈ Händen zunächst Justus ⌈ von oben bis unten ab. Der schien sich sichtlich unwohl zu fühlen. Bevor der Wassermann dies auch bei den anderen versuchen konnte, gingen Caro und Samir ⌈ in Deckung. Der Professor lachte ⌈ und sagte: „Das ist doch nur Willibert, der ⌈ Hausmeister der Unterwasserhöhle.“ Willibert, der Wassermann, sagte: „Schön, dass du mich besuchst, Professor. Bleibt doch zum Essen. Es gibt Algenpüree mit Quallenfrikadellen.“ Caro drehte sich schon der Magen um, als sie nur an das ⌈ Essen dachte. „Leider nein! Wir sind auf dem Weg nach Aquatanien“, sagte der Professor. „Dann wünsche ich euch eine gute Fahrt“, sagte der Wassermann und winkte mit seinem Fischgrätenbesen.

1 Tauscht euch darüber aus, wie die Kinder auf den Wassermann reagieren.

2 Lies den ersten Absatz des Textes. Lies ihn dann ein zweites Mal mit den Ergänzungen am Rand. Erkläre, was sich durch die Ergänzungen ändert.

Folie

3 Gestalte mithilfe der Proben die Geschichte abwechslungsreicher und lebendiger. Die **LERNBOX** hilft dir dabei. Gehe so vor:
a) Erweitere die gekennzeichneten Stellen, indem du dort ein passendes Adjektiv einsetzt.
b) Unterstreiche im Text Wörter, die sich wiederholen, und ersetze sie.
c) Stelle die Sätze zu Beginn des Textes mithilfe der Umstellprobe um.
d) Suche weitere Stellen, die du mithilfe der Proben lebendiger gestalten kannst.

LERNBOX

So gestaltest du einen Text mit den Proben abwechslungsreicher und lebendiger:

1. Wenn du Wörter (z. B. Adjektive) ergänzen willst, wende die **Erweiterungsprobe** an: ⌈
2. Wende die **Ersatzprobe** an, wenn du ein Wort oder einen Ausdruck ersetzen willst: ⌊→←⌋
3. Wende die **Umstellprobe** an, wenn du Sätze abwechslungsreicher beginnen möchtest. Dazu änderst du die Reihenfolge der Satzglieder. Du kannst sie nummerieren:

Sie (1) *sahen* (2) *außerdem* (3) *viele Meeresbewohner* (4).

Außerdem (3) *sahen* (2) *sie* (1) *viele Meeresbewohner* (4).

TIPPBOX

Zu 3 a): Wähle aus folgenden Adjektiven aus:
neugierig – unbekannt – laut – fröhlich – riesig – neu – schnell – gründlich – eklig – schmackhaft – freundlich.

Zu 3 b): Nutze diese Wörter:
- *Wassermann: er, das Wesen, der Meeresbewohner*
- *Professor: er, dieser, der Kapitän*

Zu 3 c): Beginne z. B. mit:
So eine Gestalt ... / Auch ... / Mit seinen Händen ...

Im Blickpunkt: richtig schreiben

Zeichen der wörtlichen Rede setzen

Professor Fischgold war sehr froh darüber, dass er Justus, Caro, Samir und Einstein an Bord hatte. Schmunzelnd beobachtete er sie während der Fahrt im Seeigel.
Gerade rief Justus Caro zu Schau! Hast du jemals so einen Fisch gesehen? Aufgeregt zeigte er nach draußen. Das ist gar kein Fisch, sondern die Nixe Stefania erklärte der Professor. Nun betrachteten auch Samir und Einstein interessiert die Nixe. Kann die gut schwimmen dachte Einstein neidisch. Auch Samir beobachtete Stefanias elegante Bewegungen. Es sieht aus, als würde sie tanzen meinte er sicher macht ihr das Leben im Wasser viel Spaß. Stefania merkte, dass sie beobachtet wurde. Sie griff zu ihrem Wasserhandy und rief im Seeigel an. Neugierig wollte sie wissen, wer die Unbekannten an Bord sind. Der Professor erklärte es ihr. Lass mich bitte mal mit Stefania reden bat Caro und nahm den Telefonhörer. Hallo Stefania, noch nie habe ich jemanden so schön tanzen sehen sagte sie bewundernd. Etwas verlegen antwortete die Nixe Das ist für uns nichts Besonderes. Wir bewegen uns so schon von Geburt an. Aber vielen Dank für dein Lob! Dann lud Stefania die Kinder ein, sie ins Nixendorf zu begleiten.

1 Sprecht darüber, was den Kindern und Einstein an der Nixe gut gefällt.

2 Ergänze im Text die Zeichen der wörtlichen Rede. Unterstreiche zuvor die Begleitsätze und die wörtliche Rede mit zwei verschiedenen Farben. Lies dazu in der LERNBOX nach. Folie

3 An einigen Stellen kannst du im Text noch wörtliche Rede einfügen. Schreibe auf, was die Personen sagen, erklären oder wissen wollen. Achte darauf, dass du die Zeichen der wörtlichen Rede richtig verwendest. Folie

4 Schreibe die Geschichte weiter.

LERNBOX

Zeichensetzung bei wörtlicher Rede

1. Wörtliche Rede mit **nachgestelltem** Begleitsatz:
   „Ich komme gerne“, sagte sie.
   „Kommt ihr auch?“, fragte sie.
2. **Vorangestellter** Begleitsatz und wörtliche Rede:
   Sie sagte: „Ich komme gerne.“
   Sie fragte: „Kommt ihr auch?“
3. Begleitsatz **zwischen** der wörtlichen Rede:
   „Kommt ihr auch?, fragte sie, „ich würde mich freuen!“

TIPPBOX

Zu 2: In Zeile 8–9 steht der Begleitsatz zwischen der wörtlichen Rede.
Zu 3: Mögliche Stellen sind:
- Z. 10: *Stefania rief im Seeigel an: ...*
- Z. 10–11: *Neugierig wollte sie wissen, wer denn die Unbekannten an Bord sind: ...*
- Z. 11: *Der Professor erklärte es ihr: ...*
- Z. 16: *Dann lud Stefania die Kinder ein, sie ins Nixendorf zu begleiten: ...*

Aufgetaucht

Wider Erwarten wurde der *Seeigel* nicht weiter aufgehalten. Bald sollte er mit seiner Besatzung die Unterwasserstadt *Aquatanien* erreicht haben. Es war recht still an Bord. Alle waren in Gedanken schon mit *Aquatanien* beschäftigt. Was sie dort wohl erwarten würde?

Der Professor wurde zunehmend unruhiger. Angespannt starrte er nach draußen, immer wieder griff er zum Fernglas, dann wieder überprüfte er die Navigationsdaten[1]. „Was ist denn los, Professor?", fragte Justus besorgt. „Sehr seltsam, sehr seltsam", murmelte der Kapitän. „Normalerweise sind die Türme *Aquataniens* schon von Weitem zu sehen. Die Gebäude der Stadt sind nämlich etwas ganz Besonderes. Sie sind nicht aus Stein oder Holz gebaut, sondern es handelt sich um riesige Gummihäuser, deren Wände mit Luft gefüllt sind. So können sie sich den Wasserbewegungen gut anpassen. Außerdem sind sie kunterbunt und wirken äußerst fröhlich. Aber jetzt erkenne ich nichts! Dabei müssen wir schon ganz in der Nähe sein." Und richtig! Kurze Zeit später ankerten sie neben Delfin-Taxis, Tauchbooten und ähnlichen Meeresfahrzeugen. Nur, wieso sah man nichts von der Stadt? Schnell stiegen Caro, ihre Freunde, Einstein und Professor Fischgold in ihre Spezialschwimmanzüge, die sie wie eine zweite Haut umschlossen und ihnen das Atmen unter Wasser ermöglichten. Dann verließen sie den *Seeigel*.

Caros Herz klopfte laut vor Ungewissheit, Einstein folgte dem Professor wie ein Schatten und auch die Jungen waren äußerst angespannt. Eine Schar aufgeregter *Aquatanier* erwartete sie bereits. Sie waren deutlich kleiner und rundlicher als Menschen und ihre Haut war mit bunten Schuppen besetzt, die sie rundherum funkeln ließen. „Wie freundlich und bunt sie aussehen!", dachte Caro. „Ach, Professor! Gut, dass Sie da sind!", rief die pink- und orangefarbene Bürgermeisterin erleichtert. „Schauen Sie nur, was mit unseren Gebäuden passiert ist!" Gemeinsam schritten sie auf das ehemalige Stadttor zu. Als sie näher kamen, stellten sie fest, dass die Gummiwände des Tores und der Stadtmauer trostlos wie Luftballons ohne Luft herumlagen. Und auch im Inneren der Stadt sah es nicht besser aus. Überall fand man die Gummihäuser traurig und runzelig in ihrer Gummipelle am Boden. „Wir sind sozusagen obdachlos[2]", sagte die Bürgermeisterin, „und brauchen dringend Ihre Hilfe."

[1] die Navigationsdaten: Daten, die die Entfernung zu einem Ziel anzeigen

[2] obdachlos: ohne Wohnung

„Wie ist denn das passiert?“, fragte Professor Fischgold entsetzt. „Nun, das ist allein meine Schuld“, hörte man ein schüchternes Stimmchen sagen. Kleinlaut schwamm ein schrillgelber Schwertfisch[3] auf die Gruppe zu. „Ich bin Pepe, der Postbote von *Aquatanien*. Normalerweise bin ich beim Postaustragen sehr vorsichtig, aber seit Kurzem trainiere ich für den ersten aquatanischen Marathon[4]. Ich dachte, ich könnte das Austeilen der Briefe gut mit dem Training verbinden. Neulich war ich aber so schnell, dass ich die Kurve nicht mehr richtig nehmen konnte und mit meinem Schwert die Rathauswand gerammt habe. Es tut mir so leid.“ Vor Schluchzen konnte Pepe nicht mehr weitersprechen. Einstein leckte ihm tröstend die Tränen aus dem Fischgesicht. „Es gab noch nicht einmal einen Knall, aber nach und nach verlor das Gebäude Luft und sank in sich zusammen. Und da alle Häuser miteinander verbunden sind, traf es nacheinander jedes einzelne“, erläuterte die Bürgermeisterin. „Sie sind nun unsere letzte Hoffnung, sonst ist *Aquatanien* Geschichte.“ Das war zu viel für Pepe. Der Arme brach in lautes Weinen aus.

„Aber das ist doch kein Problem!“, platzte Justus heraus. „Ihr wisst doch, wo das Leck ist. Dann brauchen wir es doch nur zu flicken. Das habe ich sogar schon bei meiner Luftmatratze gemacht“. „Super Idee, Justus“, lobten ihn die Umstehenden und schon liefen alle schnell zur Unglücksstelle. Professor Fischgold war währenddessen zum *Seeigel* geeilt und ankerte kurze Zeit später auf dem Rathausplatz. Die Flickaktion konnte beginnen! Die undichte Stelle war schnell gefunden. Luftblasen, groß wie Fußbälle, traten aus dem Leck. Der Professor brachte aus dem *Seeigel* eine riesige Gummiplane mit, faltete sie auseinander und schmierte sie mit einem giftgrün aussehenden Klebstoff ein. „Achtung! Passt auf, dass ihr nicht da drankommt, sonst pappt ihr fest!“, warnte er. Gleichzeitig beauftragte er vier Delfine mit dem Transport, die vorsichtig jeweils eine Ecke der Plane ins Maul nahmen und behutsam auf das Leck zuschwammen. An Ort und Stelle dichtete der Professor die Stelle mit der Plane gut ab. „Jetzt müssen wir nur noch die Wände mit Luft füllen. Das erledigt der *Seeigel*“, erklärte Professor Fischgold. Er drückte auf einen Knopf und durch einen Schlauch, der mit dem *Seeigel* und der Rathauswand verbunden war, strömte Luft in das Gebäude. Sofort richteten sich die Wände der einzelnen Häuser nach und nach auf. Caro, Justus, Samir und Einstein konnten nun die Stadt *Aquatanien* in ihrer ganzen Pracht bewundern. „Ist das schön!“, staunten sie. „Jetzt wird aber erst einmal groß gefeiert“, schlug die Bürgermeisterin vor, „das haben wir uns alle verdient.“ Und sie feierten bis in den frühen Morgen, tanzten, lachten und schlossen viele neue Freundschaften.

„So, jetzt ist es aber an der Zeit, euch zurückzubringen“, meinte der Professor etwas traurig. „Ihr werdet sicher schon ungeduldig erwartet.“ Er startete den *Seeigel* und ohne Unterbrechungen brachte er die Kinder und Einstein an den Ort, an dem er sie zu Beginn ihrer Abenteuerreise getroffen hatte. „Macht es gut, ihr Lieben. Falls ihr wieder mal Lust auf ein Tiefseeabenteuer haben solltet, könnt ihr mich mit diesem Wasserhandy jederzeit erreichen.“ Mit diesen Worten überreichte er Caro einen kleinen Gegenstand. Jeder Einzelne umarmte den Professor fest und Einstein kuschelte sich an ihn. Dann war es so weit: Justus setzte sein Schlauchboot ins Wasser, alle stiegen ein, Einstein bekam sein Geschirr und zog das Boot Richtung Strand. Noch einmal schauten sie sich nach dem *Seeigel* um, doch außer einigen Wellenkreisen war nichts mehr zu sehen. „Was wir erlebt haben, glaubt uns keiner“, meinte Caro. „Was haben wir alles zu erzählen ...!

[3] der Schwertfisch:

[4] der Marathon: ein Lauf, der sich über 42 km erstreckt

Seite 288–289

1 Erarbeite den Text schrittweise mit der **Lesemethode für erzählende Texte.**

Folie

2 **a)** Kreuze die richtige Antwort an.
Die Häuser *Aquataniens* sind aus …
[*] **Gips** [*] **Stein** [*] **Gummi** [*] **Holz**

b) Welche der folgenden Aussagen sind richtig? Kreuze an.
Pepe ist …
[*] **Briefträger** [*] **ein Delfin** [*] **Rettungsschwimmer**
[*] **schuldbewusst** [*] **sorglos**

3 Beantworte die folgenden Fragen in vollständigen Sätzen:
- Was ist in *Aquatanien* passiert?
- An welchem Gebäude ist das Leck entstanden?
- Wer ist schuld an dem Leck?
- Womit repariert Professor Fischgold das Leck?
- Wer hilft beim Transport der Plane?

4 Pepe hat dafür gesorgt, dass die Einwohner *Aquataniens* vorübergehend obdachlos waren. Äußere dich dazu, wie du Pepes Tat einschätzt. Begründe deine Meinung.

Folie ☆

5 **a)** Bereitet zu zweit die Geschichte zum Vorlesen vor. Die **LERNBOX** hilft euch dabei.
- Teilt die Abschnitte des Textes untereinander auf.
- Wo kannst du beim Vorlesen eine Pause machen? Markiere die Stelle mit einem Schrägstrich /.
- Welche Wörter sollen besonders betont werden? Unterstreiche sie.
- Wie musst du die Sätze bei unterschiedlichen Satzzeichen betonen? Markiere die Satzzeichen farbig.

b) Übt euren Lesevortrag gemeinsam:
- Lest euch die Abschnitte abwechselnd vor.
- Der Partner, der zugehört hat, gibt Rückmeldung (sinnvolle Pausen / treffende Betonung / flüssig gelesen).

c) Lest nun die ganze Geschichte der Klasse vor.

d) Ihr könnt die Geschichte auch als Gruppe vorlesen. Teilt die sieben Abschnitte unter euch auf und lest sie jeweils der Reihe nach vor.

! LERNBOX

So liest du Texte flüssig vor:

1. Mache eine **Pause**, wenn ein Satz oder ein Gedanke zu Ende ist:
   Wider Erwarten wurde der Seeigel nicht weiter aufgehalten. /
2. **Betone Wörter**, die besonders wichtig sind. Probiere verschiedene Möglichkeiten aus:
   Wider Erwarten wurde der Seeigel nicht weiter aufgehalten.
   Wider Erwarten wurde der Seeigel nicht weiter aufgehalten.
3. Drücke bei wörtlicher Rede das passende **Gefühl** mit deiner Stimme aus: Sprich ängstlich, fröhlich, traurig …: *„Was ist denn los, Professor?", fragte Justus besorgt.*

Lernbegleitbogen *Tiefseeabenteuer*: Erdachtes erzählen

Kompetenz / Inhalt Ich kann …	Selbstein-schätzung ☺ 😐 ☹	Fremdein-schätzung ☺ 😐 ☹	Bemer-kungen	Hier kannst du weiter-üben:
eine Geschichte mithilfe einer Erzählkarte erzählen (S. 37)				
den Erzählvortrag eines anderen bewerten (S. 37)				
einen Text mit der Lesemethode erschließen (S. 38, 54): – unbekannte Wörter klären – Textstellen markieren – wichtige Informationen in Stichpunkten festhalten				SB, S. 288–289
mein Textverständnis sichern, indem ich dazu einen eigenen kurzen Text verfasse (S. 40)				
erzählerische Mittel in einem Text aufspüren (S. 41)				
einen Textanfang fortsetzen oder eine eigene Erzählung entwickeln: – dazu einen Schreibplan erstellen (S. 42–43, 45) – eine passende Überschrift formulieren (S. 43, 45) – folgende erzählerische Mittel verwenden: Gedanken und Gefühle der Personen: wörtliche Rede (S. 43, 45, 51) treffende Verben (S. 43, 45) beschreibende Adjektive (S. 43, 45) – im Präteritum schreiben (S. 43, 45)				AH, S. 13–15 AH, S. I, II
fremde oder eigene Texte mithilfe der Checkliste überarbeiten (S. 46–47)				
die Erweiterungsprobe und / oder die Ersatzprobe sowie die Umstellprobe anwenden (S. 50)				SB, S. 239 AH, S. 57
Zeichen der wörtlichen Rede richtig setzen (S. 51)				SB, S. 272 AH, S. 77–78
eine kürzere Erzählung verstehen und vorlesen (S. 52–54)				

AH = Arbeitsheft, SB = Schülerband

Trainiere die Kompetenzen, bei denen du selbst oder ein anderer ein 😐 oder ☹ eingetragen hat.
Tipps zum Üben findest du in der letzten Spalte.
→ Überprüfe anschließend dein Wissen und Können, indem du einen der **Kompetenz-Checks** bearbeitest: **Kompetenz-Check A** (Seite 48) oder **Kompetenz-Check B** (Seite 49).
Vergleiche dein Ergebnis mit dem Mustertext im Lösungsheft.

Wir sprechen von Tieren und meinen uns

1 Schaut euch die Tiere oben an. Welche Tiere erkennt ihr? Tauscht euch darüber aus.

Folie

2 **a)** Häufig ordnen wir Tieren menschliche Eigenschaften zu. Lies die folgende Liste mit Adjektiven und unterstreiche unbekannte Wörter.
schnell, stark, pfiffig, schwach, listig, dumm, stolz, mächtig, eigenwillig, herablassend, langsam, stur, fleißig, stark, faul, ausdauernd, mutig, ängstlich, störrisch, eingebildet, majestätisch ...
b) Klärt gemeinsam die Bedeutung dieser Wörter: *Listig ist man, wenn ...*
c) Schreibe zu den Tieren auf dem Bild passende Adjektive auf:
der Löwe: stark, stolz ...
d) Sammelt auf einem Plakat die Tiernamen, Bilder und Eigenschaften.

Tiere und ihre Eigenschaften

der Löwe: stark ...

☆ **3** Sammelt Redewendungen, in denen menschliche Eigenschaften Tieren zugeordnet werden: *schlau wie ein Fuchs, störrisch wie ein ...*

Tier A und Tier B stritten sich über ihre Fähigkeiten. Tier A sagte: „Sieh doch nur, wie groß und bunt meine Federn sind und wie sie glänzen, wenn ich damit ein Rad schlage!“ Tier B hatte nur schwarze Federn und konnte damit auch kein Rad schlagen. „Aber kannst du damit auch fliegen?“, wendete Tier B ein und flog davon. Tier A blieb zurück und schämte sich.

Nach Äsop

4 **a)** Lies die Fabel oben.
b) Gib den Inhalt der Fabel mit eigenen Worten wieder.

5 **a)** Welches Tier könnte Tier A sein und welches Tier B?
b) Untersuche, welche Eigenschaften die beiden Tiere in dieser Fabel haben. Begründe deine Aussagen mit passendenTextstellen.

6 Welche der folgenden Sätze passt am besten zu dieser Fabel? Begründe.
A Es kommt nicht auf das Äußere an, sondern auf das, was man kann.
B Man sollte sich nicht streiten.
C Wer schön ist, hat es leichter im Leben.

In diesem Kapitel lernst du, eine Fabel aus der Sicht eines Tieres neu zu erzählen. Dazu ist es wichtig, die Merkmale einer Fabel zu kennen.

Nur Tiergeschichten? – Merkmale von Fabeln kennenlernen

1 **a)** Schaut euch das Bild und die Überschrift unten an. Tauscht euch aus, worum es in dieser Fabel gehen könnte.
b) Lest den Text zu zweit mit Murmelstimmen.

Die Schildkröte und der Hase

Nach Äsop

Ein Hase machte sich über eine Schildkröte lustig, weil sie so langsam war. Da forderte die Schildkröte den Hasen zu einem Wettlauf auf. Der Hase hielt dies für einen Scherz, nahm aber die Herausforderung an.
Der Tag des Wettlaufs kam und das Ziel wurde bestimmt. Beide betraten zum gleichen Zeitpunkt die Bahn. Die Schildkröte kroch langsam, jedoch unermüdlich. Um die Schildkröte zu verspotten, machte der Hase unendlich viele Seitensprünge.
Schließlich legte er sich – nur noch wenige Schritte vom Ziele entfernt – in das Gras nieder und schlief vor Müdigkeit ein. Plötzlich weckte ihn der laute Jubel der Zuschauer, und er erblickte die Schildkröte bereits oben am Ziel.

2 **a)** Erkläre, woran es liegt, dass der Hase verliert. Nenne dazu Textstellen.
b) Wie würdest du den Hasen beschreiben? Nenne Eigenschaften des Hasen und begründe deine Einschätzung.

Seite 71–72

3 **a)** Diese Erzählung ist eine Fabel. Lies dazu die **LERNBOX** auf Seite 59.
b) Stelle fest, welche Merkmale auf diese Fabel zutreffen und welche fehlen. Begründe dein Ergebnis mithilfe des Textes:
Merkmal 1 trifft für diese Fabel zu, denn ...
Merkmal 2 ...

4 Der Leser dieser Fabel soll selbst überlegen, welche Lehre er aus dieser Fabel zieht. Welche Formulierung findest du zutreffend? Begründe.

A: Übermut tut selten gut.

B: Fleiß und Ausdauer werden belohnt.

C: Wer einen Gegner nicht erst nimmt, verliert den Kampf.

5 Erkläre dem Hasen in einem kurzen Brief, warum er verloren hat.

Äsop
Der Überlieferung nach war Äsop ein Sklave. Er lebte im 6. Jahrhundert vor Christus in Griechenland. Seine Fabeln wurden sehr oft nacherzählt und auch verändert.

6 Lies die Angaben über Äsop links. Berechne, wie alt diese Fabel ungefähr ist.

TIPPBOX

Zu 2 b): Du kannst aus folgenden Adjektiven wählen:
dumm, unzuverlässig, übermütig, hochmütig.

7 **a)** Lies die Überschrift der folgenden Fabel und benenne die Eigenschaften der beiden Tiere. Nutze dazu euer Plakat (Seite 56, Aufgabe **1 d)**).
b) Was könnte passieren, wenn sie aufeinandertreffen?
c) Was vermutest du jedoch aufgrund der Bilder?

A

Der Löwe und der Fuchs

Iwan Andrejewitsch Krylow

Der Fuchs, als er den König Leu[1]
erstmals im Leben sah,
starb fast vor Schreck und Scheu[2].
Als er ihn später wieder kriegte zu Gesichte,
blieb er schon mehr im innern Gleichgewichte[3].
Beim dritten Mal sodann
knüpft mit dem Löwen er
ein kleines Schwätzchen an.
Auch wir, wir fürchten manchen Knaben
nur, bis wir ihn beschnüffelt haben.

[1] der Leu: altertümliche Bezeichnung für Löwe
[2] die Scheu: hier: Angst
[3] im inneren Gleichgewicht bleiben: innerlich ruhig sein

B

8 **a)** Lies die Fabel. Welche Vermutungen zum Inhalt haben sich als richtig beziehungsweise als falsch erwiesen?
b) Vergleiche die Bilder mit den Versen und ordne sie einander zu:
Bild A: Vers 1- …, Bild B: …, Bild C: …
c) Fasse das Ergebnis dieses Zusammentreffens in einem Satz zusammen.

C

9 Erkläre die Lehre der Fabel, die in den letzten beiden Versen steht:
a) Was bedeutet „beschnüffeln" im Tierreich und welche Bedeutung hat es in dieser Fabel?
b) Erkläre, wer mit *wir* gemeint ist.
c) Gib die Lehre mit eigenen Worten wieder.

10 Nenne Situationen aus deinem Alltag, zu denen diese Lehre passt.

Weitere Übungen zur Lehre in einer Fabel findest du im Arbeitsheft. **AH, Seite 18**

! LERNBOX

Was ist eine Fabel?

1. Unter einer Fabel versteht man eine **kurz gefasste Erzählung**, die meistens von **Tieren oder Pflanzen** handelt. Diese können **wie Menschen denken, fühlen, reden** und **handeln**.
2. Häufig stehen sich Tiere / Pflanzen **mit gegensätzlichen Eigenschaften** gegenüber, z. B. *klug – dumm, schön – hässlich …*
3. Die Fabel zeigt am Beispiel der Tiere, wie sich Menschen oft verhalten. In vielen Fabeln wird am Schluss in einem Satz zusammengefasst, was die Menschen daraus lernen können (**= die Lehre**).
4. Fabeln gibt es auch als Gedicht mit Strophen, Versen und Reimen.

TIPPBOX

Zu 10:
Denke z. B. an Personen in der Schule oder in der Nachbarschaft, vor denen du großen Respekt hast.

Aktion und Gegenaktion – Fabeln untersuchen

Die beiden Ziegen

Albert Ludwig Grimm

Zwei Ziegen begegneten sich auf einem schmalen Steg[1], der über einen tiefen, reißenden Waldstrom[2] führte. Die eine wollte hinüber, die andere herüber. „Geh mir aus dem Wege!", sagte die eine. – „Das wäre mir schön!", rief die andere, „geh du zurück und lass mich hinüber! Ich war zuerst auf der Brücke." – „Was fällt dir ein?", versetzte die erste, „Ich bin so viel älter als du und sollte dir weichen? Nimmermehr[3]!" Keine wollte nachgeben. Jede wollte zuerst hinüber, und so kam es vom Zank zum Streit und zu Tätlichkeiten. Sie hielten ihre Hörner vorwärts und rannten zornig gegeneinander.
Von dem heftigen Stoße verloren beide das Gleichgewicht und sie stürzten von dem schmalen Steg hinab in den reißenden Waldstrom, aus welchem sie sich nur mit großer Anstrengung ans Ufer retteten.

Folie

[1] der Steg: eine Brücke ohne Geländer

[2] der Waldstrom: ein Fluss, der durch einen Wald fließt

[3] nimmermehr: niemals

1 **a)** Lies die Fabel still.
b) Bereitet in kleinen Gruppen die Fabel zum Vorlesen mit verteilten Rollen vor (Erzähler, Ziege A, Ziege B). Unterstreicht dazu auf einer Folie die Sätze der verschiedenen Rollen mit unterschiedlichen Farben.
c) Tragt die Fabel vor der Klasse vor. Welcher Gruppe gelingt es am besten, den Streit zwischen den Ziegen durch das Vorlesen darzustellen?

2 Diese Fabel lässt sich auch vorspielen. Bildet dazu neue Gruppen.
a) Unterteilt das Spielstück in Abschnitte (Szenen).
b) Schreibt auf jede Szenenkarte eine Überschrift und haltet fest, was in dieser Szene geschieht. Die Farben zeigen euch die Textabschnitte an.
c) Lasst mehrere Gruppen das Stück vorspielen. Sprecht die wörtlichen Reden mit euren Worten: „Hau ab! Ich will auf die andere Seite!" – „Ich zuerst!"

Szene 1: Die beiden Ziegen begegnen sich: 2 Schüler stehen sich gegenüber.

Szene 2: ...

Szene 3: ...

3 **a)** Ordnet eure Szenen-Überschriften den Aufbauschritten einer Fabel zu. Lest dazu die **LERNBOX** auf Seite 61.
b) Stellt fest, welcher Schritt in dieser Fabel fehlt.

4 **a)** Welche Lehre könnte am Schluss dieser Fabel stehen? Entscheidet in eurer Gruppe, welcher Vorschlag die Lehre der Fabel am besten trifft:
A Wenn zwei sich streiten, freut sich der Dritte.
B Der Klügere gibt bei einem Streit nach.
C Wenn in einem Streit keiner nachgibt, haben alle den Schaden.
b) Tauscht euch in der Klasse über eure Lösungen aus.

5 Beschreibe eine alltägliche Situation, auf die sich diese Lehre anwenden lässt.

☆ **6** Bringe die Fabel zu einem guten Ende. Überlege selbst, ab welcher Stelle du dazu die Fabel umschreiben musst.

Rabe und Fuchs

Nach Äsop

Ein Rabe hatte einen Käse gestohlen, flog damit auf einen Baum und wollte dort seine Beute in Ruhe verzehren. Da aber Raben beim Essen nicht schweigen können, hörte ein vorbeikommender Fuchs den Raben über dem Käse krächzen.

Er lief eilig hinzu und begann den Raben zu loben: „O Rabe, was bist du für ein wunderbarer Vogel! Wenn dein Gesang ebenso schön ist wie dein Gefieder[1], dann sollte man dich zum König aller Vögel krönen[2]!“ Dem Raben taten diese Schmeicheleien so wohl, dass er seinen Schnabel weit aufsperrte, um dem Fuchs etwas vorzusingen. Dabei fiel der Käse aus seinem Schnabel.

Den nahm der Fuchs schnell, fraß ihn und lachte über den törichten[3] Raben.

So kann es auch Menschen ergehen, die auf Schmeicheleien hereinfallen.

[1] das Gefieder: die Federn

[2] krönen: jemandem eine Krone aufsetzen, ihn zum König machen

[3] töricht: dumm

7 Bearbeite mit einem Partner die folgenden Aufgaben:

a) Nennt die Zeilen, auf die sich das Bild bezieht.

b) Beschreibt, wie der Fuchs vorgegangen ist, um an den Käse zu kommen.

c) Nennt eine Eigenschaft des Raben, die der Fuchs bei seiner List ausnutzt, und erklärt, wie diese List des Fuchses gelingt.

d) Sucht gemeinsam ein Beispiel aus dem menschlichen Bereich, auf das die Lehre dieser Fabel passt.

e) Tauscht in der Klasse eure Ergebnisse aus.

8 Überprüfe, ob du die **LERNBOX** auf diese Fabel anwenden kannst. Schreibe so:

1. Ausgangssituation: Fuchs sieht Raben mit einem Käse im Schnabel. (Zeile: ...)
2. Aktion des Fuchses: ...   Gegenaktion des Raben: ...
3. Ergebnis: ...
4. Lehre: ...

9 Gestalte zu dieser Fabel einen Comic in vier Bildern und ergänze passende Sprechblasen.

! LERNBOX

Wie ist eine Fabel aufgebaut?

Viele Fabeln haben folgenden Aufbau:

1. **Beschreibung der Ausgangssituation:**
   Wie ist die Situation zu Beginn der Fabel?
2. **Aktion eines Tieres und Gegenaktion des anderen Tieres:**
   Was macht Tier A? Wie handelt daraufhin Tier B?
3. **Ergebnis:**
   Wie ist die Situation am Ende der Fabel?
4. **Lehre:**
   Was können wir Menschen daraus lernen?

TIPPBOX

Zu 7 c):

Aus diesen Adjektiven kannst du wählen:

töricht, dumm, eitel, stolz, selbstverliebt.

Ich bin der Löwe – eine Erzählung aus der Sicht eines der Tiere planen

„Ich bin heute viel zu müde, um noch zu jagen. Also tue ich so, als wollte ich dem Pferd als Arzt helfen ..."

„Hallo, mein Freund, wie geht es dir? ..."

„Ich schaue mir wie ein Arzt den Fuß an, aber dann ..."

1 Lies die Überschrift der Fabel: Wer wird vermutlich überlegen sein?

Der Löwe und das kluge Pferd

Nach Äsop

Ein Löwe sah ein Pferd auf der Wiese grasen. Um es zu täuschen, näherte er sich ihm freundlich und sagte, er sei Arzt.

Das Pferd durchschaute seine List und ihm kam ein guter Gedanke. Das Pferd hob seinen rechten Hinterhuf und sagte: „Bruder, bitte hilf mir doch und befreie mich von dem Dorn in meinem Fuß."

Der Löwe trat näher und tat, als wollte er den Fuß untersuchen. Da gab ihm das Pferd schnell einige grobe Huftritte vor die Stirn, sodass der Löwe zusammenbrach und lange Zeit ohnmächtig dalag.

Als er wieder zu sich kam, sah er weit und breit kein Pferd mehr, fühlte aber Kopf, Gesicht und Körper zerschlagen und sprach: „Sonst bin ich immer als wütender Angreifer gekommen, heute aber als Freund und Arzt. Ich hätte lieber als Feind kommen sollen."

2 **a)** Erschließe die Fabel und fasse jeden Handlungsschritt in einer Überschrift zusammen: 1. Der Löwe gibt sich dem Pferd als Arzt aus. 2. ...
b) Vergleiche deine Überschriften mit denen eines Partners.
c) Tauscht euch aus, worin die List des Pferdes besteht.
d) Welche Lehre hat der Löwe aus diesem Erlebnis gezogen? Gib die Lehre in der Ich-Form wieder: Das nächste Mal werde ich ...

Folie

3 **a)** Erzähle die Fabel aus der Sicht des Löwen. Lies die **LERNBOX**.
b) Untersuche, zu welchen Textstellen die Denkblasen und die Sprechblasen oben jeweils passen. Unterstreiche die Textstellen und ergänze den Text in den Denk- und Sprechblasen.
c) Schreibe zu weiteren Textstellen Denk- oder Sprechblasen auf: Zu Z. ...: „..."

LERNBOX

Was heißt es, eine Fabel aus der Sicht eines der Tiere zu erzählen?

1. Fabeln sind sehr kurz erzählt und stehen in der **Er-/Sie-Form**.
2. Um eine Fabel aus der Sicht eines der Tiere (hier: des Löwen) zu erzählen, musst du dich **in die Rolle dieses Tieres versetzen** und in der **Ich-Form** erzählen: *Ich, der berühmte Löwe Leo, hatte heute einen ganz schlechten Tag, und das kam so: ...*
3. Verwende **wörtliche Rede**, um die Gedanken und Gefühle dieses Tieres auszudrücken. Dadurch erklärst du, was dieses Tier will und warum es etwas tut.
4. Über das andere Tier (hier: das Pferd) kannst du nur schreiben, was es tut oder was es sagt, nicht aber, was es denkt.

TIPPBOX

Zu 2 a): Ordne die Überschriften in der richtigen Reihenfolge:
- *Das Pferd zeigt dem Löwen seinen Fuß.*
- *Der Löwe gibt sich als Arzt aus.*
- *Der Löwe will in Zukunft wie früher jagen.*
- *Der Löwe bekommt Hufschläge auf den Kopf.*

4 Plane deine Erzählung der Fabel aus der Sicht des Löwen.

a) Lies die **LERNBOX** und beantworte anschließend mit einem Partner die folgenden Fragen zum Schreibplan:
- Wo sind die Handlungsschritte angegeben?
- Was denkt / sagt der Löwe?
- Was sagt das Pferd?

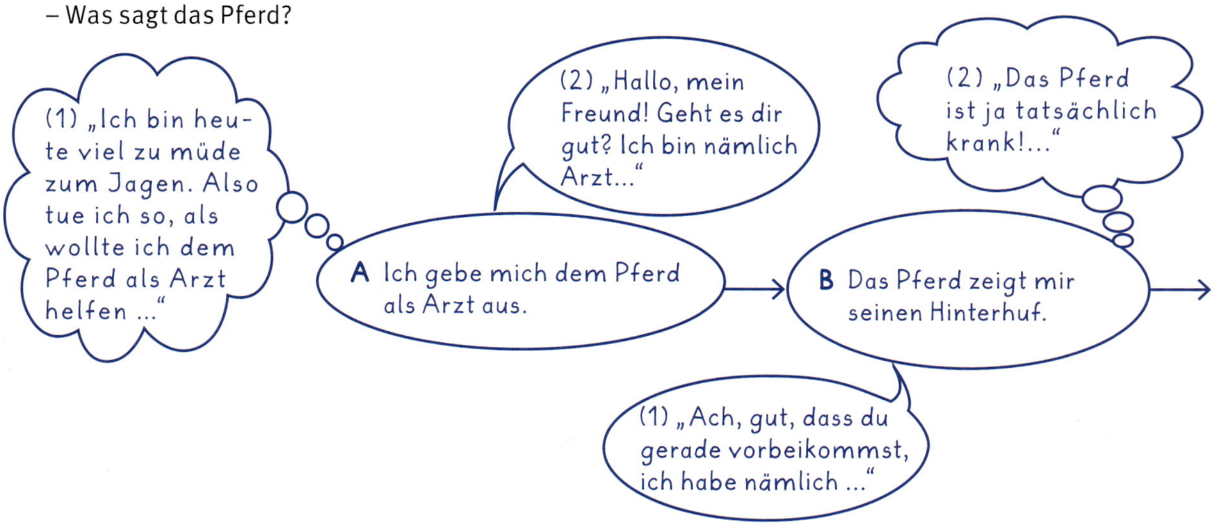

b) Lege auf einer querliegenden A4-Seite deinen Schreibplan an. Du kannst diesen Anfang übernehmen oder einen eigenen Vorschlag entwickeln.

5 Du kannst die Fabel auch aus der Sicht des Pferdes erzählen. Lege dir zur Vorbereitung einen Schreibplan an.

LERNBOX

So planst du die Erzählung der Fabel aus der Sicht eines der Tiere:
1. Lege einen **Schreibplan** an, indem du in Kreisen die Abfolge der Handlungsschritte der Fabel wiedergibst. Verändere Handlung und Lehre nicht.
2. Schreibe die **Handlungsschritte in der Ich-Form** auf.
3. Überlege zuerst aus der **Sicht deines Tieres Denk- und Sprechblasen**, z. B. *Warum will der Löwe das Pferd täuschen? Warum will er sich als Arzt ausgeben?*
4. Ergänze, was **das andere Tier sagt** oder antwortet.

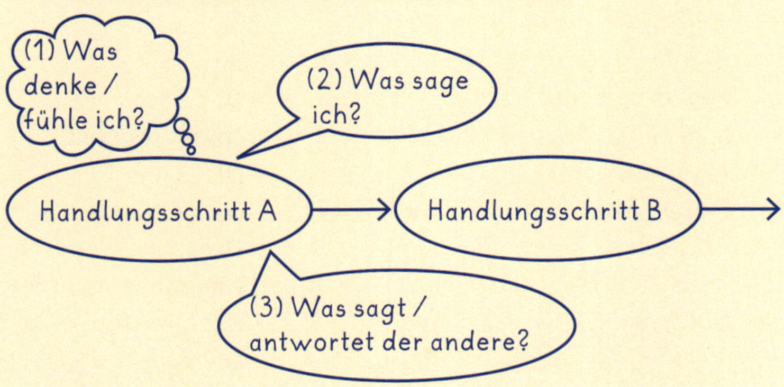

TIPPBOX

Zu 4 b):
Lass dich von folgenden Beispielsätzen für Gedanken und Gefühle des Löwen anregen:
- *„Das läuft ja wie geschmiert!"*
- *„Jetzt muss ich mich nur wie ein Arzt verhalten und mir ganz ruhig den Fuß des Pferdes anschauen."*
- *„Was ist denn jetzt passiert? Das Pferd ist weg und mir tun alle Knochen weh."*

Plötzlich passierte es – lebendig und anschaulich erzählen

1 **a)** Lest in Partnerarbeit die beiden Anfänge abwechselnd vor.
b) Welchen Anfang würdet ihr gerne weiterlesen? Begründet eure Meinung.

Als ich einmal ein Pferd jagen wollte

Vor einigen Tagen sah ich ein Pferd auf der Wiese stehen. Ich hatte eine gute Idee, wie ich mich dem Pferd nähern konnte. Ich sagte dem Pferd, dass ich ein Arzt bin. Das Pferd schaute mich an. Das Pferd sagte dann: „Ich habe hinten rechts einen Dorn im Fuß.“ ...

Pech gehabt

Gestern hab ich, der gefürchtete Löwe, mich schrecklich blamiert. Den ganzen Tag war ich herumgelaufen. Hungrig machte ich mich abends auf den Heimweg, als ich plötzlich auf einer Wiese ein Pferd sah. „Das wäre jetzt ein richtiger Sonntagsbraten“, dachte ich bei mir, „nur wie komme ich an das Pferd heran? Zum Jagen bin ich zu müde.“ Da hatte ich auf einmal die gute Idee, mich als Arzt auszugeben. Also sagte ich zum Pferd: „Hallo mein Freund, wie geht es dir? Ich hoffe gut. Wenn nicht, dann helfe ich dir gerne, denn ich bin ein erfahrener Pferdearzt“. Das Pferd schaute mich zuerst misstrauisch an. Dann aber sagte es: „Du kommst ja wie gerufen, denn ich habe hinten einen Dorn im rechten Fuß. Kannst du mir den rausziehen?“ ...

2 **a)** Untersuche, wodurch der zweite Textanfang anschaulicher wirkt. Lies dazu die **LERNBOX**.
Folie
b) Unterstreiche die Textstellen, die den Text lebendig und anschaulich machen
c) Tauscht eure Beobachtungen in der Klasse aus. Nennt gelungene Stellen.

3 **a)** Erzähle selbst die Fabel von Seite 62 neu. Verwende deinen Schreibplan.
b) Erzähle die Fabel aus der Sicht des Pferdes.

AH, S. 19–20 Weitere Übungen zum Erzählen einer Fabel findest du im Arbeitsheft.

Seite 202–203

LERNBOX

So erzählst du lebendig und anschaulich:
1. Wähle eine **Überschrift,** die neugierig macht.
2. Schreibe in der **Ich-Form** und verwende das **Präteritum:** *Heute sah ich auf einer Wiese...*
3. **Schmücke die Handlungsschritte aus,** ohne die Handlung zu verändern: *Wann und wo geschieht die Handlung? Was ging voraus?*
4. Verwende **wörtliche Rede,** um die Gedanken und Gefühle der Tiere wiederzugeben. Beachte dabei die Regeln der Zeichensetzung.
5. Verwende treffende **Verben,** anschauliche **Adjektive** und **Spannungswörter** (*auf einmal, plötzlich ...*).
6. Vermeide gleiche **Satzanfänge.**

Seite 70

Eine neu erzählte Fabel überarbeiten

Die beiden Frösche

Nach Äsop

Zwei Frösche, deren Teich die heiße Sommersonne ausgetrocknet hatte, gingen auf die Wanderschaft. Gegen Abend kamen sie in die Kammer[1] eines Bauernhofs und fanden dort einen großen Krug mit Milch vor, die zum Abrahmen[2] aufgestellt worden war. Sie hüpften sogleich hinein und ließen es sich schmecken.

Als sie ihren Durst gestillt hatten und wieder ins Freie wollten, konnten sie es nicht: Die glatte Wand des Kruges war nicht zu bezwingen, und sie rutschten immer wieder in die Milch zurück.

Viele Stunden mühten sie sich nun vergeblich ab, und ihre Schenkel wurden allmählich immer matter. Da quakte der eine Frosch: „Alles Strampeln ist umsonst, das Schicksal ist gegen uns, ich gebe auf!"

Er machte keine Bewegung mehr, glitt auf den Boden des Gefäßes und ertrank. Sein Gefährte aber kämpfte verzweifelt weiter bis tief in die Nacht hinein. Da fühlte er den ersten festen Butterbrocken unter seinen Füßen. Er stieß sich mit letzter Kraft ab und war im Freien.

[1] die Kammer: ein Raum für Vorräte

[2] das Abrahmen: Frische Kuhmilch ist sehr fett. Daher gab man früher die Milch in einen Krug, in der das Fett (= die Sahne) sich oben absetzte und abgenommen werden konnte. Wenn man diese Sahne sehr lange schlägt, wird sie fest und es entsteht Butter.

1 **a)** Erschließe die Fabel mit der **Lesemethode für erzählende Texte.** Seite 288–289
b) Schreibe zu jedem Handlungsschritt eine zusammenfassende Überschrift auf.

2 **a)** Was können wir Menschen von diesem Beispiel lernen? Formuliere mit eigenen Worten eine Lehre.
b) Sammelt eure Vorschläge für die Lehre an der Tafel und sprecht darüber: Welche Formulierungen treffen die Lehre gut?

3 Erzähle diese Fabel aus der Sicht des überlebenden Frosches:
a) Lege in einem Schreibplan die Handlungsschritte fest und ergänze Denk- und Sprechblasen (siehe **LERNBOX**, S. 63).
b) Schreibe deinen Entwurf lebendig und anschaulich (siehe **LERNBOX**, S. 64).

TIPPBOX

Zu 1 b): Nutze die folgenden Überschriften:
Der eine Frosch gibt auf. – Sie kommen aus dem Krug nicht mehr heraus. – Die Frösche finden einen Krug mit Milch. – Der andere Frosch kann sich retten.
Zu 2 a): Setze einen der folgenden Sätze fort:
Auch in schwierigen Situationen ... Wer die Hoffnung nicht aufgibt, ...
Zu 3 a): Mache dir Gedanken zu folgenden Fragen:
Was denke / fühle ich? Was sage ich? Was sagt der andere?

Ein Schüler hat die Fabel *Die beiden Frösche* von Seite 65 neu erzählt.

Überschrift passt nicht!

Erzählform!

Wortwiederholungen!

Was hat der Frosch gefühlt, gedacht, gesagt, gerufen? → wörtl. Rede

Zeitform!

Gleiche Satzanfänge!

Spannungsmacher ergänzen

Vergeblicher Kampf

Im letzten Sommer war es so heiß, dass unser Teich austrocknete. Daher beschlossen mein Froschfreund und ich wegzuwandern.

Als es schon Abend wurde, kamen wir an einem Bauernhaus vorbei. Dort sprangen sie durch die offene Tür und entdeckten in einer Kammer einen Krug mit Milch. Mein Freund sprang sofort in die Milch und begann, gierig zu trinken. Ich sprang hinterher.

Als die beiden Frösche sich endlich satt getrunken hatten, wollten sie wieder aus dem Krug herausspringen und weiterwandern. Wir strampelten, aber an der glatten Wand des Kruges konnten wir uns nicht abstoßen. So versuchten wir schon über mehrere Stunden, uns zu befreien, als mein Freund sagt: „Was soll das Strampeln, das Schicksal ist gegen uns. Ich gebe auf." Ich wollte ihn noch davon abhalten, aber mein Freund war schon in der Milch verschwunden.

Ich kämpfte verzweifelt weiter. Ich wollte auf keinen Fall aufgeben und so verging eine weitere Stunde, in der ich in der Milch strampelte. Ich merkte, dass die Milch langsam fester wurde. Ich fühlte erste Butterbröckchen unter meinen Füßen. Obwohl ich schon fast am Ende meiner Kräfte war, machte ich weiter. Und tatsächlich: Mit jedem Schlag meiner Beine entstand immer mehr feste Butter. Endlich konnte ich mich abstoßen und aus dem Krug springen.

Seite 70

4 **a)** Überarbeite die Neuerzählung der Fabel mithilfe der **CHECKLISTE**.
b) Schreibe den Text überarbeitet auf.

5 Überarbeite deinen eigenen Entwurf aus Aufgabe **3 b)** (Seite 65) mithilfe der **CHECKLISTE**.

CHECKLISTE

Eine neu erzählte Fabel überarbeiten

1. Macht deine **Überschrift** neugierig?
2. Hast du alle **Handlungsschritte** der Fabel berücksichtigt?
3. Erzählst du aus der Sicht eines Tieres in der **Ich / Wir-Form** und behältst diese Erzählform bei?
4. Hast du in **wörtlicher Rede** die Gedanken und Gefühle des Tieres, aus dessen Sicht du schreibst, sowie Gespräche zwischen den Tieren wiedergegeben? Hast du dabei die Zeichensetzung der wörtlichen Rede beachtet?
5. An welchen Stellen kannst du die Erzählung durch treffende **Verben** und anschauliche **Adjektive** sowie **Spannungsmacher** lebendiger gestalten?
6. Wo kannst du **Wortwiederholungen** und **gleiche Satzanfänge vermeiden?**
7. Hast du (außer in der wörtlichen Rede) im **Präteritum** erzählt?

TIPPBOX

Zu 4 a):

- Formuliere eine Überschrift, die für beide Frösche passt.
- Erläutere durch wörtliche Rede, was der überlebende Frosch zum verzweifelten Frosch sagte.
- Drei Sätze beginnen gleich. Setze ein anderes Satzglied an den Satzanfang.
- Im 2. und im 3. Absatz wird die Ich / Wir-Form nicht beibehalten.

Kompetenz-Check A: eine Fabel aus der Sicht eines der Tiere neu erzählen

Der Hund und der Rabe

Ein Hund saß angebunden an einem Pflock vor seinem gefüllten Fressnapf. Gerade als er gierig anfangen wollte zu fressen, kam ein Rabe herangeflogen und setzte sich vor dessen Nase.

Wütend versuchte der Hund den Raben wegzujagen. Der aber begann langsam im Kreis zu laufen, immer bedacht, dem Hund nicht zu nahe zu kommen.

Der Hund regte sich immer mehr auf und setzte dem Raben nach. Er merkte aber nicht, dass er sich mit der Leine immer mehr am Pflock aufwickelte.

Schließlich bestand so viel Abstand vom Hund zum Fressnapf, dass der Rabe ohne Gefahr sich satt fressen konnte.

Daran kann man sehen, dass Wut blind und Hunger erfinderisch macht.

Erzähle die Fabel aus der Sicht des Raben. Bearbeite dazu die Aufgaben.

1 **a)** **Erschließe** die Fabel und notiere die Handlungsschritte.

2 **a)** Plane deinen Text. Lege dir einen Schreibplan an, der die Handlungsschritte in der Ich-Form wiedergibt.
b) Ergänze zu jedem Handlungsschritt Denk- und Sprechblasen:
- Was denkt und fühlt der Rabe, als er den Hund sieht?
- Was sagt der Hund, als der Rabe an sein Fressen will?
- Mit welchen Worten reizt der Rabe den Hund? ...

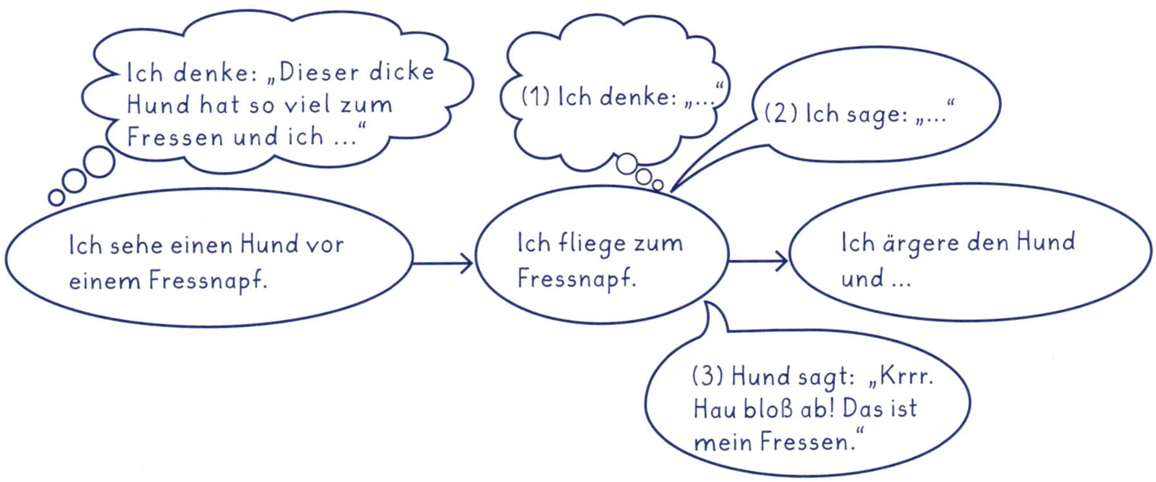

3 Schreibe einen Entwurf in der Ich-Form. Schmücke die Erzählung aus (Wo treffen die beiden Tiere aufeinander? Wie sieht der Hund aus? ...) und erzähle lebendig und anschaulich. So kannst du beginnen:
Ich wollte gerade zu meinem Nest fliegen, da sah ich unter mir einen randvoll gefüllten Fressnapf. Leider saß davor ein ziemlich großer Hund ...

4 **a)** Überarbeite deinen Text mithilfe der **CHECKLISTE** von Seite 66.
b) Schreibe deinen Text leserlich und fehlerfrei ab.

Kompetenz-Check B: eine Fabel aus der Sicht eines der Tiere neu erzählen

Der Fuchs und der Storch

Nach Äsop

Ein Fuchs hatte einen Storch zu Gaste gebeten und setzte die leckersten Speisen vor, aber nur auf ganz flachen Schüsseln, aus denen der Storch mit seinem langen Schnabel nichts fressen konnte. Gierig fraß der Fuchs alles allein, obgleich er den Storch unaufhörlich bat, es sich doch schmecken zu lassen.

Der Storch fand sich betrogen, blieb aber heiter, lobte außerordentlich die Bewirtung und bat seinen Freund auf den andern Tag zu Gaste. Der Fuchs mochte wohl ahnen, dass der Storch sich rächen wollte, und wies die Einladung ab. Der Storch ließ aber nicht nach, ihn zu bitten, und der Fuchs willigte endlich ein.

Als er nun anderen Tages zum Storche kam, fand er alle möglichen Leckerbissen aufgetischt, aber nur in langhalsigen Geschirren. „Folge meinem Beispiele", rief ihm der Storch zu, „tue, als wenn du zu Hause wärest." Und er schlürfte mit seinem Schnabel ebenfalls alles allein, während der Fuchs zu seinem größten Ärger nur das Äußere der Geschirre belecken und das Essen nur riechen konnte. Hungrig stand er vom Tische auf und gestand ein, dass ihn der Storch für seine Bosheit gerecht bestraft habe.

Was du nicht willst, dass man dir tu', das füg' auch keinem anderen zu.

Erzähle die Fabel aus der Sicht des Fuchses oder des Storches. Bearbeite dazu die folgenden Aufgaben.

1 **Erschließe** die Fabel und notiere die Handlungsschritte.

2 **a)** Plane deinen Text. Lege dir dazu einen Schreibplan an, der die Handlungsschritte in der Ich-Form wiedergibt.
b) Ergänze zu jedem Handlungsschritt Denk- und Sprechblasen, die erkennen lassen, warum die beiden Tiere sich so verhalten.

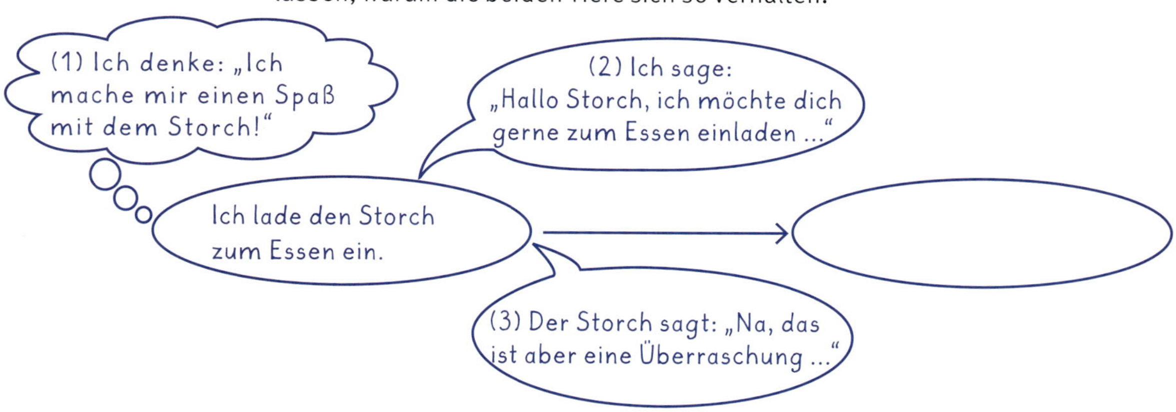

3 Schreibe einen Entwurf in der Ich-Form. Erzähle lebendig und anschaulich.

4 **a)** Überarbeite deinen Text mithilfe der **CHECKLISTE** von Seite 66.
b) Schreibe deinen Text leserlich und fehlerfrei ab.

Im Blickpunkt: Sprache betrachten

Sprache verändert sich

1 Schaut euch das Bild an und äußert eure Vermutungen zu folgender Frage: Warum lässt der Hund das Stück Fleisch ins Wasser fallen?

2 Lies am Rand die Angaben über den Autor der Fabel. Wie viele Jahre liegen zwischen der Übersetzung des Textes und heute?

3 **a)** Lest den Text zu zweit mit Murmelstimme.
b) Sprecht über die Besonderheiten dieses Textes.

Der Hund im Wasser

Martin Luther

Es lieff ein hund durch ein wasser strom[1] und hatte ein stück fleischs ym maul / Als er aber den schemen[2] vom fleisch ym wasser sihet / wehnet[3] er / es were auch fleisch / und schnappet gyrig darnach / Da er aber das maul aufftthet / entfiel ym das stück fleischs und das wasser fürets weg / Also verlor er beides fleisch und schemen

[1] der wasser strom: der Fluss

[2] der schemen: das Spiegelbild

[3] wehnet = wähnte = glaubte

4 Martin Luther hat diese Fabel in der Sprache seiner Zeit aufgeschrieben. Schreibe sie so auf, wie man sie heute erzählen würde. Gehe so vor:
a) Unterstreiche auf einer Folie alle Ausdrücke, die dir fremd vorkommen.
b) Überlege, wie diese Ausdrücke heute gesprochen und geschrieben werden. Schreibe sie heraus und setze die heutige Schreibweise dahinter: lieff = lief.
c) Unterstreiche auf einer Folie alle Nomen, die wir heute großschreiben, mit ihren Signalwörtern. Lies dazu die LERNBOX auf der Seite 259.
d) Luther trennt Sinneinheiten durch einen Schrägstrich (/). Kennzeichne auf einer Folie, an welcher Stelle wir heute einen Punkt oder ein Komma setzen.
e) Schreibe die Fabel in der heutigen Schreibweise auf.

5 Überprüft eure Vermutungen und aus Aufgabe **1** und sprecht über die Lehre der Fabel.

6 Früher wurde in den Endungen des Präsens häufig ein *e* eingefügt: *sihet, schnappet* ... Denkt euch Pausensätze in der Sprache Luthers aus: *Wann kommest du nach Hause? Das hänget vom Bus ab, ob er pünktlich kommet* ...

TIPPBOX

Zu 4 b): Heute lauten die Ausdrücke so: *lief – im – sieht – wähnte (= glaubte) – wäre – schnappte – gierig – auftat – ihm – führte es – so*

Martin Luther
lebte von 1483 bis 1546. Er übersetzte die Bibel aus dem Griechischen ins Deutsche. Viele Menschen konnten nun die Bibel selbst lesen. Diese Fabel, die ursprünglich von Äsop stammt, übersetzt Luther im Jahr 1530 aus dem Griechischen.

Im Blickpunkt: richtig schreiben

Zeichen der wörtlichen Rede überprüfen

Eine erfolgreiche List

Gestern lief ich ziemlich hungrig durch den Wald. Da hörte ich auf einmal
Z1, Z2 ganz in der Nähe einen Raben krächzen. „Oh, dachte ich „das klingt so, als
ob ein Rabe etwas frisst.“ Vorsichtig schlich ich mich heran und tatsäch-
lich saß auf einem Ast ein Rabe mit einem Käse im Schnabel. Da fiel mir
Z3 ein guter Rat meines Großvaters ein. „Merke dir“ hatte er mir einmal
Z4 gesagt, Raben sind zwar klug, aber auch sehr eitel.“
Z5 Ich schlich also unter den Ast, räusperte mich und sagte „Hallo, nein was
bist du für ein schöner Vogel, diese glänzenden Federn, diese funkelnden
Z6 Augen! Beinahe hätte ich laut gelacht, aber ich riss mich zusammen und
Z7, Z8 fuhr fort Kannst du nicht auch singen? Wenn ja, dann sollte man dir beim
nächsten Vogel-Casting den ersten Preis geben.“
Der Rabe holte tief Luft und schrie: „Ich bin der größte Rapper aller
Z9 Zeiten. Dabei fiel jedoch der Käse herunter. Schnell schnappte ich mir
Z10, Z11 den Käse und fraß ihn auf. „Vielen Dank“ rief ich ihm noch zu „wenn ich
beim nächsten Casting Schiedsrichter bin, kriegst du meine Stimme.“

Seite 61

1 Überprüfe im Text die Zeichensetzung der wörtlichen Rede. Gehe so vor:
a) Lies die LERNBOX.
b) Unterstreiche Begleitsätze und wörtliche Reden mit verschiedenen Farben.
c) Überprüfe, ob alle Zeichen (Anführungsstriche, Doppelpunkte, Satzschlusszeichen, Kommas) richtig gesetzt worden sind.
d) Schreibe alle Beispiel richtig auf und markiere die Zeichensetzung.

Seite 272

2 Formuliere Begleitsatz und wörtliche Rede in den Zeilen 7–9, 9–11 und 14–15 so um, dass der Begleitsatz zwischen der wörtlichen Rede steht, und schreibe die Sätze mit richtiger Zeichensetzung auf.

LERNBOX

Zeichensetzung bei wörtlicher Rede

Unter wörtlicher Rede versteht man Redebeiträge und Gedanken.

1. **Wörtliche Rede mit nachgestelltem Begleitsatz:**
   „Ich sollte ihn zum Singen auffordern“, dachte der Fuchs.
   „Ist das laut genug?“, fragte der Rabe.
   „Sing noch einmal ganz laut!“, forderte der Fuchs den Raben auf.
2. **Vorangestellter Begleitsatz und wörtliche Rede:**
   Der Fuchs dachte: „Ich sollte ihn zum Singen auffordern.“
   Der Rabe fragte: „Ist das laut genug?“
   Der Fuchs antwortete: „Sing noch einmal ganz laut!“
3. **Begleitsatz zwischen der wörtlichen Rede:**
   „Wenn du noch lauter singst“, sagte der Fuchs, „bist du der Größte.“

TIPPBOX

Zu 1 c):
Du musst ergänzen:
- 2 Doppelpunkte,
- 2 x Anführungsstriche unten,
- 3 x Anführungsstriche oben,
- 4 Kommas zur Abtrennung des Begleitsatzes von der wörtlichen Rede.

Der Hase und die Schildkröte

Tony Ross

Eines Abends saßen Hase und Schildkröte friedlich bei einem Glas zusammen, und das Gespräch drehte sich wie gewöhnlich um den Sport. Der Hase, auch wie gewöhnlich, prahlte mit seinen Fähigkeiten im Kricket[1], im Billard[2], im Pfeilewerfen ... eben in allem. Dabei klopfte er mit seinem Finger unablässig auf den Panzer der Schildkröte, bis es der Schildkröte reichte.

„Bei diesen Spielereien magst du ja ganz leidlich sein", blaffte sie, „aber der bessere Sportler von uns beiden bin ich."

In der Bar wurde es totenstill. Die Schildkröte wünschte, sie hätte ihren Mund gehalten. Der Hase wollte seinen langen Ohren nicht trauen. „Du meinst rennen, ja?", vergewisserte er sich.

„Rennen!" Die Schildkröte schluckte. „Du verstehst vielleicht was von angeschnittenen Bällen, aber ich kann schneller laufen als du!"

Prompt wurde für den nächsten Tag ein Wettrennen angesetzt. Die Schildkröte begab sich heimwärts und fragte sich, als sie zu Bett ging, wie es ihr einfallen konnte, derart lächerliche Behauptungen aufzustellen.

Anderntags übernahm es der Maulwurf, der eine Startpistole besaß, eine 1 500-Meter-Strecke abzustecken. Hase und Schildkröte legten die Trainingsanzüge ab und gingen zum Start. Der Maulwurf hielt seine Pistole in die Luft und drückte ab. Wie von der Tarantel[3] gestochen, schoss der Hase davon. Als er in die erste Kurve ging, kämpfte die Schildkröte noch immer mit den Startblöcken.

Nach den ersten tausend Metern blieb der Hase stehen und drehte sich um. Von der Schildkröte war nichts zu sehen. „So macht das keinen Spaß", murrte er. „Die Schildkröte soll sehen, wie ich gewinne! Ich warte hier, bis sie aufgeholt hat."

Mit diesen Worten setzte er sich unter einen Baum und ließ sich von der Sonne einschläfern.

Zwanzig Minuten später kam die Schildkröte herangeschnauft. Der Hase richtete sich auf und winkte ihr zu, als sie vorüberkroch. „Dann woll'n wir mal", sagte er und sprang auf.

Was er nicht bemerkt hatte, war der Ast, der sich direkt über ihm befand. Er knallte mit seinem dummen Kopf dagegen und fiel um.

Die Schildkröte schleppte sich weiter in Richtung Ziel. Der Hase, als er wieder

[1] das Kricket: beliebtes Ballspiel in England

[2] das Billard: ein Spiel, bei dem mit einem Stock Kugeln in Löcher gestoßen werden

[3] die Tarantel: giftige Spinnenart

bei sich war, nahm die Verfolgung auf, doch er kam zu spät. Die Schildkröte hatte die Ziellinie bereits überquert, sie war Trägerin der Blattgoldmedaille geworden und lockerte sich mit ein paar Liegestützen.
Als der Hase, verschwitzt und wütend, unter dem Jubel der Menge die Ziellinie passierte, hob die Schildkröte den Kopf. „Wie bist du im Hochsprung?“, fragte sie fröhlich.

1 Der Hase prahlt mit seinen sportlichen Fähigkeiten. Welche Sportarten werden im Text erwähnt?

A Schwimmen
B Billard
C Fußball
D Kricket
E Pfeilewerfen
F Tennis

2 **a)** Die Schildkröte ist über ihre Herausforderung gar nicht glücklich. Nenne zwei Textstellen, aus denen das deutlich wird.
b) Erkläre, warum sie sich zu dieser Herausforderung hinreißen lässt.

3 In dem Text wird angegeben, warum der Hase auf die Schildkröte warten will. Gib die entsprechenden Zeilen dazu an.

4 **a)** Zu der Erzählung gibt es in diesem Kapitel eine passende Fabel von Äsop. Gib an, auf welcher Seite sie steht.
b) Nenne die Gründe für das Zuspätkommen des Hasen
– in der Fabel von Äsop,
– in der Erzählung von Tony Ross.

5 Tony Ross hat die Fabel in seiner Geschichte ausgeschmückt. Nenne dafür drei Beispiele, die dir besonders gefallen haben.

6 Stell dir vor, du bist Sportreporter. Führe entweder mit dem Hasen oder mit der Schildkröte ein Interview, in dem du sie nach den Gründen der Niederlage beziehungsweise des Sieges fragst. So kannst du beginnen:
Reporter: Ja, Herr Lampe, das ist für Sie sicherlich eine bittere Niederlage, dabei hatte es am Anfang doch für Sie so gut ausgesehen. Woran hat es gelegen?
Hase: Ich will zunächst meiner Gegnerin gratulieren. Sie hat gewonnen, da gibt es keinen Zweifel. Aber zurück zu Ihrer Frage …

Lernbegleitbogen *Wir sprechen von Tieren und meinen uns*: eine Fabel aus der Sicht eines der Tiere neu erzählen

Kompetenz / Inhalt Ich kann ...	Selbsteinschätzung ☺ 😐 ☹	Fremdeinschätzung ☺ 😐 ☹	Bemerkungen	Hier kannst du weiterüben:
eine Fabel erschließen und dabei				
– die Eigenschaften der Tiere benennen (S. 56–57)				SB, S. 58, 61 AH, S. 17
– die Merkmale einer Fabel benennen (S. 58–59)				
– die Lehre einer Fabel formulieren und auf eine alltägliche Situation übertragen (S. 58–59)				SB, S. 60–61 AH, S. 18
– den Aufbau einer Fabel wiedergeben (S. 60–61)				
eine Fabel aus der Sicht eines Tieres neu erzählen und dazu				
– die Handlungsschritte der Fabel erkennen (S. 62)				SB, S. 65, 288–289 AH, S. 19–20
– einen Schreibplan anlegen (S. 63)				SB, S. 65 AH, S. 19–20 AH, S. IX, X
– in der Ich-Form erzählen (S. 63)				
– in wörtlicher Rede Gedanken und Gefühle wiedergeben (S. 63)				SB, S. 65, 202–203 AH, S. 19–20
– durch treffende Verben, anschauliche Adjektive und Spannungswörter den Text lebendig und anschaulich gestalten (S. 64)				SB, S. 65
– eine passende Überschrift einsetzen (S. 64)				
– einen Entwurf mithilfe der Checkliste überarbeiten (S. 65–66)				
– am Beispiel einer Fabel von Martin Luther erkennen, dass sich Schreibweisen im Lauf der Zeit verändern (S. 69)				
– die Zeichensetzung der wörtlichen Rede überprüfen (S. 70)				SB, S. 272, 274 AH, S. 77
– eine Erzählung verstehen und dies durch die Beantwortung von Fragen nachweisen (S. 71–72)				

AH = Arbeitsheft, SB = Schülerband

Trainiere die Kompetenzen, bei denen du selbst oder ein anderer ein 😐 oder ☹ eingetragen hat. Tipps zum Üben findest du in der letzten Spalte. → Überprüfe anschließend dein Wissen und Können, indem du den **Kompetenz-Check A** (Seite 67) oder den **Kompetenz-Check B** (Seite 68) bearbeitest. Vergleiche dein Ergebis mit dem Mustertext im Lösungsheft.

Schloss BOITZENBURG: Schlafen wie die Grafen

Wälder mit uralten Bäumen, sanfte Hügel, fischreiche Seen, verschlafene Ortschaften und eine Pflanzen- und Tierwelt, die in Deutschland nur noch selten zu finden ist. Das ist die Uckermark in Brandenburg. In dieser wunderschönen Landschaft steht das malerische Kinderschloss. Hier könnt ihr viele Dinge erleben:

- wandern, grillen oder eine Disko veranstalten
- die brandenburgischen Städte besichtigen und Stadtrallyes durchführen (Templin etc.)
- ausgedehnte Kanutouren machen
- Reitunterricht nehmen und Ausritte machen
- in der Zauberschule kniffelige Tricks lernen
- in der Zirkusschule Akrobatik ausprobieren
- einen Fotokurs machen und noch vieles mehr ...

Wir organisieren eure Klassenfahrt und richten uns ganz nach euren Wünschen!

Und schon geht die Reise los ...

1 Auf einer Reise kann man viel erleben. Schau dir die Fotos an und erzähle, was die Kinder auf den Bildern tun und wie sie auf dich wirken.

2 Tauscht euch zu zweit über eure letzte Klassenfahrt oder euren letzten Tagesausflug aus: Wohin seid ihr gefahren? Wie lange hat eure Fahrt gedauert? Woran erinnerst du dich besonders gerne? Was hättest du dir anders gewünscht?

3 **a)** Lies die Überschriften der drei Anzeigen. Welche Ziele werden vorgestellt?
b) Sprecht darüber, welches Reiseziel euch besonders anspricht.

4 Untersuche die Texte nun genauer. Gehe so vor:
a) Finde heraus, was in den Anzeigen angeboten wird. Übertrage dazu die Tabelle auf Seite 75 in dein Heft.
b) Schreibe heraus, wie die Schülerinnen und Schüler untergebracht sind und welche Sehenswürdigkeiten und Freizeitangebote es gibt.

Was raschelt im Stroh? – Klassen auf dem Bauernhof

Was frisst ein Schwein, wie viel Milch gibt eine Kuh? Wie fühlt sich Schafwolle an? Was ist ein Knick? Woher kommen die Steine auf den Äckern? Aktives Erleben mit allen Sinnen weckt Neugier und Wissensdurst. Bei uns in Schleswig-Holstein könnt ihr auf einer Klassenfahrt Themen rund um Natur, Landwirtschaft und Umwelt intensiv erleben. Untergebracht seid ihr auf einem großen Bauernhof und ihr könnt sogar im Stroh schlafen. Das Essen bereitet ihr aus landwirtschaftlichen Produkten selbst zu, macht vielleicht ein Picknick im Maisfeld. Ihr lernt Trecker fahren, könnt Kühe melken und Kälbchen die Flasche geben. Außerdem lernt ihr viel über Tierhaltung …
Wendet euch unter dem Stichwort „Schulklassen auf dem Bauernhof" an Frau Diana Schneider. Wir freuen uns auf euch!

Adventure-Camp im Sauerland

Wollt ihr mit uns ein Floß bauen? Oder lieber einen Ausflug mit Sesselbahnfahrt, Hochheideturm, Glasbläserei und Sommerrodelbahn unternehmen?
Wir bieten euch eine aufregende Klassenfahrt nach Willingen ins Hochsauerland. Ihr wohnt in Zelten und kocht im Küchenzelt oder über offenem Feuer. Natürlich machen wir auch eine aufregende Nachtwanderung und schlafen in einem selbstgebauten Biwak. Zum Programm gehören auch das Klettern in einem Hochseilgarten, das Abseilen von einer extrem hohen Felswand und eine Hochseilrutsche. Und selbstverständlich führen wir Spiele durch und besuchen eine unterirdische Höhle. Nichts für Langweiler!
Ganz wichtig: Auf moderne Sanitäranlagen müsst ihr nicht verzichten.

Ort	Brandenburg / Boitzenburg	Schleswig-Holstein	Willingen / Sauerland
Unterkunft	Kinderschloss		
Sehenswürdigkeiten	Stadtbesichtigungen		Hochheideturm
Freizeitangebote		picknicken …	

5 Wo würdest du gerne hinfahren? Entscheide dich für einen der Orte und begründe mithilfe deiner Tabelle. Markiere vorher, was dich besonders interessiert. **Folie**

Auf den folgenden Seiten lernst du, deine Meinung zu formulieren und fair zu vertreten. Du lernst auch, aus welchen Bausteinen ein Argument besteht. Dein Ziel ist es, ein Reise- oder Ausflugsziel zu nennen, dein Anliegen mit Argumenten zu stützen und Einwände zu berücksichtigen.

Der Klassenrat tagt – über die Klassenfahrt diskutieren

Julia: Wir haben den Klassenrat einberufen, um uns auf ein gemeinsames Ziel für die Klassenfahrt zu einigen. Denkt bitte daran, dass jeder seine Meinung äußern darf.

Lara: Ich habe richtig Lust auf ein Abenteuer, weil wir zum Klettern und Abseilen sonst nie die Gelegenheit haben. Außerdem schlafe ich gerne im Freien.

Nick: Das könntest du auch auf dem Bauernhof. Und da kannst du auch gleich üben, die Flasche zu geben …

Julia: Moment mal! Das bringt uns doch nicht weiter! Sag uns lieber, wohin du gerne fahren möchtest. Du bist noch einmal dran.

Nick: Entschuldigung! Also, ich würde gerne wissen, was man in einer Zauberschule lernen kann, denn ein paar Tricks kenne ich schon, zum Beispiel kann ich eine Münze verschwinden lassen …

Timur: Mann, Zauberschule ist ja okay, aber reiten würde ich auf keinen Fall. Außerdem ist Boitzenburg auch ziemlich weit weg.

Baris: In Brandenburg wohnt meine Oma.

Lara: Das gehört doch jetzt nicht zum Thema.

Kristina: Also, ich würde gerne mal eine Woche mit Tieren verbringen, da wir keine Haustiere haben. Und ehrlich gesagt, würde ich auch mal gerne Trecker fahren.

Göknur: Das ist doch nur was für Jungen! Aber ich muss sagen, ein Picknick im Freien stelle ich mir schön vor.

Dario: Ich finde, Göknur hat recht. Aber noch spannender ist es, über offenem Feuer zu kochen. Und ich war noch nie in einer Höhle.

Chrisoula: Der Bauernhof bietet auch noch ein interessantes Programm über Landwirtschaft und so. Das wäre nützlich, denn das brauchen wir für Bio. Da würde unser Klassenlehrer sofort zustimmen.

Thomas: Wenn du mit dem Schleimen nicht aufhörst, dann …

Julia: So kommen wir nicht weiter! Damit jeder seinen Standpunkt deutlich machen kann, solltet ihr eure Meinung erst mal schriftlich abgeben und sie auch vernünftig begründen.

Aufgaben im Klassenrat:

Diskussionsleiter:
- eröffnet das Gespräch und nennt das Thema
- …

Gesprächsbeobachter:
- …

Diskussionsteilnehmer:
- …

1 Die Klasse 6 d führt eine Diskussion in einem Klassenrat durch:
a) Lest die Diskussion mit verteilten Rollen.
b) Stellt Vermutungen darüber an, welche Funktionen ein Klassenrat hat.
c) Sprecht darüber, welches Reiseziel die einzelnen Schüler bevorzugen.

2 **a)** Erschließe aus den Äußerungen, wer den Klassenrat leitet. Erkläre, woran du das erkennen kannst.
b) Sprecht darüber, welche Aufgaben der Diskussionsleiter während des Klassenrates hat. Setzt dazu die Notizen links fort.

3 Die Klasse hat zwei Gesprächsbeobachter ausgewählt.
a) Schau dir das Foto genau an und erkläre ihre Aufgaben.
b) Ergänze deine Notizen.

4 Untersuche die Diskussion nun genauer.

a) Markiere wie im Beispiel, welche Gründe die einzelnen Schüler anführen. Nutze für jeden Schüler eine eigene Farbe.

b) Welche Gründe hältst du für überzeugend, welche nicht? Tausche dich mit deinem Sitznachbarn darüber aus.

Folie

5 Während des Klassenrates hält ein Schüler ein Plakat hoch.

a) Überlege, welche Funktion das Plakat hat und warum es bei dieser Diskussion sinnvoll ist.

b) Sprecht darüber, auf welche Gesprächsregeln sich die Klasse vorher geeinigt hat, damit die Diskussion fair abläuft. Schreibt Zeilenangaben auf:

– Z. 3: Jeder darf seine Meinung sagen ...

6 Stellt Gesprächsregeln für eure eigene Klasse auf. Geht so vor:

a) Setzt euch zu viert zusammen und legt eine **Placemat** an (→ **S. 293**).

b) Jeder notiert in seinem Feld die Gesprächsregeln, die er für wichtig hält.

c) Tauscht euch in der Gruppe über eure Ergebnisse aus und notiert alle Gesprächsregeln, auf die ihr euch geeinigt habt, in der Mitte.

d) Bestimmt einen Sprecher, der eure Ergebnisse in der Klasse vorstellt.

e) Gestaltet ein Klassenplakat mit euren Gesprächsregeln. ☆

Julia: „An manchen Stellen war unser Gespräch schwierig. Wir sollten klären, woran das lag und wie wir das in Zukunft besser machen können."

7 **a)** Lies Julias Äußerung am Rand. Was meint sie damit?

b) Unterstreiche im Dialog (S. 76) die Stellen, die die Diskussion blockieren.

c) Sprecht darüber, welche Gesprächsregeln aus Aufgabe **5 b)** verletzt wurden.

d) Lies den ersten Hinweis in der **LERNBOX** und benenne die Gesprächsblocker, die die einzelnen Schüler verwenden.

Folie

8 **a)** Überlege, welche Gesprächsförderer zu einer Lösung hätten führen können. Lies dazu den zweiten Hinweis in der **LERNBOX**.

b) Ergänze die Aufgaben der Teilnehmer in einem Klassenrat.

LERNBOX

Gesprächsblocker und Gesprächsförderer

1. **Gesprächsblocker erschweren** ein Gespräch, z. B., wenn du ...
   - die Beiträge der anderen abwertest *(Bauernhöfe sind nur was für Kleinkinder ...)*,
   - den anderen beleidigst *(Du kapierst mal wieder gar nichts!)*,
   - nicht auf die Redebeiträge der anderen eingehst,
   - den anderen ins Wort fällst.
2. **Gesprächsförderer** tragen dazu bei, dass **gemeinsam** eine **Lösung** gefunden wird. Dies geschieht, wenn du ...
   - den anderen in seiner Meinung unterstützt *(Ich bin auch deiner Meinung, weil ...)*,
   - den anderen ausreden lässt,
   - auf den Redebeitrag des anderen eingehst und ihn ergänzt,
   - höflich mit anderen umgehst,
   - dem anderen Mut machst.

TIPPBOX

Zu 4 a):
Begründungen leitest du durch die Verbindungswörter (Konjunktionen) *weil*, *da* oder *denn* ein:
Ich habe richtig Lust auf ein Abenteuer, weil wir zum Klettern sonst nie die Gelegenheit haben.

Auf nach Schloss Boitzenburg – schriftlich überzeugen

Beim zweiten Klassenrat hat sich die Klasse für das Schloss Boitzenburg entschieden. Nun müssen nur noch die Eltern überzeugt werden ...

Ali: Da möchte ich hin. Die Unterkunft ist etwas Besonderes, denn da gibt es sicher Schlossgespenster.

Meike: Ich möchte nach Brandenburg fahren, weil ich schon immer mal in einem Schloss schlafen wollte.

Kamil: Ich würde gerne nach Boitzenburg fahren. Wir können dort viele Aktivitäten im Freien durchführen, weil das Schloss mitten in der Natur liegt. Wir könnten Kanu fahren und anschließend grillen.

Sebastian: Boitzenburg ist ein tolles Ziel. Wir können neue Orte kennenlernen, da man von Boitzenburg aus andere Städte besuchen kann. Die Stadtrallyes beispielsweise machen bestimmt allen Spaß und man lernt etwas Neues kennen.

Kirsten: Ich war ich schon im Schloss Mayland. Dort hat meine Tante geheiratet. Wir hatten viel Spaß, weil wir im Park gespielt haben.

1 Lies die Schüleräußerungen. Welche findest du überzeugend, welche eher nicht? Begründe deine Entscheidung.

2 Untersuche den Aufbau der kurzen Schülertexte.
a) Lies zunächst die **LERNBOX**.

Folie

b) Markiere in den Texten die Meinung und das Argument (bestehend aus Aspekt, Begründung und Beispiel) in unterschiedlichen Farben. Aufgepasst: Nicht alle Texte enthalten alle Bestandteile.
c) Vergleicht eure Ergebnisse miteinander.

3 **a)** Überzeuge deine Mitschüler vom Reiseziel Boitzenburg, indem du deine Meinung und ein überzeugendes Argument aufschreibst. Orientiere dich an den Schritten aus der **LERNBOX**. Um deinen Aspekt mit einem Beispiel zu unterstützen, kannst du deine Tabelle von Seite 75 benutzen.
b) Vergleicht eure Argumente und überprüft, ob sie zur Meinung passen.

LERNBOX

So vertrittst du deine Meinung/dein Anliegen überzeugend:

1. Nenne deine **Meinung** / dein **Anliegen** *(Ich würde gerne nach Boitzenburg fahren.)*.
2. Stütze deine Meinung/dein Anliegen durch **Argumente**. Ein Argument besteht aus ...
   einem **Aspekt** *(Dort können wir viele Aktivitäten im Freien durchführen,)*,
   den du **begründest** *(... weil das Kinderschloss mitten in der Natur liegt.)*
   und mit einem **Beispiel** veranschaulichst *(Wir könnten Kanu fahren und anschließend grillen.)*.

TIPPBOX

Zu 3 a): Zwischen diesen Satzanfängen kannst du wählen:

- *Ich bin der Meinung, dass ...*
- *Unsere Klassenfahrt sollte ...*
- *Unsere Klasse hat als Reiseziel ... ausgewählt ...*
- *Wir haben in der Klasse abgestimmt, dass ...*

4 Stell dir vor, du bist Schüler / Schülerin dieser Klasse. Überzeuge die Eltern in einem Brief, eure Klassenfahrt nach Boitzenburg zu unterstützen. Gehe so vor:

a) Lies zunächst die **LERNBOX**.

b) Überlege dir, welche Aspekte eure Eltern überzeugen könnten. Ergänze die Stichwortsammlung unten. Nutze dafür auch die Ergebnisse von Seite 78.

c) Verteile Überzeugungspunkte. Welche Aspekte sind besonders wichtig, um die Eltern zu überzeugen?

Stichwortsammlung: **Wir möchten zum Schloss Boitzenburg fahren!**
- viele Aktivitäten im Freien möglich OO
- vielseitige Sportmöglichkeiten OOO
- Brandenburg ist ein Naturerlebnis OOOO
- ...

5 Plane deinen argumentativen Brief.

a) Übertrage den Schreibplan in dein Heft und beantworte die Fragen.

b) Vergleiche deine Ergebnisse mit denen deines Sitznachbarn.

An wen schreibe ich?	Eltern der Klasse		
Was ist der Anlass?	Klassenfahrt der Klasse 6 d		
Welche Meinung/welches Anliegen habe ich?	Unsere Klasse möchte nach ...		
Welche Argumente (Aspekte + Begründungen + Beispiele) nenne ich?	Aspekte	Begründungen	Beispiele
	Aktivitäten im Freien	Schloss liegt in der Natur	Kanutour, grillen
Wie greife ich meine Meinung/ mein Anliegen noch einmal auf?	Wir würden uns freuen, wenn ...		
Wie formuliere ich den Gruß am Ende?			

LERNBOX

So planst du einen argumentativen Brief:
1. Sammle **Aspekte** in einer **Stichwortsammlung**.
2. Verteile für jeden Aspekt **Überzeugungspunkte** (5 Punkte = besonders überzeugend, 0 Punkte = sollte lieber gestrichen werden). Berücksichtige dabei, wen du überzeugen möchtest (= den **Adressaten**).
3. Lege dir einen **Schreibplan** als Tabelle an und beantworte die Fragen stichwortartig.
4. Übertrage die drei stärksten **Aspekte** aus deiner Stichwortsammlung in die Tabelle.
5. Notiere **Begründungen** und **Beispiele** zu deinen Aspekten.

TIPPBOX

Zu 4 b):
Du kannst aus diesen Aspekten auswählen: *kreative Beschäftigungen, neue Städte kennenlernen, Klassengemeinschaft stärken, neue Erfahrungen sammeln ...*

6 Schreibe einen Entwurf für deinen Brief. Beachte die Gliederung des Briefes. Lies dazu die **LERNBOX**. Du kannst den folgenden Briefanfang nutzen.

Göttingen, 19.09.20..

Liebe Eltern,

unsere Klasse hat im Klassenrat darüber diskutiert, was das Reiseziel unserer ______________ werden soll. Wir würden sehr gerne zum ___________________________ in Brandenburg fahren. In diesem Brief möchten wir Ihnen erklären, warum wir dorthin fahren wollen.

In Boitzenburg kann man viele Aktivitäten im Freien durchführen, weil das Schloss ...

7 **a)** Tausche deinen Brief mit deinem Nachbarn aus. Überprüft gegenseitig, ob
- die Argumente nachvollziehbar und überzeugend sind,
- der Brief durch Absätze strukturiert wurde,
- die Anredepronomen richtig geschrieben wurden,
- der Brief angemessen und höflich formuliert ist.

Seite 89

b) Schreibe deinen Brief leserlich und fehlerfrei ab. Berücksichtige die Hinweise deines Partners.

c) Lest eure Briefe in der Klasse vor und besprecht, welche besonders überzeugend sind.

8 Zeichne das Kinderschloss, damit die Eltern eine noch genauere Vorstellung von eurem Wunschziel bekommen.

LERNBOX

So schreibst du einen argumentativen Brief:

1. **Einleitung**: Nenne den **Anlass** deines Briefes (z. B. *Klassenfahrt*).
   Nenne deine **Meinung** / dein **Anliegen**.
   Hauptteil: Führe mindestens drei **Argumente** auf (siehe **LERNBOX** auf Seite 78).
   Schluss: Fasse deine **Meinung** / dein **Anliegen** noch einmal zusammen. Bitte z. B. darum, deinen **Wunsch** zu **unterstützen**.
2. Setze einen **Absatz** nach der Einleitung und nach jedem Argument im Hauptteil.
3. Wenn dein Adressat ein Erwachsener ist, schreibst du die **Anredepronomen** groß:
   Wir möchten Ihnen gerne erklären, ...
   Es würde uns freuen, wenn Sie ...
4. Schreibe **angemessen** und **höflich**.

TIPPBOX

Zu 6: Folgende Satzbausteine kannst du nutzen:
- *Außerdem wäre das Schloss Boitzenburg ein tolles Ziel, da... / Dafür spricht auch noch, dass... / Ein weiteres Argument ist ... / Das Schloss wäre für unsere Klasse so geeignet, da ... / Zudem ist es für unsere Klasse wichtig, dass ...*
- *Wir würden uns freuen, wenn ... / Aus den oben genannten Gründen möchten wir Sie bitten ... / Es wäre freundlich, wenn Sie ...*
- *Mit freundliche Grüßen ... / Mit herzlichen Grüßen ...*
- *Ihre Klasse ...*

Tagesausflug nach Bonn? – Diskutieren kann man üben

Leas Klasse möchte einen Tagesausflug machen. Deshalb hat sie sich Gedanken gemacht und stellt diese allen vor:

Programm

8.30 Uhr	Abfahrt nach Bonn
10.00 Uhr	Ankunft in Bonn
10.00 Uhr – 12.00 Uhr	Stadtralley und Bummeln
12.00 Uhr – 12.20 Uhr	Fußweg zur Mensa
12.20 Uhr – 13.00 Uhr	Mittagessen
13.00 Uhr – 13.20 Uhr	Fußweg zur Schiffsanlegestelle „Alter Zoll“
13.40 Uhr – 14.30 Uhr	Rheinschifffahrt bis Königswinter
14.30 Uhr – 14.45 Uhr	Fußweg zur Drachenfelsbahn
14.45 Uhr – 15.00 Uhr	Sage zum Drachenfels vorlesen
15.00 Uhr – 15.10 Uhr	Fahrt mit der Drachenfelsbahn
15.10 Uhr – 15.25 Uhr	Aufenthalt am Drachenfels
15.25 Uhr – 15.55 Uhr	Fußweg zurück nach Königswinter
16.00 Uhr	Abfahrt nach Hause
17.30 Uhr	Ankunft zu Hause

Almira denkt: „Oh je, auf Schiffen wird mir immer schlecht.“

Mia denkt: „Bonn ist gerade Thema in Erdkunde.“

Lukas überlegt: „Das Programm ist abwechslungsreich. Da ist für jeden was dabei!“

Timo fragt sich: „40 Euro? – Völlig übertrieben für so einen Ausflug!“

1 Lies die Notizen an der Tafel und die Gedanken der Mitschüler:
- Welche Vorschläge macht Lea für den Klassenausflug?
- Welche Gedanken haben ihre Mitschüler dazu?

2 Wäre Leas Vorschlag auch etwas für eure Klasse? Bereite dich inhaltlich auf die Diskussion zu dieser Frage vor. Gehe so vor:
a) Mache dir klar, welche Meinung du zu Leas Vorschlag hast.
b) Notiere sie und nenne Aspekte, die deine Meinung stützen.
c) Informiere dich über die Dauer der Anreise nach Bonn und recherchiere die Entfernungen der Ausflugsstationen in einem Stadtplan.

3 Organisiert eure Diskussion im Klassengespräch. Geht so vor:
a) Klärt gemeinsam, auf welche Gesprächsregeln ihr besonders achten wollt. Wählt aus eurer Liste von Seite 77 höchstens fünf aus.
b) Bereitet für jeden Teilnehmer drei Meldekarten vor. Lest dazu die **LERNBOX**.
c) Bestimmt einen Diskussionsleiter und zwei Gesprächsbeobachter.
d) Legt vor Beginn der Diskussion den Zeitrahmen fest (z. B. 30 Minuten).

Seite 76

LERNBOX

So könnt ihr sichergehen, dass jeder Gesprächsteilnehmer zu Wort kommt:
1. Jeder Schüler und jede Schülerin erhält drei **Meldekärtchen**.
2. Nach dem Redebeitrag legt man eine Karte vor sich auf den Tisch.
3. Am Ende muss jeder mindestens eine Karte abgelegt haben.
4. Sind die Karten aufgebraucht, darf man sich nicht mehr melden.

4 Führt eine Diskussion zu folgendem Thema durch:
Sollte der Tagesausflug nach Bonn so unternommen werden, wie Lea ihn vorgestellt hat?
Lest dazu die Hinweise zu den Aufgaben, die euer gewähltes Amt mit sich bringt.

Hinweise für die Diskussionsteilnehmer:
1. Bereite dich auf die Diskussion vor.
2. Entscheide dich vor der Diskussion, ob du für oder gegen die Programmpunkte des Bonn-Ausfluges bist. Nutze hierfür deine Ergebnisse von Seite 81. Ergänze weitere Aspekte und Begründungen auf deinem Notizzettel und stütze sie durch Beispiele.
3. Melde dich mit einem Meldekärtchen, wenn du etwas sagen möchtest, und lege es danach ab. Bedenke, dass du nur drei Meldekarten hast.
4. Denke daran, Gesprächsblocker zu vermeiden und Gesprächsförderer einzusetzen.

Hinweise für den Diskussionsleiter:
1. Begrüße die Teilnehmer und nenne das Diskussionsthema.
2. Achte auf die Reihenfolge der Meldungen und erteile das Wort.
3. Erinnere die Gesprächsteilnehmer an die Gesprächsregeln, falls nötig.
4. Achte darauf, dass nach jedem Beitrag das Meldekärtchen abgelegt wird.
5. Fasse am Ende der Diskussion (nach 30 Minuten) wichtige Argumente noch einmal zusammen.
6. Führe zum Schluss eine Abstimmung durch und benenne das Ergebnis.

Hinweise für die Beobachter (mindestens 2):
1. Der erste Beobachter gibt direkt Rückmeldungen zum Diskussionsverlauf. Dazu schreibst du die vereinbarten Regeln auf kleine Plakate (Din-A4): „Regel 1". Diese hältst du hoch, wenn ein Diskussionsteilnehmer dagegen verstößt.
2. Der zweite Beobachter legt eine Tabelle mit den vereinbarten Gesprächsregeln an. In dieser macht er einen Strich, wenn gegen die entsprechende Regel verstoßen wird.
3. Stellt in der Auswertungsrunde eure Beobachtungen dar. Beginnt mit positiven Rückmeldungen, z. B.: *Gut geklappt hat, dass ihr beim Thema geblieben seid.* Nennt danach die Punkte, die die Klasse noch trainieren muss, z. B.: *Wir müssen mehr darauf achten, einander ausreden zu lassen.*

5 Wertet euer Gesprächsverhalten aus, damit ihr bei der nächsten Diskussion noch fairer miteinander umgehen könnt.
a) Sprecht über das Ergebnis der Diskussion: Welche Argumente haben euch überzeugt und somit zur Lösung beigetragen? Oder habt ihr eventuell gar keine Lösung gefunden? Woran hat das gelegen?
b) Bewertet euer eigenes Diskussionsverhalten. Bezieht dazu die Rückmeldungen der Beobachter mit ein.
c) Sammelt Vorschläge dazu, was ihr bei eurer nächsten Diskussion anders machen wollt.

6 Haltet eure Diskussionsergebnisse stichwortartig fest.

Auf nach Bonn – Argumente untersuchen

Die Klasse hat sich für Leas Vorschlag entschieden, aber der Ausflug kostet viel Geld. Die Eltern müssen mit stichhaltigen Argumenten davon überzeugt werden, dass der Preis gerechtfertigt ist.

Stichwortsammlung:
- lernen etwas über die Stadt Bonn
- macht Spaß
- abwechslungsreiches Tagesprogramm
- Klassengemeinschaft wird gestärkt
- Schüler übernehmen Verantwortung
- lernen etwas für verschiedene Fächer

1 Moritz möchte seine Aspekte aus der Diskussionsrunde nutzen, um die Eltern zu überzeugen. Lies die Aspekte in der Stichwortsammlung und verteile Überzeugungspunkte.

2 Ein stichhaltiges Argument entsteht, wenn ein Aspekt durch eine Begründung und ein Beispiel entfaltet wird. Moritz hat bereits drei Aspekte aus seiner Stichwortsammlung ausgewählt und entfaltet.

a) Lies die drei Argumente unten und sprich mit deinem Sitznachbarn darüber, ob sie überzeugend wirken.

b) Untersuche die Argumente, indem du ihre Bausteine verschiedenfarbig markierst und am Rand notierst, um welchen Baustein es sich handelt. Lies dazu die **LERNBOX** auf Seite 78.

Folie

c) Entfalte einen weiteren Aspekt aus Moritz' Stichwortsammlung zu einem Argument.

d) Du kannst bei deiner Entfaltung auch positive Auswirkungen nennen, die der Tagesausflug nach Bonn mit sich bringt.

Das Tagesprogramm ist sehr abwechslungsreich, da unsere Klasse viele verschiedene Unternehmungen innerhalb der Stadt und im Umkreis machen würde. Wir möchten beispielsweise die Innenstadt besichtigen, eine Schifffahrt auf dem Rhein unternehmen und danach mit der Drachenfelsbahn zum Drachenfels hochfahren. Somit würden wir viele unterschiedliche Eindrücke von der Stadt bekommen.

Aspekt
Begründung
Beispiele

positive Auswirkung

Der Tagesausflug macht Spaß, da unsere Klasse den ganzen Tag unterwegs ist und nicht zur Schule muss. Wir könnten viele Dinge unternehmen. Das ist doch super.

Wir lernen etwas über die Stadt Bonn. Das wollte ich schon immer wissen. Wir wollen eine Stadtralley machen. Bei einem Stadtquiz kann man ja nie alle Fragen lösen, aber trotzdem würden wir ein bisschen was über Bonn lernen. Vielleicht sehen wir ja zum Beispiel Denkmäler von berühmten Personen, die wir auch schon einmal im Geschichtsunterricht durchgenommen haben. Das könnten wir dann im Unterricht unserer Geschichtslehrerin erzählen. Die würde sich bestimmt freuen.

Weitere Übungen zum Entfalten von Argumenten findest du im Arbeitsheft. **AH, Seite 21**

Immer diese Eltern! – Einwände entkräften

Beim Elternabend wird über den Tagesausflug diskutiert.

Lehrer: Ihre Kinder haben sich für einen Tagesausflug nach Bonn entschieden. Das Tagesprogramm habe ich Ihnen ja bereits kopiert. Was meinen Sie dazu?

Herr Schmidt: Das Programm ist viel zu voll. Das wird für alle Beteiligten nur stressig. Ich bin dagegen. Schließlich fahren die Kinder auch schon bald auf Klassenfahrt. Das wird teuer genug.

Herr Göcmen: Wie wäre es denn mit dem Römerpark in Xanten? Das Thema wird doch auch gerade in Geschichte durchgenommen. Da lernen sie etwas und der Park kostet für Kinder keinen Eintritt.

Herr Judith: Die Schüler haben sich mit der Planung Mühe gegeben und Verantwortung gezeigt. Es wäre schade, wenn der Ausflug ausfällt.

Frau Issel: Die Schüler wollen immer alles auf einmal. In die Innenstadt, Boot fahren, zum Drachenfels hoch … Außerdem sind 40 Euro pro Person zu viel. Ich schlage ein Picknick im Stadtpark vor. Das kostet fast nichts.

Frau Klein: Vielleicht sollten wir uns anhören, warum sich die Schüler für diesen Tagesausflug entschieden haben. Sicherlich haben sie gute Gründe dafür.

1 **a)** Lest den Text mit verteilen Rollen.
b) Notiere stichwortartig, welche Meinungen die Eltern vertreten und welche Gründe sie nennen.
c) Kannst du die Einwände einiger Eltern gegen den Ausflug nachvollziehen?

2 Entkräfte die Bedenken der Eltern. Gehe so vor:
a) Übertrage die Tabelle unten in dein Heft.
b) Schreibe in die linke Spalte die Einwände, die die Erwachsenen haben.
c) Überlege, wie du auf die Einwände der Erwachsenen eingehen kannst. Lies dazu die **LERNBOX** und formuliere wie im Beispiel.

Einwände der Erwachsenen	Wie entkräfte ich Einwände?
– das Programm ist zu voll, es wird stressig	Sicherlich haben wir uns für diesen Tag viel vorgenommen, aber es ist eine seltene Gelegenheit, die Stadt zu besichtigen, und wir können alle Aktivitäten jederzeit unterbrechen.
– der Ausflug kostet zu viel	Ihr Einwand ist, dass der Ausflug zu teuer ist. Wir haben jedoch noch Geld in der Klassenkasse, das wir gern beisteuern.

AH, Seite 23–24 Weitere Übungen zum Entkräften von Einwänden findest du im Arbeitsheft.

LERNBOX

So kannst du Einwände berücksichtigen:
Besonders überzeugend formulierst du, wenn du mögliche Einwände bedenkst und in deinem Brief entkräftest. **Entkräften** heißt, die **Einwände anderer abzuschwächen,** indem du die **positive Seite** hervorhebst oder einen **anderen Vorschlag** machst: *Uns ist klar, dass der Ausflug nicht ganz günstig ist. Aber wir haben noch genügend Geld in der Klassenkasse und die Aktivitäten lohnen sich.*

Auf dem Weg nach Bonn – einen argumentativen Brief schreiben

1 Plane deinen Brief an die Eltern, in dem du sie überzeugst, den Ausflug nach Bonn zu unterstützen. Gehe so vor:

a) Übertrage den Schreibplan unten in dein Heft.

b) Fülle den Schreibplan aus. Nutze dafür deine Ergebnisse von Seite 83.

c) Berücksichtige einen Einwand der Eltern und entkräfte ihn.
Folgende Formulierungen kannst du dazu nutzen:
aber – dennoch – trotzdem – allerdings – Auch wenn Sie denken, dass ... – Es ist zwar richtig, doch ... – Sicherlich denken Sie, dass ... – obwohl

d) Überlege, an welcher Stelle deines Briefes du den Einwand sinnvoll berücksichtigen kannst.

An wen schreibe ich?	Eltern der Klasse		
Was ist der Anlass?	Tagesausflug nach Bonn		
Welche Meinung/ welches Anliegen habe ich?	Unsere Klasse möchte nach ... Wir möchten Sie davon überzeugen, dass ...		
Welche Argumente (Aspekte + Begründungen + Beispiele) nenne ich?	Aspekte	Begründungen	Beispiele
	abwechslungsreiches Programm	verschiedene Unternehmungen	Innenstadt, Schifffahrt, Drachenfels
Was ist der Einwand?			
Wie entkräfte ich den Einwand?			
Wie greife ich meine Meinung/mein Anliegen noch einmal auf?	Wir würden uns freuen, wenn ...		
Wie formuliere ich den Gruß am Ende?			

2 Schreibe deinen argumentativen Brief. Orientiere dich dabei an der **LERNBOX** auf Seite 80. So kannst du beginnen:

Neuwied, 13.04.20..

Liebe Eltern,
nachdem wir in der Klasse über unseren Tagesausflug diskutiert haben, sind wir zu dem Entschluss gekommen, eine Städtetour zu machen.
Wir möchten Sie davon überzeugen ...

Weitere Übungen findest du im Arbeitsheft. **AH, Seite 22**

Einen argumentativen Brief überarbeiten

Ort und Datum fehlen; Anrede fehlt
Anliegen fehlt
Absatz lassen ⌐

R, R; denn wir
Satzverknüpfung fehlt; Einwand zu ungenau
Aspekt gut – aber anders ausdrücken und entfalten!

Nachdem wir in der Klasse über unseren Tagesausflug diskutiert haben, haben wir beschlossen, nach Bonn zu fahren. Uns allen macht es Spaß, eine Stadtralley zu unternehmen, und vielleicht bleibt ja noch Zeit, um shoppen zu gehen.
Auch wenn sie meinen, das der Ausflug nicht sinnvoll ist, finden wir das Ziel gut. Wir würden den ganzen Tag an der frischen Luft sein.
Das wollen Eltern doch immer!
Vielleicht hat eine andere Klasse auch noch Bock auf diesen Ausflug, dann wird die Busfahrt total billig. So können auch die fahren, die sich das sonst nicht leisten könnten.
In Bonn gibt es außerdem ein abwechslungsreiches Programm, wie zum Beispiel eine Schifffahrt und eine Fahrt mit der Drachenfelsbahn.
Wenn jemandem schlecht wird, denken wir uns etwas aus.
Wir denken, das dieser Ausflug als Vorbereitung auf die Klassenfahrt das Gemeinschaftsgefühl in unserer Klasse stärken würde.
Unser Klassenlehrer könnte testen, ob er sich auf uns verlassen kann.
Deshalb unterstützen sie das doch!

Tschüss
die Klasse 6d

Folie

1 **a)** Lies den Brief und überprüfe ihn mithilfe der **CHECKLISTE**.
b) Setze die Bearbeitung wie im Beispiel fort. Verwende die Korrekturzeichen.

2 Schreibe den Brief mithilfe deiner Anmerkungen verbessert in dein Heft.

3 Überprüfe nun deinen eigenen Brief von Seite 85 mithilfe der **CHECKLISTE**.

Seite 89
Seite 90

CHECKLISTE

Einen argumentativen Brief überarbeiten

1. Nennst du den **Anlass** deines Briefes und wird deine **Meinung** / dein **Anliegen** dazu deutlich?
2. Werden die **Aspekte** durch **Begründungen** und **Beispiele** entfaltet, sodass deine **Argumente** überzeugend sind?
3. Nennst du einen **Einwand** und **entkräftest** ihn sinnvoll?
4. Greifst du am **Ende** noch einmal deine Meinung/dein Anliegen auf?
5. Gliederst du deinen Brief durch **Absätze**?
6. Formulierst du **höflich** und **angemessen**?
7. Sind die **Anredepronomen** richtig geschrieben?
8. Formulierst du ein **höfliche Anrede** und eine höfliche **Grußformel**?
9. Sind **Rechtschreibung** und **Zeichensetzung** richtig?

Kompetenz-Check A: begründet Stellung nehmen

Science-Center[1] in Nordrhein-Westfalen: Physik und Technik für jeden

[1] das Science-Center: Wissenschaftszentrum

Anfassen erwünscht! Bei uns in der Phänomenta in Lüdenscheid lautet das Motto: Ihr lernt und versteht nicht über das Anschauen, sondern durch eigenes Ausprobieren – so lange und so oft ihr selbst wollt. Wir machen keine Führungen mit euch, sondern ihr erkundet die Welt der Physik und Technik selbst. Spannende Experimente findet ihr zu den Bereichen des Hörens, der Elektrizität, der Bewegung in der Technik und des Sehens. Schulklassen zahlen 6 Euro Eintritt pro Person und können so lange bleiben, wie sie wollen. Für das Fahrrad auf dem Hochseil müssen 1–2 Euro extra gezahlt werden. Ihr findet uns direkt am Bahnhof.

Stichwortsammlung:
- der Besuch der Phänomenta ist interessant und vielseitig
- es entstehen geringe Kosten für die Eltern (Eintritt und Fahrt) OOO
- man kann den ganzen Tag dort verbringen
- die Experimente sind lehrreich (Naturwissenschaften und Technik)
- kein Gemeinschaftserlebnis; jeder experimentiert alleine Einwand!
- Experimente sind so vielseitig, dass für jeden etwas dabei ist
- Lüdenscheid ist mit öffentlichen Verkehrsmitteln schwer erreichbar

1 Deine Klasse will einen Tagesausflug in die Phänomenta machen. Überzeuge die Eltern davon, den Wandertag nach Lüdenscheid zu unterstützen. Gehe so vor:

a) **Erschließe** den Text oben.

b) Lies die Stichwortsammlung. Prüfe die Aspekte daraufhin, ob sie eure Eltern überzeugen könnten. Verteile Überzeugungspunkte und wähle drei Aspekte aus.

c) Wähle ein Stichwort aus, das ein Einwand der Eltern gegen den Ausflug sein könnte. Überlege dir, wie du ihn entkräften kannst.

d) Plane deinen Brief an die Eltern. Lege dir dazu einen Schreibplan an und fülle ihn stichwortartig aus.

An wen schreibe ich?	
Was ist der Anlass?	
Welche Meinung/ welches Anliegen habe ich?	

2 Schreibe einen Entwurf des Briefes. Entfalte die drei Aspekte überzeugend und entkräfte den Einwand. Beachte den Aufbau deines Briefes. Beginne so:

Bochum, 22.8.20...

Liebe Eltern,
im letzten Klassenrat hat unsere Klasse entschieden, dass wir den nächsten Tagesausflug gerne in die Phänomenta nach Lüdenscheid machen würden. Wir möchten Ihnen erklären, warum wir diese Entscheidung getroffen haben, und bitten Sie um Ihre Unterstützung ...

3 **a)** Überarbeite den Brief mithilfe der **CHECKLISTE** von Seite 86.

b) Schreibe den Text noch einmal leserlich und fehlerfrei ab.

Kompetenz-Check B: begründet Stellung nehmen

Ein All-inclusive-Skigebiet! – Fun und Action inbegriffen!

Das Alpincenter in Bottrop ist mit seinen 640 Metern Länge und 30 Metern Breite die längste Skihalle der Welt. Ganzjährig bietet die Skihalle den Wintersportlern die Möglichkeit zum Skifahren, Snowboarden und Après-Ski[1] – und das zum einzigartigen All-inclusive-Tarif[2]!

Neben der Pistennutzung sind das Material (Skier / Board und Schuhe) und der Skikurs im Eintrittspreis enthalten. In den Gruppenkursen „In 7 Schritten zum vielseitigen Ski- und Snowboardfahrer" könnt ihr bei perfekten und gleichbleibenden Schnee- und Wetterverhältnissen in der Halle euer Können mindestens doppelt so schnell entwickeln wie in der freien Natur.

Auch ein reichhaltiges Buffet und Getränke sowie gute Partymusik sind inklusive. Ihr könnt immer wieder kleine Pausen einlegen und die leckeren Speisen genießen – und das schon ab 25 Euro pro Teilnehmer. Nur die Busfahrt müsst ihr selbst organisieren.

[1] das Après-Ski: Feier nach dem Skifahren

[2] der All-inclusive-Tarif: Eintrittspreis, in dem alles enthalten ist

Stichwortsammlung
- der Besuch der Skihalle motiviert alle Schüler/innen, Sport zu treiben
- Eintrittspreis enthält alle anfallenden Kosten
- viele Schüler/innen lernen etwas Neues (Ski- oder Snowboardfahren)
- die meisten hätten sonst nie die Gelegenheit, so etwas auszuprobieren
- Gemeinschaftserlebnis der Klasse
- Schneesport in der Halle ist ökologisch nicht vertretbar
- Speziell geschulte Lehrer können Sportarten gut vermitteln
- einige Schüler/innen haben Angst davor, den Abhang hinunterzufahren
- ...

1 Du willst mit deiner Klasse einen Tagesausflug in die Skihalle in Bottrop unternehmen. Überzeuge die Schulleiterin Frau Fuchs im Namen der Klasse davon, den Wandertag zu genehmigen. Gehe so vor:

a) **Erschließe** den Text oben.

b) Lies die Stichwortsammlung. Prüfe die Aspekte daraufhin, ob sie die Schulleiterin Frau Fuchs überzeugen könnten. Du kannst auch eigene Aspekte ergänzen.

c) Verteile Überzeugungspunkte und wähle drei Aspekte aus. Lege eine Reihenfolge fest, indem du die ausgewählten Aspekte nummerierst.

d) Wähle ein Stichwort aus, das ein Einwand der Schulleiterin gegen den Besuch sein könnte. Überlege dir, wie du ihn entkräften kannst.

e) Plane deinen Brief an Frau Fuchs. Lege dir dazu einen Schreibplan an und fülle ihn stichwortartig aus.

2 Schreibe einen Entwurf des Briefes. Entfalte die drei Aspekte überzeugend und entkräfte den Einwand. Beachte den Aufbau deines Briefes.

3 **a)** Überarbeite den Brief mithilfe der **CHECKLISTE** von Seite 86.

b) Schreibe den Text noch einmal leserlich und fehlerfrei ab.

Im Blickpunkt: Sprache betrachten

Sprechabsichten erkennen und angemessen formulieren

1 „Der Ton macht die Musik.“ Sprecht darüber, was das Sprichwort mit Gesprächen zu tun hat.

2 Die Klasse 6 d fährt demnächst auf Klassenfahrt. Einige Jugendliche brauchen noch verschiedene Dinge.
a) Lies die Äußerungen in den Sprechblasen.
b) Entscheide, ob es sich um eine Forderung oder um eine Bitte handelt. Markiere, woran du das erkennen kannst, z. B. an den Verben.
c) Wie könnten die Gesprächspartner auf diese Äußerungen reagieren? Ordne die Antworten (1–6) den Äußerungen zu und begründe.
d) Vergleicht eure Ergebnisse. Diskutiert, ob es verschiedene Möglichkeiten gibt.

Folie

A Ich will eine neue Hose haben.

B Kauf mir für die Fahrt eine neue Handykarte!

C Ich hätte gerne eine neue Hose, weil wir während der Fahrt auch Reitunterricht haben.

D Könnte ich für die Klassenfahrt eine neue Hose haben?

E Ich brauche für die Fahrt noch Guthaben für mein Handy.

F Es wäre schön, wenn ich eine neue Handykarte hätte. Dann könnte ich dich von unterwegs anrufen.

1. Wozu brauchst du denn eine neue Hose?
2. Wen willst du denn anrufen?
3. Kauf sie dir doch von deinem Taschengeld!
4. Das kann ich verstehen, aber reicht dazu nicht auch eine Jeans?
5. Ich würde mich freuen, wenn du dich zwischendurch mal meldest. Die Guthabenkarte fürs Handy dürfen wir nicht vergessen.
6. Es ist mir egal, was du willst.

3 Formuliere aus den folgenden Stichworten höfliche Anfragen.
- Bus nach Brandenburg mieten (Schüler an Lehrer)
- Anzahlung für die Klassenfahrt überweisen (Lehrer an Eltern)
- Extrakosten für die Ausflüge übernehmen (Schüler an Eltern)
- Telefonkette für den Notfall einrichten (Eltern an Lehrer)

TIPPBOX

Zu 2 c): Schreibe so: A: *„Ich will eine neue Hose haben.“ = Forderung, dazu passt die Antwort 6: „Es ist mir egal, was du willst.“*
Begründung: Die Äußerung ist nicht höflich, daher fällt die Antwort auch unhöflich aus.

Im Blickpunkt: richtig schreiben

Die Wörter *dass* und *das* in Nebensätzen richtig schreiben

Zwischen Hühnern und Schweinen

Wir wünschen uns, *dass* wir mit der Klasse auf einen Bauernhof fahren. Wir glauben, (?) niemand sich auf der Fahrt langweilen wird. Wir haben uns vorgenommen, (?) wir die Tiere versorgen wollen. Wir hoffen, (?) das Frühstück von uns selbst vorbereitet werden kann. Einige haben geplant, (?) sie Kühe melken. Andere sagen, (?) sie eher Trecker fahren lernen wollen.

1 **a)** Lies den ersten Hinweis in der LERNBOX.
b) Unterstreiche in den Hauptsätzen die Verben, auf die sich der Nebensatz bezieht. Arbeite mit einer Folie.
c) Schreibe den Text ab: Ergänze dabei die Konjunktion *dass* und mache den Bezug auf das Verb mit einem Pfeil deutlich.

1. Dies ist das Ziel, *das* ich für die Klassenfahrt ausgesucht habe.
2. Auf dem einen Foto, (?) ihr hier seht, ist die Unterkunft abgebildet.
3. Der Fußballplatz befindet sich auf einem Grundstück, (?) riesengroß ist.
4. Deshalb könnte dies das Ziel sein, für (?) wir uns entscheiden.

Folie

2 **a)** Suche nach dem sächlichen Nomen, auf das sich der Nebensatz bezieht, und unterstreiche es wie im ersten Satz.
b) Wenn du ein sächliches Nomen findest, dann setze in den Nebensatz *das* ein. Lies dazu den zweiten Hinweis in der LERNBOX.
c) Schreibe die Sätze ab und zeige mit einem Pfeil, auf welches Nomen sich der *das*-Satz (Relativsatz) bezieht.

3 Entscheide, ob du *das* oder *dass* einsetzen musst. Lies dazu den dritten Hinweis in der LERNBOX.

Wir denken, (?) uns unsere Eltern unterstützen werden, denn das Geld, (?) wir für die Fahrt benötigen, haben wir schon fast zusammen. Deshalb glauben wir, (?) wir mit dieser Rückendeckung auch unseren Lehrer überzeugen können.

LERNBOX

Die Wörter *dass* und *das* in Nebensätzen richtig schreiben

1. Die **Konjunktion** *dass* steht häufig nach folgenden Verben: *wissen, sagen, meinen, behaupten, lesen, vermuten, denken, wollen, hoffen, fühlen, glauben, wünschen …*
2. Wenn sich *das* auf ein vorausgehendes Nomen bezieht, ist es ein **Relativpronomen**: *Das ist das Haus, das gestrichen wird.*
3. Wenn du unsicher bist, mache die **Ersatzprobe**: *Das* kannst du durch *dieses, jenes* oder *welches* ersetzen. *Dass* kannst du *nicht* ersetzen.

TIPPBOX

Zu **2 a)**:
Damit sind Nomen gemeint, die als Begleiter den Artikel *das* haben:
das Ziel, das Foto …

Im Blickpunkt: Lesen

Hannes fehlt

Ursula Wölfel

Sie hatten einen Schulausflug gemacht. Jetzt war es Abend, und sie wollten mit dem Autobus zur Stadt zurückfahren. Aber einer fehlte noch. Hannes fehlte. Der Lehrer merkte es, als er die Kinder zählte.

„Weiß einer etwas von Hannes?", fragte der Lehrer. Aber keiner wusste etwas. Sie sagten: „Der kommt noch." Sie stiegen in den Bus und setzten sich auf ihre Plätze. „Wo habt ihr ihn zuletzt gesehen?", fragte der Lehrer. „Wen?", fragten sie. „Den Hannes? Keine Ahnung. Irgendwo. Der wird schon kommen." Draußen war es jetzt kühl und windig, aber hier im Bus hatten sie es warm. Sie packten ihre letzten Butterbrote aus. Der Lehrer und der Busfahrer gingen die Straße zurück. Einer im Bus fragte: „War der Hannes überhaupt dabei? Den hab ich gar nicht gesehen." „Ich auch nicht", sagte ein anderer.

Aber morgens, als sie hier ausstiegen, hatte der Lehrer sie gezählt, und beim Mittagessen im Gasthaus hatte er sie wieder gezählt, und dann noch einmal nach dem Geländespiel. Da war Hannes also noch bei ihnen. „Der ist immer so still", sagte einer. „Von dem merkt man gar nichts." „Komisch, dass er keinen Freund hat", sagte ein anderer, „ich weiß noch nicht einmal, wo er wohnt." Auch die anderen wussten das nicht. „Ist doch egal", sagten sie.

Der Lehrer und der Busfahrer gingen jetzt den Waldweg hinauf. Die Kinder sahen ihnen nach. „Wenn dem Hannes jetzt etwas passiert ist?", sagte einer. „Was soll dem passiert sein?", rief ein anderer. „Meinst du, den hätte die Wildsau[1] gefressen?" Sie lachten. Sie fingen an, sich über die Angler am Fluss zu unterhalten, über den lustigen alten Mann auf dem Aussichtsturm und über das Geländespiel. Mitten hinein fragte einer: „Vielleicht hat der sich verlaufen? Oder er hat sich den Fuß verstaucht und kann nicht weiter. Oder er ist bei den Kletterfelsen abgestürzt?" „Was du dir ausdenkst!", sagten die anderen.

Aber jetzt waren sie unruhig. Einige stiegen aus und liefen bis zum Waldrand und riefen nach Hannes. Unter den Bäumen war es schon ganz dunkel. Sie sahen auch die beiden Männer nicht mehr. Sie froren und gingen zum Bus zurück. Keiner redete mehr. Sie sahen aus den Fenstern und warteten. In der Dämmerung war der Waldrand kaum noch zu erkennen. Dann kamen die Männer mit Hannes. Nichts war geschehen. Hannes hatte sich einen Stock geschnitten, und dabei war er hinter den anderen zurückgeblieben. Dann hatte er sich etwas verlaufen. Aber nun war er wieder da, nun saß er auf seinem Platz und kramte im Rucksack. Plötzlich sah er auf und fragte: „Warum seht ihr mich alle so an?" „Wir? Nur so", sagten sie.

Und einer rief: „Du hast ganz viele Sommersprossen auf der Nase!" Sie lachten alle, auch Hannes. Er sagte: „Die hab ich doch schon immer."

[1] die Wildsau: weibliches Wildschwein

Seite 288–289

1 Erschließe den Text mit der **Lesemethode für erzählende Texte** und bearbeite danach die folgenden Aufgaben.

Folie

2 Kreuze an, ob die folgenden Aussagen zum Inhalt richtig oder falsch sind.

	richtig	falsch
A Die Kinder sind auf einer Ferienfreizeit.	*	*
B Es ist Mittagszeit.	*	*
C Kurz vor der Abfahrt nach Hause stellen sie fest, dass Hannes nicht da ist.	*	*
D Hannes' Mitschüler sind sofort sehr aufgeregt, weil Hannes nicht am Bus ist.	*	*
E Einige seiner Mitschüler machen sich Gedanken darüber, was ihm passiert sein könnte, andere machen sich darüber lustig.	*	*
F Der Lehrer und der Förster finden Hannes.	*	*

3 Kreuze an, welche Aktivitäten die Kinder auf dem Ausflug durchführen.

A Angeln	*	E Klettern auf Felsen	*
B Geländespiele	*	F Floßfahrt	*
C Mittagessen im Gasthaus	*	G Verstecken spielen	*
D Wildschweinjagd	*	H Basteln im Wald	*

4 **a)** Warum fehlt Hannes? Kreuze die zutreffenden Aussagen an.
b) Notiere die Textstelle, der du diese Informationen entnommen hast.

A Hannes will seine Mitschüler ärgern und hat sich versteckt.	*
B Hannes hat sich verletzt und kann nicht mehr laufen.	*
C Hannes hat die Gruppe verloren und sich deshalb verlaufen.	*
D Hannes ist in den Fluss gefallen, weil er dem Angler helfen wollte.	*
E Hannes hat sich einen Stock geschnitten und die Gruppe verloren.	*

5 Beantworte die Fragen in ganzen Sätzen.
A Warum nimmt keiner wahr, dass Hannes im Wald zurückbleibt?
B Wie verhalten sich die Schüler, als der Lehrer bemerkt, dass Hannes fehlt?
C Wie fühlen sich die Mitschüler, als sie allein ohne Lehrer im Bus sind?
D Warum bemerken die Schüler erst an diesem Tag Hannes' Sommersprossen?

☆ 6 Eine Schülerin meint: „*Hannes hat doch selbst Schuld. Hätte er nicht so getrödelt, wäre es nicht zu diesem Zwischenfall gekommen.*"
Nimm Stellung zu dieser Aussage. Begründe deine Meinung mithilfe des Textes.

☆ 7 Schreibe die Geschichte aus Hannes' Sicht. So kannst du beginnen:
Als ich mit meiner Klasse auf einem Ausflug war, gingen wir durch den Wald. Die anderen liefen voran, da sah ich einen tollen Stock ...

Lernbegleitbogen *Und schon geht die Reise los ...*: begründet Stellung nehmen

Kompetenz / Inhalt Ich kann ...	Selbsteinschätzung ☺ 😐 ☹	Fremdeinschätzung ☺ 😐 ☹	Bemerkungen	Hier kannst du weiterüben:
Texten Informationen entnehmen (S. 74–75)				
erkennen, welche Aufgaben Schülerinnen und Schüler in einem Klassenrat übernehmen (S. 76)				
Gesprächsregeln für eine Diskussion aufstellen und Störungen in Gesprächsabläufen erkennen (S. 77)				
meine eigene Meinung formulieren und mit einem Argument stützen (S. 78)				
einen argumentativen Brief planen (S. 79)				
einen argumentativen Brief in Einleitung, Hauptteil und Schluss gliedern (S. 80)				
mich inhaltlich und organisatorisch auf eine Diskussion vorbereiten (S. 81)				
das Gesprächsverhalten während einer Diskussion beobachten und auswerten (S. 82)				
Argumente untersuchen und selbst überzeugende Argumente formulieren, indem ich Aspekte durch Begründungen und Beispiele entfalte (S. 83)				SB, S. 78 AH, S. 21
einen Einwand erkennen, benennen und entkräften (S. 84)				AH, S. 23–24
einen argumentativen Brief planen und verfassen (S. 85)				SB, S. 79 AH, S. 22 AH, S. III, IV
einen argumentativen Brief überarbeiten (S. 86)				
Forderungen und Bitten sprachlich unterscheiden (S. 89)				SB, S. 224–225
die Konjunktion *dass* und das Relativpronomen *das* voneinander unterscheiden und richtig schreiben (S. 90)				SB, S. 222, 263
einen erzählenden Text erschließen und Fragen zum Inhalt beantworten (S. 91–92)				

AH = Arbeitsheft, SB = Schülerband

Trainiere die Kompetenzen, bei denen du selbst oder ein anderer ein 😐 oder ☹ eingetragen hat. Tipps zum Üben findest du in der letzten Spalte. → Überprüfe anschließend dein Wissen und Können, indem du einen der **Kompetenz-Checks** bearbeitest. **Kompetenz-Check A** (Seite 87) oder **Kompetenz-Check B** (Seite 88). Vergleiche dein Ergebnis mit dem Mustertext im Lösungsheft.

Zeit für Gedichte

1 **a)** Beschreibe, was in den einzelnen Bildteilen dargestellt ist, und ordne den Situationen eine Tageszeit oder eine Jahreszeit zu.
b) Tausche dich mit einem Partner über deine Zuordnungen aus und begründe sie.

2 Sprecht darüber, welche Jahreszeit euch am besten gefällt und was ihr in den einzelnen Jahreszeiten am liebsten macht.

Seite 112

3 **a)** Welche Erwartungen verbindest du mit dem Titel „Zeit für Gedichte"? Tausche dich mit einem Partner darüber aus.
☆ **b)** Überprüfe, wie die Aussage des Titels sich verändert, wenn du eine andere Präposition, z. B. *in* oder *mit*, einsetzt: *Zeit in Gedichten, Zeit mit Gedichten …*

4 Schreibe ein eigenes Gedicht zu einer Tages- oder Jahreszeit. Wähle aus den Möglichkeiten von Seite 95 eine aus:

A Schreibe zu einer Jahreszeit passende Wörter auf:
Weihnachten
Iglu bauen
N
T
E
R

B Schreibe ein Haiku. Ordne die Silben an wie im Beispiel:
Sterne und Neumond (5)
glitzern am Abendhimmel, (7)
erhellen den Raum. (5)

☆ **D** Schreibe ein Gedicht mit dem Titel:
Lustiger Herbst

C Schreibe ein Elfchen. Ordne die Wörter an wie im Beispiel:
Heiß (1)
die Sonne (2)
brennt am Meer (3).
Kinder spielen im Sand. (4)
Sommerferien! (1)

In diesem Kapitel liest du Gedichte, die etwas mit einer Tages- oder Jahreszeit zu tun haben. Du lernst, wie man Gedichte genauer untersucht.
Dazu fasst du die Inhalte zusammen, bearbeitest Fragen zu Inhalt und Form und ermittelst die Wirkung.

Es wird Nacht –
Merkmale von Gedichten erfassen

Die Sonne sinkt

Volksgut

1. Strophe:
- es wird Abend, 9 Uhr
- Reime

Die Sonne sinkt,
Der Vollmond blinkt;
Nun schließt der Bauer Stall und Scheun';
Denn auf dem Turme schlägt es neun.

Und nah und fern
Glänzt Stern an Stern
Jetzt wollen wir zu Bette gehn;
Denn auf dem Turme schlägt es zehn.

Wer in dir ruht,
Gott, schläft so gut;
Dem Kranken auch zum Schlummer helf'!
Denn auf dem Turme schlägt es elf.

Die Fledermaus
Kriecht in ihr Haus;
Die Eulen heulen und die Wölf';
Denn auf dem Turme schlägt es zwölf.

Das Mäuslein schlüpft
Herum und hüpft;
Sonst aber rührt und regt sich keins;
Die Uhr schlägt eins.

Der Wächter schreit
Schon lange Zeit
Und bläst ins Horn nach jedem Schrei;
Denn auf dem Turme schlägt es zwei.

Jetzt fängt der Hahn
zu krähen an
Und weckt den Bauern frank und frei;
Denn auf dem Turme schlägt es drei.

Nun macht der Knecht
Den Pflug zurecht
Und spannt daran den starken Stier;
Denn auf dem Turme schlägt es vier.

Das Posthorn schallt,
Der Fuhrmann knallt,
Der Handwerksbursch zieht an die Strümpf';
Denn auf dem Turme schlägt es fünf.

Die Mutter sagt
Zur munter'n Magd:
Flink zu den Kindern hin und weck's!
Denn auf dem Turme schlägt es sechs.

Dann bring den Tee
Und den Kaffee;
Doch nichts bekommt, wer liegen 'blieben;
Denn auf dem Turme schlägt es sieben.

Rasch auf den Stuhl
Und in die Schul'
Und lernet brav und gebt fein acht!
Denn auf dem Turme schlägt es acht.

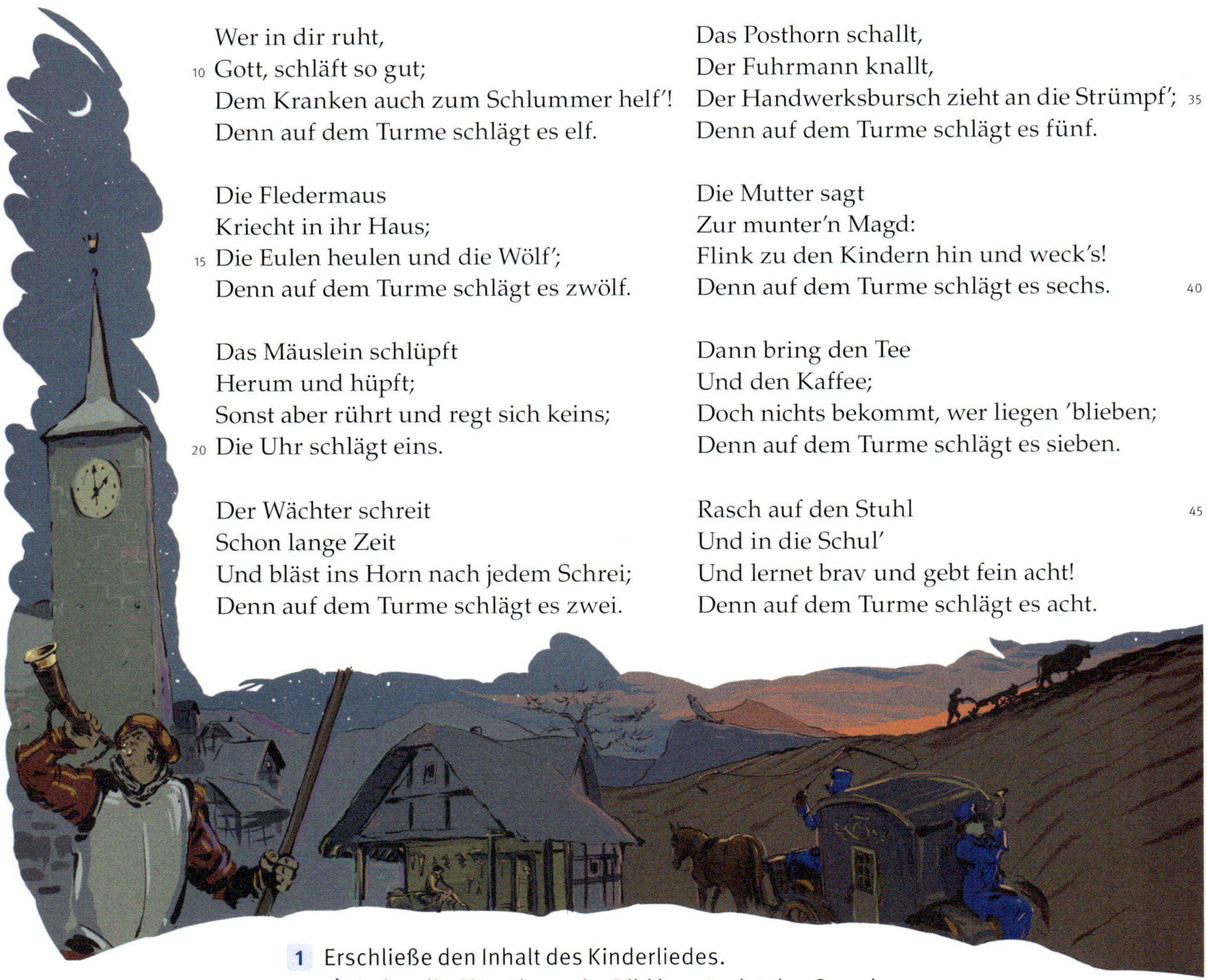

1 Erschließe den Inhalt des Kinderliedes.

a) Ordne die Situationen im Bild begründet den Strophen zu.

b) In diesem Gedicht gibt es einige Ausdrücke, die veraltet sind. Erschließe sie aus dem Zusammenhang oder kläre sie mit einem Partner.
c) Wähle eine Strophe aus, die dir gut gefällt, und erzähle einem Partner mit eigenen Worten, was darin passiert.

2 **a)** Beschreibe die äußere Form des Gedichts (**LERNBOX**, Hinweise 1 und 2).
b) Erkläre anhand des letzten Verses jeder Strophe, wie die Form den Ablauf der Nacht widerspiegelt.

Weitere Übungen zum Aufbau von Gedichten findest du im Arbeitsheft. **AH, Seite 25**

3 Tragt das Gedicht in Vierergruppen vor. Geht so vor:
a) Teilt die Strophen untereinander auf. Besprecht, ob ihr Verse gemeinsam vortragen wollt, um sie besonders hervorzuheben.
b) Bereite deine Strophen zum Vortrag vor. Ergänze Pausenzeichen (/ = kurze Pause, // = lange Pause) und unterstreiche die Wörter, die du betonen willst.

Seite 187

Seite 204–205

Sprecher 1: Jetzt fängt der Hahn laut
zu krähen an /
Und weckt den Bauern frank und frei / frank und frei =
Alle: Denn auf dem Turme schlägt es drei. // frei heraus, offen

c) Lies deine Strophen in Murmelstimme. Übe schwierige Wörter. Überlege, in welcher Stimmlage du vortragen möchtest, z. B. *geheimnisvoll flüstern, müde oder bedrohlich sprechen* …
d) Stellt euch eure Strophen in der Gruppe vor und macht, wenn nötig, Verbesserungsvorschläge zu Pausen, Betonungen und Stimmlage.
e) Übt den gemeinsamen Vortrag und stellt ihn in der Klasse vor.

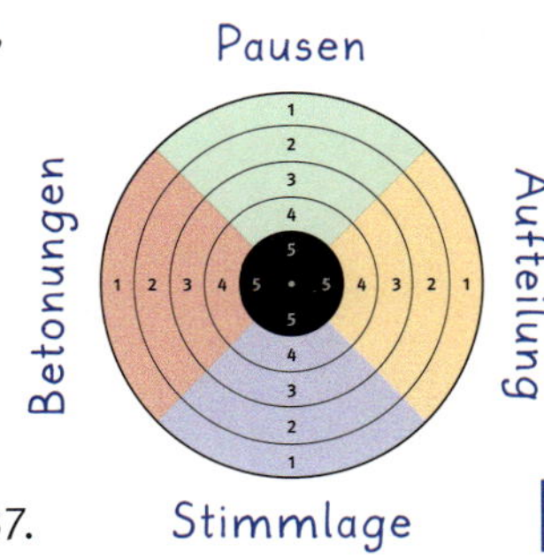

4 Gebt euch gegenseitig mithilfe der Zielscheibe Rückmeldungen zu folgenden Kriterien: Pausen, Betonungen, Stimmlage, Aufteilung der Verse auf die Sprecher. Lest dazu die **LERNBOX** auf Seite 37.

LERNBOX

Aufbau von Gedichten

1. Die Zeile in einem Gedicht nennt man **Vers**. Mehrere Verse bilden eine Strophe. Eine neue **Strophe** beginnt, wenn eine Leerzeile zwischen den Versen steht.
2. Dichter lassen ihre Gedichte häufig durch **Reime** klingen. Es gibt **drei Reimschemata**:

Paarreim		**Kreuzreim:**		**umarmender Reim:**	
fern	a	*fern*	a	*fern*	a
Stern	a	*geh'n*	b	*geh'n*	b
geh'n	b	Stern	a	*zehn*	b
zehn	b	*zehn*	b	*Stern*	a

3. Wenn ein Reim nur ungefähr stimmt, spricht man von einem **unreinem Reim**: *Strümpf' – fünf.*

TIPPBOX

Zu 2 a):
Das Gedicht besteht aus … Strophen. Jede Strophe hat … Immer zwei Verse werden mit … verbunden.
Zu 2 b):
Der letzte Vers ist in jeder Strophe fast … . Es ändert sich nur … Dadurch wird der Ablauf der Nacht …

Es wird Tag – sprachliche Mittel erkennen und erklären

1 Schau dir Bild und Titel an. Was passiert, wenn „ein Tag erwacht“?

Ein Tag erwacht

Hannes Fuchs (geb. 1958)

Morgens, wenn die Dämmerung grüßt
Und der Mond die Läden schließt,
Hüpft die Sonne durch die Fenster
Und vertreibt die Nachtgespenster.

Kirchturm lässt die Glocken klingen,
Blumen fangen an zu singen,
Selbst vorm Haus der Apfelbaum,
Grüßt ganz leis, man hört ihn kaum.

Wolken jagen um die Wette,
Jede will die erste sein.
Auch der Fluss in seinem Bette
Lässt sich auf den Wettlauf ein.

Nur die großen, weisen Berge
Bleiben still am Platze stehn,
Können immer von ganz oben
All das bunte Treiben sehn.

2 Welcher Satz fasst welche Strophe zusammen? Ordne zu.

A Der Wind wird stärker und treibt Wolken und Flüsse an.
B Am frühen Morgen geht der Mond unter und die Sonne auf.
C Es gibt auch ruhige Orte in der Natur.
D Man hört die Glocken und der Wind rauscht in Blumen und Bäumen.

3 **a)** Welche Stimmung entsteht beim Lesen des Gedichts? Schließe dich einer Schülermeinung begründet an oder formuliere eine eigene Aussage.

A In dem Gedicht wird der Tagesanfang sehr anschaulich beschrieben. Ich habe die Bilder eines fröhlichen und friedlichen Morgens vor Augen. Das stimmt mich auch fröhlich.

B Der Dichter zählt ganz unterschiedliche Ereignisse am frühen Morgen auf. Dadurch wirkt das Gedicht auf mich sehr unruhig.

C Das Gedicht löst in mir gar keine Stimmung aus. Ich finde es albern, weil es das so gar nicht in der Natur gibt.

b) Stelle einem Partner deine Einschätzung vor und begründe deine Meinung.

LERNBOX

Sprachliche Mittel im Gedicht

1. In Gedichten werden Gefühle oder Vorgänge häufig bildlich beschrieben. Dazu nutzen Dichter **sprachliche Mittel**:
   a) **Personifikationen**: Menschliche Tätigkeiten oder Eigenschaften werden auf die Natur oder auf Gegenstände übertragen: *Wolken jagen um die Wette* (Tätigkeit), *jede will die erste sein* (Eigenschaft).
   b) **Vergleiche**: Mit einem Vergleich (*wie*, *als ob*) wird ein Gefühl oder eine Handlung bildlich veranschaulicht: *Er ist stark wie ein Löwe*.
   c) **Metaphern**: Die Metapher ist ein bildhafter Vergleich ohne *wie* oder *als ob*. Die Bedeutung muss übertragen werden: *Du bist mein Sonnenschein*. Gemeint ist: *Du machst mich glücklich*.

4 **a)** Welche Beobachtungen von einem erwachenden Tag sind dir vertraut, welche sind eher ungewöhnlich für dich?
b) Suche dir einen Vers heraus und male dazu ein Bild.
c) Sammelt die Bilder an der Tafel und ordnet sie den Versen zu.
d) Sprecht darüber, was an euren Bildern anders ist als in der Wirklichkeit. Lest hierzu auch die **LERNBOX** auf Seite 98.

In der ersten Strophe im zweiten Vers steht „Und der Mond die Läden schließt". Das ist eine Personifikation. Damit ist gemeint, dass man den Mond morgens nicht mehr sehen kann. So wie ein Mensch abends macht der Mond morgens die Fensterläden zu. Dann ist es dunkel und er kann schlafen.

5 **a)** Ein Schüler hat eine Personifikation aus dem Gedicht erklärt. Lies die Textstelle noch einmal und sprich mit einem Partner darüber, wie der Schüler vorgegangen ist und ob seine Erklärung nachvollziehbar ist.
b) Wähle eine weitere Personifikation aus und erkläre sie genauso.
c) In dem Gedicht befindet sich eine Metapher. Spüre sie auf und erkläre sie.

6 Halte deine Ergebnisse zu den sprachlichen Mitteln und deren Bedeutung in einer Tabelle fest:

Textstelle	sprachliches Mittel	Bedeutung
V. 2: „der Mond schließt die Läden"	Personifikation	Mond handelt wie ein Mensch, macht die Fensterläden zu, damit es dunkel wird und er schlafen kann
V. 6: „Blumen fangen an zu singen"	…	…
V. 9: …		

Weitere Übungen zu sprachlichen Bildern findest du im Arbeitsheft. **AH, Seite 27**

TIPPBOX

Zu 3 b): *Ich finde die Stimmung im Gedicht … Besonders deutlich wird das in … Der Autor verwendet auch viele … Dadurch wirkt es sehr … Als Reimschema wird in den ersten beiden Strophen … verwendet und in den letzten beiden Strophen … Es klingt …*
Zu 4 d): *In Vers … beschreibt der Dichter … In meinem Bild habe ich … Das ist anders als in der Wirklichkeit, weil … Dadurch wird …*

Jahrein, jahraus – ein Gedicht erschließen und zusammenfassen

1. Schritt: sich orientieren

1 Schau dir den Titel, die Bilder und die Strophenanfänge an und überfliege das Gedicht. Vermute, wer die „vier Brüder" sein könnten.

Überschrift: Die vier …

Die vier Brüder

Karoline Stahl (1776–1837)

1 Vier Brüder geh'n jahraus, jahrein a
im ganzen Jahr spazieren; b
doch jeder kommt für sich allein, a
uns Gaben zuzuführen. b

Geschenke

2 Der Erste kommt mit leichtem Sinn,
in reines Blau gehüllet,
streut Knospen, Blätter, Blüten hin,
die er mit Düften füllet.

Zeichen für den Frühling

3 Der Zweite tritt schon ernster auf
mit Sonnenschein und Regen,
streut Blumen aus in seinem Lauf,
der Ernte reichen Segen.

große Ernte

4 Der Dritte naht mit Überfluss
und füllet Küch' und Scheune,
bringt uns zum süßesten Genuss
viel Äpfel, Nüss und Weine.

5 Verdrießlich braust der Vierte her,
in Nacht und Graus gehüllet,
zieht Feld und Wald und Wiesen leer,
die er mit Schnee erfüllet.

schlecht gelaunt
Schrecken

6 Wer sagt mir, wer die Brüder sind,
die so einander jagen?
Leicht rät sie wohl ein jedes Kind,
drum brauch' ich's nicht zu sagen.

2 **a)** Überprüfe, ob deine Vermutungen mit dem Inhalt übereinstimmen.
b) Tauscht euch zu zweit darüber aus und begründet, wer die „vier Brüder" sind.

2. Schritt: unbekannte Begriffe klären

3. Schritt: Schlüsselstellen markieren

3 Erschließe das Gedicht mit der **Lesemethode für Gedichte** nun genauer:
a) Lies das Gedicht noch einmal und unterstreiche unbekannte Begriffe. Wenn du sie aus dem Zusammenhang nicht erklären kannst, schlage sie nach.
b) Markiere die Schlüsselstellen in den einzelnen Strophen. Das sind die Stellen, in denen die Autorin die „vier Brüder" genauer beschreibt.
c) Bilde aus deinen Stichworten Überschriften.

4 Ergänze zu jeder Überschrift Stichworte zum Inhalt, das heißt die Schlüsselstellen (deine Markierungen).

4. Schritt: Wichtiges herausschreiben

1. Strophe: Die vier Jahreszeiten
- vier Brüder: stehen für die vier Jahreszeiten
- jeder geht für sich allein
- jeder gibt uns etwas

2. Strophe: Der Frühling
- ...

5 Fasse den Inhalt des Gedichts zusammen. Gehe so vor:

a) Sammle die Informationen für den Einleitungssatz (**LERNBOX**, 1. Hinweis).

b) Ergänze dann die Informationen zu den vier Strophen.

Arbeitsschritt	meine Ergebnisse	Formulierungshilfen
Einleitungssatz formulieren	T = „Die vier Brüder" A = ... T = ... T = ...	Das ______ „________" ist von ____________. Die Dichterin beschreibt ________ und was sich ______ in einem Jahr alles ____.
Inhalt strophenweise zusammenfassen	1. Strophe: ...	Jede Jahreszeit kommt alleine und verändert die Natur. Der Frühling ... Im Sommer ...

c) Formuliere aus deinen Notizen aus der Tabelle eine Zusammenfassung. Beachte dabei die Hinweise 1 bis 4 in der **LERNBOX**. Nutze die Formulierungshilfen in der dritten Spalte der Tabelle.

Eine weitere Übung zur Inhaltszusammenfassung findest du im Arbeitsheft. **AH, Seite 26**

6 Um die Veränderungen in der Natur durch die Jahreszeiten zu beschreiben, verwendet die Dichterin viele Personifikationen.

a) Nenne Beispiele hierfür und erkläre die Bilder wie auf Seite 99 in Aufgabe **6**.

b) Erkläre auch, warum die Autorin die Jahreszeiten als Brüder darstellt.

LERNBOX

So fasst du den Inhalt eines Gedichts zusammen:

1. Schreibe eine Einleitung, in der du **T**itel, **A**utor, **T**extart und **T**hema nennst (**TATT**). Das **Thema** drückt aus, worum es geht, und bezieht sich auf das ganze Gedicht.
2. Fasse den **Inhalt strophenweise** zusammen. Wenn das Gedicht nur aus einer Strophe besteht, gliederst du es in Sinnabschnitte.
3. Formuliere mit deinen **eigenen Worten**.
4. Schreibe im **Präsens**. Um deutlich zu machen, dass ein Geschehen in der Vergangenheit liegt, verwendest du das Perfekt.

TIPPBOX

Zu 3 c): Als Überschriften kannst du die Namen der Jahreszeiten benutzen oder das, was sich in der Jahreszeit verändert, z. B. *Frühling* oder *Erste Blüten*.

Zu 5 a): Formuliere das Thema aus folgenden Begriffen: *Jahreszeiten / Jahreslauf, in der Natur / bei den Pflanzen, verändert / verwandelt.*

Endlich Sommer – Aufgaben erarbeiten und Stellung nehmen

1 **a)** Lies erst einmal nur jeweils den ersten Vers aller drei Strophen und notiere dir deine Antworten auf die gestellten Fragen. Wie riecht, schmeckt und klingt der Sommer für dich?
b) Tausche dich mit einem Partner über deine Ideen aus.
c) Die Autorin hat ihre Antworten auf diese Fragen als Gedicht formuliert. Lies, was sie dazu geschrieben hat.

Sommer

Ilse Kleberger (1921–2012)

Weißt du, wie der Sommer riecht?
Nach Birnen und nach Nelken,
nach Äpfeln und Vergissmeinnicht,
die in der Sonne welken,
nach heißem Sand und kühler See[1]
und nassen Badehosen,
nach Wasserball und Sonnenkrem,
nach Straßenstaub und Rosen.

Weißt du, wie der Sommer schmeckt?
Nach gelben Aprikosen
und Walderdbeeren, halb versteckt
zwischen Gras und Moosen,
nach Himbeereis, Vanilleeis
und Eis aus Schokolade,
nach Sauerklee[2] vom Wiesenrand
und Brauselimonade.

Weißt du, wie der Sommer klingt?
Nach einer Flötenweise[3],
die durch die Mittagsstille dringt:
Ein Vogel zwitschert leise,
dumpf fällt ein Apfel in das Gras,
ein Wind rauscht in den Bäumen.
Ein Kind lacht hell, dann schweigt es schnell
und möchte lieber träumen.

[1] die See: das Meer
[2] der Sauerklee: eine Kleesorte
[3] die Weise: das Lied, die Melodie

2 **a)** Vergleiche deine Antworten mit denen im Gedicht: Welche Vorstellungen sind ähnlich, welche nicht?
☆ **b)** Weißt du, wie der Sommer sich anfühlt? Weißt du wie der Sommer aussieht? Wähle eine Frage aus und ergänze das Gedicht um eine weitere Strophe.

3 Lies die **LERNBOX** und beschreibe den Aufbau des Gedichts. Benenne Gemeinsamkeiten der drei Strophen:
- Achte auf die Merkmale eines Gedichts (Strophen, Verse, Reimschema).
- Berücksichtige auch Auffälligkeiten bei der Gestaltung der Strophen (Wiederholungen von Versen oder Versanfängen, Fragesätze ...).

4 Setzt euch zu viert zusammen. Erarbeitet die folgenden Aufgaben zum Gedicht in einem **Placemat**. Geht so vor:

Seite 293

a) Erkläre in deiner Ecke des Placemat, wie es der Autorin gelingt, den Sommer besonders anschaulich zu beschreiben. Beachte dabei sprachliche Auffälligkeiten und ergänze passende Textstellen.

b) Stellt euch gegenseitig eure Ergebnisse vor und sammelt die Ergebnisse, die für alle nachvollziehbar sind, in der Mitte des Placemat.

c) Stellt die Ergebnisse der Gruppen in der Klasse vor und ergänzt sie.

d) Formuliere die Ergebnisse als Text. Denke auch an Textbelege.

LERNBOX

So beschreibst du den Aufbau eines Gedichts:

1. Beginne mit der **Anzahl** der **Strophen**, der Anzahl der **Verse** pro Strophe und dem **Reimschema**, falls vorhanden.
2. Nenne weitere **Auffälligkeiten**, z. B. Wiederholungen von Versen oder Versanfängen.
3. **Belege** die Auffälligkeiten am Gedicht, indem du in deinem Text **Versangaben** machst:
   Jede Strophe beginnt mit einer Frage (V. 1, V. 9, V. 17).

TIPPBOX

Zu 3 :
Das Gedicht „Sommer“ von Ilse Kleberger hat einen regelmäßigen Aufbau. Die drei Strophen haben alle ...
Das Reimschema ist ein ... Nur der ... und der ... Vers jeder Strophe ...

Zu 4 d):
Der Sommer wird so anschaulich beschrieben, weil ...
Die Fragen in den ersten Versen zeigen ...
Die vielen Beispiele verdeutlichen, dass ...
Dabei wählt die Autorin ...
Durch die Wiederholungen der Versanfänge werden ...
Auch das Kind am Ende des Gedichts verdeutlicht ...

5 Eine Schülerin, die sich mit dem Gedicht „Sommer“ auseinandergesetzt hat, meint: *„Der Sommer hat keinen besonderen Geschmack“*. Nimm Stellung zu dieser Aussage und begründe, ob du ihre Meinung teilst oder nicht.

a) Lies die **LERNBOX** und berücksichtige die ersten beiden Hinweise.

b) Formuliere deine Stellungnahme. Beachte dazu den 3. Hinweis in der **LERNBOX**. So kannst du beginnen:

(a) Eine Schülerin meint, dass der Sommer ... .
(b) Ich bin anderer Meinung. / Ich stimme ihr zu, ...
(c) Ich denke so, weil ... . Und deshalb ...

6 Schreibe ein Gedicht mit dem Titel „Frühling“. Du kannst eine Gedichtform von Seite 95 wählen oder ein Parallelgedicht verfassen. Gehe dazu so vor:

a) Sammle zuerst Antworten auf die drei Fragen im jeweils ersten Vers der drei Strophen. Wie riecht, schmeckt und klingt der Frühling?

b) Orientiere dich beim Strophenaufbau an deinen Ergebnissen aus Aufgabe **3** auf Seite 103.
Das Reimschema musst du nicht unbedingt einhalten.

So kannst du beginnen:

Weißt du wie der Frühling riecht?
Nach Knospen und nach Wäldern,
nach Rasenmähen und Gartenduft,
der ...

LERNBOX

So nimmst du zu einer Aussage Stellung:

1. **Lies** noch einmal die **Schüleräußerung** oder die **Textstelle**, zu der du Stellung nehmen sollst.
2. Überlege dir, welcher **Meinung** du bist, und **sammle Gründe** dafür.
3. Formuliere deine Stellungnahme in einem **kurzen Text**.
   a) **Greife auf**, wozu du Stellung nehmen sollst (z. B. zu einer Schüleräußerung): *Eine Schülerin meint, dass ...*
   b) **Nenne** deine **Meinung**: *Ich meine, die Schülerin hat Recht. / Ich denke nicht so ...*
   c) **Begründe** deine **Meinung**. Verwende dabei Satzverknüpfungswörter wie *weil, da, denn, deshalb ...*

TIPPBOX

Zu 5 a):

– Wozu soll ich Stellung nehmen? → zur Schüleräußerung: *„Der Sommer hat keinen eigenen Geschmack.“*
– Welche Meinung vertrete ich? → *Ich stimme zu, weil .... / Ich stimme nicht zu, weil ...*

Der bunte Herbst – ein Gedicht untersuchen und Stellung nehmen

1 **a)** Erkläre, warum man vom „bunten Herbst“ spricht, und sammle weitere Merkmale, die zu dieser Jahreszeit passen.
b) Tausche dich mit einem Partner über deine Erfahrungen mit dem Herbst aus.

2 **a)** Setze die fehlenden Reimwörter in der zweiten und dritten Strophe des folgenden Gedichts ein. Orientiere dich dazu am Reimschema der ersten Strophe:
fleißig, Zeisig, fürchterlich, färbste, Blattgewächs, Herbste, mich, Klecks
b) Vergleiche dein Ergebnis mit dem eines Partners.

Folie

Der Herbst steht auf der Leiter

Peter Hacks (1928–2003)

Der Herbst steht auf der Leiter
und malt die Blätter an,
ein lustiger Waldarbeiter,
ein froher Malersmann.

Er kleckst und pinselt _______
auf jedes _________,
und kommt ein frecher _______,
schwupp, kriegt der auch 'nen _______.

Die Tanne spricht zum _________:
das ist ja _________,
die andern Bäume _________,
was färbste nicht mal _________?

Die Blätter fallen munter
und finden sich so schön.
Sie werden immer bunter.
Am Ende fall'n sie runter.

3 Erschließe das Gedicht mithilfe der **Lesemethode für Gedichte**.

Seite 290–291

4 Lies die Aufgabe im blauen Kasten und mache dir klar, was du tun sollst.

> Schreibe eine Textuntersuchung zum Gedicht „Der Herbst steht auf der Leiter“. Bearbeite dazu folgende Teilaufgaben in einem zusammenhängenden Text:
> **a)** Formuliere einen Einleitungssatz (**T**itel, **A**utor, **T**extart, **T**hema).
> **b)** **Fasse** den Inhalt des Gedichts strophenweise **zusammen.**
> **c)** **Erläutere**, welche menschlichen Eigenschaften der Dichter der Natur gibt.
> **d)** **Beschreibe** die Stimmung im Gedicht. **Erkläre**, wie die Stimmung durch die Merkmale des Gedichts und die sprachlichen Mittel unterstützt wird.
> **e)** Ein Schüler meint nach dem Lesen: *„Der Herbst ist ungemütlich und grau. Das Gedicht passt eigentlich nicht zu der Jahreszeit.“*
> **Nimm Stellung** zu der Aussage und **begründe** deine Meinung.

TIPPBOX

Zu 2 a): Untersuche zuerst das Reimschema in der ersten Strophe. Suche dann die Reimpaare und ergänze sie so, dass sinnvolle Verse entstehen.
Worterklärungen: der Zeisig: eine Vogelart, färbste: färbst du

5 Plane deine Textuntersuchung. Berücksichtige dabei deine Ergebnisse aus Aufgabe **3**, zum Beispiel deine Markierungen am Gedicht.

a) Übertrage den Schreibplan in dein Heft und ergänze die Arbeitsschritte stichpunktartig in der zweiten Spalte und deine Ergebnisse zu den Teilaufgaben in der dritten Spalte.

Teilaufgabe	Arbeitsschritte	meine Ergebnisse in Stichpunkten
a)	Einleitungssatz formulieren	T= Der Herbst steht auf der Leiter, A= ...
b)		– 1. Str.: Herbst ist ein Maler ... – 2. Str.: alles wird bunt ...
c)		– Tanne ist wütend auf ..., weil ... (3. Strophe) – Blätter der Laubbäume ... (4. Strophe)
d)		– Strophenaufbau: ... Strophen, ... Verse – Reimschema: ..., aber letzte Strophe ...
e)		– Schüler sagt, dass er ... – meine Meinung dazu: ja, weil ... Aber ... / meine Meinung: nein, weil ... / meine Meinung: am Anfang ja, da ..., zum Schluss, nein, denn ... – Begründung: ...

b) Formuliere mithilfe des Schreibplans einen Entwurf deiner Textuntersuchung.

AH, Seite 28 Eine weitere Aufgabe zur Gedichtuntersuchung findest du im Arbeitsheft.

TIPPBOX

Zu 5 b): Formulierungshilfen für deine Textuntersuchung:

a) *Das Gedicht „...“ ist von ... Der Autor stellt dar, wie ... / In dem Gedicht „...“ von ... beschreibt der Autor ...*

b) *Der Herbst macht im Wald ... / Er wird als lustiger Arbeiter beschrieben, der ... / Nur ein Nadelbaum ist ... / Aber zum Schluss ...*

c) *In der dritten Strophe lässt der Dichter die Tanne sprechen. Sie ... / Die Tanne möchte auch ... / In der vierten Strophe wird beschrieben, wie ... / Der Dichter macht deutlich, dass sie sich selbst ... / Die menschlichen Eigenschaften sind ...*

d) *Das Gedicht besteht aus ... Jede Strophe hat ... Als Reimschema verwendet der Dichter ... Nur in der letzten Strophe ... Dadurch wirkt ... In dem Gedicht finden sich viele ... Das sieht man z. B. in den Versen ... Dadurch entsteht eine ... Stimmung.*

e) *Ein Schüler meint, dass er ... / Nach dem Lesen hat ein Schüler gesagt: „...“ Ich bin auch der Meinung, dass ... / Ich finde nicht, dass ..., denn ... Ich kann der Aussage nur teilweise zustimmen, denn am Anfang ... Aber am Ende ... Deshalb bin ich der Meinung ...*

Eine Textuntersuchung überarbeiten

1 Überprüfe, ob in der Textuntersuchung alle Teilaufgaben bearbeitet worden sind.

Das Gedicht ist von Peter Hacks. Der Autor beschreibt, wie die Laubbeume sich verferben.

Der Herbst wird als Malermeister vorgestellt. Er machte im Wald alle Bletter bunt. Das scheint ihm großen Spaß zu machen. Wenn ein Vogel ihn störte, kriegte der auch einen Farbkläcks. Nur eine Tanne ist traurig. Sie möchte auch bunt werden wie die anderen Beume und nicht immer grün sein.⌐Das Gedicht besteht aus drei Strophen mit je vier Versen. In den ersten drei Strophen gibt es einen regelmeßigen Paarreim. In der letzten Strophe ist es aber anders, weil der letzte Vers sich nicht auf den zweiten reimt. Die ersten Strophen wirken lustig, weil der Herbst als Mensch dargestellt wird. Es gibt viele Personifikationen, z. B. wird er „Malermeister“ und „Waldarbeiter“ genannt (Str. 1).

Ich bin nicht der Meinung. Denn im Herbst sind alle Bletter bunt geferbt. Und draußen zu spielen macht auch bei Regen Spaß. Dann tregt man eben eine dicke Jacke.

a) Textart fehlt
Thema ungenau; R; R

b)

⌐Absatz einfügen

2 Überarbeite die Textuntersuchung eines Schülers mithilfe der **CHECKLISTE**. Setze dazu die Randbemerkungen weiter fort.

Seite 111

3 Überarbeite deine eigene Textuntersuchung von Seite 106 und schreibe sie, wenn nötig, noch einmal ab.

CHECKLISTE

Eine Textuntersuchung überarbeiten

1. Ist der **Einleitungssatz** vollständig (Titel, Autor, Textart, Thema) und wird das Thema treffend formuliert?
2. Sind in der **Inhaltsangabe** alle **wichtigen Schlüsselstellen** aus den Strophen enthalten?
3. Werden die **Fragen zum Text** mithilfe von Textstellen beantwortet?
4. Ist die **Stellungnahme** vollständig und wird die **Meinung** nachvollziehbar **begründet**?
5. Wird das **Präsens** verwendet?
6. Wird nach jeder Teilaufgabe ein **Absatz** gemacht?

TIPPBOX

Zu 2 :

Spüre folgende Fehler auf:

- In der Zusammenfassung fehlt eine Strophe.
- Eine Teilaufgabe fehlt.
- Das Reimschema ist falsch benannt.
- Die Stellungnahme ist unvollständig.
- Drei Verben stehen nicht im Präsens.
- Ein Absatz muss noch eingefügt werden.
- Neun Wörter wurden falsch geschrieben (*e*/*ä*, *eu*/*äu*).

Kompetenz-Check A: ein Gedicht untersuchen

Untersuche das Gedicht „Der Eislauf" in einem zusammenhängenden Text.

a) Formuliere einen Einleitungssatz (**TATT**).

b) **Gib** den Inhalt des Gedichts strophenweise mit eigenen Worten **wieder.**

c) **Beschreibe,** wie die Kinder im Gedicht den Wintertag verbringen.

d) **Erkläre,** wie es dem Dichter gelingt, den Winter anschaulich zu beschreiben. Achte dabei auch auf sprachliche Mittel, z. B. Personifikationen, Fragen und Wiederholungen.

e) Ein Schüler sagt nach dem Lesen: *„Da hätte ich auch gerne mitgemacht."* **Nimm Stellung** zu der Aussage und **begründe** deine Meinung.

Der Eislauf

Hoffmann von Fallersleben (1798–1874)

Der See ist zugefroren
Und hält schon seinen Mann.
Die Bahn ist wie ein Spiegel
Und glänzt uns freundlich an.

Das Wetter ist so heiter,
Die Sonne scheint so hell.
Wer will mit mir ins Freie?
Wer ist mein Mitgesell[1]?

Da ist nicht viel zu fragen:
Wer mit will, macht sich auf.
Wir geh'n hinaus ins Freie,
Hinaus zum Schlittschuhlauf.

Was kümmert uns die Kälte?
Was kümmert uns der Schnee?
Wir wollen Schlittschuh laufen
Wohl auf dem blanken See.

Da sind wir ausgezogen
Zur Eisbahn alsobald,
Und haben uns am Ufer
Die Schlittschuh angeschnallt.

Das war ein lustig Leben
Im hellen Sonnenglanz!
Wir drehten uns und schwebten,
Als wär's ein Reigentanz[2].

[1] der Mitgesell: der Begleiter

[2] der Reigentanz: ein Tanz im Kreis

1 Plane deine Textuntersuchung:

a) **Erschließe** das Gedicht mithilfe der **Lesemethode für Gedichte.**

b) Lege dir einen Schreibplan an. Orientiere dich an den Teilaufgaben **a)–e)** und trage deine Vorarbeiten in den Schreibplan ein.

Teilaufgabe	Arbeitsschritte	meine Ergebnisse in Stichpunkten
a)	Einleitungssatz formulieren	T = … A = …
b)	Inhalte zusammenfassen	– 1. Str.: Winter: wenig Sonne, kalt – 2. Str.: Schnee …
c)	beschreiben, wie …	3. Str.: …
…	…	…

2 Formuliere mithilfe deines Schreibplans einen Textentwurf.

3 Überarbeite deine Textuntersuchung mithilfe der **CHECKLISTE** von Seite 107.

Kompetenz-Check B: ein Gedicht untersuchen

Untersuche das Gedicht „Winters Einzug“ in einem zusammenhängenden Text.
a) Formuliere einen Einleitungssatz (**TATT**).
b) Gib den Inhalt des Gedichts strophenweise mit eigenen Worten **wieder.**
c) Beschreibe, wie die Menschen im Gedicht auf den Winter reagieren.
d) Erkläre, wie es dem Dichter gelingt, den Winter besonders anschaulich zu beschreiben. Beachte dazu den Aufbau und sprachliche Mittel
e) Ein Schüler sagt nach dem Lesen: *„So schlimm ist der Winter doch gar nicht. Ich freue mich schon wieder auf den ersten Schnee.“*
Nimm Stellung zu dieser Aussage und **begründe** deine Meinung.

Winters Einzug

Franz von Pocci (1807–1876)

Nun zieht mit seiner ganzen Macht
Herr Winter wieder ein.
Vergangen ist der Fluren[1] Pracht,
Erbleicht[2] der Sonne Schein.

Weh uns! Schon naht der kalte Mann
Mit seinem weißen Bart!
Wer Arm' und Beine rühren kann,
Kommt, hemmet[3] seine Fahrt! –

Schließt Tür und Tor und Fenster zu,
Und lasst ihn nicht herein,
Dass er uns nichts zu Leide tu'!
Es friert ja Groß und Klein.

Gewaffnet[4] ist der Kinder Schar,
Die ihm entgegentritt.
Was hilft's? Er kommt wie alle Jahr,
Bringt Schnee und Eis uns mit.

Bringt eine lange, lange Nacht
Und einen kurzen Tag.
Des Schneegestöbers Flockenjagd
Und noch so manche Plag'[5].

Doch kennt er viele Freuden auch,
Bringt neuer Märchen Traum,
Und hat – es ist sein alter Brauch –
Bei sich den Weihnachtsbaum.

[1] die Flur: das Feld, die Wiese
[2] erbleichen: verblassen
[3] hemmen: bremsen, aufhalten
[4] gewaffnet: vorbereitet
[5] die Plage: die Not

1 Plane deine Textuntersuchung:
a) Erschließe das Gedicht mit der **Lesemethode für Gedichte.**
b) Lege dir eine Tabelle als Schreibplan an. Orientiere dich an den Teilaufgaben **a)–e)** und trage deine Vorarbeiten in den Schreibplan ein.

2 Schreibe einen Entwurf und bearbeite dabei alle Teilaufgaben.

3 Überarbeite deine Textuntersuchung mithilfe der **CHECKLISTE** von Seite 107.

Im Blickpunkt: Sprache betrachten

Über die Zukunft reden: Präsens und Futur

Zukunft

Paul Maar (geb. 1937)

Die Zukunft kommt
schon morgen früh?
Kann man das nicht verschieben?
Ich wär so gern,
und zwar mit dir,
im Heute hiergeblieben.

1 **a)** Erkläre, warum sich das lyrische Ich nicht auf die Zukunft freut.
b) Woran kannst du erkennen, dass in den ersten zwei Versen ein Ereignis in der Zukunft stattfindet? Lies dazu die **LERNBOX**.

2 Tom war bei einer Wahrsagerin, um etwas über seine Zukunft zu erfahren. Das hat sie Tom vorhergesagt:

„Du wirst aus meinem Zelt gehen."	gleich
„Die wirst die Schule beenden."	vier Jahre
„Du wirst im Lotto gewinnen."	mit zwanzig
„Du wirst eine Weltreise machen."	zwei Jahre später
„Du wirst nach Deutschland zurückkommen."	nach einem Jahr
„Du wirst wieder zu mir kommen."	gleich

a) Benenne die Zeitform, in der die Verben in den Sätzen stehen.
b) Tom möchte noch von der Wahrsagerin wissen, wann das alles passiert. Überarbeite die Aussagen der Wahrsagerin, indem du die fehlenden Zeitadverbien aus der rechten Spalte ergänzt und die Verben ins Präsens setzt.
Gleich gehst du aus meinem Zelt. …
c) Was möchtest du bei einer Wahrsagerin gern über deine Zukunft erfahren? Verwende in deiner Voraussage entweder das Futur oder das Präsens mit Zeitadverbien.

LERNBOX

Zukünftiges ausdrücken

1. Um deutlich zu machen, dass man über die Zukunft spricht, verwendet man das **Futur**: *Du wirst aus meinem Zelt gehen* (= Hilfsverb *werden* + Infinitiv).
2. Du kannst für Zukünftiges auch das **Präsens** verwenden. Dann solltest du durch **Zeitadverbien** wie *morgen früh, nächsten Sommer, übermorgen, in zehn Minuten …* verdeutlichen, dass **ein Ereignis in der Zukunft liegt.**

TIPPBOX

Zu 2 b):
- Die Zeitangaben stehen in der richtigen Reihenfolge.
- Folgende Präsensformen musst du einsetzen: *machst, beendest, kommst zurück, kommst, gewinnst, gehst.*

Im Blickpunkt: richtig schreiben

Gleiche Laute – andere Schreibung

1 Das folgende Gedicht enthält einige schwierige Wörter. Einer aus der Klasse liest das Gedicht laut vor. Wenn jemand etwas nicht verstanden hat, klopft er. Klärt gemeinsam das schwierige Wort.

oi oi oi

Hannes Fuchs (geb. 1958)

Alle gehn zur Kirche hoite
Hört das klingende Geloite!
Auf den Stufen stehn zwei Broite.
Seid ihr des Wahnsinns fette Boite?
Zwei Broite?
Ja, da staunt die Moite.

Nun geht's in die Kirche rein.
Jeder will der Erste sein.
Einer stößt sich an 'ner Soile.
Da gibt's bestimmt 'ne dicke Boile.
Und die Broite?
Sieht man nicht, zu viele Loite.

Am Altar stehn schon die Zoigen,
lassen sich sehr gern beoigen.
Und es duften auch die Kroiter,
die verzieren beide Hoipter
unsrer Broite.
Die ziehen ein mit dem Geloite.

In den Reihen alle Loite
schauen an die schönen Broite.
Doch wer kommt denn da noch an?
Jede hält 'nen Broitigam.
Und die Loite?
Froin sich auf die Feiern hoite.

2 Erklärt, von welchem besonderen Tag das Gedicht erzählt.

3 **a)** Überlegt gemeinsam, was anders ist, je nachdem, ob man das Gedicht hört oder liest.
b) Sprecht darüber, warum ihr das Gedicht verstehen könnt, obwohl einige Wörter falsch geschrieben sind.

4 **a)** Markiere im Text alle *oi*-Wörter auf einer Folie.
b) Entscheide, durch welche Buchstaben (*äu / eu*) du das *oi* ersetzen musst. Lies dazu die **LERNBOX**.
c) Schreibe das Gedicht weiter und erzähle von den Feiern. Benutze wie im Gedicht das *oi* für die Buchstaben *äu* und *eu*. Lass deinen Text von einem Partner überarbeiten.

LERNBOX

So leitest du Wörter ab:

1. Um herauszufinden, ob ein Wort mit *äu* geschrieben wird, suchst du ein **verwandtes Wort** mit *au*, z. B. *die Bräu*te → *die Braut, das Geläute* → *der Laut*. Das bedeutet, du **leitest** das Wort mit *äu* **ab**.
2. Die Wörter mit dem Laut *eu* kannst du *nicht* ableiten. Wenn du dir unsicher bist, schlage im Wörterbuch nach.

TIPPBOX

Zu 4 a):
Es sind 22 Wörter.
Zu 4 b):
Setze 9x ***eu*** und 13x ***äu*** ein. Das Wort *Säule* kannst du nicht ableiten. Es ist ein Lernwort.

Im Blickpunkt: Lesen

Die sonderbare Stadt Tempone

James Krüss (1926–1997)

Kennt ihr schon die Stadt Tempone,
wo Prinz Rückwärts residiert?
Es ist seltsam und erstaunlich,
was tagtäglich dort passiert!

Jeden Abend geht die Sonne
ganz genau im Norden auf.
Und der Mond beginnt im Süden
und am Morgen seinen Lauf.

Nachts holt man sich dort zum Frühstück
frische Semmeln aus dem Mund.
Legt sie fein auf einen Teller,
und dann gibt man sie dem Hund.

Bücher liest man dort vom Ende
bis zum Anfang mit Genuss.
Und dann bringt man sie dem Händler,
der das Buch bezahlen muss.

Mit dem Auto fährt man rückwärts.
Wenn man das Benzin vergisst,
tut man recht, denn man muss tanken,
wenn die Fahrt zu Ende ist.

Bäume fallen dort vom Himmel
bei besonders starkem Wind.
Und sie werden immer kleiner,
bis sie nur noch Samen sind.

Beim Gewitter springen Blitze
von der Erde in die Höh.
Und bei Regen ziehn die Wolken
dicke Tropfen aus dem See.

Kinder, die geboren werden
sind gewöhnlich siebzig Jahr,
haben schlechte, braune Zähne
und natürlich graues Haar.

Solche Kinder können rechnen,
schreiben, lesen und noch mehr,
und am Herd fällt diesen Kindern
auch das Kochen gar nicht schwer.

Doch sie werden täglich jünger:
Sechzig, fünfzig, vierzig Jahr!
So verlernen sie allmählich
all ihr Können ganz und gar.

Auch ein Schulhaus soll es geben.
Das ist seltsam wie sonst keins.
Für die größten Albernheiten
kriegt ein Kind dort eine Eins.

Kürzlich sprach ich mit dem Sohne
eines alten Stadtgeschlechts.
Danach liegt die Stadt Tempone
hinterm Monde – ziemlich rechts!

1 **a)** Kreuze die richtigen Aussagen an:

A Die Sonne geht im Norden auf. [*]
B Die Bewohner essen zum Frühstück gern frische Brötchen. [*]
C Die Kinder der Stadt Tempone haben alle braunes Haar. [*]
D Die Stadt Tempone liegt rechts hinter dem Mond. [*]

b) Schreibe die falschen Aussagen in richtige um.

2 Beantworte die folgenden Fragen schriftlich:

a) Warum heißt der Prinz *Prinz Rückwärts*?
b) Welche Besonderheiten finden in der Natur statt?
c) Welche Unterschiede zu unserem Tagesablauf finden sich im Gedicht?
d) Würdest du gerne ein Kind in Tempone sein? Begründe deine Antwort.

Lernbegleitbogen *Zeit für Gedichte*: ein Gedicht untersuchen

Kompetenz / Inhalt Ich kann ...	Selbsteinschätzung ☺ 😐 ☹	Fremdeinschätzung ☺ 😐 ☹	Bemerkungen	Hier kannst du weiterüben:
eigene Gedichte nach Mustern verfassen (S. 94, S. 104)				
den Aufbau eines Gedichts beschreiben (S. 97)				SB, S. 103 AH, S. 25
einen Gedichtvortrag in der Gruppe planen und durchführen (S. 97)				SB, S. 204–205
sprachliche Mittel im Gedicht erkennen und erklären (S. 99)				SB, S. 103 AH, S. 27
ein Gedicht mit der Lesemethode für Gedichte erschließen und dabei – unbekannte Begriffe klären, – Schlüsselstellen markieren, – Überschriften formulieren, – Wichtiges herausschreiben (S. 100–101)				SB, S. 290–291
den Inhalt eines Gedichts mit eigenen Worten wiedergeben (S. 101)				AH, S. 26
Aufgaben zu einem Gedicht erarbeiten (S. 103)				
zu einem Gedicht begründet Stellung nehmen (S. 104)				
eine Textuntersuchung planen und ausformulieren (S. 105–106)				AH, S. 28 AH, S. V, VI
eine Textuntersuchung überarbeiten (S. 107)				
mit dem Präsens und Zeitadverbien oder mit dem Futur über die Zukunft reden (S. 110)				SB, S. 217
mithilfe der Ableitung Wörter mit *äu* richtig schreiben (S. 111)				SB, S. 257 AH, S. 66
Aufgaben zum Textverständnis (Gedicht) lösen (S. 112)				

Trainiere die Kompetenzen, bei denen du selbst oder ein anderer ein 😐 oder ☹ eingetragen hat. Tipps zum Üben findest du in der letzten Spalte.

→ Überprüfe anschließend dein Wissen und Können, indem du einen der **Kompetenz-Checks** bearbeitest: **Kompetenz-Check A** (Seite 108) oder **Kompetenz-Check B** (Seite 109). Vergleiche dein Ergebnis mit dem Mustertext im Lösungsheft.

Essen verbindet

1 Schaut euch das Bild oben an:
a) Beschreibt, was dort abgebildet ist.
b) Tauscht euch darüber aus, zu welchem Anlass eine Klasse oder eine Schule ein solches Buffet anbieten könnte.
c) Überlegt, was der Titel des Kapitels „Essen verbindet“ bedeuten könnte.

2 Die angebotenen Speisen stammen aus unterschiedlichen Ländern.
a) Aus welchen Ländern kommen die Gerichte?
b) Ordne die Kärtchen auf dem Tisch links unten den abgebildeten Speisen zu.

3 **a)** Welche der Gerichte kennst du schon? Tausche dich mit einem Partner darüber aus, woher ihr sie kennt.
b) Suche dir eines der Gerichte aus, das du schon einmal gegessen hast, und beschreibe, aus welchen Zutaten es besteht.

4 **a)** Sammelt in der Klasse weitere typische Gerichte aus verschiedenen Ländern. Formuliert so: Bei uns zu Hause gibt es oft … Wenn wir beim Italiener sind, essen wir …
b) Haltet eure Ideen in einem Cluster fest. So könnt ihr später darauf zurückgreifen, wenn ihr beispielsweise ein Klassenrezeptbuch zusammenstellt.
c) Ordnet die Gerichte in einer Tabelle nach den Herkunftsländern.
d) Welches dieser Gerichte würdest du für ein Schulbuffet am „Tag der Nationalitäten" vorbereiten? Begründe deine Wahl.

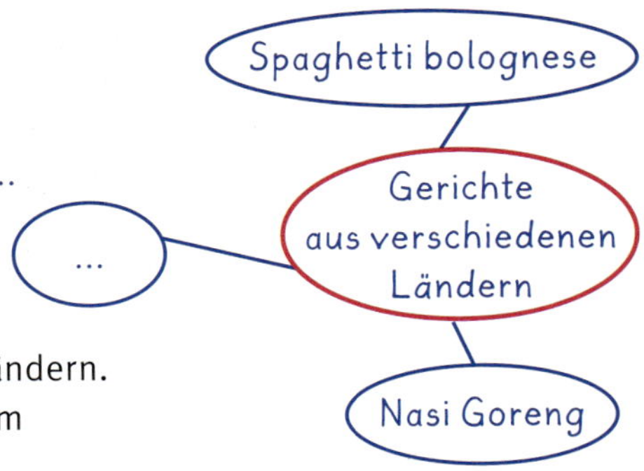

In diesem Kapitel erfahrt ihr, wie ihr Rezepte so aufschreibt, dass ein anderer sie nachkochen kann. Sammelt eure Lieblingsrezepte in einem Klassenrezeptbuch.

„Küchenlatein“ – Geräte, Tätigkeiten und Abkürzungen genau benennen

Bevor Greta und Furkan für das Klassenrezeptbuch ein Rezept aufschreiben, wollen sie es ausprobieren. Dazu müssen sie sich erst in der Küche orientieren und herausfinden, wie die Geräte heißen und was man mit ihnen machen kann.

1 Worüber unterhalten sich Greta und Furkan? Findet eine Erklärung dafür, warum sie sich missverstehen.

2 Wie heißen die einzelnen Geräte, die ihr in dieser Küche seht?

A B C

a) Setzt euch zu dritt zusammen und teilt die Ziffern folgendermaßen unter euch auf: A: 1–10, B: 11–20, C: 21–30.

Seite 127

b) Schreibe zu den dir zugewiesenen Ziffern die Namen der Küchengeräte auf:
1 = die Bratpfanne.

A + B + C

c) Stellt euch eure Ergebnisse vor. Einigt euch, falls es andere Vorschläge gibt.

3 **a)** Tätigkeiten in Rezepten müssen ganz genau beschrieben werden, damit sie verständlich sind. Was machen Greta und Furkan auf den Bildern? Beschreibe die Tätigkeiten mit treffenden Verben und den Namen der Geräte in kurzen Sätzen, z. B.: A → Greta gießt Teig in die Kastenform.
b) Formuliere weitere Sätze. Verwende darin die Küchengeräte von Seite 116.

Seite 242–244

4 **a)** Lege dir eine Wörterliste mit Begriffen (Nomen) für Küchengeräte an, damit du sie zum Schreiben deiner Rezepte nutzen kannst. Gehe vor, wie in der **LERNBOX** beschrieben.
b) Welche Tätigkeiten kannst du mit diesen Geräten ausüben? Wozu kannst du sie in der Küche verwenden? Schreibe passende Verben zu den Nomen auf.
c) Vergleicht zu zweit eure Ergebnisse und ergänzt euch gegenseitig.

Wörterliste Küchengeräte

die Bratpfanne: Gerät aus Metall mit Griff, für den Herd
Tätigkeiten: braten, wenden, anbraten …

die Springform: runde Form mit Rand, den man öffnen kann
Tätigkeiten: backen, hineingießen, einfetten …

…

LERNBOX

So legst du eine Wörterliste an:

1. Notiere das **Wort**, das du dir **einprägen** willst, links. Wenn es ein Nomen ist, schreibe den Artikel dazu.
2. Schreibe rechts daneben in eigenen Worten eine **Erklärung** auf. Wenn du unsicher bist, schlage die Bedeutung im Wörterbuch nach oder frage in der Klasse.
3. Du kannst zu den Wörtern auch kleine **Skizzen** zeichnen.
4. Übertrage schwierige Wörter in deine Rechtschreibkartei.

TIPPBOX

Zu 2 a): Folgende Nomen kannst du zuordnen. Schreibe sie mit Artikel auf: *Bratpfanne, Kochtopf, Sieb, Nudelholz, Nudelsieb, Küchenwaage, Auflaufform, Kastenform, Kartoffelstampfer, Backpinsel, Teigschaber, Schneebesen, Springform, Zitronenpresse, Pfannenwender, Messbecher, Mixer, Toaster, Messerblock, Backofen, Herdplatte, Küchenschere, Schneidebrett, Rührschüssel, Kochlöffel, Eieruhr, Mikrowelle, Wasserkocher, Schürze, Topflappen.*

Greta und Furkan wollen für das Klassenrezeptbuch eine Frischkäsetorte ausprobieren. Das Rezept stammt von Gretas Oma. Greta hat mitgeschrieben, welche Arbeitsschritte erledigt werden müssen:

Zutatenliste:
200 g Butterkekse
125 g Butter
200 g Puderzucker
125 ml (= 1/8 l) Sahne
200 g Doppelrahmfrischkäse
1 Glas (800 ml) Sauerkirschen
4 EL Speisestärke

So wird's gemacht:

1. Butterkekse in eine dichte Plastiktüte geben, verschließen und mit einem Nudelholz salzen, bis die Kekse krümelig sind.
2. Die Butter in der Pfanne bei niedriger Hitze würfeln lassen, in eine Rührschüssel gießen und die Hälfte des Puderzuckers und die Kekskrümel untermischen.
3. Die Mischung in eine Springform schneiden und mit einem Kartoffelstampfer fest an den Boden drücken. Die Form mit Folie zudecken und in den Kühlschrank schütten.
4. Den Doppelrahmfrischkäse und den restlichen Puderzucker in die Rührschüssel geben und abschrecken. Die Sahne in ein hohes Gefäß gießen und mit einem Mixer schlagen. Dann die geschlagene Sahne unter den Frischkäse und den Puderzucker mischen. Die Mischung auf dem Keksboden braten und wieder kalt stellen.
5. Die Sauerkirschen in einem Sieb gut über einem Topf festdrücken lassen. Den Kirschsaft auf niedriger Stufe auf dem Herd backen. Die Speisestärke in einer Tasse mit etwas Wasser vermischen und unter den heißen Kirschsaft rühren.
6. Wenn die Mischung dick geworden ist, die Kirschen dazugeben und alles abkühlen lassen. Die Kirschmischung auf dem Kekskäseboden verteilen und das Ganze noch etwa zwei Stunden in den Kühlschrank schütten.

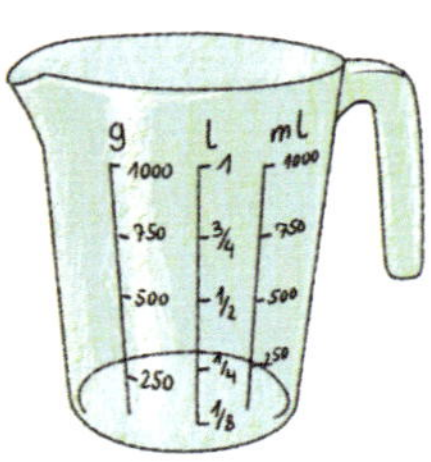

5 **a)** Lies die Zutatenliste. Überprüfe, ob alle Zutaten in ausreichender Menge eingekauft wurden.
b) Kläre mit einem Partner, was die Abkürzungen bedeuten, die Greta aufgeschrieben hat: *g, ml, EL*.
c) Sammelt weitere Abkürzungen, die in Rezepten vorkommen.
d) Vergleicht eure Ideen mit der **LERNBOX** auf Seite 119.
e) Lege dir eine Liste mit gebräuchlichen Abkürzungen an, die du später beim Aufschreiben von Rezepten verwenden kannst.

6 **a)** Lies Gretas Mitschrift des Rezepts. Was fällt dir auf?
b) In dem Rezept hat Greta Verben verwendet, die die Tätigkeiten nicht richtig beschreiben. Markiere diese unpassenden Verben.
c) Ersetze die markierten Verben durch treffendere, die deutlich machen, was zu tun ist. Nutze dazu deine Wörterliste von Seite 117. Schreibe so:
Schritt 1: nicht salzen, sondern zerdrücken …

Folie

Seite 242–243

A) Frischkäsetorte (von Gretas Oma)

B) Zutatenliste:
200 g Butterkekse
125 g Butter
200 g Puderzucker …

C) Materialliste:
dichte Plastiktüte
Gummi zum Verschließen
Nudelholz …

7 Schau dir den Rezeptausschnitt oben genau an. Erkläre, welche Angaben hier gemacht werden und wozu sie beim Backen wichtig sind.

8 Vor dem Backen sollte man sich alle Geräte bereitstellen, die man braucht. Erstelle daher eine Materialliste für Greta und Furkan. Gehe dazu so vor:
a) Unterstreiche im Rezept, welche Küchengeräte und Gegenstände Greta und Furkan zum Zubereiten brauchen, z. B.: eine dichte Plastiktüte.
b) Notiere, welche Küchengeräte außerdem benötigt werden. Nutze dazu deine Wörterliste mit den Küchengeräten und Verben (Seite 117).

Folie

9 Schreibe das Rezept vollständig auf. Gehe so vor:
a) Formuliere eine Überschrift (Name des Gerichts).
b) Schreibe darunter die vollständige Zutaten- und Materialliste sowie die korrigierten Arbeitsschritte auf.
c) Gestalte dein Rezept durch eine Zeichnung oder ein Foto.

Weitere Aufgaben zum Üben findest du im Arbeitsheft.

AH, Seite 29–30

LERNBOX

Gebräuchliche Abkürzungen in Kochrezepten

1. In Rezepten werden **Maßangaben** häufig verkürzt angegeben, da sie allgemein bekannt sind und häufig benutzt werden. Du findest sie auch auf Messbechern.
2. Die gebräuchlichen **Abkürzungen** lauten:

g = Gramm	kg = Kilogramm (1 000 g = 1 kg)
ml = Milliliter	l = Liter (1 000 ml = 1 l)
EL = Esslöffel	TL = Teelöffel
Min. = Minuten	h = Stunde (60 Min. = 1 h)
Msp. = Messerspitze	Bd. = Bund

TIPPBOX

Zu 6 a): Achte besonders auf die Verben.
Zu 6 b): Neun Verben passen nicht.
Zu 6 c): Du kannst sie ersetzen durch: *unterheben, abtropfen, gießen, schmelzen, verrühren, verteilen, schütten, stellen, kochen, zerdrücken, vermischen, erwärmen.*

Ein Rezept „in Form“ bringen I – die richtige Reihenfolge sprachlich verdeutlichen

1 Sprecht darüber, wie ihr einen Hamburger zubereiten könntet.

Hamburger (für 4 Personen)

Zutatenliste:
500 g Rinderhack
Salz, Pfeffer
2 Essiggurken
2 Tomaten
4 Blätter Eisbergsalat
4 TL Senf
4 EL Ketchup
4 Brötchen

Materialliste:
Bratpfanne
Pfannenwender
Messer
Schneidebrett
Teller

Ein Rezept für einen Hamburger in unser Kochbuch aufzunehmen, ist eine gute Idee! Aber ich glaube, so wird das nicht funktionieren.

( ) Du formst daraus vier flache Frikadellen. (1) Als Erstes musst du das Hackfleisch mit Salz und Pfeffer würzen. ( ) Als Nächstes brätst du die Frikadellen in der Pfanne kräftig an. ( ) Toaste daraufhin die Brötchen. ( ) Zum Schluss garnierst du die Brötchen mit Salat, Tomaten und Gurken. ( ) Du wäschst die Tomaten und schneidest sie in Scheiben. ( ) Schneide die Gurken in dünne Scheiben. ( ) Du legst nun die Hackfleischfrikadellen darauf. ( ) Bestreiche eine Brötchenseite mit Ketchup, auf die andere streichst du ein bisschen Senf.

2 **a)** Lies das Rezept. Erkläre, warum der Schüler meint, es funktioniere nicht.
Folie
b) Bringe die Arbeitsschritte in eine sinnvolle Reihenfolge: Markiere zuerst die Signalwörter (siehe **LERNBOX**). Nummeriere danach die Schritte.
c) Besprecht eure Ergebnisse in der Klasse und begründet die Reihenfolge.

3 **a)** Lege eine Liste mit Ausdrücken an, mit denen du Abfolgen sprachlich deutlich machen kannst. Nutze die Ausdrücke aus dem Rezept oben sowie diejenigen in der **LERNBOX**. Achte dabei auf die Rechtschreibung.
b) Schreibe das Hamburger-Rezept vollständig und in der richtigen Reihenfolge auf. Verwende dabei die Ausdrücke aus deiner Wörterliste.

4 **a)** Woher hat der Hamburger seinen Namen? Recherchiere im Internet.
b) Nenne weitere Speisen mit ungewöhnlichen Namen, z. B. *Strammer Max, Kalte Schnauze, Arme Ritter* ..., und erkläre, woraus sie bestehen.

LERNBOX

So verdeutlichst du sprachlich eine Abfolge:
Die Reihenfolge der Schritte in Rezepten verdeutlichst du durch Ausdrücke, die **einen Zeitpunkt angeben:** *als Erstes, als Nächstes, danach, zum Schluss* ...

Seite 216

Ein Rezept „in Form“ bringen II – einzelne Schritte übersichtlich darstellen

1 **a)** Lest das Rezept und besprecht Verbesserungsvorschläge.
b) Erstelle eine Materialliste. Nutze dazu die Wörterliste.

Mein Lieblingsrezept für das Klassenrezeptbuch (von Savvas):

FETA FOURNOU
(überbackener Schafskäse, für 4 Personen)

Du heizt den Backofen mit einem Backblech darin auf 225° C vor. Spüle den Käse kalt ab und halbiere ihn dann quer. Schneide ihn längs mit einem Messer in große, knapp 1 cm dicke Scheiben. Du nimmst vier Stücke Alufolie (30 x 30 cm). Du bestreichst sie auf der glänzenden Seite mit etwas Öl. Du legst die Fetastreifen darauf. Nimm die Tomaten, wasche sie und schneide sie in dünne Scheiben. Achte darauf, dass du die grünen Stiele abschneidest. Du schälst die Zwiebeln und schneidest sie in hauchdünne Scheiben. Du verteilst die Tomaten- und Zwiebelscheiben auf dem Käse, zum Würzen salzt du alles leicht und pfefferst es. Du bestreust es außerdem mit Paprikapulver und Oregano. Das übrige Olivenöl träufelst du darüber. Bevor du den Käse in den Backofen legst, verschließt du die Alufolie. Lass den Käse 10–15 Minuten im Ofen backen. Du holst das Blech aus dem Ofen.

Zutatenliste:
- 400 g Schafskäse
- 6 EL Olivenöl
- 2 reife Tomaten
- 2 kleine Zwiebeln
- 1 Prise Salz und Pfeffer
- 1 TL scharfes Paprikapulver
- 1 TL getrockneter Oregano

2 Frank, der Redakteur des Klassenrezeptbuchs, hat Savvas eine E-Mail geschickt, er solle das Rezept übersichtlicher gestalten:
a) Überlege, wie Savvas das Rezept deutlicher gliedern könnte.
b) Vergleiche deine Überlegungen mit der **LERNBOX** und wähle Möglichkeiten aus, um das Rezept übersichtlicher zu gestalten.
c) Schreibe das Rezept übersichtlich mit Material- und Zutatenliste auf.
d) Vergleicht eure Lösungen im **Lerntempoduett** miteinander. Prüft dabei, ob alle Zutaten, Materialangaben und Arbeitsschritte vollständig sind.

Seite 284
Seite 305

LERNBOX

So gestaltest du ein Rezept übersichtlich:
Damit man ein Rezept gut lesen und nachkochen kann, muss es eine klare Gliederung aufweisen:
1. Du kannst die einzelnen Schritte mit **Zahlen** oder **Buchstaben** versehen (1., 2. … / A, B …), **Absätze** machen und **sprachlich auf den nächsten Arbeitsschritt hinweisen** (vgl. **LERNBOX**, Seite 120).
2. Verwende **Zwischenüberschriften**, wenn das Gericht aus mehreren Teilen besteht (z. B. *Soße, Teig …*).

TIPPBOX

Zu 1 b): Gehe so vor:
Lies noch einmal das Rezept und markiere im Text die Geräte, die darin genannt werden (Folie). Überlege anschließend bei jedem einzelnen Schritt, was du außerdem benötigst, z. B.: *Backblech …*

Wer soll das Rezept nachkochen? – den Leser ansprechen

Emilia will ein Rezept für *Spaghetti bolognese* abgeben. Beim Recherchieren hat sie aber nur Bilder gefunden. Nun muss sie diese verschriftlichen ...

Zutaten für
4 Personen:
1 Paket Spaghetti
(250 g)
500 g Hackfleisch
2 Tomaten
Salz, Pfeffer,
1 Bund Petersilie
und Basilikum
Olivenöl
100 ml Sahne

1 Setzt euch zu zweit zusammen und verschriftlicht das Rezept:

a) Betrachtet die Bilder und beschreibt die Schritte zunächst mündlich – der eine beschreibt diejenigen mit ungeraden, der andere die mit geraden Ziffern.

b) Lest die **LERNBOX** und überlegt, welche Anredeform sich für das Klassenrezeptbuch gut eignet.

c) Entscheidet, wie ihr das Rezept gliedern wollt (vgl. **LERNBOX**, Seite 121).

d) Schreibt die Anleitung geordnet auf: Erstellt eine Zutaten- und Materialliste und verschriftlicht die Arbeitsschritte übersichtlich und verständlich.

e) Setzt euch mit einem weiteren Paar zusammen und tauscht die Texte aus.

2 Schreibe dein Lieblingsrezept für das Klassenrezeptbuch auf:

a) Notiere oben den Namen des Gerichts und die Anzahl der Portionen.

b) Ergänze darunter die Zutaten- und die Materialliste.

c) Schreibe die Arbeitsschritte in der richtigen Reihenfolge übersichtlich auf. Beachte bei der Anredeform, dass du für deine Mitschüler schreibst.

d) Gestalte deine Rezeptseite: Füge Zeichnungen oder Fotos hinzu.

! LERNBOX

So kannst du die Leser eines Rezepts ansprechen:

Wenn du ein Rezept für deine Mitschüler (Adressaten) aufschreibst, kannst du zwischen folgenden **Anredeformen** wählen:

1. *Du kochst die Spaghetti 10 Minuten.* (**Du-Form**)
2. *Gib das Hackfleisch in die Pfanne.* (**Imperativ = Befehlsform**)
3. *100 ml Sahne hinzugeben* (**Infinitivform**)

Du kannst die verschiedenen Anredeformen auch mischen.

TIPPBOX

Zu 1 d): Diese Verben könnt ihr verwenden: *einfüllen, kochen, hinzugeben, anbraten, umrühren, würfeln, hacken, salzen, pfeffern, abgießen, abtropfen, auffüllen.*

Ein Rezept überarbeiten

Pierogi ruskie (Teigtaschen mit Schafskäse, für 4 Personen)

Zutatenliste:

250 g Weizenmehl	200 g schnittfester Schafskäse
100 g frischer Blattspinat	2 Knoblauchzehen
etwas Butter für die Pfanne	frisch geriebene Muskatnuss
Salz und Pfeffer aus der Mühle	2 Eier
3 EL Wasser	1 Eiweiß

1. Das Mehl in eine Schüssel durch ein Sieb tun. Die zwei Eier sowie drei EL Waser hinpacken und salzen. Zu einem gleichmäßigen Teig machen und eine Stunde ruhen lasen.
2. In einem Topf Waser zum Kochen bringen. Danach den Spinat waschen, die Stiele abschneiden und in das kochende Wasser eintauchen. Unter kaltes Wasser halten, ausquetschen und fein machen. Die Knoblauchzehen schälen, fein hacken und unter den Spinat tun.
Die Käserinde abschneiden und den Käse mit einer Gabel klein drücken. Unter den Spinat heben und mit Salz und Pfefer den Geschmack testen. Du belegst die Arbeitsfläche mit Mehl und den Teig darauf ausrollen. Kreise von etwa 8 bis 10 cm Durchmesser ausschneiden, die Füllung in die Mite darauflegen und die Ränder musst du mit dem Eiweiß einreiben. Den Rand fest zusamendrücken.
In einem großen Topf Wasser kochen lassen, Salz hineingeben und die Pierogi darin etwa 10 Minuten braten. Mit einem Schneebesen herausnehmen und kurz abtropfen lassen. Zum Schlus in einer Pfane mit geschmolzener Butter braten. Dann können Sie die Pierogi servieren.

Materialliste fehlt

sieben
R
R
Womit?
Absätze und Nummerierung fehlen

R
bestreust
im Satz zwei Anredeformen, R

R

1 **a)** Frank, der Redakteur, hat schon Anmerkungen am Rand gemacht. Lies sie und setze sie fort. Orientiere dich an der **CHECKLISTE**.
b) Schreibe das Rezept übersichtlich und fehlerfrei auf.

Folie
Seite 128
Seite 284
AH, Seite 31–32

Eine weitere Aufgabe findest du im Arbeitsheft.

CHECKLISTE

Ein Rezept überarbeiten

1. Sind die **Zutaten**- und die **Materialliste** (Küchengeräte) **übersichtlich** und **vollständig**?
2. Sind die **Arbeitsschritte verständlich formuliert** und **genau beschrieben**?
3. Werden alle Zutaten und Materialien von der Liste verwendet?
4. Werden **treffende Nomen** (Geräte, Zutaten) und **Verben** (Tätigkeiten) verwendet?
5. Orientiert sich die **Anrede** am Adressaten (Mitschüler: Du-Form, Imperativ, Infinitiv)?
6. Ist die Anleitung **übersichtlich gegliedert** (Zahlen, Buchstaben, Absätze) und / oder wird die **Abfolge sprachlich deutlich** gemacht?
7. Werden die Regeln der **Rechtschreibung** eingehalten?

Kompetenz-Check: ein Rezept überarbeiten

Imam Bayildi (= Imam, der begeistert war und danach in Ohnmacht fiel)

Kompetenz-Check A

Imam Bayildi
(überbackene Auberginen, für 4 Personen)

Zutatenliste:
1 Aubergine, 4 milde Peperoni, 1 Becher Öl, 2 Tomaten,
8 Knoblauchzehen, 1 Bd. Petersilie, je eine Prise Salz und Pfeffer,
ein gehäufter TL Zucker

1. Die Auberginen waschen und der Länge nach etwa einen Zentimeter breite Streifen aus der Haut abmachen, sodass sich ein Streifenmuster ergibt. Die Streifen brauchen Sie nicht. Jede Aubergine längs zweimal tief einschneiden, dann die Auberginen etwa eine halbe Stunde lang in Wasser legen. Dann die Zwiebeln schälen, halbieren und in dünne Scheiben schneiden. Dann die Tomaten würfeln und waschen, dann beides zusammen in etwas Öl anbraten. Danach tust du die geschälten und halbierten Knoblauchzehen dazu und dünstest sie kurz mit. Zum Schlus die fein gehackte Petersilie einrühren. Kurz vor dem Fertigstelen alles mit Salz, Pfefer und Zucker abschmecken. Die Auberginen aus dem Waser nehmen, trocken rubbeln und schwimend im heißen Öl von beiden Seiten heiß machen, bis sie goldbraun und weich sind. Pack die Auberginen in irgendeinen Topf. Wenn sie abgekühlt sind, mit der Gemüsemischung vollstopfen. Die restliche Fülung über den Auberginen unterheben. Dann die gewaschenen Peperoni darüberpacken. Ein Glas Wasser zutun, einen Deckel drauftun und alles bei 180 °C im Backofen garen. Servieren Sie das Gericht lauwarm oder kalt.

Zutaten untereinanderschreiben, Materialliste fehlt

herausschneiden
quer
Satzanfänge verändern; Reihenfolge?; Würfel
gibst
Reihenfolge?
R, R
R
R, Arbeitsschritt vergessen!

R

1 Überarbeite das Rezept *Imam Bayildi*. Gehe so vor:

a) Plane deine Überarbeitung, indem du die Notizen am Rand fortsetzt.
- Überprüfe anhand der Abbildung auf Seite 124, ob die Zutatenliste vollständig und richtig ist und ob alle Zutaten im Rezept verwendet werden.
- Erstelle eine Materialliste.
- Ersetze unpassende Nomen (Küchengeräte) und Verben durch treffendere.
- Vergleiche die Bilder (Seite 124) mit den Schritten im Rezept. Füge Absätze ein, nummeriere die Arbeitsschritte und / oder mache die Reihenfolge sprachlich deutlich (*zuerst, danach, als Nächstes …*).
- Überprüfe, ob die Anrede zum Adressaten (Mitschüler) passt.
- Überprüfe mithilfe der Silbenprobe, ob du Wörter mit Doppelkonsonanten schreiben musst.

b) Schreibe das überarbeitete Rezept übersichtlich und verständlich auf.

c) Überprüfe deine Reinschrift und achte dabei auf Rechtschreibung, Zeichensetzung und Grammatik.

Folie

Kompetenz-Check B

Imam Bayildi
(überbackene Auberginen, für 4 Personen)

Zutaten untereinanderschreiben, unvollständig

Zutatenliste:
1 Aubergine, 4 milde Peperoni, 1 Becher Öl, 2 Tomaten, 8 Knoblauchzehen, je eine Prise Salz und Pfeffer, ein gehäufter TL Zucker

herausschneiden
quer
R
Wie?
Satzanfänge verändern; R

1. Die Auberginen waschen und der Länge nach etwa einen Zentimeter breite Streifen aus der Haut abmachen, sodass sich ein Streifenmuster ergibt. Die Streifen brauchen Sie nicht. Jede Aubergine längs tief einschneiden, dann die Auberginen etwa eine Stunde lang in Waser legen.
Dann die Zwiebeln schälen, halbieren und in dünne Streifen schneiden. Dann die Tomaten würfeln und waschen, dann beides zusamen in etwas Öl anbraten. Danach tust du die geschälten und halbierten Knoblauchzehen dazu und salzt sie kurz mit.
Zum Schlus die fein gehackte Petersilie einrühren. Kurz vor dem Fertigstelen alles mit Salz, Pfefer und Zucker abschmecken. Die Auberginen aus dem Wasser nehmen, trocken rubbeln und schwimend im heißen Öl von beiden Seiten heiß machen, bis sie goldbraun und weich sind. Pack die Auberginen in irgendeinen Topf. Nach dem Abkühlen mit der Gemüsemischung volstopfen. Die restliche Fülung über den Auberginen verteilen. Dann die gewaschenen Peperoni und ein paar Zwiebeln darüberpacken. Ein Glas Waser zutun und die Mischung zugedeckt bei 180 °C im Backofen garen. Servieren Sie das Gericht lauwarm oder kalt.

1 Überarbeite das Rezept *Imam Bayildi*. Gehe so vor:

Folie

a) Plane deine Überarbeitung, indem du mithilfe der Korrekturzeichen Notizen am Rand machst:
- Überprüfe anhand der Abbildung auf Seite 124, ob die Zutatenliste vollständig und richtig ist und ob alle Zutaten im Rezept verwendet werden.
- Erstelle eine Materialliste.
- Ersetze unpassende Nomen und Verben durch treffendere Ausdrücke.
- Vergleiche die Bilder (Seite 124) mit den Schritten im Rezept. Wurden alle Arbeitsschritte beschrieben? Gliedere den Text, indem du Absätze einfügst, die Arbeitsschritte nummerierst und / oder die Reihenfolge sprachlich verdeutlichst.
- Überprüfe, ob die Anrede zum Adressaten passt.
- Überprüfe die Rechtschreibung.

b) Schreibe das überarbeitete Rezept übersichtlich und verständlich auf.

c) Überprüfe deine Reinschrift und achte auf Rechtschreibung, Zeichensetzung und Grammatik.

Im Blickpunkt: Sprache betrachten

Wortzusammensetzungen

1 **a)** Setze die Wörter oben zusammen und schreibe die neuen Wörter mit Artikel auf. Trenne die Wortteile durch Silbenstriche, z. B. *die Gabel-spaghetti.*
b) Informiere dich in der **LERNBOX** darüber, wie Zusammensetzungen gebildet werden und an welchem Wort sich der Artikel orientiert.
c) Vergleicht eure Wörter und sprecht darüber, welche Bedeutung sie haben.

2 **a)** Suche weitere Zusammensetzungen zu diesen Grundwörtern:
der Löffel: der Kochlöffel, der Teelöffel ... / die Form: die Springform, die Backform ... / ☆ das Messer: das Schneidemesser, das Sägemesser ...
b) Ergänze die Wörter in deiner Wörterliste (Seite 117) und notiere eine Erklärung dazu, damit du sie in Rezepten verstehen und verwenden kannst.

☆ Seite 244

LERNBOX

Wortzusammensetzung (= Kompositum)

1. Wörter kannst du zusammensetzen. Dadurch entstehen neue Bedeutungen, z. B.:
   das Messer + die Spitze = die Messerspitze
   Bestimmungswort ↙ ↘ *Grundwort*
   Das **Bestimmungswort** erläutert das Grundwort näher. Das **Grundwort** bestimmt die **Wortart** und bei Nomen auch den **Artikel** (Geschlecht).
2. Überprüfe, ob bei zusammengesetzten Nomen eine **Wortfuge** nötig ist: die *Tomatensuppe.*
3. Auch Verben und Adjektive lassen sich mit Nomen zusammensetzen (achte auf die Fugenbuchstaben):
   braten + Pfanne = die Bratpfanne (Verb + Nomen)
   kühl + Schrank = der Kühlschrank (Adjektiv + Nomen)

TIPPBOX

Zu 1 a): Probiere aus, ob du die Wörter sowohl als erstes als auch als zweites Wort verwenden kannst, z. B.:
die Spaghetti-gabel, die Gabel-spaghetti.
Zu 2 a): Die folgenden Wörter kannst du mit dem Grundwort *Löffel* zusammensetzen:
Suppe, Kaffee, Eis, Sahne, Gemüse, servieren, rühren, Cappuccino, Espresso, Soße ...

Im Blickpunkt: richtig schreiben

Wörter mit doppeltem Konsonanten

Wir sollten auch die Eltern einladen! Ich kann mir vorstellen, sie kommen gerne zu unserem Fest.

Deine Idee ist toll! Ich schreibe schnell einen treffenden Text.

Gut, ich gestalte eine passende Karte.

Folie

1 **a)** Markiere in den Sprechblasen die Wörter, die mit doppeltem Konsonanten geschrieben werden. Welche Rechtschreibstrategie musst du hier anwenden?
b) Lies die LERNBOX. Notiere die markierten Wörter mit Silbenbogen und vergleiche deine Ergebnisse mit einem Partner.

Seite 250–251

2 **a)** Lest den Einladungstext zum „Tag der Nationalitäten" und tauscht euch darüber aus, ob er ansprechend und adressatengerecht formuliert ist.
b) Entscheide, ob die nummerierten Wörter mit einfachem oder doppeltem Konsonanten geschrieben werden müssen. Schreibe die Einladung richtig auf.

Liebe Eltern,
am Dienstag schwingen wir (1) Schü(l / ll)er (2) Kochlö(f / ff)el und (3) Bratpfa(n / nn)e! (4) Tre(f / ff)punkt ist ab 14.00 Uhr die Mensa unserer (5) Schu(l / ll)e. Dort findet der „Tag der (6) Nationa(l/ll)itäten" statt. Wir (7) wo(l/ll)en Ihnen (8) Ge(l/ll)egenheit geben, sich (9) be(s/ss)er (10) ke(n/nn)enzulernen, denn wir sind ein (11) multikulture(l/ll)er Haufen ☺. Es werden (12) intere(s/ss)ante Speisen aus verschiedenen Ländern angeboten. Sie sind herzlich (13) willko(m/mm)en und (14) kö(n/nn)en (15) spa(n/nn)ende Geschmacksrichtungen entdecken. Wem der kleine (16) Imbi(s/ss) schmeckt, der (17) ka(n/nn) die Gerichte auch nachkochen, denn es gibt ein (18) to(l/ll)es (19) Kla(s/ss)enrezeptbuch, in dem (20) a(l/ll)e Rezepte (21) gesa(m/mm)elt sind. (22) Bi(t/tt)e (23) ko(m/mm)en Sie zahlreich! Klasse 6.1

LERNBOX

Wörter mit doppeltem Konsonanten

1. Wird der **Vokal** in der ersten Silbe **lang** gesprochen, dann ist diese Silbe **offen**. Sie endet mit dem Vokal: *die Nu del, die Sche re*.
2. Wird der **Vokal** in der ersten Silbe **kurz** gesprochen, dann ist die Silbe **geschlossen**. Sie endet mit einem Konsonanten: *der Löf fel, die Pfan ne*.
3. Wende bei einsilbigen Wörtern die **Verlängerungsprobe** an: *er isst → es sen*.
4. Zusammengesetzte Wörter musst du erst **zerlegen**, dann **verlängern**: *der Messbecher → mes sen + Becher*.

TIPPBOX

Zu 1 a): Es sind acht Wörter.
Zu 1 b): Lies die Wörter leise; so hörst du, ob der Vokal kurz oder lang ist. Verlängere einsilbige Wörter: *ich kann → wir kön nen*. Einmal musst du ein verwandtes Wort finden, um zu erkennen, wie der Wortstamm geschrieben wird: *wir sollten → sol len*.
Zu 2 b): Es sind 19 Wörter mit doppeltem und vier mit einfachem Konsonanten.

Im Blickpunkt: Lesen

Schlangen

Sharon Creech
Aus: Glück mit Soße

Die zwölfjährige Rosie und der blinde gleichaltrige Bailey sind unzertrennlich, seit sie denken können. Rosie tut alles, um Baileys Welt mit ihm zu teilen. Sie will sogar Blindenschrift[1] lernen. Aber das scheint Bailey gar nicht recht zu sein: Es kommt zu einem großen Streit zwischen ihm und Rosie. Als dann noch im Haus gegenüber ein gleichaltriges Mädchen einzieht, wird Rosie unglaublich eifersüchtig. Doch zum Glück gibt es Großmutter Granny[2] Torrelli! Diese hört Rosie immer zu und bringt sie mit ihren Kochkünsten auf andere Gedanken. Während Granny eines ihrer wunderbaren Gerichte zubereitet, versucht sie, die zerstrittenen Freunde wieder zusammenzubringen.

[1] die Blindenschrift: Schrift, die Blinde mit den Fingern lesen können

[2] Granny: italienisches Wort für *Großmutter*

Granny blickt sich um. Sie spürt, dass sie vielleicht noch ein bisschen länger hätte wegbleiben können, und sie sieht aus, als würde sie sich überlegen, ob sie noch mal verschwinden soll, aber dann geht sie entschlossen an die Theke und hebt die Teigschüssel hoch.

„Bene[3]", sagt sie, „jetzt vollbringe ich eins meiner kleinen Wunder und dann machen wir Schlangen."

„Schlangen?", wiederholt Bailey. „Macht Spaß", sagt Granny, „wirst schon sehen." Sie streut Mehl auf das Backbrett, knallt den Teig darauf und dann knetet und walkt[4] und rollt sie den Teig mit den Händen, so elegant, so sanft, bis der Teig ganz glatt ist und sanft schimmert. Keine klebrigen Stellen mehr. Wunderschön sieht er aus. Danach formt sie die Masse zu einem Oval[5], nimmt ein großes Messer und schneidet lauter kleine Stücke ab, jedes etwa so groß wie eine winzige Zitrone. Eins der zitronengroßen Teigstücke legt sie vor Bailey hin, eins vor mich.

„Bestäubt eure Hände mit Mehl", sagt sie. „So etwa." Sie zeigt es Bailey, indem sie ihn ihre eigenen Hände abtasten lässt. „Und jetzt macht ihr Schlangen. Rosie, zeigst du es Bailey?" Ich funkle sie empört an. Ich habe keine Lust, das Bailey zu zeigen! Aber Granny zwinkert mir zu. Also gehe ich zu Bailey, nehme seine Hände und lege sie auf den Teig, meine Hände auf seine. Ich zeige ihm, wie er den Teig mit den Fingern rollen soll, damit er immer länger und dünner wird. Meine Wut auf Bailey verfliegt, während meine Hände auf seinen liegen. „Ah, verstehe", sagt er. Ich lasse seine Hände los, trete einen Schritt zurück und beobachte, wie flink er seinen Teig zu einer perfekten Schlange rollt. Innen drin denke ich gute und schlechte Dinge. Am liebsten würde ich immer so dastehen und Bailey zuschauen. Ich möchte, dass er niemals weggeht. Ich will nicht, dass

[3] bene: italienisches Wort für *gut*

[4] walken: hin- und herdrücken

[5] das Oval: geometrische Form:

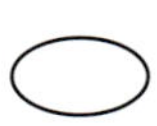

[6] sich mit jemandem abgeben: mit jemandem zusammen sein

er sich mit Janine abgibt[6]. Ich bin sauer auf Janine, weil sie hier in unser Viertel gezogen ist. Am liebsten würde ich die Schlangen lebendig machen, sie sollen vom Tisch hinuntergleiten, unter der Tür durch und rüber zum Haus, in dem sie wohnt, und …

„Hilfst du uns, Rosie?", fragt Granny Torrelli und reißt mich aus meinen Gedanken, holt mich zurück in die Küche und zum Nudelteig.

Wir rollen ganz viele Schlangen und dann sagt Granny zu mir, ich soll die Schlangen in Stücke schneiden, also zerhacke ich sie in Minischlangen, die vielleicht zwei Zentimeter lang sind. Und das, was jetzt kommt, gefällt mir besonders gut, weil wir jetzt kleine Cavatelli[7] formen.

[7] die Cavatelli:

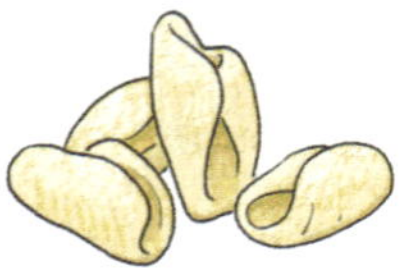

„Rosie, zeigst du es Bailey?", sagt Granny Torrelli, und ich finde es angenehm, meine Hände wieder auf Baileys zu legen. Ich tunke seine Finger ins Mehl, dann zeige ich ihm, wie er eins der Schlangenstückchen zwischen Zeigefinger und Daumen rollen und gleichzeitig ein bisschen drücken soll, damit die ideale Form entsteht: ein winziges Teigschiffchen.

„Bene, bene", murmelt Granny Torrelli, die uns gegenübersitzt und beobachtet, wie wir Seite an Seite die kleinen Teigschiffchen herstellen, die Cavatelli. Und in der Küche ist es jetzt ganz friedlich. In mir und um mich herrscht eine herrliche Ruhe.

Seite 288–289

Folie

1 **a)** Erschließe den Textauszug mit der **Lesemethode für erzählende Texte.**
b) Stelle einem Partner drei Fragen zum Text und lass sie beantworten, z. B.: *Was meint Granny Torrelli mit „Schlangen"?* Tauscht dann die Rollen.

2 Das folgende Schema stellt die Beziehungen der Personen im Text dar. Übertrage es in dein Heft und vervollständige es, indem du die Pfeile mit Stichpunkten beschriftest, z. B.: *ist eifersüchtig auf*

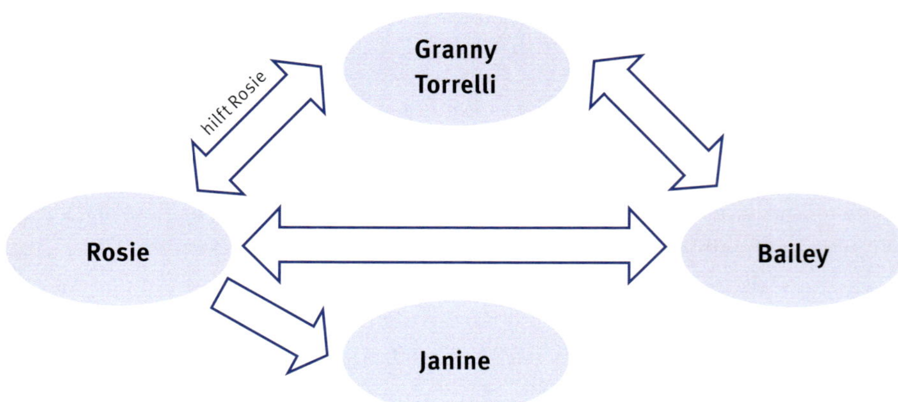

3 Erkläre, wie es Granny Torrelli schafft, den Konflikt zwischen Rosie und Bailey zu lösen.

4 **a)** Erläutere den letzten Satz: *„In mir und um mich herrscht eine herrliche Ruhe."* (Z. 51–52)
b) Wie könnt ihr euch am besten beruhigen? Sprecht darüber, was euch entspannen lässt.

☆ **5** Schreibe eine eigene Geschichte, in der Essen die Menschen verbindet.

Lernbegleitbogen *Essen verbindet*: ein Rezept überarbeiten

Kompetenz / Inhalt Ich kann ...	Selbstein-schätzung ☺ 😐 ☹	Fremdein-schätzung ☺ 😐 ☹	Bemer-kungen	Hier kannst du weiter-üben:
Informationen aus Bildern entnehmen, eigene Kenntnisse in einem Cluster sammeln (S. 114–115)				
mit treffenden Nomen und Verben Küchengeräte und Tätigkeiten bezeichnen (S. 116–117, 119)				AH, S. 30
eine Wörterliste anlegen (S. 117)				
Abkürzungen erklären und verwenden (S. 118–119)				AH, S. 29
die Reihenfolge von Arbeitsschritten sprachlich deutlich machen (S. 120)				
einzelne Arbeitsschritte übersichtlich gegliedert darstellen (S. 121)				
ein Rezept übersichtlich sowie verständlich aufschreiben und dabei den Adressaten ansprechen (S. 122)				
ein Rezept anhand von Kriterien überarbeiten (S. 123)				AH, S. 31–32 AH, S. VII, VIII
Wortzusammensetzungen bilden (S. 127)				SB, S. 244 AH, S. 60
Wörter mit doppeltem Konsonanten richtig schreiben (S. 128)				SB, S. 250–251 AH, S. 62
einen Auszug aus einem Jugendroman lesen und verstehen (S. 129–130)				

AH = Arbeitsheft, SB = Schülerband

Trainiere die Kompetenzen, bei denen du selbst oder ein anderer ein 😐 oder ☹ eingetragen hat. Tipps zum Üben findest du in der letzten Spalte.

→ Überprüfe anschließend dein Wissen und Können, indem du einen der **Kompetenz-Checks** bearbeitest: **Kompetenz-Check A** (Seite 124–125) oder **Kompetenz-Check B** (Seite 124 und 126). Vergleiche dein Ergebnis mit dem Mustertext im Lösungsheft.

Sagenhaft

1 Oben in der Karte findest du die Namen von Orten, zu denen Sagen erzählt werden.

a) Ordne die Abbildungen den auf der Karte genannten Sagen zu. Begründe deine Zuordnungen.

b) Vergleicht eure Ergebnisse untereinander.

c) Welche der Sagen kennst du bereits? Tauscht euch darüber aus.

2 **a)** Wähle eine Sage aus der Karte aus. Suche sie im Internet oder in einer Bücherei.

b) Lest die ausgewählten Sagen in der folgenden Stunde in der Klasse vor.

c) Vergleicht sie und überlegt, was sie gemeinsam haben.

d) Findet heraus, was an den vorgelesenen Sagen wahr sein könnte.

3 Tauscht euch darüber aus, was man unter einer „Sage“ versteht.

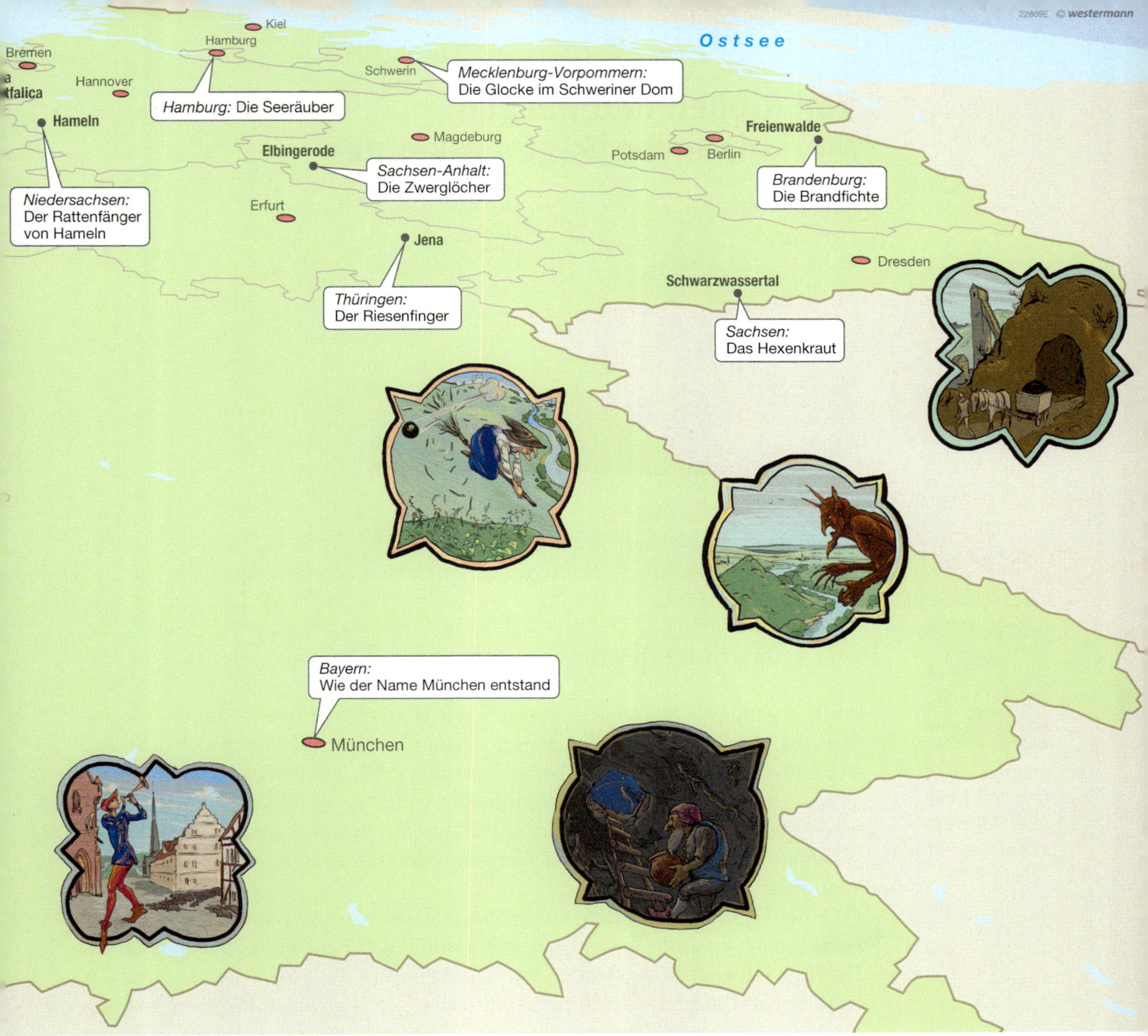

4 Suche eine Sage aus deinem Heimatort oder aus der näheren Umgebung. Gib zum Beispiel den Suchbegriff „Sage Hannover“ oder „Sage Mainz“ in eine Internet-Suchmaschine ein. Lies die Sage deinen Mitschülerinnen und Mitschülern vor. ☆

In diesem Kapitel beschäftigst du dich mit Sagen aus verschiedenen Bundesländern. Du lernst typische Merkmale von Sagen kennen und bekommst Tipps, wie du Sagen mündlich erzählst. Du untersuchst Sagen schriftlich, indem du sie zusammenfasst, Fragen zu ihrem Inhalt beantwortest und Stellung zu einer Äußerung nimmst.

Von Riesen und Bergen – Merkmale von Sagen erkennen

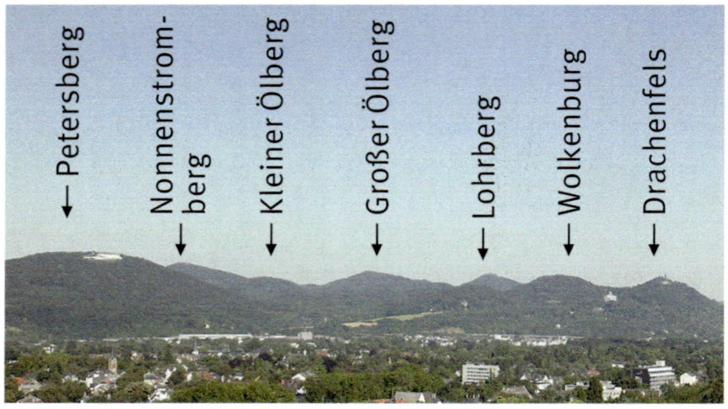

1 Beschreibe das Foto:
a) Erkläre den Namen „Siebengebirge“.
b) Vermute, wie sich die Menschen die Entstehung des Siebengebirges vorgestellt haben.

Die Entstehung des Siebengebirges

(1) Im Rheinland, zwischen Bonn und Bad Honnef, liegt rechts des Rheins das Siebengebirge. Wie das Siebengebirge entstanden ist, erzählt man sich dort so: In uralten Zeiten war der Drachenfels mit dem Berg, auf dem der Rolandsbogen[1] steht, durch einen Höhenzug[2] verbunden. Dahinter staute[3] sich der Rhein zu einem gewaltigen See. Da es jedoch oft zu Überflutungen kam, die die Menschen auf der anderen Seite des Höhenzuges bedrohten, waren die Menschen sehr in Furcht.

(2) Eines Tages riefen sie daher sieben kräftige Riesen und versprachen reichlich Lohn, wenn sie ihnen einen Durchgang durch den Höhenzug graben würden. Die Riesen waren einverstanden, kamen, jeder mit einer großen Schaufel auf der Schulter, und machten dem Rhein in nur drei Monaten einen Weg frei. Als nun der Fluss mit seinen Wassermassen ins Tal strömte. bildeten sich dort an seinen Ufern fruchtbare Ebenen[4].

(3) Die Riesen wurden reichlich entlohnt und machten sich für ihre Heimreise fertig. Sie wollten jedoch nicht mit schmutzigem Gerät davongehen und so klopfte ein jeder mit seiner riesigen Schaufel kräftig auf den Boden. Die Erde löste sich Klumpen für Klumpen von den Schaufeln, und so wuchsen sieben große Berge, die dem Siebengebirge der Sage nach den Namen gaben.

(4) Weiter südlich war noch ein weiterer Berg entstanden: der Himmerich, der im Volksmund auch der „Riesenschiss“ genannt wird. Denn der Sage nach sollen die Riesen während ihrer Arbeit seitwärts dorthin gegangen sein, wenn sie mal „mussten“.

[1] der Rolandsbogen:

[2] der Höhenzug: mehrere Berge nebeneinander

[3] sich stauen: sich ansammeln

[4] die Ebene: flaches Land

2 **a)** Erschließt die Sage durch **Partnerlesen**. Nutzt dabei auch die Worterklärungen und die Illustration.
b) Vergleicht eure Vermutungen mit dem Inhalt der Sage.

Seite 292

3 **a)** Lies in der **LERNBOX** nach, welche Merkmale Sagen haben.
b) Markiere im Text, welche Sagenmerkmale du in dieser Sage findest.
c) Lege zu jedem Sagenmerkmal eine Karteikarte an. Notiere zu den Merkmalen, die in dieser Sage vorkommen, je ein Beispiel. Gib auch den Titel der Sage und Zeilenangaben in Klammern an.
Im Laufe des Kapitels wirst du deine Karteikarten vervollständigen.

Folie

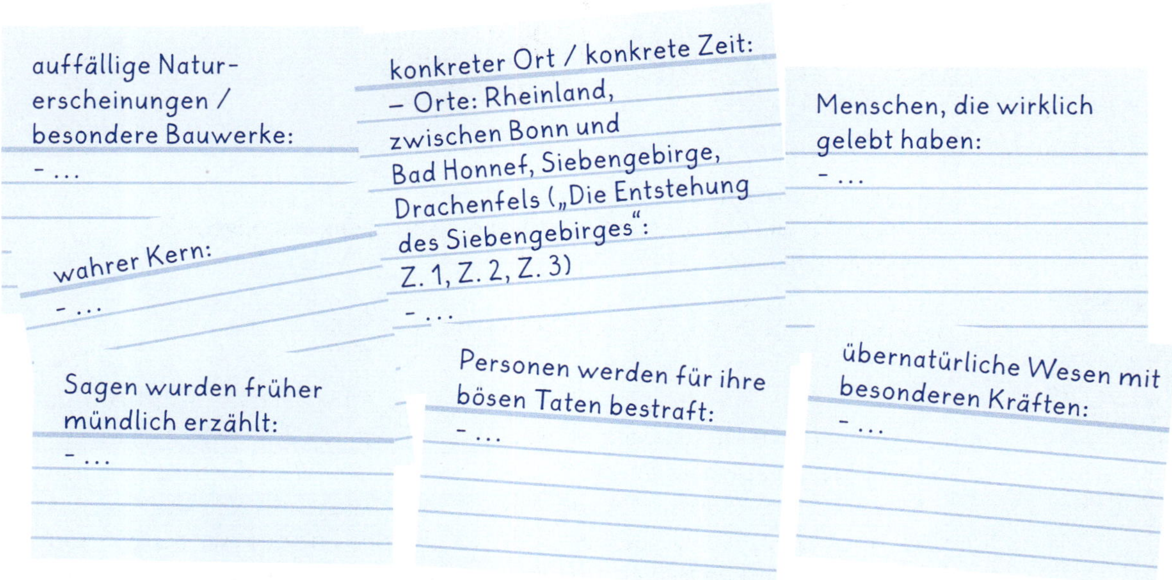

Weitere Übungen zu Sagenmerkmalen findest du im Arbeitsheft.

AH, Seite 33

LERNBOX

Diese Merkmale kannst du in Sagen finden, aber nicht alle kommen in jeder Sage vor:

1. Da Sagen **früher mündlich erzählt** wurden, findet man oft Formulierungen wie *„In … erzählt man sich …“*.
2. Sagen erklären, wie **auffällige Naturerscheinungen** (*Felsen, Berge*) oder **besondere Bauwerke** entstanden sind.
3. Daher werden **konkrete Orte** (*die Stadt Hameln*) und **konkrete Zeiten** (*im 18. Jahrhundert*) genannt.
4. Manchmal handeln Sagen auch von **Menschen, die wirklich gelebt haben** (*Klaus Störtebeker*).
5. Oft kommen in Sagen **übernatürliche Wesen mit besonderen Kräften** vor (*Riesen*).
6. Vielfach werden in Sagen **Personen für ihre bösen Taten bestraft** (*Bischof Hatto*).
7. Sagen haben oft einen **wahren Kern**, das heißt, sie erklären etwas, das es noch gibt oder früher gab (*Bauwerke, Personen*).

TIPPBOX

Zu 3 b):
In dieser Sage kommen fünf Sagenmerkmale vor: die Merkmale 1, 2, 3, 5 und 7 aus der **LERNBOX**.

Die Seeräuber – eine Sage anhand von Bildern erzählen

1 Schau dir die Comicbilder genau an und tausche dich mit deinem Tischnachbarn darüber aus, was auf den Bildern dargestellt ist.

2 **a)** Bereite mithilfe der Bilder eine mündliche Erzählung der Sage vor. Gehe dabei so vor, wie in der **LERNBOX** beschrieben. Schreibe deine Stichpunkte so auf:
- Bild 1: Störtebeker lebt in Hamburg in Saus und Braus
- Bild 2: Hamburger Senat wirft Störtebeker aus der Stadt
- Bild 3: ...

b) Erzählt euch gegenseitig die Sage: Du erzählst die erste Hälfte bis Bild 5, dein Partner die zweite Hälfte. Gebt euch gegenseitig eine Rückmeldung zu eurer Erzählung. Berücksichtigt dabei die Kriterien im 4. Hinweis der **LERNBOX**.

3 Begründe mithilfe der Sagenmerkmale, warum dieser Text eine Sage ist, und ergänze deine Karteikarten (siehe Seite 135).

4 Schreibe ein Gespräch zwischen zwei Bürgern der Stadt Hamburg, in dem sie sich über die Gefangennahme Störtebekers unterhalten. Beginne so:
Bürger 1: „Also, mir tut es sehr leid, dass man den Störtebeker gefasst hat! Er ist eigentlich ein netter Kerl!"
Bürger 2: „Das finde ich gar nicht, denn ..."

5 Schreibe an Störtebekers Stelle einen Brief an den Senat, in dem du deine Meinung zu deinen Taten als Seeräuber äußerst und um Gnade für deine Mitgefangenen bittest. Beginne so:
Sehr geehrte Senatoren,
ich gebe zu, dass wir Seeräuber gemeinsam viele Raubzüge begangen haben. Ich war ihr Anführer, deshalb ...

LERNBOX

So erzählst du eine Sage anhand von Bildern:

1. Schau dir genau an, was auf den **Bildern** dargestellt ist.
2. **Notiere Stichpunkte** zu den Bildern. Denke auch an das, was jeweils **vor, zwischen und nach den Bildern** geschieht, was also nicht gezeichnet ist.
3. Lies noch einmal deine Stichpunkte und übe deine Erzählung.
4. Beachte beim Erzählen:
   - Erzähle **nur das Wesentliche.**
   - Formuliere in **eigenen Worten.**
   - Verwende das **Perfekt.**
   - Formuliere geeignete **Überleitungen** und verwende abwechslungsreiche **Satzanfänge:** *Als er ..., Nachdem er ..., Sie haben ... gekämpft ...*
   - Halte die **Reihenfolge** der Ereignisse ein.

TIPPBOX

Zu 2 b): So kannst du formulieren:
Bild 1 bis 5:
Klaus Störtebeker hat in Hamburg in Saus und Braus gelebt – hat Geld verspielt – ist aus der Stadt verjagt worden – hat Schiffe ausgeraubt, ist nie erwischt worden – Hamburger haben Falle geplant – ein Hamburger hat sich auf Piratenschiff eingeschlichen und Ruder blockiert, Schiff unlenkbar gemacht
Bild 6 bis 10:
Piraten sind in die Falle gegangen, gefangen worden – Piraten sind eingekerkert und hingerichtet worden – geraubtes Gold ist nicht gefunden worden – Zimmermann hat im Schiff verstecktes Gold entdeckt – aus dem Gold ist eine Krone für einen Kirchturm hergestellt worden

Von Ratten und Flöten – eine Sage erschließen und den Inhalt zusammenfassen

In der Stadt Hameln gab es im 13. Jahrhundert eine Ratten- und Mäuseplage, die durch berufsmäßige Rattenfänger bekämpft wurde. Der „Rattenfänger" in der Sage war vermutlich ein Bote, der im Auftrag eines Fürsten aus dem Osten Siedler werben sollte, um dort Dörfer und Städte zu gründen.

1 Vermute, worum es in der Sage gehen könnte.

2 Überfliege den Text und überprüfe, ob deine Vermutungen richtig waren.

1. Schritt: sich orientieren

Der Rattenfänger von Hameln

(1) Der Rattenfänger bietet seine Dienste an ....

Hameln, 1284: Rattenfänger will Ratten verjagen, 100 Dukaten Lohn versprochen

Im Jahre 1284 überquerte eines Tages ein bunter Geselle mit einer Feder am Hut die Weserbrücken von Hameln. Geradewegs ging er zum Rathaus, trat in den großen Saal hinein, verneigte sich vor den Herren und bot seine Dienste an. „Was für Dienste? Welche Dienste?", fragten die Herren des Stadtrats. „Ratten und Mäuse kann ich verjagen! Braucht man die Kunst in der schönen Stadt Hameln?" Da sprangen die Ratsherren von ihren Stühlen auf: „Bringst du das fertig, bekommst du reichlich Lohn!" „Was verlangst du?", fragte der Bürgermeister. – „Hundert Dukaten[1]!" – „Hundert Dukaten?", erschraken die Ratsherren; denn das war viel! Aber schnell errechneten sie, wie viel Schaden die Ratten und Mäuse anrichteten, und das war mehr. Der Bürgermeister sprach: „Gut, Bursch, vertreibst du die Ratten und Mäuse, so sollst du deinen Lohn bekommen!" „Auf bald, ihr Herren, ich nehm euch beim Wort!"

[1] Dukaten: Geldmünzen, mit denen früher bezahlt wurde

(2) ....

Rattenfänger lockt Ratten mit Flötentönen ins Wasser

Der Rattenfänger zog durch die engen Straßen von Hameln und blies auf seiner silbernen Flöte. Da schauten die Mäuse aus ihren Löchern hervor, sammelten sich zu Haufen und zogen der zirpenden Flöte[2] nach. Durch jede Gasse schritt der Pfeifer hindurch, und die grauen Mäusescharen umwimmelten ihn. Als er aber das Wesertor erreichte, da kamen Tausende von Mäusen hervor, drängten über- und untereinander auf die verlockenden Töne zu. Der Rattenfänger schritt voraus auf das Ufer zu und stieg langsam, immerfort pfeifend, tiefer und tiefer in das Wasser hinein. Hinter ihm schob sich wild der riesige Haufen der Ratten und Mäuse und verschwand im Wasser der Weser[3] und kam nicht wieder hervor.

[2] zirpende Flöte: Flöte mit hellem Ton

[3] die Weser: Fluss, der durch Hameln fließt

(3) ....

Vor den Ratsherren stand der bunte Pfeifer und verneigte sich: „Meine Arbeit, ihr Herren, ist getan. Nun gebt mir meinen Lohn!" – Aber die Ratsherren blickten finster und der Bürgermeister sprach: „Das war leichte Arbeit! Hier sind zehn Dukaten! Nimm sie und mache dich damit fort!" – „Hundert Dukaten waren ausgemacht!" – „Willst du noch mehr fordern, böser Geselle? Durch Zauber hast du das getan, durch verbotene Kunst! Hüte dich, Rattenfänger, dass wir dich nicht vor den Richter bringen."

(4) ………………………………………………………………

Enttäuscht und böse zog der Rattenfänger davon. Am 26. Juni, als alle Gläubigen in der Kirche versammelt waren, klang durch die Gassen ein lockendes Flöten. Da war er wieder, der bunte Geselle! Rot wippte die Feder vom grünen Hut. Und Mädchen und Burschen lauschten den Tönen, schauten hervor, kamen gelaufen, sammelten sich in Scharen um den bunten Pfeifer herum. So zogen sie durch die Gassen hindurch zum Ostertore hinaus und auf einen Berg, in dem sie verschwanden. Als die Glocken das Ende des Gottesdienstes läuteten, traten die Bürger von Hameln auf die Straße hinaus.

Aber die Stadt war leer, kein Rufen und kein Lachen war mehr in den Häusern und Gassen. Die Mütter jammerten, reitende Boten suchten auf allen Straßen, aber die Kinder von Hameln blieben verschwunden. Man erzählt sich, die Kinder seien in eine Höhle geführt worden und in Rumänien wieder herausgekommen.

2. Schritt: unbekannte Begriffe klären

3 Erschließe den Text mithilfe der **Lesemethode für erzählende Texte.**
- Kläre unbekannte Begriffe. Markiere dazu auf einer Folie mit einer Wellenlinie Begriffe und Ausdrücke, die du nicht kennst. Berücksichtige die Worterklärungen am Rand.
- Markiere Schlüsselstellen und schreibe Wichtiges in Stichworten heraus. Gehe so vor wie in den ersten beiden Abschnitten.

3. Schritt: Schlüsselstellen markieren

4. Schritt: Wichtiges herausschreiben

4 Fasse den Inhalt der Sage mit eigenen Worten zusammen. Gehe so vor, wie in der **LERNBOX** beschrieben.

5 Ergänze auf deinen Karteikarten von Seite 135 die Merkmale aus der Sage „Der Rattenfänger von Hameln“. Notiere dazu passende Textstellen, z. B. *konkrete Zeit: „Im Jahre 1284 …“ („Der Rattenfänger von Hameln“, Z. 1).*

6 Führt zu zweit ein Interview mit dem Rattenfänger durch:

a) Notiert Fragen, die ihr gern von ihm beantwortet haben würdet.

Wie heißt du? Was ist dein Beruf? Warum …?

b) Ergänzt Antworten, die zum Text passen.

LERNBOX

So fasst du den Inhalt einer Sage zusammen:
1. Verfasse eine **Einleitung**. Nenne darin den **Titel**, die **Textart** und das **Thema** (TTT) des Textes.
2. Formuliere die Stichpunkte, die du mithilfe der Lesemethode notiert hast, zu **ganzen Sätzen** um.
3. **Vermeide wörtliche Rede**: Forme Sätze mit wörtlicher Rede in Sätze ohne wörtliche Rede um: *„Was verlangst du?“, fragte der Bürgermeister. – „Hundert Dukaten!“* (Z. 7/8) (Satz mit wörtlicher Rede) → *Der Rattenfänger verlangt 100 Dukaten.* (Satz ohne wörtliche Rede)
4. Formuliere im **Präsens**. Verwende bei Vorzeitigkeit das Perfekt: *Der Rattenfänger entführt die Kinder, weil ihn die Ratsherren betrogen haben.*

TIPPBOX

Zu 4:
Diese Formulierungen kannst du nutzen:
Die Sage „…“ handelt von … – Im Jahr 1284 kommt ein … – Er bietet den Ratsherren an, … – Die Ratsherren finden das Angebot … – Der Rattenfänger lockt mit seiner Flöte … – Alle Mäuse und Ratten ertrinken in … – Als der Rattenfänger den versprochenen Lohn …

Von Mäusen und Türmen – Fragen zu einer Sage beantworten und Stellung nehmen

1 Das Foto zeigt den „Binger Mäuseturm", der auf einer Rheininsel vor Bingen steht. Stellt Vermutungen darüber an, warum der Turm diesen Namen hat.

Der Binger Mäuseturm

In Bingen steht mitten im Rhein ein Turm, über den man sich diese Sage erzählt: In Jahre 974 gab es eine so schreckliche Hungersnot in Deutschland, dass die Menschen Hunde und Katzen essen mussten. Doch trotzdem verhungerten viele Menschen. In Mainz lebte ein Bischof mit Namen Hatto. Der war ein Geizhals[1] und dachte nur daran, wie er zu immer mehr Geld kommen konnte. Er sah zu, wie die armen Leute vor Hunger auf der Straße starben. Aber er hatte kein Mitleid mit den hungernden Menschen, denn sein Herz war aus Stein. Hatto sagte: „Treibt alle armen und kranken Leute in eine Scheune[2] vor der Stadt. Ich will ihnen zu essen geben." Und als alle Menschen in der Scheune waren, schloss er die Tür zu, legte Feuer und verbrannte die Scheune mit allen, die darin waren: Jung und Alt, Mann und Weib. Als nun die Menschen weinten und jammerten, rief Bischof Hatto: „Hört, hört, wie die Mäuse pfeifen[3]." Aber Gott bestrafte den Bischof für seine böse Tat. Er schickte unzählige Mäuse. Die fraßen alle Vorräte in seinem Haus auf, und zum Schluss plagten[4] sie den Bischof Tag und Nacht, und er konnte sich nicht mehr wehren. Da ließ er schließlich bei Bingen mitten im Rhein einen Turm bauen und versteckte sich darin. Er meinte, er sei hier sicher vor den Mäusen.
Aber die Mäuse schwammen durch den Strom, kletterten auf den Turm und fraßen den bösen Bischof lebendig auf. Der Turm aber ist heute noch zu sehen.

[1] der Geizhals: Mensch, der nicht teilen will

[2] die Scheune: Holzhaus, in dem Heu und Stroh gelagert werden

[3] die Mäuse pfeifen: hier: die Menschen weinen und schreien

[4] plagen: ärgern

Seite 288–289 Folie

2 Erschließe die Sage mithilfe der **Lesemethode für erzählende Texte.**

3 Vergleicht die Aussagen des Textes mit euren Vermutungen aus Aufgabe **1**.

4 Lies die **LERNBOX** („So beantwortest du Fragen zu einem Text") und beantworte die folgenden Fragen zur Sage:

a) In der Sage heißt es über Bischof Hatto: „*Sein Herz war aus Stein.*" (Z. 7). Wie verstehst du diesen Satz? Erkläre mithilfe des Textes, was damit gemeint ist.

b) Bischof Hatto muss am Schluss der Sage sterben. Erläutere, woran im Text deutlich wird, dass er schon vor seinem Tod bestraft wurde.

c) Erkläre mithilfe von Textstellen, warum der Text eine Sage ist.

5 Nach dem Lesen sagt ein Schüler über die Sage „Der Binger Mäuseturm“:
„Die Menschen hätten gegen den Bischof kämpfen und sich seine Vorräte holen sollen.“
Nimm Stellung dazu, ob du diese Aussage teilen kannst oder nicht:
- Gib stichwortartig die Aussage wieder, zu der du Stellung nehmen sollst.
- Notiere deine eigene Meinung mit einer Begründung.
- Formuliere deine Stellungnahme zu der Schüleräußerung in ganzen Sätzen. Nutze dazu die Hinweise in der **LERNBOX** unter „So nimmst du zu einer Aussage Stellung“. So kannst du beginnen:
  Der Schüler meint, dass die Leute besser gegen den Bischof hätten kämpfen sollen, indem ...

Seite 148

6 Recherchiere die Antworten auf folgende Fragen im Internet:
- Wie hoch ist der Binger Mäuseturm?
- Wozu diente der Binger Mäuseturm wirklich?
- Wann wurde der Turm erbaut?
- Welche andere Erklärung für den Namen des Turms gibt es noch?
- Warum konnten früher Schiffe die Stelle, an der der Turm steht, nicht passieren?

Seite 206–207

LERNBOX

So beantwortest du Fragen zu einem Text:

1. **Spüre** die **Textstellen auf,** die Antworten auf deine Fragen geben, und **unterstreiche** sie.
2. Wenn die Antwort mehrere Textstellen umfasst, **sammle** diese und **notiere Stichworte**:
   Zeile 6–...: Er hatte kein Mitleid mit den Menschen, denn ...
   Zeile 13–...: Sie fraßen alle Vorräte in seinem Haus auf ...
3. Beantworte die Frage mithilfe deiner Stichpunkte in einem **kurzen Text.** Greife zunächst die Fragestellung auf:
   Ich verstehe den Satz „Sein Herz war aus Stein.“ so, dass ...

So nimmst du zu einer Aussage Stellung:

1. **Greife** die **Äußerung auf,** zu der du Stellung nehmen sollst.
2. Formuliere deine eigene **Meinung.**
2. **Begründe** deine Meinung. Benutze dazu **Satzverknüpfungswörter**: *weil, da, denn ...*
3. **Beziehe dich auf den Text der Sage** und denke auch darüber nach, wie du möglicherweise gehandelt hättest:
   In der Sage steht, dass der Bischof viele Vorräte hatte.

TIPPBOX

Zu 4 a):
Achte besonders auf Ausdrücke und Wörter, die Bischof Hattos Charakter beschreiben: z. B. *geizig, habgierig, grausam ...*

Zu 4 b):
Beziehe dich auf Textstellen, die ausdrücken, dass es Bischof Hatto schlecht geht, z. B. in Zeile 13–17.

Zu 4 c):
Mache dir klar, welche Sagenmerkmale du kennst. Nutze deine Karteikarten und die **LERNBOX** von S. 135.
In dieser Sage kommen fünf Sagenmerkmale vor.

Zu 5 :
Nutze folgende Formulierungen:
Der Schüler meint, dass ...
Ich sehe das genauso, weil ... /
Ich bin der gleichen Meinung, da ...
oder
Ich sehe das nicht so, denn ... /
Ich bin anderer Meinung ...
In der Sage steht, dass ...
Ich hätte möglicherweise mit anderen zusammen ...

Vom Teufel und einem Fischteich – eine Textuntersuchung schreiben

Der Bonstapel ist der höchste Berg im Lipper Land. Man kann vom Bonstapel aus bis zum Teutoburger Wald blicken.

1 Lies die Information am Rand und die Überschrift der Sage. Stelle Vermutungen darüber an, worum es in der Sage gehen könnte.

Der Bonstapel

Vor sehr langer Zeit wollte der Teufel aus dem Lippischen und dem Ravensbergischen Lande einen Fischteich machen. Der Herr des Himmels hatte es ihm gestattet unter der Bedingung, dass er das Werk in einer Nacht, von Mitternacht bis zum ersten Hahnenschrei, vollende[1].

Er unternahm es. Im Süden türmte er die Bergkette des Osning[2] auf, im Norden die Weserberge. So staute er die Weser. Das Werk war nahezu vollendet.

Nur eine große Lücke, durch die die Weser noch fließen konnte, musste noch ausgefüllt werden: die Porta Westfalica. Müde schleppte der Teufel die Erdmassen auf seinem Rücken, um noch vor Tagesanbruch das letzte Loch zu stopfen.

Als er jedoch gerade an Klocken Hofe in Röntorf vorbei durch die Luft fuhr, krähte der Hahn – und im Zorn über das Misslingen warf er seine Last[3] dort zur Erde. Da liegt sie noch, und das ist der Bonstapel.

[1] vollenden: beenden, fertig machen

[2] Bis ins 17. Jahrhundert hieß der Teutoburger Wald Osning.

[3] die Last: gemeint sind die Erdmassen, die der Teufel auf seinem Rücken getragen hat

Schreibe eine Textuntersuchung zu der Sage „Der Bonstapel“. Bearbeite dazu folgende Teilaufgaben in einem zusammenhängenden Text:

a) Schreibe eine Einleitung, in der du den Titel und die Textart benennst und das Thema fomulierst (TTT-Satz).

b) **Fasse** den Inhalt mit eigenen Worten **zusammen**.

c) Im Text heißt es: *„Er unternahm es.“* (Z. 5). **Erkläre** mithilfe des Textes, was damit gemeint ist. Gib die Zeilen dazu an.

d) **Erläutere** anhand von zwei Beispielen aus dem Text, warum es sich um eine Sage handelt. Gib Zeilenangaben an.

e) Eine Schülerin sagt: *„Der Bonstapel ist doch ein ganz normaler Berg wie viele andere. Ich verstehe nicht, dass diese Sage erfunden und immer weitererzählt wurde.“*

Nimm Stellung zu der Aussage und **begründe** deine Meinung.

Seite 288–289

2 Plane deine Textuntersuchung, indem du den Text mithilfe der **Lesemethode für erzählende Texte** erschließt.

Folie

3 Schreibe nun deine Textuntersuchung. Erledige folgende Vorarbeiten, um die Teilaufgaben **a)**–**e)** zu lösen:

- Markiere im Text alle Angaben zu Ort, Zeit und Figuren. Markiere in einer anderen Farbe, was der Teufel nacheinander macht und welches Ergebnis er erzielt. [= Aufgaben **b)** und **c)**]
- Unterstreiche die Sagenmerkmale. [= Aufgabe **d)**]
- Entscheide dich, ob du der Meinung der Schülerin zustimmst oder nicht. Notiere stichwortartig eine Begründung für deine Meinung. [= Aufgabe **e)**]

4 Übertrage den folgenden Schreibplan in dein Heft und ergänze die rechte Spalte mit deinen Ergebnissen aus Aufgabe 3.

Schreibplan:

Teilaufgaben	Arbeitsschritte	meine Ergebnisse in Stichpunkten
a)	Titel, Textart, Thema	Der Bonstapel / ...
b)	Inhalt zusammenfassen	- Teufel will aus Lippischem und Ravensbergischem Land ... - Gott erlaubt es ihm, wenn ... - Teufel türmt Berge auf: im Norden ..., im Süden ... - eine Lücke gibt es noch: ... - Teufel ist müde ... - ...
c)	Bedeutung des Satzes „Er unternahm es." erklären, Zeilenangaben nennen	- Satz (Z. ...) soll bedeuten, dass ... - ...
d)	anhand von zwei Beispielen erläutern, dass es sich um eine Sage handelt	- zwei Sagenmerkmale: - 1. ... (Z. ...) - ...
e)	meine Meinung äußern und begründen	- Die Schülerin meint, dass ... - Ich stimme ihr zu / nicht zu, weil ... - ...

5 Schreibe deine Ergebnisse mithilfe deines Schreibplans in einem zusammenhängenden Text auf. Lasse nach jeder Teilaufgabe einen Absatz.

Weitere Übungen zur Textuntersuchung findest du im Arbeitsheft. **AH, Seite 34–36**

TIPPBOX

Zu 5:

Folgende Formulierungen kannst du für deine Textuntersuchung nutzen:

a) Der Text mit dem Titel „..." ist eine ... / Es geht darum, dass der Teufel ...

b) Der Teufel will aus dem Lippischen und dem Ravensbergischen Land ... machen. / Gott erlaubt es ihm, wenn er ... / Der Teufel türmt Berge auf, nämlich im Norden ... und im Süden ... / Bei ... ist noch eine Lücke ... / Obwohl der Teufel müde ist, will er ... / Aber ...

c) Der Satz „Er unternahm es." (Z. 5) soll bedeuten, dass der Teufel die Herausforderung ... (Z. 5–6).

d) Der Text ist eine Sage, denn er hat diese zwei Sagenmerkmale: Erstens ... (Z. 1–2). Zweitens ... (Z. 12).

e) Die Schülerin meint, dass sie es nicht verstehen kann, warum ... Ich stimme ihr zu / nicht zu, weil ...

Eine Textuntersuchung überarbeiten

Randanmerkungen	Text
Sage, ⊢⊣ a) / TTT-Satz unvollständig	In der Erzählung geht es darum, dass der Teufel ~~voll~~ gerne einen Fischteich im Lippischen und Ravensberger Land bauen wollte.
Präsens nicht beachtet	Der Teufel bat Gott darum, dass er ihm erlaubt, einen Fischteich zu bauen, was dieser erlaubte, aber nur, wenn er es in der Zeit von Mitternacht bis zum Morgen schaffen würde. Der Teufel fängt an zu arbeiten:
Z	Im Süden türmt er den Osning auf und im Norden die Weserberge damit sich der Fluss Weser staut. Er war fast fertig mit der Arbeit und muss nur noch die Porta Westfalica, wo die Weser noch durchfließen kann, mit Erde
Z	füllen. Weil der Teufel so richtig sauer ist wirft er die restliche Erde einfach vor sich hin. Es entstand ein Berg, der Bonstapel.
Teilaufgabe fehlt	In der Sage steht: „Er unternahm es." (Z. 5). Damit ist gemeint dass der Teufel mutig ist. Er traut sich zu, die Arbeit in etwa sechs Stunden zu schaffen, von Mitternacht bis morgens wenn der Hahn kräht. So hat Gott es gefordert (Z. 3-4).
Stellungnahme nicht vollständig	Die Schülerin sagt: „Ich verstehe nicht, warum zum Bonstapel diese Sage erfunden wurde. Er ist ein Berg wie andere". Ich sehe das auch so wie Eva.

1 **a)** Prüfe, ob alle Teilaufgaben bearbeitet wurden, indem du die Buchstaben für die Teilaufgaben an den Rand schreibst.

Seite 149

b) Überprüfe diese Textuntersuchung eines Schülers mithilfe der **CHECKLISTE** und setze die Anmerkungen am Rand fort.

c) Schreibe die Textuntersuchung danach überarbeitet ab.

Seite 308

2 Überarbeitet eure eigenen Textuntersuchungen in einer **Schreibkonferenz**.

CHECKLISTE

Eine Textuntersuchung überarbeiten

1. Wurden alle **Teilaufgaben** bearbeitet?
2. Ist der **Einleitungssatz** richtig und vollständig: **T**itel, **T**extart, **T**hema (TTT)?
3. Sind in der **Inhaltszusammenfassung alle wichtigen Schlüsselstellen** enthalten? Wurde die Zusammenfassung **ohne wörtliche Rede** und in **eigenen Worten** geschrieben?
4. Wurden die **Fragen zum Text** mithilfe von passenden Textstellen beantwortet? Wurden Zeilenangaben gemacht?
5. Ist die **Meinung** deutlich **genannt** und nachvollziehbar **begründet**?
6. Stehen die **Verben im Präsens**?
7. Gibt es nach jeder Teilaufgabe einen **Absatz**?

TIPPBOX

Zu 1 b) + c):

- In der Einleitung fehlt eine Angabe, die Textart ist falsch benannt.
- Unterstreiche die Stellen, die zu deinen Zwischenüberschriften passen. So erkennst du, ob alle Sinnabschnitte enthalten sind.
- An fünf Stellen müssen Verben ins Präsens gesetzt werden.
- An zwei Stellen findest du Umgangssprache. Streiche sie oder formuliere sie um.
- Ergänze eine Begründung für deinen Standpunkt zu Evas Äußerung.

Kompetenz-Check: eine Sage untersuchen

Die erste Kohlenzeche an der Ruhr[1]

(1) ....

Vor etwa tausend Jahren hütete[2] einmal ein Schweinejunge[3] an den Hügeln zwischen Hattingen und Langenberg Schweine. Der raue Herbstwind wehte ihnen die reifen Eicheln[4] zum Fressen von den Bäumen; aber die Kälte machte auch dem Hirten die Nase rot und die Hände steif. Um sich zu wärmen, machte der Junge in einem Loch, das die Schweine gewühlt hatten, aus kleinen Zweigen ein Feuerchen. Als es zu dämmern begann, lockte er seine Tiere: „Mutt, Mutt, Mutt!“ Während sie zusammenliefen, warf er die Asche an der Brandstelle auseinander und bemerkte mit Erstaunen, dass der Boden noch immer brannte und glühte.

(2) ....

Am nächsten Tag trieb er wieder die Herde[5] aus, und siehe da, von ferne schon leuchtete ihm an dem Berge ein langer rot glühender Streifen entgegen! Als er näherkam, erkannte er, dass die schwarzen Steine brannten, die seine Schweine mit Vorliebe auswühlten und zerknabberten. Er holte seinen Vater zu dem sonderbaren Feuer.

(3) ....

Der alte Mann wunderte sich auch, nahm eine Mütze voll der seltsamen Steine mit nach Hause und versuchte, sie mit Holzstücken zusammen auf dem Herde zu verfeuern. Wie das Süppchen über dieser Hitze anfing zu kochen! Kein Wunder, dass er sich bald einen Sack voll des neuen Brennstoffes holte und dass viele Nachbarn es genauso machten. „Hätten wir doch auch Steinkohlen!“, sagten die Schmiede. „Wir haben keine Zeit, sie auszugraben.“ Da füllten fleißige Männer ab und zu eine Schubkarre[6] mit der neuen Kohle und fuhren sie vor die Schmiede[7]. So ging es einige hundert Jahre lang.

(4) ....

Dann aber kam ein reicher Mann auf den Berg und sprach: „Ich will einen bequemen Gang in den Berg graben und Steinkohlen aus der Tiefe holen lassen, um sie zu verkaufen. Wer mir hilft, soll einen guten Lohn erhalten.“ Es meldeten sich viele zu der Arbeit im Berge, und bald brachten Fuhrleute mit Pferd und Wagen die Kohlen über Land. Die Bergleute erzählten dem Unternehmer, wie einst der Hirtenjunge die Steinkohlen entdeckt hatte, und sie nannten ihre Arbeitsstätte: „Op der Mutte“. Das ist die älteste Kohlenzeche an der Ruhr.

[1] die Ruhr: Fluss im Ruhrgebiet

[2] hüten: auf jemanden aufpassen

[3] der Schweinejunge: Junge, der Schweine hütet

[4] die Eichel: Frucht des Eichenbaums

[5] die Herde: Gruppe von Tieren (hier: Schweinen)

[6] die Schubkarre: Karre mit einem Rad und zwei Stangen zum Anheben und Schieben

[7] die Schmiede: Werkstatt, in der Metall verarbeitet wird

Kompetenz-Check A

Schreibe eine Textuntersuchung zu der Sage „Die erste Kohlenzeche an der Ruhr“. Bearbeite folgende Teilaufgaben in einem zusammenhängenden Text:

a) Schreibe eine Einleitung, in der du den Titel und die Textart benennst und das Thema formulierst (TTT-Satz).

b) **Fasse** den Inhalt mit eigenen Worten **zusammen**.

c) Im Text heißt es: *„Er holte seinen Vater zu dem sonderbaren Feuer.“* (Z. 12 / 13) **Erkläre**, warum das Feuer als sonderbar bezeichnet wird.

d) **Erläutere** anhand eines Beispiels aus dem Text, warum es sich um eine Sage handelt.

e) Ein Schüler sagt über die Sage: *„Der Hirte und die Schmiede waren nicht besonders klug. Sie hätten doch selbst reich werden können.“*
Nimm Stellung zu der Aussage und **begründe** deine Meinung.

Folie

1 Plane deine Textuntersuchung:

a) **Erschließe** die Sage mithilfe der **Lesemethode für erzählende Texte**.

b) Lege dir einen Schreibplan als Tabelle an. Orientiere dich dabei an den Teilaufgaben **a)–e)** und trage deine Vorarbeiten in den Schreibplan ein:

Teilaufgabe	Arbeitsschritte	meine Ergebnisse in Stichpunkten
a)	Textsorte, Titel und Thema nennen	– Sage ...
b)	Inhalt wiedergeben	– Schweinehirt zündet Feuer an / „Steine“ glühen weiter ... – ...
c)	erklären, warum das Feuer ...	...
d)	...	...
e)	...	...

2 Schreibe einen Entwurf deiner Textuntersuchung.

Folgende Stichworte kannst du zur Wiedergabe des Inhalts (Aufgabe **b)**) ausformulieren:
vor etwa tausend Jahren / zwischen Hattingen und Langenberg / Schweinehirte hütet Schweine / zündet Feuer an und lässt es später erlöschen / Boden glimmt aber immer weiter / Vater nimmt glühende Steine mit nach Hause ...

Folgende Satzanfänge kannst du verwenden:
zu **c)**: – *Das Feuer wird als sonderbar bezeichnet, weil es ...*
zu **d)**: – *Bei dem Text „Die erste Kohlenzeche an der Ruhr“ handelt es sich um eine Sage, weil ...*
zu **e)**: – *Der Schüler ist der Meinung, dass ... Ich ...*

3 Überarbeite deine Textuntersuchung mithilfe der **CHECKLISTE** auf Seite 144.

Kompetenz-Check B

Schreibe eine Textuntersuchung zu der Sage „Die erste Kohlenzeche an der Ruhr". Bearbeite folgende Teilaufgaben in einem zusammenhängenden Text:

a) Schreibe eine Einleitung, in der du den Titel und die Textart benennst und das Thema formulierst (TTT-Satz).

b) **Fasse** den Inhalt mit eigenen Worten **zusammen**.

c) Im Text heißt es: *„Er holte seinen Vater zu dem sonderbaren Feuer."* (Z. 12 / 13)
Erkläre, warum das Feuer als sonderbar bezeichnet wird.

d) **Erläutere** anhand von zwei Beispielen aus dem Text, warum es sich um eine Sage handelt.

e) Ein Schüler sagt über die Sage: *„Der Hirte und die Schmiede waren nicht besonders klug. Sie hätten doch selbst reich werden können."*
Nimm Stellung zu der Aussage und **begründe** deine Meinung.

1 Plane deine Textuntersuchung:

a) **Erschließe** die Sage mithilfe der **Lesemethode für erzählende Texte**.

Folie

b) Lege dir einen Schreibplan als Tabelle an und trage deine Ergebnisse ein:

Teilaufgabe	Arbeitsschritte	meine Ergebnisse in Stichpunkten
a)	...	...
...	...	...
...	...	...
...	...	...
...	...	...

2 Schreibe einen Entwurf deiner Textuntersuchung.

3 Überarbeite deine Textuntersuchung. Überprüfe dazu,
- ob du alle Teilaufgaben bearbeitet hast,
- ob du ohne wörtliche Rede geschrieben hast,
- ob du im Präsens geschrieben hast,
- ob du nach jeder Teilaufgabe einen Absatz gemacht hast,
- ob sprachlich alles richtig ist.

Die Menschen hätten gegen den Bischof kämpfen und sich seine Vorräte holen sollen.

Im Blickpunkt: Sprache betrachten

Satzgefüge – Haupt- und Nebensätze verknüpfen

Seite 140

Einige Schüler haben zu der Aussage über den „Binger Mäuseturm“ Stellung genommen. Untersuche, wie es ihnen gelungen ist, ihre Sätze gut zu verknüpfen.

Folie

1 Unterstreiche in den folgenden Satzgefügen die Konjunktion rot und den Nebensatz grün. Markiere das gebeugte Verb zur Überprüfung.
In der **LERNBOX** steht, woran du einen Nebensatz erkennen kannst.

A Ich verstehe nicht, dass die Leute nichts gegen den Bischof getan haben.
B Ich teile die Meinung, da die Menschen sich gut hätten wehren können.
C Die Menschen hätten es schaffen können, obwohl es sehr schwierig war.
D Nichtstun bringt nichts, weil man seine Situation selbst verbessern muss.
E Die Menschen hätten um ihr Essen kämpfen müssen, damit keiner verhungert.
F In guten Erntezeiten muss man Vorräte anlegen, weil in Notzeiten wenigstens die Kinder gut versorgt sein müssen.

Auch in den folgenden Sätzen werden Meinungen deutlich. Die Sätze sind jedoch nicht gut miteinander verknüpft.

Seite 222, 229

2 **a)** Verknüpfe jeweils zwei Sätze mit einer passenden Konjunktion wie im Beispielsatz A. Verwende *wenn, da, damit, obwohl* jeweils einmal.

A Ich bin nicht der gleichen Meinung wie der Schüler, *weil* die Menschen gar keine Chance gegen den Bischof hatten.
B Die Leute konnten ja nur ihr Schicksal beklagen. Sie waren vom Bischof abhängig.
C Die Menschen konnten sich nicht wehren. Sie waren in der Mehrzahl.
D Der Bischof hätte bestimmt noch viel mehr Menschen getötet. Sie hätten seine Vorräte geplündert.
E Der Bischof hätte teilen können. Die Hungersnot wird behoben.

b) Stelle die Satzgefüge aus Aufgabe **2 a)** so um, dass die Nebensätze an erster Stelle im Satz stehen.

LERNBOX

Was ist ein Satzgefüge?

1. Ein Satzgefüge besteht aus einem **Hauptsatz** und mindestens einem **Nebensatz**. Diese Sätze werden durch ein Komma voneinander getrennt.
2. Der **Nebensatz** wird häufig durch eine **Konjunktion** eingeleitet: ***wenn, dass, da, weil, obwohl, sodass, damit …***
3. Der Nebensatz kann **vor** oder **nach** dem **Hauptsatz** stehen:
   Ich esse, weil ich Hunger habe. (Hauptsatz – Nebensatz)
   Weil ich Hunger habe, esse ich. (Nebensatz – Hauptsatz)
4. Im Nebensatz steht das gebeugte **Verb am Satzende**:
   Ich esse, weil ich Hunger habe.

TIPPBOX

Zu 1:
Die Nebensätze stehen alle hinter dem Hauptsatz.

Zu 2 a):
B *da*
C *obwohl*
D *wenn*
E *damit*

Zu 2 b):
Weil die Menschen …, bin ich nicht …

Im Blickpunkt: richtig schreiben

Das Komma zwischen Haupt- und Nebensätzen

Das steinerne Brot

[Im Dreißigjährigen Kriege (1618–1648) wurde das Brot so knapp], | [dass selbst der reichste Bauer seinen ältesten Sohn zum Kloster schickte]. || Er sollte dort um Brot betteln. Abends ging der Junge vergnügt heim, weil er einen ganzen großen Laib bekommen hatte.
Der Junge begegnete einer Frau mit einem kleinen Kind als er an einer Brücke vorbeikam. Sie war so schwach vor Hunger dass sie es nicht mehr bis zum Kloster hinauf schaffte. Sie flehte den Jungen um ein Stück Brot an. Der Junge gab ihr kein Brot obwohl er eins in der Tasche hatte. Er habe bloß einen Stein geholt weil sie zuhause den kleingeschnittenen Kohl beschweren wollten. Dann ging er von der Straße herunter damit er nicht noch einmal angebettelt werden konnte. Der Vater wollte zu Hause das Brot anschneiden da alle Kinder sehr hungrig waren. Aber das Messer ging nicht in das Brot weil es zu Stein geworden war.

1 Sprecht darüber, ob die Strafe gerecht ist.

2 a) Unterstreiche die Verben und kennzeichne die Sinneinheiten in den ersten drei Sätzen (Z. 1–4) wie im Beispiel. Erkläre, wie sie mit der Kommasetzung zusammenhängen.
b) Kennzeichne die Sinneinheiten in den restlichen Sätzen. Setze die Kommas.

Folie

3 Verbinde jeweils zwei Sätze durch die Konjunktion in Klammern zu einem Satzgefüge und setze die Kommas. Achte auf die Stellung des Verbs im Nebensatz.
A Da erschrak der Bursche. Er hatte gelogen. (*weil*)
B Er wollte für seine Sünde büßen. Er verrichtete die härteste Arbeit. (*indem*)
C Er durfte ins Kloster kommen. Er hatte der Frau nicht geholfen. (*obwohl*)
D Der Abt bewahrte das Brot in der Kirche auf. Alle konnten es sehen. (*damit*)
E Das steinerne Brot wurde verschüttet. Später zerfiel die Kirche. (*als*)

Seite 271

4 Fasse die Sage in eigenen Worten zusammen. Verwende Satzgefüge und achte dabei besonders auf die Kommasetzung.

LERNBOX

Die Kommasetzung in Satzgefügen

1. **Hauptsatz** und **Nebensatz** werden immer **durch Komma getrennt.**
2. Ein Nebensatz kann nicht allein ohne einen Hauptsatz stehen:
   Als ich krank war → geht nicht.
   Aber: *Als ich krank war, blieb ich im Bett.*
3. Ein Nebensatz beginnt mit einer **Konjunktion**:
   Die Kinder gehen ins Bett, weil sie müde sind.
   Konjunktionen sind z. B. *weil, indem, damit, dass, obwohl, als, wenn.*

TIPPBOX

Zu 2 a):
Zu einer Sinneinheit zählen die Wörter, die zu einem Verb gehören. Sprechpausen zeigen dir das Ende einer Sinneinheit an.

Im Blickpunkt: Lesen

Die Siegfriedsage entstand in den Zeiten der Völkerwanderung im frühen Mittelalter. Sie wurde mündlich weitererzählt und als Teil des Nibelungenliedes erst um 1200 nach Christus aufgeschrieben.
Die Siegfriedsage ist eine Heldensage. Heldensagen erzählen von Menschen mit außerordentlichen Kräften. Siegfried war zum Beispiel nicht nur sehr stark, tapfer und listig, sondern er besaß auch ein besonderes Schwert und eine Tarnkappe[1].
Die folgende Sage erklärt, wieso Siegfried auch fast unverletzlich war.

[1] die Tarnkappe:

Siegfrieds Kampf auf dem Drachenfels

In einer Felshöhle hauste einst ein Drache. Die Menschen waren ihm schutzlos ausgeliefert, und er konnte nur freundlich gestimmt werden, indem ihm jedes Jahr eine Jungfrau geopfert wurde.
Weit weg in Xanten am Niederrhein hatten zu jener Zeit der König der Niederlande, Siegmund, und seine Frau Sieglinde einen Sohn bekommen. Sie nannten ihn Siegfried. Als junger Mann machte er sich auf, die Welt zu erkunden.
Unterwegs suchte er in einer Schmiede Schutz vor einem Unwetter. Der Schmied[2], der ihm öffnete, war Mime, der Bruder von Alberich, dem König der Zwerge – und ein kunstreicher Fürst des Schmiedehandwerks. Siegfried verpflichtete sich, dem Schmied ein Jahr als Geselle zu dienen. So kam Siegfried in die Lehre beim besten aller Schmiede und brachte es innerhalb kurzer Zeit sehr weit in dieser Kunst. Dann, nach einem heftigen Streit, verließ Siegfried den Zwerg. Mit seinem selbst geschmiedeten Schwert Balmung ritt er rheinabwärts, bis er in die Gegend von Heisterbach kam.
Vor den Gipfeln des Siebengebirges traf er auf zahlreiche Männer und Frauen, die ein vor Angst zitterndes Mädchen herbeiführten. Es sollte dem Drachen geopfert werden. Siegfried erkannte, dass nur der Tod des Drachens das Leben des Mädchens retten würde. Und als die Ärmste von der Menschenmenge den Berg hinauf zur Höhle geführt wurde, lief auch er los. Er nahm jedoch eine steile Abkürzung, um vor ihnen dort zu sein.
Der Drache witterte den Menschenduft und kroch voll Vorfreude aus seiner Höhle hervor. Doch als er statt eines Mädchens den jungen Kämpfer erblickte, wurde er wütend. Sein Kamm[3] schwoll an, rauchender Zorn stieg aus seinen Nüstern[4] auf, sein Schwanz peitschte Laub und Erde in die Luft.
Siegfried merkte schnell, dass er mit dem Schwert keine Chance hatte. Die Hornplatten[5] des Ungeheuers waren zu hart und schützten es vor seinen Hieben. Doch er entdeckte die verwundbare Stelle des Drachen und sammelte hastig trockenes Reisig[6] zusammen.
Als der Drache nun erneut mit weit aufgerissenem Maul Feuer spuckend angriff, war der entscheidende Moment gekommen! Siegfried warf ihm das Reisigbündel in den Rachen, das dort sofort Feuer fing. Das Untier bäumte sich vor Schmerz auf, sodass sein Hals einen Augenblick lang frei lag. Darauf hatte Siegfried gewartet, denn dies war die einzig ungeschützte Stelle des Ungeheuers. Blitzschnell stieß er sein Schwert hinein, und aus der Wunde schoss ein riesiger Blutstrom. Der Drache verendete[7] unter wilden Zuckungen.

[2] der Schmied: Handwerker, der Geräte aus Metall baut

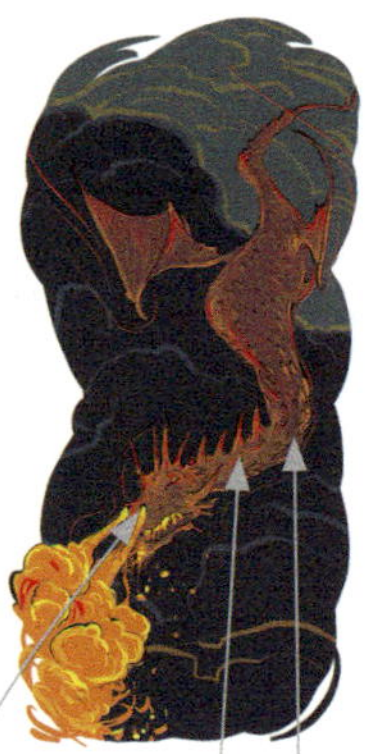

[3] der Kamm:

[4] die Nüster:

[5] die Hornplatte:

[6] das Reisig: dünne Zweige

[7] verenden: sterben

Als sich Siegfried für einen Augenblick zu Boden setzte, um auszuruhen, bemerkte er, dass das Gemisch aus Blut und geschmolzenem Drachenhorn auf seiner Haut getrocknet war und einen undurchdringlichen Schutzpanzer gebildet hatte. Nun wusste Siegfried, wie er sich in Zukunft vor Feinden schützen konnte. Hastig riss er sich die Kleider vom Leib und wälzte sich nackt in der noch warmen Pfütze, die sich neben dem toten Drachen gebildet hatte. So erhielt er am ganzen Körper Schutz – und damit den Ruf[8], unverwundbar zu sein. Nur eine kleine Stelle auf seinem Rücken, auf die ein Lindenblatt heruntergefallen war, blieb unbedeckt. Als er dies bemerkte, war es zu spät, denn die Pfütze war bereits im Boden versickert. Bekanntlich kostete ihn dies, so die Nibelungensage, später das Leben.

[8] den Ruf haben: die Meinung, die die Leute von jemandem haben

1 Erschließe die Sage durch **Partnerlesen** (→ **S. 292**).

2 Die folgenden Sätze geben den Inhalt der Sage wieder. Die Reihenfolge der Sätze ist jedoch durcheinandergeraten. Ordne die Sätze und nummeriere sie so, dass sie den Inhalt der Sage richtig wiedergeben. Notiere hinter den Sätzen die jeweilige Nummer. Wenn du die Sätze richtig geordnet hast, erhältst du ein Lösungswort.

A Siegfried trifft auf die Leute von Heisterbach. (NF) ___
B Siegfried wird durch das Bad des Drachens unverwundbar. (ER) ___
C Siegfried von Xanten wird geboren. (AC) ___
D Siegfried erlernt das Schmiedehandwerk. (HE) ___
E Der Drache bekommt jedes Jahr eine Jungfrau als Opfer. (DR) ___
F Siegfried tötet den Drachen. (EU) ___

Notiere hier dein Lösungswort: ___ ___ ___ ___ ___ ___

Folie

Folie

3 **a)** Wo stehen im Text die folgenden Aussagen? Notiere die Zeilen:

A Der Drachen lässt sich nur besänftigen, wenn man ihm ein Menschenopfer bringt. _____
B Der Bruder des Königs der Zwerge ist Schmied. _____
C Siegfried ist ein guter Schmied. _____
D Siegfried kann am Körper des Drachen sehen, dass dieser wütend ist. _____
E Siegfried ist nach dem Kampf sehr erschöpft. _____
F Hätte Siegfried das Lindenblatt von seinem Rücken entfernt, wäre er später nicht gestorben._____

b) Formuliere den unterstrichenen Ausdruck mit eigenen Worten um:
„Mit seinem selbst geschmiedeten Schwert Balmung ritt er <u>rheinabwärts</u>.“ (Z. 13)

4 Gib den Inhalt der folgenden Textstellen mit eigenen Worten wieder:
Z. 10–12, Z. 17–18, Z. 36–39.

5 Siegfried bemerkt, dass er mit seinem Schwert keine Chance gegen den Drachen hat. Suche die Textstelle und erkläre mit eigenen Worten, wieso er trotzdem den Kampf gewinnt.

Folie

6 Finde die Textstellen, die belegen, dass es sich um eine Sage handelt.
a) Kreuze an, welche Sagenmerkmale in dieser Sage zu finden sind:

Sagenmerkmal	X	Beispiele	Zeile
Formulierungen wie „In ... erzählt man sich ...“			
auffällige Naturerscheinungen, besondere Bauwerke			
konkrete Orte und / oder konkrete Zeiten			
Menschen, die wirklich gelebt haben			
übernatürliche Wesen mit besonderen Kräften			
Bestrafung von Personen für ihre bösen Taten			

b) Notiere in der Tabelle Beispiele aus dem Text und die Zeilenangabe.

Folie

7 **a)** Welche Aussage trifft am besten auf die Sage zu? Entscheide dich für einen der folgenden Sätze:
Die Sage erzählt, wie Siegfried ...
– ... durch eine List getötet wird. *
– ... unverwundbar wird. *
– ... eine Jungfrau befreit. *
b) Begründe deine Entscheidung mit passenden Textstellen.

8 Wähle eine Aufgabe aus:
☆ **a)** Zeichne eine Bildergeschichte zu der Sage.
b) Schreibe eine eigene Geschichte über den (fast) unbesiegbaren Siegfried.
c) Erzähle die Sage aus der Perspektive eines Menschen aus Heisterbach, der unter dem Drachen zu leiden hatte. So kannst du beginnen:
Wir hatten große Angst vor dem Drachen, denn ...

Lernbegleitbogen *Sagenhaft*: eine Sage untersuchen

Kompetenz / Inhalt Ich kann …	Selbstein-schätzung ☺ 😐 ☹	Fremdein-schätzung ☺ 😐 ☹	Bemerkungen	Hier kannst du weiter-üben:
meine Vorkenntnisse darstellen und eine Sage recherchieren (S. 132–133)				
Sagenmerkmale erkennen (S. 134–135)				AH, S. 33
eine Sage anhand von Bildern lebendig und anschaulich erzählen (S. 136–137)				
Einen Text mithilfe der Lesemethode für erzählende Texte erschließen und dabei … – unbekannte Wörter klären – Sinnabschnitte erkennen – Zwischenüberschriften formulieren – Sinnabschnitte stichwortartig zusammen-fassen (S. 138–139)				SB, S. 140
eine Inhaltszusammenfassung schreiben und dabei … – eine Einleitung mit Textart, Titel und Thema formulieren (TTT-Satz) – den Inhalt mit eigenen Worten und sachlich wiedergeben (S. 139)				
Fragen zu einem Text beantworten und dabei Textstellen berücksichtigen (S. 140)				
meine Meinung zu einer Aussage über den Text äußern und begründen (S. 141)				
eine vollständige Textuntersuchung planen und schreiben (S. 142–143)				AH, S. 34–36 AH, S. V, VI
eine Textuntersuchung überarbeiten (S. 144)				AH, S. 34–36
Haupt- und Nebensätze miteinander verknüpfen (S. 148)				SB, S. 222, 229; AH, S. 51
das Komma zwischen Haupt- und Neben-sätzen setzen (S. 149)				SB, S. 271 AH, S. 76
eine Sage verstehen (S. 150–152)				

Trainiere die Kompetenzen, bei denen du selbst oder ein anderer ein 😐 oder ☹ eingetragen hat. Tipps zum Üben findest du in der letzten Spalte. → Überprüfe anschließend dein Wissen und Können, indem du einen der **Kompetenz-Checks** bearbeitest: **Kompetenz-Check A** (Seite 145–146) oder **Kompetenz-Check B** (Seite 145 + 147). Vergleiche dein Ergebnis mit dem Mustertext im Lösungsheft.

A

B

(1) 1884 wurde der Leuchtturm „Roter Sand" erbaut. Heute kann man dort übernachten.

(2) Heuler nennt man kleine Seehunde, die man auch als Urlauber auf einer Sandbank sehen oder hören kann. In Friedrichskoog gibt es eine Seehundstation.

(3) Wattwandern bedeutet Wandern auf dem Meeresboden. Dabei kann man Muscheln, Krebse und andere Tiere entdecken.

(4) Ganz im Norden Deutschlands liegt im Wattenmeer die größte deutsche Insel. Sie ist über einen Bahndamm mit dem Festland verbunden.

(5) Beim großen Sturm am 5. Dezember 2013 war auf den Halligen „Land unter". Nur die Häuser auf den aufgeschütteten Hügeln ragten aus dem Meer.

Mehr als Sand und Meer

1 **a)** Schau dir die Bilder und die Karte genau an und ordne sie den Texten zu: A → 3, B → ? ...

Folie

Seite 170–172

b) Löse das Rätsel. Achte auf die vorgegebene Buchstabenzahl.

A „Roter Sand" heißt ein berühmter _ _ _ _ _ t t _ _ _.

B Ganz junge Seehunde nennt man _ _ _ _ _ _ _.

C Inseln mit aufgeschütteten Hügeln zum Schutz der Häuser vor dem Meer heißen _ _ _ _ _ _ _ _ _ _.

D Wandern auf dem Meeresboden nennt man W _ _ _ w _ _ _ _ _ _ _ _.

E Die größte deutsche Insel im Wattenmeer heißt _ y _ _.

c) Vergleiche deine Lösungen mit denen deines Nachbarn.

☆ **2** Lass dich von den Bildern anregen und erzähle, was man an der Nordsee alles erleben kann. Du kannst auch berichten, was du über die Nordsee im Fernsehen gesehen oder in einem Buch gelesen hast.

C

D

E

3 Starte mit dem Finger auf der Karte eine Reise: Beginne in Hamburg, fahre über Cuxhaven, den Leuchtturm „Roter Sand“ und Hallig Hooge bis zur Insel Amrum. Hast du auch Friedrichskoog entdeckt? Diese Orte lernst du im Kapitel kennen.

4 **a)** Worüber würdest du gerne mehr wissen? Schreibe Fragen zu den Bildern und Texten auf.
b) Sammelt die Fragen an der Tafel.
c) Schreibt eure Fragen auf ein Plakat und lasst Platz für die Antworten:
Ist Wattwandern gefährlich? – ...
Warum heißen kleine Seehunde Heuler? – ...

Bilder und Texte stellen euch in diesem Kapitel Besonderheiten des Wattenmeers vor. Ihr lernt, wie man aus Texten und Grafiken Informationen entnimmt, sie miteinander vergleicht und Schlüsse daraus zieht.

Mehr vom Meer – sich informieren

1 **a)** Die beiden Bilder zeigen den Husumer Hafen. Schau auf der Karte auf Seite 155 nach, wo Husum liegt.
b) Was kannst du erkennen? Beschreibe die Bilder.
c) Wie erklärst du dir die Unterschiede auf den beiden Bildern? Beachte: Das linke Foto wurde morgens aufgenommen, das rechte am Nachmittag.

☆ **2** Vielleicht warst du schon an der Nordsee. Erzähle, wie du das Kommen und Gehen des Meeres erlebt hast.

Folie **3** Im folgenden Text werden Begriffe erklärt, die auch in den weiteren Texten dieses Kapitels vorkommen und die vermutlich nicht zu deinem täglichen Wortschatz gehören. Lies den Text und unterschlängele wie im ersten Absatz alle Begriffe, die dir unbekannt sind.

Wenn das Meer verschwindet und wiederkommt

Wenn du zum ersten Mal in den Ferien an die Nordsee fährst und nach der langen, heißen Fahrt endlich ins Meer springen willst, kann es sein, dass du eine Riesenenttäuschung erlebst. Vor dir erstreckt sich eine graue Landschaft mit nassem Sand, Schlamm und Wasserresten, die in kleinen Flüssen ablaufen: das Watt. So nennt man den Meeresboden, der an flachen Küsten durch das abfließende Wasser zu Tage tritt. Das Watt gibt dieser einzigartigen Landschaft von Meer und Küste, die sich von Holland über Deutschland bis nach Dänemark erstreckt, auch den Namen: das Wattenmeer.

Man erlebt das Watt nur bei Ebbe, wenn sich das Meer zurückzieht. Ganz anders sieht diese Landschaft aus, wenn du drei oder vier Stunden später noch einmal nachschaust: Jetzt sind Sand und Schlamm verschwunden und du siehst nur Wasser. Wenn du dich barfuß an den Rand des Wassers stellst, kannst du beobachten, wie das Wasser an deinem Fuß vorbei immer weiter zum Land fließt – das Wasser kommt, es ist Flut.

Mit Flut bezeichnet man also den Zeitraum, in dem das Wasser ansteigt, und mit Ebbe den Zeitraum, in dem das Wasser zurückgeht. Ebbe und Flut kann man auch mit dem Oberbegriff „die Gezeiten" zusammenfassen. Wenn der Höhepunkt der Flut erreicht ist, spricht man von Hochwasser, den Tiefpunkt der Ebbe nennt man Niedrigwasser.

Jeden Tag läuft dieses Spiel von Ebbe und Flut zweimal ab. Jede Tide dauert ca. 12 Stunden und 25 Minuten. Daher verschieben sich jeden Tag die Zeitpunkte des Hochwassers und des Niedrigwassers. In einem Gezeitenkalender – auch Tidenkalender genannt – wird für jeden Tag für bestimmte Orte an der Küste und für die Inseln angegeben, wann das Hochwasser und wann das Niedrigwasser zu erwarten ist.
Ebbe und Flut wirken sich auf das Leben der Menschen an der Nordseeküste aus. So können Fähren manche Häfen nur anfahren, wenn das Wasser hoch genug steht. Auch Urlauber an der Küste sollten sich nach dem Wasserstand erkundigen, denn nur bei Flut können sie ohne Gefahr baden, und nur bei Ebbe wandern sie gefahrlos im Watt.

4 Lege dir eine Wörterliste an. Lies dazu die **LERNBOX** und sieh dir das Beispiel unten an. Ergänze die Liste im Laufe dieses Kapitels.

Wörterliste „Wattenmeer“

das Watt	Meeresboden, der zu sehen ist, wenn das Wasser abgelaufen ist
das Wattenmeer	Küste von Holland, Deutschland und Dänemark, an der bei Ebbe das Watt zu sehen ist
die Ebbe	Zeit, in der das Wasser abfließt
das Niedrigwasser	…

5 Zwischenüberschriften helfen dir, dich in einem Text zu orientieren. Ordne die folgenden Überschriften den Sinnabschnitten zu und gib die Zeilen an.

Watt und Wattenmeer: Zeile 1–14
Ebbe und Flut: ?
Auswirkungen auf die Menschen: ?
Tide und Tidenkalender: ?

6 **a)** Warum benutzen die Bewohner an der Nordsee und die Urlauber einen Tidenkalender? Beantworte diese Frage in einem kurzen Text.
b) Vergleiche dein Ergebnis mit dem deines Nachbarn.

! LERNBOX

So erstellst du eine Wörterliste:

1. **Unterschlängele** alle dir **unbekannten Begriffe** im Text.
2. Schreibe diese Nomen mit dem Artikel in deine **Wörterliste**.
3. Ergänze die **Worterklärung**, die du so ermitteln kannst:
   a) Die Erklärung steht **im Text**. Schreibe die Textstelle heraus: *das Hochwasser – der Höhepunkt der Flut.*
   b) Erschließe die Bedeutung des Begriffs **aus dem dargestellten Zusammenhang**, z. B. wie in Zeile 27: *einen Hafen anfahren – in einen Hafen fahren.*
   c) Wenn du keine Erläuterung im Text findest, schlage im **Wörterbuch** nach: *die Tide – der Zeitraum, in dem einmal Ebbe und Flut erfolgen.*

TIPPBOX

Zu 6 a):
Erkläre, in welchen Abständen Ebbe und Flut erfolgen. Erläutere dann, welche Bedeutung dies für den Alltag der Menschen an der Küste und für die Urlauber hat. Orientiere dich dazu an den Informationen aus dem Sachtext.

Mal mehr, mal weniger – Informationen aus Grafiken entnehmen

Informationen für unsere Gäste
Wetternachrichten:
Ein Hoch sorgt für beständiges Wetter.
Lufttemperaturen: 18–25 Grad
Wassertemperatur: 19 Grad
Tidenkalender:
Hochwasser: 10.25 / 22.45 Uhr

1 **a)** Viele Orte an der Küste informieren täglich in Schaukästen ihre Feriengäste. Worum geht es in dem Beispiel links?
b) Nenne Beispiele für Tätigkeiten von Urlaubern, für die diese Informationen wichtig sein können.

2 Häufig werden auch Tidenkurven in Schaukästen ausgehängt.

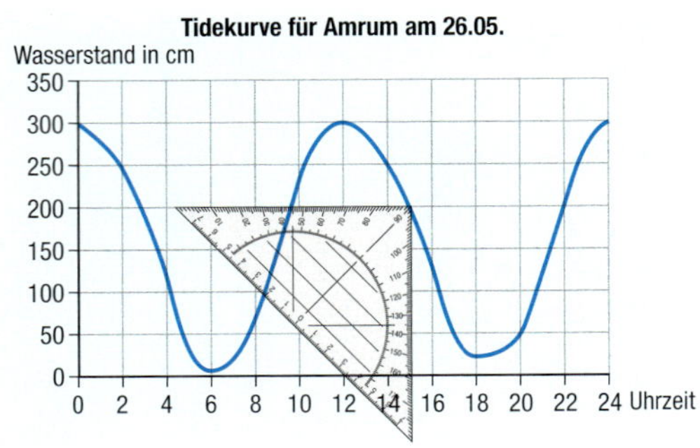

a) Erschließe das Kurvendiagramm. Beachte dazu die **LERNBOX**.
b) Beantworte die Fragen stichwortartig:
- Wann herrscht Hochwasser?
- Wie hoch steht das Wasser dann?
- Wann ist Niedrigwasser?
- Wie hoch steht das Wasser um 15.00 Uhr?
- Wie viel Zeit liegt ungefähr zwischen Niedrigwasser und Hochwasser?

c) Vergleicht eure Ergebnisse.

3 Fasse die Informationen aus der Grafik zusammen. Schreibe dazu den folgenden Text ab und ergänze die Lücken mithilfe deiner Stichworte.
Das Kurvendiagramm informiert über die Wasserstände in Amrum am -?-. Um Null Uhr herrscht noch -?-. Dann beginnt die -?-. Sie erreicht den tiefsten Punkt um -?- Uhr. Dann kommt die -?-. Das -?- tritt am Mittag ein, der Wasserstand beträgt dann -?- cm. Das Niedrigwasser der folgenden Ebbe ist um -?- erreicht. Der Wasserstand beträgt dann -?- cm. Das Hochwasser der zweiten Flut erreicht Amrum um -?- Uhr.

! LERNBOX

So erschließt du ein Kurvendiagramm:
1. Wenn man zu verschiedenen Zeiten Messungen durchführt und diese Punkte miteinander verbindet, erhält man ein Kurvendiagramm.
2. Gehe so vor, um ein **Kurvendiagramm** zu erschließen:
   a) Lies die **Überschrift**: Worum geht es?
   b) Lies die **Angaben**: Welche Angaben stehen
      – auf der senkrechten Seitenlinie,
      – auf der waagerechten Grundlinie?
   c) Untersuche, welche **Auffälligkeiten** (z. B. niedrigster / höchster Wert) und welche Regelmäßigkeiten du feststellen kannst.

TIPPBOX

Zu **2 b)**: Beachte Folgendes:
- Die Zeitangaben stehen im Zweistundentakt.
- Für die Höhenangaben betragen die Abstände jeweils 50 cm.
- Daher kann man die Angaben manchmal nur abschätzen: 15 Uhr liegt in der Mitte von 14 und 16 Uhr. Gehe von hier senkrecht nach oben, bis du auf die Kurve triffst. Lies dann mit einem Geodreieck die Höhenangabe ab.

Achtung, Wattläufer! – gezielt Informationen entnehmen, vergleichen und Schlüsse ziehen

Frauke ist mit ihren Eltern für ein verlängertes Wochenende nach Cuxhaven gefahren. Da am Sonntag das Wetter zwar bedeckt sein , es aber nicht regnen soll, haben sie eine dreistündige Wattwanderung zur Insel Neuwerk geplant. Vorher informiert sich die Familie über die Gefahren des Wattwanderns.

1 Vor welchen Gefahren warnt das Schild rechts? Sprecht darüber.

2 Erschließe den folgenden Text (Material 1) mithilfe der **Lesemethode für Sachtexte:**

Seite 286–287

a) Kennzeichne unbekannte Ausdrücke mit einer Wellenlinie.
b) Kläre deren Bedeutung aus dem Zusammenhang oder durch Nachschlagen und ergänze deine Wörterliste (siehe Seite 157, Aufgabe **4**).
c) Markiere alle Schlüsselstellen.
d) Formuliere am Rand Überschriften zu den Sinnabschnitten. Berücksichtige dabei die Schlüsselstellen. Tausche dich dann mit deinem Partner aus.

Material 1:

Aufpassen beim Wattwandern!

Aus: Informationsbroschüre für Feriengäste

Das Wattenmeer ist eine in der Welt nahezu einmalige Landschaft. Viele eindrucksvolle Erlebnisse erwarten den Wattwanderer: Muscheln, Krebse, Schollen, die sich im Schlamm eingebuddelt haben, und schreiende Möwen auf der Suche nach Futter. Bei Ebbe erstreckt sich das Watt kilometerweit, und nur noch in den Prielen sieht man Wasser fließen. Priele sind Wasserläufe, die wie Flüsse das Watt durchziehen. In ihnen läuft das Wasser bei Ebbe ab und bei Flut strömt hier zuerst das Wasser landwärts. Priele sind nicht ungefährlich, denn häufig lässt sich nicht feststellen, wie tief ein Priel ist. Wer bei Niedrigwasser einen Priel durchwatet[1], ahnt nicht, wie stark die Strömung bei einsetzender Flut sein kann. Das Wasser kommt mit einer Geschwindigkeit von 5 km pro Stunde, und da es von allen Seiten in das Watt einfließt, ist der Rückweg schnell abgeschnitten. Vorsicht vor Prielen ist daher ein wichtiger Grundsatz beim Wattwandern.

Gefahren durch Priele

Das Watt ist kein einheitlicher Meeresboden. So unterscheidet man das Sandwatt vom Schlickwatt. Während das Sandwatt nahezu fester Boden ist, auf dem es sich angenehm laufen lässt, ist das Schlickwatt sehr schlammig, sodass man bei jedem Schritt bis zu den Knien einsinkt, nicht selten auch bis zu den Hüften. Hier zu laufen, ist sehr anstrengend. Darüber hinaus gibt es auch Muschelfelder. Deshalb wird das Tragen von Gummischuhen oder Badeschuhen empfohlen, denn barfuß verletzt man sich schnell an den scharfen Muschelschalen.

[1] durchwaten: hier auf schlammigem Untergrund laufen

[2] auflaufendes Wasser: Wasser fließt zum Land

Es versteht sich von selbst, dass man nicht bei auflaufendem Wasser[2] eine Wattwanderung antritt, sondern vorher in einem Tidenkalender nachschlägt, wann mit Niedrigwasser zu rechnen ist. Empfohlen wird bei längeren Wattdurchquerungen (z. B. vom Festland zu den Inseln), schon zwei Stunden vor dem Niedrigwasser die Wanderung anzutreten, damit man nicht kurz vor dem Ziel von der Flut überrascht wird.

Auch die Wetternachrichten sollte man vor einer Wattwanderung anhören. Denn wenn Gewitter angesagt ist, sollte man unbedingt auf das Wandern im Watt verzichten. Da Blitze bevorzugt in erhöhte Stellen einschlagen, sind Wanderer gefährdet.

Und auf eine weitere Gefahr soll hingewiesen werden: auf den Seenebel. Gerade bei schönem Wetter kann durch das verdunstende Wasser ganz schnell dichter Nebel entstehen. Dann verliert man im Watt rasch die Orientierung. Die größte Gefahr besteht darin, dass man Priele oder schlecht begehbare Schlickstellen nicht rechtzeitig sieht und ihnen nicht ausweichen kann.

3 Werte anstelle von Fraukes Familie den Text (Material 1) gezielt aus:

a) Lies den gelben Kasten auf Seite 159 und notiere stichwortartig die Wetterbedingungen, den Zeitpunkt und die Dauer der geplanten Wanderung.

b) Mit welchen Gefahren muss die Familie bei ihrer Wattwanderung rechnen? Kennzeichne im Text nur Informationen, die für die Familie wichtig sind. Lies dazu die **LERNBOX** und beachte die Wetterbedingungen.

c) Fasse die wichtigsten Informationen zusammen. So kannst du beginnen:

Material 1

Da Frauke und ihre Eltern eine längere Wattwanderung vorhaben, müssen sie vor allem die Gefahr durch volllaufende Priele beachten...

4 Arbeite mit einem Partner. Tauscht eure Zusammenfassungen aus.

a) Überprüfe den Partnertext, ob alle wichtigen Inhalte enthalten sind.

b) Überprüfe, ob der Text mit eigenen Worten und im Präsens geschrieben ist.

c) Überarbeite deinen eigenen Text mithilfe der Hinweise deines Partners.

LERNBOX

So entnimmst du einem Text gezielt Informationen:

1. „Gezielt Informationen entnehmen" heißt, **nur solche Informationen** aus einem Text herauszusuchen und wiederzugeben, die **in der Aufgabenstellung** gefordert werden. Lies diese daher gründlich: *Mit welchen Gefahren ...?*
2. **Wähle** mithilfe deiner Überschriften zu den Sinnabschnitten und den markierten Schlüsselstellen die **wichtigsten Informationen aus** und stelle sie in vollständigen Sätzen dar. Folge dabei dem Aufbau des Textes.
3. Formuliere mit **eigenen Worten**. Fachbegriffe und Namen kannst du aus dem Text übernehmen.
4. Schreibe im **Präsens**.

TIPPBOX

Zu 3 b) + c):

Wichtige Hinweise für Frauke und ihre Familie finden sich im 1. Absatz (Z. 5–12), 2. Absatz (Z. 13–19) und 3. Absatz (20–25). Die folgenden Satzanfänge können dir bei der Zusammenfassung helfen:

Eine große Gefahr stellen Priele dar, denn sie ... / Eine weitere Gefahr droht Wattwanderern durch ... / Deshalb sollte Fraukes Familie ... / Darüber hinaus sollten Wattwanderer beachten, dass ...

5 Fraukes Familie hat in der Zeitung auch einen Tidenkalender gefunden.

a) Untersuche den Tidenkalender (Material 2) und notiere deine Antworten zu folgenden Fragen stichwortartig:
- Für welchen Zeitraum und für welchen Ort ist er gültig?
- Welche Tideangabe ist für die Familie wichtig?

b) Fasse diese Informationen in einem kurzen Text zusammen.
So kannst du beginnen:
Material 2
Der Tidenkalender gilt für Cuxhaven in der Zeit vom ... bis ... Er gibt an, wann mit ... zu rechnen ist ...

c) Vergleiche deine Ergebnisse mit den Antworten deines Partners.

Material 2:

Tidenkalender für Cuxhaven

Tag	Zeit	Tag	Zeit
Sa, 9. Mai	HW 04:10	So, 10. Mai	HW 05:00
Sa, 9. Mai	NW 10:45	So, 10. Mai	NW 11:12
Sa, 9. Mai	HW 16:28	So, 10. Mai	HW 17:01
Sa, 9. Mai	NW 23:06	So, 10. Mai	NW 23:37

Erläuterungen:
HW = Hochwasser
NW = Niedrigwasser

6 Jeweils zwei Paare setzen sich zu einer Vierergruppe zusammen. Jede Teilgruppe stellt den anderen ihre bisherigen Ergebnisse aus Material 1 und Material 2 vor und ergänzt fehlende Informationen.

7 Wann sollte die Familie zu ihrer Wattwanderung nach Neuwerk starten? Vergleiche dazu wichtige Informationen aus beiden Materialien und ziehe daraus Schlussfolgerungen. Gehe so vor:

a) Lies die **LERNBOX** und führe den Vergleich durch.

b) Formuliere eine Schlussfolgerung aus deinem Vergleich und begründe ihn mit Hinweisen auf Informationen aus beiden Texten.

c) Vergleicht eure Ergebnisse in der Klasse.

Seite 294

LERNBOX

Informationen vergleichen und Schlussfolgerungen ziehen

1. Mache dir die Aufgabenstellung klar: **Unter welchem Gesichtspunkt** sollst du die Informationen aus beiden Materialien **vergleichen**?
2. Unterstreiche in deinen Auswertungen beider Materialien **nur die Informationen,** die zur **Beantwortung der Frage** wichtig sind.
3. Welchen **Schluss** ziehst du aus dem Vergleich? Halte dein Ergebnis fest.
4. **Erläutere dein Ergebnis** in ganzen Sätzen und beziehe die Informationen aus beiden Materialien mit ein.

TIPPBOX

Zu 7 b):

1. Formuliere zuerst deinen Rat: *Die Familie sollte für ihre dreistündige Wattwanderung um ... Uhr starten.*
2. Erläutere deinen Ratschlag, indem du Informationen aus beiden Texten verwendest: *Im Material 1 wird darauf hingewiesen, dass ... Aus dem Material 2 kann man ablesen, dass ... Deshalb kann man schlussfolgern, dass ...*

Heuler sind keine Kuscheltiere – Materialien vergleichen und Schlüsse ziehen

Tim, Ina und ihre Eltern haben bei einer Wattwanderung auf einer Sandbank einen jungen Seehund gesehen, der laut heulte. Die Familie war sehr unsicher, was sie tun sollte, und entschied, sich von dem Tier fernzuhalten und nichts zu tun. Zu Hause haben Tim und Ina sich Informationsmaterial besorgt, um nachzulesen, ob sie richtig gehandelt haben.

Material 1:

Besuch in der Seehundestation Friedrichskoog

Ein Interview unserer Redakteurin mit Pfleger Ole Hansen.
Aus: Nordblatt Juniausgabe

Nordblatt: Wir stehen hier vor einem Becken mit einem süßen kleinen Seehund. Wie ist er hierhergekommen?

O. H.: Das ist jetzt schon das 20. Seehundbaby, das wir bekommen haben, denn gerade in den Monaten Juni und Juli werden die meisten Seehunde geboren. Unser kleiner Freund hier hat leider keine Mutter mehr. Ein Fischer hat uns alarmiert, als er ihn allein auf einer Sandbank[1] gesehen hatte. Häufig bekommen wir auch Hinweise von Wattwanderern. In all diesen Fällen schicken wir unseren Seehundjäger – der heißt so, obwohl er gar keine Seehunde jagt – an die genannte Stelle. Dort beobachtet er zunächst aus größerer Entfernung das Tier, ob es wirklich verlassen wurde. Meistens kommt das Muttertier wieder auf die Sandbank zurück, denn nur dort kann es das Jungtier säugen. Es ist normal, dass die Muttertiere zwischendurch im Meer verschwinden, um nach Nahrung zu tauchen. Dann halten die jungen Seehunde durch das Heulen Kontakt mit ihrer Mutter, daher der Name Heuler. Nur wenn der Seehundjäger sicher ist, dass die Mutter nicht wiederkommt, nimmt er das Junge mit und bringt es auf unsere Station. Nur dann fasst er das Tier auch an, denn ein von Menschen berührtes Seehundjunges wird von der Mutter abgelehnt.

Nordblatt: Warum kann es passieren, dass die Mutter nicht mehr zurückkommt?

O. H.: Vielleicht ist die Mutter durch einen Sturm von dem Seehundjungen getrennt worden oder das Junge ist krank. Vielleicht ist die Mutter durch ein Unglück umgekommen oder sie hat Zwillinge und kann nur ein Junges ernähren.

Nordblatt: Was geschieht mit den Heulern in der Seehundstation?

O. H.: Zunächst werden sie von einem Tierarzt untersucht. Am Anfang bekommen sie eine besondere Aufzuchtmilch, die wie die Muttermilch sehr fett und nahrhaft ist. Wenn die jungen Seehunde aus dem Babyalter raus sind, bekommen sie Heringe zu fressen. Nach zwei bis drei Monaten sind sie groß genug, um ausgewildert zu werden. Sie werden dann auf einer Sandbank wieder freigelassen. Aber nur gesunde Tiere dürfen in die Freiheit, denn kranke Tiere könnten andere Tiere anstecken. Deshalb werden sie auch vor dem Auswildern vom Tierarzt untersucht. Außerdem bekommen diese Tiere noch eine Erkennungsmarke an die Flosse, damit man sie erkennt, wenn sie später einmal gefunden werden.

Nordblatt: Wer also einen Heuler sieht und Sie benachrichtigt, kann helfen, einen Seehund zu retten?

O. H.: Ja, genau dafür sind wir da.

[1] die Sandbank: Ansammlung von Sand oder Kies

Material 2:

Wenn Sie einen Heuler finden …

Aus: Informationen für unsere Gäste

A

B

C

D

Bearbeitet die Aufgaben 1 bis 3 in Einzelarbeit. Vergleicht anschließend eure Lösungen im **Lerntempoduett**. Seite 305

1 **a)** Erschließe Material 1 mithilfe der **Lesemethode für Sachtexte.** Seite 286–287

b) Beantworte die folgenden Fragen zum Text in Stichworten:

A Wann kann man im Watt junge Heuler finden?
B Aus welchen Gründen kann ein Heuler alleine auf einer Sandbank sein?
C Worauf achten Seehundjäger, wenn sie gerufen werden?
D Was geschieht in der Seehundstation mit den Heulern?
E Warum sind Heuler keine Kuscheltiere?

2 **a)** Die Bilder in Material 2 nennt man Piktogramme. Lies dazu die **LERNBOX**. Seite 168

b) Erschließe die Bedeutung der Piktogramme A bis D und schreibe zu jedem Bild kurze Sätze, die die Aussage wiedergeben.

3 **a)** Was sollten Wattwanderer über Heuler wissen?
Fasse anhand der Materialien 1 und 2 die wichtigsten Informationen in einem zusammenhängenden Text zusammen.

b) Was macht die Familie von Ina und Tim bei ihrer Begegnung mit einem Heuler (siehe Kasten auf Seite 162) richtig und was versäumt sie zu tun?
Vergleiche zur Beantwortung dieser Frage die Informationen in den Materialien 1 und 2 und ziehe daraus Schlüsse. Seite 280–281, Seite 295–298

Weitere Übungen zum Vergleich von Materialien findest du im Arbeitsheft. **AH, Seite 37–40**

LERNBOX

Was sind Piktogramme?
An vielen Orten (z. B. auf Bahnhöfen oder Flughäfen) findest du solche **Bilder.** Sie enthalten wichtige **Informationen** und oft auch **Aufforderungen,** z. B.

Nicht rauchen!

TIPPBOX

Zu 2 b): Schreibe so:
Bild A: Wenn man einen Heuler findet, …
Bild B: Hunde müssen sofort …
Bild C: …
Zu 3 a) + b): Greife zu Beginn deines Textes die jeweilige Fragestellung auf: Wattwanderer sollten wissen, dass Heuler … Die Familie macht bei der Begegnung mit dem Heuler Folgendes richtig: …

Einen Textvergleich überarbeiten

Zeitform! ⌊→←⌋

sachlich schreiben ⊢—⊣

nicht wörtlich übernehmen

R

Wattwanderer sollten wissen, dass Heuler ganz junge Seehunde sind. Durch lautes Heulen |riefen| sie nach ihrer Mutter, daher der Name. Diese ~~niedlichen~~ Seehunde leben noch von der Muttermilch und brauchen daher die Mutter. Man hört sie meistens in den Monaten Juni und Juli. Dann kommen die Seehundbabys zur Welt. Wenn eine Seehundstation von dem Fund eines Heulers benachrichtigt wird, schickte sie einen Seehundjäger an diesen Ort. Er beobachtet, ob das Muttertier tatsächlich nicht zurückkommt. Nur wenn der Seehundjäger sicher ist, dass die Mutter nicht wiederkommt, nimmt er das Junge mit. In der Seehundstation werden die jungen Tiere gefüttert, bis sie groß sind. Sie werden dann auf einer Sandbank wieder freigelassen. Auch Urlauber an der Se können bei Wattwanderungen auf Heuler stoßen. Auf keinen Fall durften sie das Tier anfassen. Urlauber müssen ihre Hunde sofort an die Leine nehmen und sich mindestens 100 Meter von dem Heuler entfernen. Am besten ist es, wenn sie mit dem Handy die Polizei anrufen.

Bei ihrer ersten Begegnung mit einem Heuler hält sich die Familie von dem Tier fern. Das ist richtig, denn aus Material 1 und 2 wird deutlich, dass man sich nicht näher als 100 m dem Tier nähern soll. Falsch ist aber, dass die Familie nichts weiter macht. Im Material 1 steht, dass es auch passieren kann, dass eine Sehundmutter nicht mehr aus dem Mer zurückkommt. Dann verhungert das junge Tier. In Material 2 wird in einem Bild extra die Nummer der Polizei angegeben. Daraus kann man schlussfolgern, dass die Familie es versäumt, sofort die Polizei anzurufen. Die Polizei benachrichtigt nämlich die Seehundstation. Diese schickt dann ein Bot mit einem Sehundjäger zu dem Ort.

Folie

Seite 169

1 **a)** Überprüfe den Text mithilfe der **CHECKLISTE** und setze die Anmerkungen am Rand fort. Verwende die Korrekturzeichen.
b) Überprüfe, ob Rechtschreibfehler vorliegen.
c) Überarbeite den Text und schreibe ihn in dein Heft.
d) Überprüft in Partnerarbeit eure eigenen Texte aus Aufgabe **3** von Seite 163 und überarbeitet sie.

CHECKLISTE

Informationen ermitteln, vergleichen und Schlüsse ziehen

1. Enthält die zusammenfassende Darstellung **alle wichtigen Informationen** aus beiden Materialien?
2. Werden die Informationen in einer **sinnvollen Reihenfolge** dargestellt?
3. Werden die Informationen in **eigenen Worten** und im **Präsens** wiedergegeben?
4. Werden zu der Vergleichsaufgabe die **Informationen** aus beiden Materialien **verglichen** und daraus **Schlüsse gezogen**?
5. Ist der Text **sachlich geschrieben** und enthält keine persönlichen Wertungen?
6. Enthält der Text Rechtschreib- und / oder Zeichensetzungsfehler?

Kompetenz-Check: Informationen ermitteln, vergleichen und daraus Schlüsse ziehen

Noah und sein Opa wollen am Wochenende (8.–9. August) im Leuchtturm „Roter Sand“ übernachten. Geplant ist, dass sie am Samstag früh mit dem Schiff zum Leuchtturm fahren und am Sonntag gegen Mittag wieder abgeholt werden.

Material 1:

Hotel Leuchttum „Roter Sand“

20 km nördlich von Bremerhaven steht mitten im Meer dieser rot-weiße Leuchtturm. Er wurde 1884 gebaut, um die Schiffe vor der gefährlichen Sandbank „Roter Sand“ zu warnen. 1964 übernahm ein moderner Leuchtturm diese Aufgabe und der alte Leuchtturm sollte abgerissen werden. Dieser Plan wurde aber aufgegeben und der Turm innen und außen aufwendig erneuert.
Seit 1999 bietet der Leuchtturm auf dem unteren Stockwerk einen Raum mit sechs Schlafkojen[1]. Darüber befindet sich ein Gemeinschaftsraum mit einer Küche mit Gaskocher und Möbeln, die aus der Zeit der Leuchtturmwärter stammen könnten. Dort können sich die Gäste selbst versorgen.
Eine Übernachtung auf dem Leuchtturm kann man nicht mit einer Übernachtung in einem Hotel an Land vergleichen. Dies wird beim Lesen des Informationsblattes deutlich: Die Übernachtungsgäste werden darauf hingewiesen, dass sich bei starkem Wind und bei Wellengang über einem Meter die Abholung um mehrere Tage verzögern kann. Außerdem werden sie aufgefordert, Schlafsäcke, Handtücher, Taschenlampen und warme Kleidung (keine Heizung, kein Strom!) mitzubringen.
Von Bremerhaven aus werden die Übernachtungsgäste mit einem ehemaligen Schlepper zum Leuchtturm gebracht. Nach der Ankunft am Turm kommt die erste Herausforderung: Man gelangt vom Schiff zum Turm nur über eine schmale Brücke, die durch die Wellen auf- und niedergeht. Dann muss man noch eine sechs Meter lange Außenleiter hochsteigen, die zur Eingangstür des Leuchtturms führt. Nach dem Ablegen des Schiffes sind die Gäste – wie früher die Leuchtturmwärter – auf sich selbst gestellt. Aber trotzdem sind jedes Jahr alle Übernachtungen am Wochenende ausgebucht.

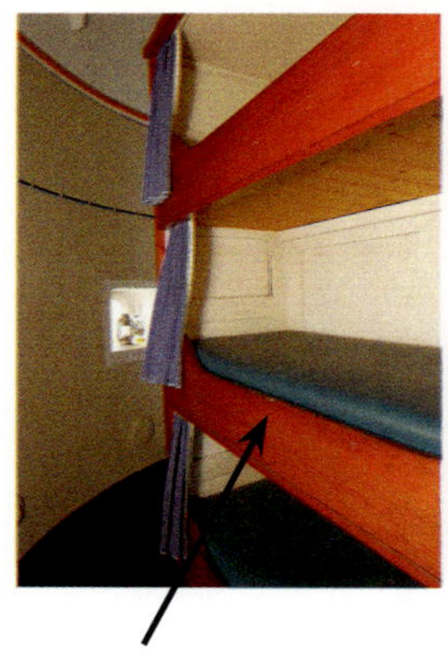

[1] die Schlafkoje

Material 2:

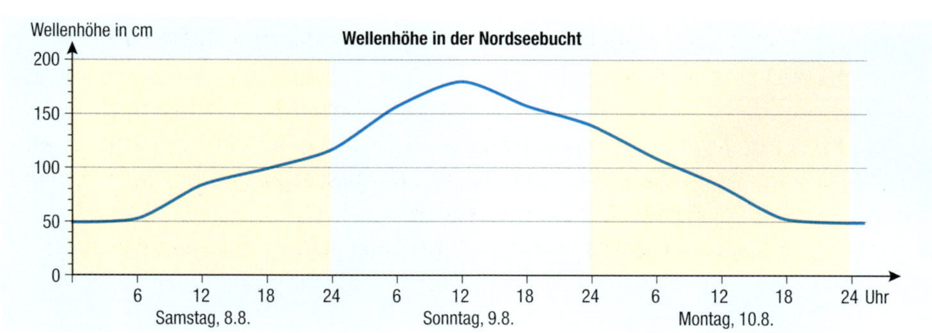

Kompetenz-Check A

1 a) **Erschließe** den Text (Material 1) mithilfe der **Lesemethode für Sachtexte.**
b) Lege dir folgende Tabelle an und notiere die Informationen stichwortartig:

	Informationen aus Material 1
Angaben zum Leuchtturm	…
Einrichtung des Turms für Übernachtungsgäste	…
Informationen für die Gäste	…

2 **Erschließe** das Kurvendiagramm (Material 2) und beantworte die folgenden Fragen in ganzen Sätzen.
A Worum geht es in diesem Kurvendiagramm?
B Zu welchen Zeitpunkten wurden die Wellenhöhen jeweils gemessen?
C Wann wurden die niedrigsten und wann die höchsten Wellenhöhen erfasst?

3 Unterstreiche zu folgenden Fragen wichtige Informationen in beiden Materialien und notiere deine Antworten:
a) Material 1: Bis zu welcher Wellenhöhe fährt das Schiff zum Leuchtturm?
b) Material 2: Zu welchem Zeitpunkt könnte das Schiff die Übernachtungsgäste frühestens wieder abholen?

4 a) Warum ist der Leuchtturm „Roter Sand" ein außergewöhnlicher Übernachtungsort?
Fasse die Informationen über den Leuchtturm „Roter Sand" aus den Materialien 1 und 2 **zusammen.**
Der Leuchtturm „Roter Sand" ist 20 km von Bremerhaven entfernt … Früher warnte er die Schiffe … Überfahrt mit einem Schiff … Die Gäste müssen vom Schiff über eine Brücke … keine Heizung und kein Strom … die Höhe der Wellen kann stark schwanken …
b) Zu welchem Zeitpunkt können Noah und sein Opa frühestens mit dem Schiff abgeholt werden?
Vergleiche dazu wichtige Informationen aus beiden Materialien und schlussfolgere daraus den frühestmöglichen Zeitpunkt der Rückkehr. Verwende dazu deine Antworten aus Aufgabe 3.
In Material 1 wird dargestellt, dass die Gäste darauf hingewiesen werden, dass …
Das Material 2 zeigt an einem Beispiel, dass …
Daraus kann man schließen, dass Noah und sein Opa …

5 Überarbeite deinen Entwurf mithilfe der **CHECKLISTE** auf Seite 164.

Kompetenz-Check B

1 a) **Erschließe** Material 1 mithilfe der **Lesemethode für Sachtexte.**
b) Lege dir folgende Tabelle an und notiere deine Ergebnisse stichwortartig:

	Informationen aus Material 1
Angaben zum Leuchtturm	...
...	

2 **Erschließe** Material 2 und notiere, wann die höchsten und wann die niedrigsten Wellenhöhen gemessen wurden.

3 **Vergleiche** die Informationen aus Material 1 und Material 2 und notiere Angaben, die etwas über die Rückfahrtmöglichkeiten der Übernachtungsgäste aussagen.

4 a) Warum ist der Leuchtturm „Roter Sand" ein außergewöhnlicher Übernachtungsort? **Fasse** die Informationen über den Leuchtturm „Roter Sand" aus den Materialien 1 und 2 **zusammen.**
b) Zu welchem Zeitpunkt können Noah und sein Opa frühestens mit dem Schiff abgeholt werden? **Vergleiche** dazu wichtige Informationen aus beiden Materialien und schlussfolgere daraus den frühestmöglichen Zeitpunkt ihrer Rückkehr.

5 Überarbeite deinen Entwurf mithilfe der **CHECKLISTE** auf Seite 164.

Das Foto zeigt den Schlepper, der die Touristen zum Leuchtturm bringt.

Im Blickpunkt: Sprache betrachten

Informieren und auffordern

A

B

C

D

1 Auf diese Schilder kannst du an der Nordseeküste stoßen. Schau dir die Bilder an und beantworte die folgenden Fragen stichwortartig:
- Was sagen diese Piktogramme aus?
- Wo könnten diese Schilder stehen?

2 **a)** Welche Schilder informieren nicht nur, sondern enthalten auch Aufforderungen, etwas zu tun oder etwas zu unterlassen? Lies die **LERNBOX** und nenne die entsprechenden Schilder.
b) Formuliere diese Aufforderungen in ganzen Sätzen.

3 Lies den folgenden Text und unterstreiche auf einer Folie alle Sätze, die appellieren.

Das Watt ist ein wertvoller Lebensraum für viele Pflanzen und Tiere. Sie können mithelfen, dieses einzigartige Biotop zu bewahren:
- Werfen Sie keinen Müll (z. B. Plastik) in das Watt! Viele Tiere fressen ihn und verenden daran.
- Halten Sie Abstand zu den Tieren und pflücken Sie keine Blumen!
- Gehe Sie nicht in die Salzwiesen! Hier brüten viele Vogelarten.
- Hunde müssen immer an der Leine geführt werden!

4 Entwirf zu den Aufforderungen in Aufgabe **3** passende Piktogramme.

LERNBOX

Aussageabsichten von Piktogrammen

Piktogramme findest du auf Hinweisschildern oder Verkehrszeichen. Sie können **unterschiedliche Aussageabsichten** haben:
- **informieren,**
- **appellieren** (auffordern, etwas zu tun oder etwas zu unterlassen),
- **unterhalten.**

Häufig haben Piktogramme mehrere Absichten gleichzeitig.

TIPPBOX

Zu 2 b):

Du hast verschiedene Möglichkeiten, Aufforderungen sprachlich auszudrücken:
- *Nehmen Sie Rücksicht auf die Tierwelt!* (Aufforderungssatz in der Befehlsform)
- *Sie sollten die Wiesen nicht betreten!* (Aufforderung mit den Verben *sollen, müssen, dürfen, können*)

Aufforderungssätze schließen mit einem Ausrufezeichen.

Im Blickpunkt: richtig schreiben

Lernwörter mit Doppelvokal *(aa, ee, oo)*

1 **a)** Bilde Zusammensetzungen mit *See-* oder *Meer(es)-*, indem du diese Nomen mit den Motiven auf den Bildern verknüpfst. Ergänze den Artikel und achte auf die richtige Schreibweise. Lies dazu die **LERNBOX**.
Beachte, dass manche Zusammensetzungen Fugenbuchstaben enthalten:
der Meeresspiegel.
b) Erklärt euch gegenseitig, was die Wortzusammensetzungen bedeuten.
c) Suche weitere Wortzusammensetzungen. ☆

Meer(es)-	See-
	die Seekuh

2 Bilde Zusammensetzungen mit *-see* und *-meer* als zweitem Wortbestandteil: ☆
der Badesee ...

3 Bilde die richtigen Zusammensetzungen und schreibe sie mit Artikel auf.
Achte auf die richtige Schreibweise: der Tanzsaal ...

Tanzaal	Seepaar	Brieftee	Erdfee
Liebesbeet	Salatsaal	Friesenwaage	Märchenbeere
Saalsuppe	Schneemotor	Mooscreme	Moorblatt
Bootswette	Aalsturm	Haarpolster	Kleeleiche

! LERNBOX

Lernwörter mit Doppelvokal

Nur wenige Wörter werden mit doppeltem Vokal geschrieben, um den langen Vokal deutlich zu machen: *das Beet, die Saat, doof* ... Diese Wörter musst du dir merken.
In Zusammensetzungen bleibt der Doppelvokal: *die Nordsee, die Meeresenge* ...

Seite 244

Im Blickpunkt: Lesen

1 Im folgenden Sachtext kommen die Halligen Hooge und Langeneß sowie der Hafen Schlüttsiel vor. Suche die Orte auf der Karte auf Seite 155.

2 Schau dir das Bild und die Überschrift zum Text an:
- Was bedeutet „Land unter“ auf Halligen?
- Worum könnte es in diesem Text gehen? Stelle Fragen an den Text.

Seite 292

Seite 305

3 **a)** Erschließt den Text zu zweit mit der Methode **Lesen mit dem Partner.**
b) Bearbeite anschließend die Aufgaben **4** bis **7** alleine. Vergleicht anschließend die Ergebnisse im **Lerntempoduett**.

Tosende Nordsee: Land unter auf den Halligen[1]

Sönke Möhl

Sturm „Resi“ treibt die Nordsee vor sich her und lässt den Halligbewohnern nicht viel Zeit. Die kleinen Eilande versinken in der Nordsee, nur auf den Warften sind Bewohner und Gäste noch sicher.

Schon schlagen Wellen über die Steinkanten der winzigen Eilande im nordfriesischen Wattenmeer, die ersten Gräben laufen voll. Nach und nach versinken Wege, Straßen und Wiesen im steigenden Meer, die Hallig „läuft blank“, wie die Einheimischen sagen. Mensch und Vieh bleiben nur kleine Warften, auf denen sich Häuser dicht zusammendrängen, die als letzte Reste trockener Erde aus dem tosenden Meer herausragen.

„Da ist schon eine Anspannung“, sagt Katja Just am Freitag am Telefon, während draußen der Südweststurm an den Fenstern rüttelt. Sie lebt in einem alten Reetdachhaus[2] auf der Ockenswarft am Südostende von Hallig Hooge. In mancher Sturmnacht macht sie kaum ein Auge zu. An diesem Morgen wartet eine seltene Überraschung: „Ein Seehund hat sich auf die Warft verirrt. Das kommt nicht so oft vor.“ Das Tier sei etwas erschöpft, sagt Just. Die Frage ist, ob es den Weg zurück in die Nordsee von alleine findet, wenn der Wasserstand sinkt. „Der Seehundjäger weiß schon Bescheid.“ Der erfahrene Fachmann würde dem Tier notfalls helfen, über den kleinen Deich zum Wasser zu kommen.

Martina und Matthias Kauf aus Osterholz-Scharmbeck, die für ein paar Urlaubstage bei Katja Just in einem Appartement[3] wohnen, beobachten das Landunter

[1] die Hallig: Insel im Wattenmeer, die mehrfach im Jahr überflutet wird

[2] das Reetdachhaus: Haus, das mit Reet (Schilfart) gedeckt ist

[3] das Appartement: abgeschlossene Wohnung in einem Haus

gebannt – aber ohne jede Angst. Bedroht fühlen sie sich nicht von der Nordsee. Das Wasser schwappt bis an den Fuß der Warft. Die Grenze der nur gut fünf Quadratkilometer großen Hallig ist nur noch als Ring von brechenden Wellen zu erkennen. „Die Zaunspitzen ragen noch aus dem Wasser", sagt Matthias Kauf. „Wir wollen gleich rausgehen, weil es etwas Einmaliges ist." Die Hallig biete eben besondere Erfahrungen. Da nehmen sie es gelassen, dass die Fähre am Sonnabend vielleicht nicht wie geplant fährt, um sie zurück zum Festland zu bringen. „Dann bleiben wir eben einen Tag länger."

Für Katja Just hätte es am Freitag vom Festland aus fast keinen Weg mehr nach Hause gegeben. Weil die Fähre bei aufkommendem Sturm nicht mehr fuhr, blieb nur noch das kleine Ausflugsschiff „Seeadler", das von Schlüttsiel aus zu einer letzten Fahrt Richtung Halligen ablegte. Drei Stunden habe es gedauert, „gegen den Strom und gegen den Sturm", berichtet sie. Was im Sommer eine kurze, schöne Ausflugsfahrt sein kann, wird unter diesen Bedingungen zur Tortur[4].

Wer rechtzeitig vor der Flut sein Haus auf einer Hallig erreicht, kann sich tatsächlich sicher fühlen. Die Warften ragen mehrere Meter über das Marschland hinaus, haben eine abgeflachte Böschung[5] und wurden alle in den vergangenen Jahren verstärkt. Seit der verheerenden Sturmflut von 1962, bei der viele der alten Bauernhäuser auf Hooge, Langeneß und den anderen Halligen einstürzten, haben sich die Bewohner gut vorbereitet. Jedes Haus hat einen Schutzraum im Obergeschoss auf tief im Boden verankerten Betonpfählen und es gibt Strom und Wasserleitungen. „Gefährlich wird das Leben erst, wenn ich in Schlüttsiel an Land gehe", hat einmal ein Bewohner gesagt. Jörn Rolfs von Hooge drückte das einmal so aus: „Wir haben keine Angst vor der Nordsee, wir haben Respekt[6] vor ihr."

[4] die Tortur: die Qual

[5] die Böschung: ansteigendes Gelände

[6] Respekt haben: Achtung haben

4 **a)** Welche Bedeutung haben die unterstrichenen Ausdrücke? Du kannst sie aus dem Textzusammenhang erschließen. Entscheide dich für A oder B.

1. ***Land unter*** auf den Halligen (Überschrift)
   A das Meer überschwemmt die Halligen
   B der Meeresgrund unter den Halligen
2. die kleinen ***Eilande*** versinken (Z. 2)
   A Hühnerfarmen
   B Inseln
3. auf den ***Warften*** sind Menschen bei einer Sturmflut sicher (Z. 2/3)
   A Haus, in das Menschen bei einer Sturmflut gehen können
   B Erdhügel, der Menschen und Tiere vor einer Sturmflut schützt
4. die Hallig ***läuft blank*** (Z. 6)
   A läuft voll Wasser
   B wird trocken
5. das Wasser ***schwappt*** (Z. 22)
   A strömt, fließt
   B kitzelt
6. die Warften ragen über das ***Marschland*** hinaus (Z. 36)
   A der Meeresspiegel
   B angeschwemmtes Land an der Küste

b) Überprüfe die Richtigkeit (z. B. im Lerntempoduett) und schreibe die Begriffe mit Erklärung in deine Wörterliste von Seite 157.

Folie

5 Welche Antworten sind richtig? Notiere die entsprechenden Buchstaben, sie ergeben ein Lösungswort.
Lösungswort: __ __ __ __ __

1. Woran kann man erkennen, dass eine Hallig „Land unter“ ist?
   L Man sieht nur noch die Zaunspitzen.
   M Außer auf der Warft steht alles unter Wasser.
   N Die Fähren können gut anlanden.

2. Was geschieht mit dem Vieh, wenn eine Sturmflut kommt?
   O Es wird auf die Warft getrieben.
   P Es bleibt auf der Weide.
   Q Es sucht sich einen Unterstand am Strand.

3. Welches Tier hat sich im Text durch den Sturm auf die Warft verirrt?
   E ein Seehund
   F ein kleiner Walfisch
   G eine Qualle

4. Was haben die Bewohner der Hallig getan, um dem erschöpften Tier zu helfen?
   U Sie haben den Seehund mit Brot gefüttert.
   V Sie haben nichts getan.
   W Sie haben dem Seehundjäger Bescheid gesagt.

5. In der Regel benötigt das Ausflugschiff von Schüttsiel eine Stunde Fahrt zur Hallig Hooge. Wie lange dauerte die Fahrt durch den Sturm?
   D 2 Stunden
   E 3 Stunden
   F 5 Stunden

6 Schreibe mindestens drei Gründe auf, warum man sich heute auf einer Hallig auch bei Sturm sicher fühlen kann.

7 Das Verhältnis der Halligbewohner zur Nordsee kommt am Schluss zum Ausdruck: *„Wir haben keine Angst vor der Nordsee, wir haben Respekt vor ihr.“* Beschreibe mit eigenen Worten, was diese Äußerung ausdrücken soll.

8 Angenommen, du hast in einem Preisausschreiben einen mehrtägigen Aufenthalt auf einer Hallig gewonnen. Du kannst den Preis aber auch ablehnen. Wie verhältst du dich? Begründe deine Entscheidung.
Ich würde den Preis aus folgenden Gründen annehmen / ablehnen: …

TIPPBOX

Zu 6: Hinweise findest du im letzten Abschnitt (Z. 35–44).
Zu 7: Überlege, was die Halligbewohner tun würden, wenn sie vor der Nordsee Angst hätten. Worin zeigt sich ihr Respekt vor der Nordsee?

Lernbegleitbogen *Mehr als Sand und Meer*: Informationen ermitteln, vergleichen und daraus Schlüsse ziehen

Kompetenz / Inhalt Ich kann …	Selbstein- schätzung ☺ 😐 ☹	Fremdein- schätzung ☺ 😐 ☹	Bemer- kungen	Hier kannst du weiter- üben:
Fragen zu Texten und Bildern beantworten (S. 154–155)				
eine Wörterliste mit Fachwörtern anlegen (S. 156–157)				
ein Kurvendiagramm auswerten (S. 158)				
einen Text mithilfe der Lesemethode erschließen und dabei – Vermutungen zum Inhalt anhand der Überschrift und / oder anhand von Bildern äußern – unbekannte Begriffe aus dem Textzusammenhang erschließen – Schlüsselstellen im Text aufspüren – zu jedem Sinnabschnitt eine Überschrift formulieren (S. 159–160)				SB, S. 286–287
eine Tabelle auswerten (S. 161)				
Informationen entnehmen, vergleichen und Schlüsse ziehen (S. 159–161)				
ein Piktogramm auswerten (S. 163)				SB, S. 168
Materialien vergleichen und Schlüsse ziehen, dabei – Aufgaben und Fragen zu Texten und Grafiken bearbeiten – Informationen miteinander vergleichen und Schlüsse ziehen – Ergebnisse in einem kurzen Text zusammenfassen und in einer Schlussfolgerung erläutern (S. 162–163)				AH, S. 37–40 AH, S. VII, VIII
einen Textvergleich überarbeiten (S. 164)				
Aufforderungssätze formulieren (S. 168)				SB, S. 224–225
Lernwörter mit Doppelvokal richtig schreiben (S. 169)				
einen Sachtext verstehen und dies durch die Beantwortung von Fragen nachweisen (S. 170–172)				

AH = Arbeitsheft, SB = Schülerband

Trainiere die Kompetenzen, bei denen du selbst oder ein anderer ein 😐 oder ☹ eingetragen hat.
Tipps zum Üben findest du in der letzten Spalte.
→ Überprüfe anschließend dein Wissen und Können, indem du **Kompetenz-Check A** (Seite 165–166) oder **Kompetenz-Check B** (Seite 165 + 167) bearbeitest.
Vergleiche dein Ergebnis mit dem Mustertext im Lösungsheft.

Alle mal herhören: Der Vorlesewettbewerb

1 Was macht die Klasse 6b in der Bücherei? Beschreibt die Situation.

2 In den meisten Schulen findet in der 6. Klasse der Vorlesewettbewerb statt. Erarbeitet die folgenden Aufgaben und haltet eure Ergebnisse in einem Wandspeicher fest:

a) Tauscht euch darüber aus, was ihr schon über den Vorlesewettbewerb wisst.

b) Welche zusätzlichen Informationen zum Wettbewerb erhaltet ihr aus der Abbildung?

c) Recherchiert unter www.vorlesewettbewerb.de weitere Informationen zum nächsten Vorlesewettbewerb.

Folie

3 Beim Vorlesewettbewerb geht es darum, vor Zuhörern einen Textauszug wirkungsvoll und gut verständlich vorzulesen. Wie du dich auf den Vorlesewettbewerb vorbereitest, verrät dir der durcheinandergeratene Text rechts. Die richtige Reihenfolge der Sätze ergibt ein Lösungswort: __________.

So bereitet ihr euch auf den Vorlesewettbewerb vor:

(R) Stelle dich darauf ein, dass du während des Vorlesewettbewerbs nach deinem vorbereiteten Beitrag auch eine dir unbekannte Textstelle vorlesen musst.

(D) Nach dem Auswählen der Textstelle bereitest du diese zum Vorlesen vor.

(E) Dazu gehört auch, dass du deine Zuhörer über die Textstelle informieren kannst: Bereite dich darauf vor, Titel und Autor des Buches zu nennen und den Inhalt bis zur Textstelle zusammenzufassen.

(N) Du solltest für die ausgewählte Textstelle nicht mehr als drei Minuten Vorlesezeit brauchen.

(W) Zuerst wählst du ein Buch aus, aus dem du vorlesen möchtest.

(U) Danach liest du es, um es kennenzulernen und um eine geeignete Textstelle zum Vorlesen zu finden.

In diesem Kapitel bereitest du dich mithilfe des Jugendromans „Wunder“ von Raquel J. Palacio auf den Vorlesewettbewerb vor: In sechs Schritten trainierst du für den Wettbewerb. Du lernst z. B., wie du eine Textstelle auswählst und diese zum wirkungsvollen Vorlesen vorbereitest.

1. Schritt: ein Buch auswählen

Für den Vorlesewettbewerb suchst du dir zunächst ein Buch zum Lesen aus. In der Bücherei erhältst du viele Tipps und Anregungen. Diese Bücher könntest du beispielsweise auswählen:

1 Welches Buch würdest du gerne lesen? Begründe, warum es dich anspricht.

2 Kennst du eines der abgebildeten Bücher? Erzähle etwas über den Inhalt.

3 **a)** Auf fast jedem Buch ist ein Klappentext abgedruckt. Besprecht, wozu ein Klappentext hilfreich ist.
b) Lies die Klappentexte auf der nächsten Seite und ordne sie den Titelbildern auf dieser Seite zu. Begründe deine Zuordnung.

4 Bücher werden verschiedenen Themenbereichen, den Genres, zugeordnet.
a) Lies die LERNBOX und ordne die oben abgebildeten Bücher passenden Genres zu. Tauscht euch zu zweit über eure Begründungen aus.
b) Nennt weitere Bücher, die ihr kennt, und ordnet sie ebenfalls einem Genre zu. Auf diese Weise erhaltet ihr schon eine kleine Literaturliste.

! LERNBOX

Bücher nach Themenbereichen unterscheiden
Je nach Inhalt unterscheidet man bei Büchern verschiedene Themenbereiche. Diese **Themenbereiche** nennt man auch **Genres**. Die meisten Bücher kannst du einem Genre zuordnen, manche Bücher auch mehreren Genres.
Beispiele für verschiedene Genres sind:
- Fantasy
- Abenteuer
- Detektivgeschichten / Krimis
- Pferdegeschichten
- Freundschaft und Liebe
- ...

A Weil sie die Versetzung nicht geschafft hat, heißt es für Mika statt Feriencamp nun den Sommer lang zu büffeln – und das ausgerechnet auf dem Hof ihrer strengen Großmutter. Doch Mika denkt nicht daran, sich hinter Büchern zu verstecken und sich vom Stallburschen Sam bewachen zu lassen. In der dunkelsten Box des Pferdestalls entdeckt sie einen wilden und scheuen Hengst. Weder Michelle, die beste Springreiterin am Hof, noch Mikas Großmutter können das gefährliche Pferd bändigen. Magisch angezogen von dem nervösen Tier, schleicht sich Mika trotz aller Warnungen heimlich in den Stall. Wird sie es schaffen, Ostwind zu zähmen?

B Es gibt ungewöhnliche, unaussprechliche und unerträgliche Vornamen – und es gibt seinen Vornamen. Das ist der schlimmste – findet er! Doch um auf Spott und Angriffe zu reagieren, gibt es für ihn nur eins: Abtauchen! Das ändert sich schlagartig, als James Scoobie in die Klasse kommt. James hat vor niemandem Angst. Gegen Klassenrowdys hat er seine ganz eigene Waffe: die Sprache. Um sie zu schulen, gründet er einen Debattierclub[1]. Doch Ismael hat panische Angst, vor Publikum zu sprechen. Wären da nicht seine eigenwilligen Debattier-Kollegen, würde das vermutlich auch so bleiben. Aber weil sie sich wortgewaltig für ihn einsetzen, steht auch Ismaels verbalem Aufstand bald nichts mehr im Wege.

C Peter, der zweite Detektiv, trainiert begeistert für die kalifornischen Schulfußballmeisterschaften. Zur gleichen Zeit erscheint ein Junge auf dem Schrottplatz und bittet die drei Detektive um Hilfe: Im Haus seiner Großeltern geschehen unheimliche Dinge und die beiden alten Leute sind überzeugt, dass sie es mit den schrecklichen Vorzeichen des Todes zu tun haben. Als Justus, Peter und Bob die Ermittlungen aufnehmen, ahnen sie nicht, welche Gefahren noch auf sie zukommen werden.

D „Rattenjunge. Missgeburt. Monster", rufen ihm andere Kinder hinterher. „Ein Wunder!" – so nennen ihn Ärzte. August Pullman, kurz Auggie, der Held dieser Geschichte, kam mit einem entstellten[2] Gesicht zur Welt. Wie er genau aussieht? „Was immer ihr euch vorstellt – es ist schlimmer." August musste viele Operationen durchleiden und die Mediziner glaubten nicht, dass er lange leben würde. Inzwischen ist Auggie aber zehn Jahre alt und jetzt soll er das erste Mal auch auf eine Schule gehen …

[1] debattieren: verhandeln, besprechen; diskutieren
[2] entstellt: hässlich; schief; nicht schön anzusehen

5 Du hast nun verschiedene Genres kennengelernt. Lies die **LERNBOX** und notiere dir, welches Genre dich interessiert und wie du am besten vorgehst, um ein geeignetes Buch für den Vorlesewettbewerb zu finden.

! LERNBOX

1. Schritt: ein Buch auswählen

Wenn du noch nicht weißt, welches Buch du für den Vorlesewettbewerb auswählen sollst, nutze folgende Möglichkeiten:

1. Überlege, welches **Genre** dich interessiert (*Fantasy, Abenteuer* …).
2. Erkundige dich bei Freunden nach Büchern, die sie schon gelesen haben und die sie dir **empfehlen** können.
3. Sieh dich in einer **Bücherei** oder **Buchhandlung** um. Dort erhältst du Tipps, welche Bücher für Jugendliche deines Alters passend sind. Manchmal findest du auch Altersangaben auf dem Buchrücken als Empfehlung.
4. Unter der Internetseite **www.vorlesewettbewerb.de** findest du ebenfalls Buchvorschläge.

2. Schritt: ein Buch kennenlernen

Auf den folgenden Seiten lernst du das Buch „Wunder" der amerikanischen Schriftstellerin Raquel J. Palacio genauer kennen.

1 **a)** Wer oder was ist für dich „normal"? Tauscht euch zu zweit darüber aus.
b) Vermute, was in dem folgenden Kapitel „Normal" passieren könnte.

1. Kapitel: Normal

Raquel J. Palacio

Ich weiß, dass ich kein normales zehnjähriges Kind bin. Ich meine, klar, ich mache normale Sachen. Ich esse Eis. Ich fahre Fahrrad. Ich spiele Ball. Ich habe eine Xbox. Solche Sachen machen mich normal. Nehme ich an. Und ich fühl mich normal. Innerlich. Aber ich weiß, dass normale Kinder nicht andere normale Kinder dazu bringen, schreiend vom Spielplatz wegzulaufen. Ich weiß, normale Kinder werden nicht angestarrt, egal, wo sie hingehen.

Wenn ich eine Wunderlampe finden würde und einen Wunsch frei hätte, würde ich mir wünschen, ein normales Gesicht zu haben, das nie jemandem auffallen würde. Ich würde mir wünschen, dass ich die Straße entlanggehen könnte, ohne dass die Leute diese Sachen machen, sobald sie mich sehen, dieses Ganz-schnell-woanders-Hinschauen. Ich glaube, es ist so: Der einzige Grund dafür, dass ich nicht normal bin, ist der, dass mich niemand so sieht.

Aber inzwischen bin ich es irgendwie schon gewohnt, dass ich so aussehe. Ich kann so tun, als würde ich nicht merken, was die Leute für Gesichter machen. Wir sind alle schon ganz gut darin: ich und Mom und Dad und Via. Nein, ich nehm das zurück: Via ist nicht so gut darin. Sie kann echt sauer werden, wenn die Leute gemein sind. Einmal auf dem Spielplatz zum Beispiel, da haben einige ältere Kinder so Geräusche gemacht. Ich weiß nicht mal, was genau das für Geräusche sein sollten, weil ich sie gar nicht selber gehört habe, aber Via hat sie gehört, und sie hat gleich angefangen, die Kinder anzubrüllen. So ist sie eben. Ich bin nicht so.

Für Via bin ich nicht normal. Sie behauptet es, aber wenn ich normal wäre, hätte sie nicht so sehr das Gefühl, mich beschützen zu müssen. Und auch Mom und Dad halten mich nicht für normal. Sie halten mich für etwas ganz Besonderes. Ich glaube, der einzige Mensch auf der Welt, der merkt, wie normal ich wirklich bin, bin ich.

Ich heiße übrigens August. Ich werde nicht beschreiben, wie ich aussehe. Was immer ihr euch vorstellt – es ist schlimmer.

2 **a)** Wenn August eine Wunderlampe finden würde, würde er sich wünschen, ein „normales" Gesicht zu haben. Beschreibe, wie August zu diesem Wunsch kommt.
b) Stelle dar, warum die Eltern und Via August für (nicht) „normal" halten.
c) Erläutere, wie August sich selbst sieht.

3 Lies die **LERNBOX** und fertige eine Gedächtnisstütze zum ersten Kapitel aus „Wunder" an. Du kannst Stichworte auf „Klebis" oder in einer Tabelle notieren.

2. Kapitel: Warum ich nicht zur Schule gehe

Raquel J. Palacio

Nächste Woche komme ich in die fünfte Klasse. Da ich noch nie auf eine richtige Schule gegangen bin, stehe ich total und komplett neben mir[1]. Die Leute glauben, ich wäre nie zur Schule gegangen, weil ich so aussehe, aber das ist es nicht. Es liegt an all den Operationen, die ich gehabt habe. Siebenundzwanzig seit meiner Geburt. Die größeren wurden durchgeführt, bevor ich vier war, an die kann ich mich nicht mehr erinnern.

Aber seitdem hatte ich jedes Jahr etwa zwei oder drei (größere und weniger große), und weil ich klein bin für mein Alter und die Medizin auch vor einige Rätsel stelle, die die Ärzte einfach nicht lösen können, war ich oft krank. Deshalb hatten meine Eltern entschieden, dass es besser wäre, wenn ich nicht zur Schule gehen würde. Jetzt bin ich aber viel kräftiger. Meine letzte Operation liegt schon acht Monate zurück, und wahrscheinlich wird auch in den nächsten paar Jahren keine weitere nötig sein.

Mom unterrichtet mich zu Hause. Sie war früher Kinderbuchillustratorin. Sie zeichnet echt tolle Feen und Meerjungfrauen. Ihr Jungskram ist allerdings nicht ganz so cool. Sie hat mal versucht, einen Darth Vader für mich zu zeichnen, aber der sah am Ende eher aus wie ein komischer Roboter in Pilzform. Ich hab sie schon sehr lange nicht mehr zeichnen sehen. Ich glaube, sie hat einfach zu viel damit zu tun, sich um mich und Via zu kümmern.

Ich kann nicht behaupten, dass ich schon immer zur Schule gehen wollte, denn das wäre nicht ganz wahr. Ich wäre gern zur Schule gegangen, aber nur wenn ich wie jedes andere Kind gewesen wäre, das zur Schule geht. Viele Freunde haben und nach der Schule zusammen abhängen und so. […]

[1] ich stehe neben mir: ich bin unsicher, nervös und unkonzentriert

4 Stelle dar, warum August noch nie zur Schule gegangen ist. Gib Textbelege an.

5 Lege auch für das zweite Kapitel eine Gedächtnisstütze an.

6 Baut ein **Standbild**, in dem die Beziehung zwischen August, seinen Eltern und der Schwester deutlich wird. Lest dazu die **LERNBOX** auf Seite 207.

LERNBOX

2. Schritt: ein Buch kennenlernen

1. Nur wenn du das Buch **genau kennst** und weißt, was in den einzelnen Kapiteln geschieht, kannst du eine passende Stelle zum Vorlesen auswählen.
2. Eine **Gedächtnisstütze** hilft dir dabei, dich daran zu erinnern, was in den einzelnen Kapiteln passiert. Fertige **Lesenotizen** als Gedächtnisstütze an:
   - Du kannst eine **Tabelle** anlegen, in die du stichwortartig einträgst, welche Figuren (*Wer?*) in dem Kapitel vorkommen und was passiert.
   - Du kannst **„Klebis"** verwenden, auf denen du das Wichtigste in Stichworten notierst.

TIPPBOX

Zu 2 a):
Die Antwort findest du in den Zeilen 7–12.

Zu 2 b):
Lies die Zeilen 22–26 noch einmal.

Zu 2 c):
Lies die Zeilen 1–4 und 25–26 noch einmal.

Lesenotizen:

Kap.	Das passiert:
1	**Wer?** – August **Was passiert?** – stellt sich und seine Familie vor
2	– …

3. Schritt: eine Textstelle zum Vorlesen auswählen

Auf den folgenden Seiten findest du drei weitere Textauszüge aus dem Jugendroman „Wunder". Lies alle Textstellen, schreibe zu jedem Kapitel deine Gedächtnisstütze fort und erarbeite die Aufgaben **1** bis **8**.

1 Lies die kursiv gedruckte Einführung in das Kapitel und die Zeilen 1–3. Sammle Ideen dazu, was August in der Schule erwarten könnte.

1. *Textstelle*: 16. Kapitel: Das Lamm auf der Schlachtbank

Raquel J. Palacio

Augusts Eltern beschließen, dass er jetzt in die High School[1] „Beecher Prep" gehen soll. August besucht also das erste Mal überhaupt eine richtige Schule. Er ist wie alle anderen neu hier. Deshalb stellen sich alle in der ersten Unterrichtsstunde bei Miss Petosa vor.

Wie ein Lamm zur Schlachtbank geführt werden: *eine Redensart, die besagt, dass sich jemand geduldig an einen Ort begibt und nicht weiß, dass ihm dort etwas Unerfreuliches passieren wird.*

Ich hatte es am Abend zurvor gegoogelt. Genau daran dachte ich, als Miss Petosa meinen Namen aufrief und ich plötzlich mit dem Reden an der Reihe war.
„Ich heiße August", sagte ich, und – ja – ich nuschelte dabei ziemlich.
„Was?", sagte jemand.
„Kannst du lauter sprechen, Schatz?", fragte Miss Petosa.
„Ich heiße August", sagte ich lauter und zwang mich aufzuschauen. „Ich ... ähm ... habe eine Schwester, die Via heißt, und eine Hündin, die Daisy heißt. Und ... ähm ... das war's."
„Wunderbar", sagte Miss Petosa. „Hat irgendjemand eine Frage an August?"
Niemand sagte etwas.
„Okay, du bist der nächste", sagte Miss Petosa zu Jack.
„Moment, ich habe eine Frage an August", sagte Julian und hob seine Hand. „Warum hast du diesen kleinen Zopf hinten im Haar? Ist das so'n Padawan[2]-Ding?"
„Ja." Ich nickte und zuckte mit den Schultern.
„Was ist ein Padawan-Ding?", fragte Miss Petosa und lächelte mich an.
„Das ist aus *Star Wars*", antwortete Julian. „Ein Padawan ist ein Jedi-Schüler."
„Oh, interessant", erwiderte Miss Petosa und schaute mich an. „Heißt das, du bist ein *Star Wars*-Fan, August?"
„Irgendwie schon." Ich nickte und schaute nicht auf, denn eigentlich wollte ich mich am liebsten unter meinem Tisch verstecken.

[1] die High School: amerikanische Schule, vergleichbar mit einer Gesamtschule oder Oberschule

[2] Padawan: Figur aus *Star Wars* mit einer Kurzhaarfrisur und einem langen, dünngeflochtenen Zopf

2 **a)** Julian hat eine Frage an August und meldet sich. Beschreibe, was dabei möglicherweise in August vorgeht.
b) Notiere, was du August gefragt hättest.
c) August will sich am liebsten unter seinem Tisch verstecken. Erkläre, wovor er Angst haben könnte.

„Wer ist dein Lieblings-Charakter?", fragte Julian. So langsam dachte ich, dass er vielleicht doch nicht so schlimm war.
„Jango Fett[3]."
„Was ist mit Darth Sidious[3]?", sagte er. „Magst du den?"
„Okay, Leute, über *Star Wars* könnt ihr euch in der Pause unterhalten", sagte Miss Petosa fröhlich. „Machen wir mal weiter. Von dir haben wir noch nichts gehört", sagte sie zu Jack.
Jetzt war Jack mit dem Reden dran, aber ich gebe zu, dass ich kein Wort von dem mitbekam, was er sagte. Wahrscheinlich hatte niemand die Sache mit Darth Sidious verstanden, und vielleicht hatte Julian sich auch gar nichts dabei gedacht. Aber in *Star Wars Episode III: Die Rache der Sith* wird das Gesicht von Darth Sidious von einem Macht-Blitz verbrannt und dabei komplett entstellt[4]. Seine Haut krumpelt[5] sich zusammen, und sein gesamtes Gesicht fängt irgendwie an zu schmelzen.
Ich blickte verstohlen[6] zu Julian hinüber. Er schaute mich an. Doch, er wusste genau, was er gesagt hatte.

[3] Jango Fett, Darth Sidious: Figuren aus den Filmen *Star Wars*

[4] entstellt: etwas ist so stark verändert, dass man es kaum noch erkennen kann

[5] krumpelt sich: hier: seine Haut schrumpelt

[6] verstohlen blicken: heimlich ansehen

3 **a)** Julian fragt nach Darth Sidious. Erkläre mithilfe des Textes, was nur ein *Star Wars*-Kenner über diese Figur wissen kann.
b) Erkläre, warum Julian nach Darth Sidious fragt (Z. 28): Was bezweckt er damit?
So kannst du beginnen:
Julian fragt gezielt nach Darth Sidious, weil er weiß, dass …
Er möchte mit dieser Bemerkung …
c) Versetze dich in Augusts Lage: Du bist auch *Star Wars*-Fan und hast Julians Bemerkung verstanden. Stelle dar, wie du auf diese Situation reagieren würdest.

4 Findest du dieses Kapitel geeignet für den Vorlesewettbewerb? Lies dazu die Hinweise in der **LERNBOX** und beurteile, ob du diese Stelle auswählen würdest.

LERNBOX

3. Schritt: eine Textstelle zum Vorlesen auswählen
Um eine geeignete Textstelle zum Vorlesen auszuwählen, beachte die folgenden Kriterien:
1. Wähle nur eine Textstelle aus, deren **Inhalt** du **verstanden** hast.
2. **Du** solltest die Textstelle **interessant** finden und davon ausgehen, dass sie auch **deine Zuhörer** interessiert.
3. Die **Handlung** sollte möglichst **abgeschlossen** sein, sodass die Zuhörer den Inhalt verstehen und nicht so viele Fragen offenbleiben.
4. Das **Vorlesen** der Textstelle sollte nicht länger als **drei Minuten** dauern.

TIPPBOX

Zu 3 a):
Lies noch einmal die Zeilen 33 bis 38 und beschreibe, wie Darth Sidious aussieht.
Zu 3 c):
Du kannst folgende Formulierung verwenden: *Wenn ich an Augusts Stelle wäre, würde ich …*
Zu 4:
Ich finde die Textstelle interessant / uninteressant, weil … Deshalb würde ich diese Textstelle zum Vorlesen auswählen / nicht auswählen.

2. *Textstelle*: 23. Kapitel: Jack Will

Raquel J. Palacio

1 Homeroom: die Schüler haben in der ersten Stunde Unterricht beim Klassenlehrer

Mit Jack hing ich in Homeroom[1], Englisch, Geschichte, Informatik, Musik und Naturwissenschaften ab, denn das waren die Fächer, die wir gemeinsam hatten. Die Lehrer wiesen uns immer die Sitzplätze zu, und ich saß immer neben Jack, also nahm ich an, dass sie entweder dazu aufgefordert worden waren, Jack und mich nebeneinander zu setzen, oder dass es ein total unglaublicher Zufall war. Ich ging auch gemeinsam mit Jack zu den Unterrichtsräumen. Ich weiß, dass ihm auffiel, wie die anderen mich anstarrten, aber er tat so, als würde er es nicht bemerken. Einmal jedoch, auf unserem Weg zur Geschichtsstunde, knallte so ein riesiger Achtklässler, der die Treppe heruntergeschossen kam und immer zwei Stufen gleichzeitig nahm, versehentlich gegen uns und riss mich zu Boden. Als der Typ mir beim Aufstehen half, fiel ihm plötzlich mein Gesicht auf, und obwohl er es nicht wollte, entfuhr ihm ein: „Whoa!" Dann klopfte er mir auf die Schulter, als würde er mich abstauben wollen, und rannte hinter seinen Freunden her. Aus irgendeinem Grund mussten Jack und ich losprusten vor Lachen.
„Der hat echt das abgefahrenste Gesicht überhaupt gezogen!", sagte Jack, als wir uns auf unsere Plätze setzten.
„Aber echt", sagte ich. „Und dann nur noch: *Whoa!*"
„Der hat sich sicher in die Hose gepisst." Wir mussten so sehr lachen, dass uns der Lehrer, Mr. Roche, zur Ruhe rufen musste.

2 die Sumerer: Volk, das im 3. Jahrtausend vor Christus lebte

Später, nachdem wir das Kapitel über die Sumerer[2] und ihre Sonnenuhren zu Ende gelesen hatten, flüsterte Jack: „Willst du diesen Typen eigentlich manchmal eine reinhauen?"
Ich zuckte mit den Schultern. „Kann sein. Weiß nicht."
„Also, ich würd's wollen. Ich finde, du solltest dir eine unsichtbare Spritzpistole besorgen oder so was und sie irgendwie an deinen Augen anbringen. Und immer wenn dich einer anglotzt, spritzt du ihm ins Gesicht."
„Mit grünem Schleim oder so was", antwortete ich.
„Nein, nein: Mit Schneckenschleim und Hundepisse:"
„Ja!", sagte ich. Gute Idee.
„Leute", sagte Mr. Roche von der anderen Seite des Raums aus. „Es sind noch nicht alle mit dem Lesen fertig!"
Wir nickten und schauten wieder in unsere Bücher. Dann flüsterte Jack: „Wirst du immer so aussehen, August? Ich meine, kannst du irgendwann mal Schönheitsoperationen kriegen oder so was?"
Ich grinste und zeigte auf mein Gesicht. „*Hallo?* Ich hatte Schönheitsoperationen, siehst du das nicht?"
Jack schlug sich mit der Hand vor die Stirn und fing hysterisch an zu lachen.
„Oh Mann, den Arzt solltest du unbedingt verklagen!", gluckste er.
Diesmal mussten wir beide so sehr lachen, dass wir nicht mehr aufhören konnten, nicht einmal, als Mr. Roche herüberkam und wir mit unseren Sitznachbarn die Plätze tauschen mussten.

5 a) Beantworte die folgenden Fragen zum Kapitel „Jack Will“:
- Vermute, warum August in allen Unterrichtsstunden, die er mit Jack gemeinsam hat, neben ihm sitzt.
- Stelle dar, wie es dazu kommt, dass August von einem Achtklässler zu Boden gerissen wird.
- Gib wieder, welchen Vorschlag Jack August macht, um sich gegen die unangenehmen Blicke anderer zu wehren.
- Erläutere, warum Jack und August in dieser Unterrichtsstunde auseinander-gesetzt werden.
- Hat August in Jack einen Freund gefunden? Nimm Stellung dazu und begründe deine Meinung.

b) Vergleiche deine Ergebnisse mit einem Partner.

3. *Textstelle*: 107. Kapitel: Alien

Raquel J. Palacio

Auf einer Klassenfahrt besucht Augusts Klasse eine Kinovorstellung im Freien in einem Open-Air-Kino. Viele andere Klassen verbringen auch den Abend dort. Während des Films verlassen Jack Will und August kurz die Open-Air-Wiese, um auf die Toilette zu gehen. Auf dem Rückweg geschieht Folgendes:

Wir schlugen den Weg ein, auf dem wir gekommen waren, direkt auf die riesige Leinwand zu. In dem Moment liefen wir einer Gruppe von Schülern in die Arme, die wir nicht kannten. Sie waren gerade aus dem Wald gekommen, wo sie bestimmt irgendwas gemacht hatten, von dem ihre Lehrer nichts wissen sollten. Ich konnte jetzt den Qualm riechen, der sie umgab, den Geruch sowohl von Krachern[1] als auch von Zigaretten. Sie deuteten mit einer Taschenlampe auf uns. Es waren sechs: vier Jungs und zwei Mädchen. Sie sahen aus, als würden sie in die siebte Klasse gehen.

„Von welcher Schule seid ihr?“, rief einer der Jungs. „Beecher Prep!“, antwortete Jack, als eines der Mädchen ganz plötzlich zu schreien begann.

[1] der Kracher:

TIPPBOX

Zu 5 a): Nutze folgende Satzanfänge:
- *August nimmt an, dass die Lehrer … oder dass … (Z. 1– …)*
- *August war auf dem Weg zur Geschichtsstunde, als plötzlich ein Achtklässler … (Z. 8– …)*
- *Jack macht August den Vorschlag … (Z. 24– …)*
- *August und Jack konnten nicht … (Z. 37– …)*
- *Meiner Meinung nach hat August in Jack einen / keinen Freund gefunden, denn …*

„Oh mein Gott!“, kreischte sie und hielt sich die Hände vor die Augen, als würde sie weinen. Ich dachte, dass ihr vielleicht ein großer Käfer ins Gesicht geflogen war oder so was.

„Gibt's ja nicht!“, rief einer der Jungs und fing an, seine Hand in der Luft zu schütteln, als hätte er gerade was Heißes angefasst. Und dann bedeckte er seinen Mund. „Ach du Kacke, Mann! Kann doch nicht wahr sein!“

Sie fingen jetzt alle an zu lachen und sich kurz die Augen zuzuhalten, sie stießen sich gegenseitig an und fluchten laut.

„Was ist das?“, fragte der Junge, der die Taschenlampe auf uns gerichtet hielt, und erst in diesem Moment wurde mir klar, dass mir das Licht direkt ins Gesicht leuchtete – und dass das, worüber sie redeten – was sie zum Schreien brachte –, ich war.

„Lass uns hier abhauen“, sagte Jack leise zu mir, und dann zog er mich am Ärmel meines Pullis und fing an, sich davonzumachen.

„Wartet, wartet, wartet!“, brüllte der Junge mit der Taschenlampe und schnitt uns den Weg ab. Er leuchtete mir wieder direkt ins Gesicht, und diesmal war er höchstens anderthalb Meter entfernt. „Oh Mann! Oh Mann!!!“, sagte er und schüttelte mit weit offenem Mund den Kopf. „Was ist mit deinem Gesicht passiert?“

„Hör auf, Eddi“, sagte eines der Mädchen.

„Ich wusste gar nicht, dass wir heute *Herr der Ringe* gucken!“, sagte er. „Schaut mal, Leute, das ist Gollum[2]!“

Seine Freunde rasteten aus vor Lachen.

Wieder versuchten wir, von ihnen wegzukommen, und wieder schnitt uns der Junge namens Eddie den Weg ab. Er war mindestens einen Kopf größer als Jack, der etwa einen Kopf größer ist als ich. Für mich sah der Typ also riesig aus.

„Nein, Mann, das ist *Alien*[2]!“, sagte einer der anderen.

„Nein, nein, nein, Mann. Es ist ein Ork[2]!“, lachte Eddie und hielt mir wieder die Taschenlampe ins Gesicht. Diesmal stand er direkt vor uns.

„Lass ihn in Ruhe, okay?“, sagte Jack und schob die Hand weg, die die Taschenlampe hielt.

„Zwing mich doch“, antwortete Eddie und hielt das Licht jetzt Jack ins Gesicht.

„Was ist denn dein Problem, Alter?“, fragte Jack.

„Dein kleiner Loverboy[3] ist mein Problem!“

„Jack, lass uns gehen“, sagte ich und zog ihn am Arm.

„Oh Mann, es kann sprechen!“, schrie Eddie und leuchtete wieder mir ins Gesicht. Dann warf einer der anderen Jungs einen Kracher direkt vor unsere Füße. Jack versuchte, sich an Eddie vorbeizudrängen, aber Eddie packte Jack an den Schultern und schubste ihn, sodass Jack nach hinten stürzte.

„Eddie!“, schrie eins der Mädchen.

„Hört mal“, sagte ich, trat vor Jack und hielt meine Hände wie ein Verkehrspolizist in die Luft. „Wir sind viel kleiner als ihr, Leute ...“

„Sprichst du mit mir, Freddie Krueger[2]? Ich glaub, mit mir willst du dich lieber nicht anlegen, du hässliche Missgeburt“, sagte Eddie. Und das war der Punkt, an dem ich wusste, dass ich so schnell wegrennen sollte, wie ich nur konnte. Aber Jack lag noch immer auf dem Boden, und ich hatte nicht vor, ihn zurückzulassen. [...]

[2] Gollum, *Alien*, Ork, Freddie Krueger: hässliche Filmfiguren

[3] der Loverboy: Jack wird hier unterstellt, dass August und er sich lieben

6 Stelle den Ablauf der Begegnung dar, indem du die Handlungsschritte notierst.
- Z. 1–8: August und Jack treffen auf eine Gruppe älterer Schüler
- Z. 9–...: Die älteren Jungen und Mädchen ...

7 Untersuche die dargestellte Situation genauer:
- Erkläre, wie die Gruppe der älteren Schülerinnen und Schüler zusammengesetzt ist.
- Stelle dar, wer Eddie davon abhalten will, August zu befragen.
- Nenne die Filmfiguren, mit denen August verglichen wird. Beschreibe, wie August sich fühlen könnte, als er mit diesen Figuren verglichen wird.
- Erkläre, warum Jack Eddies Hand wegschiebt.
- August versucht, der Situation zu entkommen. Erläutere, wie er es probiert.

8 Du hast nun drei Textauszüge aus dem Jugendroman „Wunder" kennengelernt. Welchen Textauszug würdest du zum Vorlesen auswählen?
a) Kreuze in der Tabelle an, ob die vier Kriterien aus der **LERNBOX** von Seite 181 auf die Textstellen zutreffen der nicht. Nutze deine Gedächtnisstützen.
b) Tauscht euch in der Klasse aus: Wer wählt welchen Textauszug aus? Begründet kurz, warum.

	1. Textstelle „Das Lamm auf der Schlachtbank"		2. Textstelle „Jack Will"		3. Textstelle „Alien"	
	Ja	Nein	Ja	Nein	Ja	Nein
Hast du den Inhalt der Textstelle verstanden?						
Findest du die Stelle interessant und gehst du davon aus, dass sie auch deine Zuhörer interessiert?						
Ist die Handlung möglichst abgeschlossen, sodass die Zuhörer den Inhalt verstehen?						
Dauert das Vorlesen der Textstelle nicht mehr als drei Minuten?						

Folie

Seite 208–209

TIPPBOX

Zu 7: Nutze folgende Satzanfänge:
- *Die Gruppe setzt sich zusammen aus ... (Z. 6– ...)*
- *Eddie wird von ... (Z. ...)*
- *August wird mit den Filmfiguren ... verglichen. Für August ist das sicherlich ... (Z. 30– ...)*
- *Jack versucht Eddies Hand wegzuschieben, weil ... (Z. 39– ...)*
- *August versucht die Situation zu entschärfen, indem er ... (Z. 50– ...)*

Zu 8: *Ich würde den ... Textauszug auswählen, denn ...*

4. Schritt: eine Textstelle zum Vorlesen vorbereiten

107. Kapitel: Alien (Fortsetzung von Seite 184)

Raquel J. Palacio

Augusts Klassenkameraden Amos, Miles und Henry kommen ihm und Jack zu Hilfe.

[...] „Hey Alter“, / sagte eine Stimme hinter uns. // „Was is’n los, Mann?“ // Eddie wirbelte herum und richtete seine Taschenlampe auf die Stimme. / Eine Sekunde lang konnte ich nicht glauben, / wer da stand. //

schützend, beruhigend

„Lass sie in Ruhe, Mann“, / sagte Amos, / und Miles und Henry standen direkt hinter ihm. //

aggressiv

„Sagt wer?“, / fragte einer der Jungs, / die zu Eddie gehörten. //

friedlich

„Lass sie einfach in Ruhe, Mann“, / wiederholte Amos ruhig.

aggressiv

„Bist du auch ne Missgeburt[1]?“, / fragte Eddie. //

„Das sind alles Missgeburten!“, / sagte einer seiner Freunde. Amos antwortete ihm nicht, sondern schaute uns an. „Kommt, Leute, gehen wir. Mr. Pomann wartet.“

Ich wusste, das war eine Lüge, aber ich half Jack auf, und wir gingen langsam auf Amos zu. Als ich an ihm vorbeikam, griff dieser Eddie-Typ ganz plötzlich nach meiner Kapuze und zog richtig fest daran, sodass ich zurückgerissen wurde und flach auf den Rücken fiel. Es war ein harter Sturz, und ich knallte schmerzhaft mit dem Ellenbogen auf einen Stein. Ich konnte nicht wirklich erkennen, was anschließend passierte, außer dass Amos den Eddie-Typen wie ein Monster-Truck[2] rammte und sie beide neben mir zu Boden stürzten.

aufgeregt

Danach ging alles durcheinander. Irgendwer zog mich am Ärmel auf die Füße und brüllte: „Lauft!“, und jemand anderer kreischte gleichzeitig: „Schnappt sie euch!“ Tatsächlich zogen ein paar Sekunden lang zwei Leute an den Ärmeln meines Pullis in entgegengesetzte Richtungen. Ich hörte sie beide fluchen, bis mein Pulli riss, und der Erste mich am Arm hinter sich herzog, während wir rannten, so schnell wir konnten. Ich konnte Schritte direkt hinter uns hören, die uns jagten, und Rufe und schreiende Mädchen, aber es war so dunkel, [...] dass

aufgeregt

sich alles so anfühlte, als wären wir unter Wasser. Wir rannten wie verrückt, und es war pechschwarz, und immer wenn ich langsamer wurde, riss mich dieser Typ am Arm und schrie: „Nicht stehen bleiben!“

[1] die Missgeburt: Beleidigung; ein Lebewesen mit schweren Fehlbildungen

[2] der Monster-Truck:

1 Lies den Text und löse die folgenden Aufgaben:
a) Stelle dar, wer Jack und August zu Hilfe kommt.
b) Wie versucht Amos den beiden zu helfen? Erkläre.
c) August wird verletzt. Erläutere, wie es dazu kommt.

2 Der Text enthält im ersten Teil schon viele Hinweise zum Vorlesen.
a) Erklärt euch gegenseitig, was die Zeichen bedeuten. Die Hinweise 1 bis 4 in der **LERNBOX** können euch helfen.
b) Lies den ersten Absatz in Murmelstimme. Berücksichtige dazu die Zeichen.

3 Bereite den zweiten Teil zum Vorlesen vor. Gehe so vor:
a) Setze die Anmerkungen fort. Nutze die Zeichen aus der **LERNBOX** (Hinweise 1 bis 4).
b) Übe den vorbereiteten Text mehrmals für dich allein (**LERNBOX**, 5. Hinweis).
c) Lest euch zu zweit gegenseitig den Text vor. Gebt euch danach Rückmeldungen zum Vorlesen. Lest dazu den 6. Hinweis in der **LERNBOX**. Beginnt mit dem, was der Leser schon gut umgesetzt hat.

Folie

4 Übe die Vorbereitung des Vorlesens und das Vorlesen selbst mit der Textstelle, die du auf Seite 185 ausgewählt hast.

5 Diskutiert darüber, ob ihr den Roman „Wunder" grundsätzlich für den Wettbewerb geeignet findet.

! LERNBOX

4. Schritt: eine Textstelle zum Vorlesen vorbereiten

Wenn du einen Text so vorlesen willst, dass deine Zuhörer die Stimmung des Textes erfassen können, musst du ihn vorbereiten. Gehe dabei so vor:

1. Plane an geeigneten Stellen **Sprechpausen** ein. Kennzeichne kurze Pausen durch / und lange Pausen durch //.
2. Unterstreiche Wörter, die du **betonen** willst.
3. Mit der Stimme kannst du **schnell** (...) oder **langsam** (. . .), **laut** (≤) oder **leise** (≥) lesen. Setze entsprechende Zeichen zur **Geschwindigkeit** und **Lautstärke**.
4. Denke daran, dass du gerade bei **wörtlicher Rede** durch deine Stimme Gefühle zum Ausdruck bringen kannst *(ängstlich, aggressiv, friedlich ...)*.
5. Übe anschließend, den Text **laut zu lesen**. Beim Vorlesen ist es zwar wichtig, dass du den Text flüssig und sicher vorlesen kannst, aber kleinere Versprecher sind nicht schlimm. Entscheidend ist, dass du die Stimmung des Textes wiedergeben kannst und deutlich machst, dass du den Text verstanden hast. Nicht gemeint sind übertriebene schauspielerische Darbietungen.
6. Auf folgende Punkte können **deine Zuhörer** achten:
   a) **Lesetechnik**, z. B.
      – *Wird flüssig gelesen? Kann man den Vorleser gut verstehen?*
      – *Ist die Vorlesegeschwindigkeit gut? Werden sinnvolle Sprechpausen gemacht?*
   b) **Textinterpretation**, z. B.
      – *Hat der Vorleser die Stimmung des Textes gut zum Ausdruck gebracht hat?*
      – *Hat der Vorleser den Text verstanden?*
      – *Hat er Wichtiges betont?*

5. Schritt: einen Beitrag zum Vorlesewettbewerb vorbereiten

1 Bereite deinen eigenen Beitrag zum Vorlesewettbewerb vor. Arbeite dazu mit einem Lernpartner:

a) Lies die **LERNBOX** und mache dir klar, aus welchen Bestandteilen dein Beitrag zum Vorlesewettbewerb besteht: Liste sie auf.

b) Orientiere dich während deiner Vorbereitungen an den Schritten des Lernbegleitbogens und erarbeite die einzelnen Schritte eigenständig. Berichtet euch gegenseitig von eurem Arbeitsstand und lasse dir von deinem Lernpartner eine Rückmeldung geben (= Fremdeinschätzung).

Kompetenz / Inhalt Lernbegleitbogen	Selbsteinschätzung ☺ 😐 ☹	Fremdeinschätzung ☺ 😐 ☹	Bemerkungen
1. Schritt: Ich habe ein geeignetes Buch zum Vorlesen ausgewählt.			
2. Schritt: Ich habe den Inhalt des Buches verstanden und Gedächtnisstützen notiert.			
3. Schritt: Ich habe eine geeignete Textstelle zum Vorlesen ausgewählt.			
4. Schritt: Ich habe eine Textstelle zum wirkungsvollen Vorlesen vorbereitet.			
5. Schritt: Ich habe eine Einleitung zum Vorlesebeitrag vorbereitet und den Inhalt bis zur ausgewählten Textstelle zusammengefasst (auf einem Notizzettel).			
6. Schritt: Ich habe den Vorlesebeitrag geübt.			

c) Übe alle Teile deines Beitrags für den Vorlesewettbewerb: die Buchvorstellung und das Vorlesen der ausgewählten Textstelle.

LERNBOX

5. Schritt: einen Beitrag zum Vorlesewettbewerb vorbereiten

1. Stelle das Buch mithilfe eines Notizzettels in **freier Rede** vor:
   a) Nenne **Autor** und **Titel** des Buches.
   b) Stelle die **Hauptpersonen** kurz vor.
   c) Fasse den **Inhalt** so zusammen, dass die Zuhörer den Inhalt bis zur ausgewählten Textstelle gut verstehen können. Nutze dazu deine Gedächtnisstützen: *Was geschah bisher?*
2. **Übe** das Vorlesen der ausgewählten Textstelle so lange, bis du dich sicher fühlst.

TIPPBOX

Zu 1 c):
So kannst du deine Einleitung zur Buchvorstellung formulieren:
Ich möchte euch mein Buch mit dem Titel … vorstellen.
Geschrieben hat es …
Die Geschichte ist aus der Sicht … erzählt.
Die Hauptperson …
Bis zu der Stelle, die ich vorlesen werde, ist Folgendes geschehen: …

6. Schritt: einen Lesevortrag bewerten

Der Veranstalter des Vorlesewettbewerbs beurteilt den Lesevortrag mithilfe eines Bewertungsbogens. Je besser der Lesevortrag ist, desto mehr Punkte gibt es.

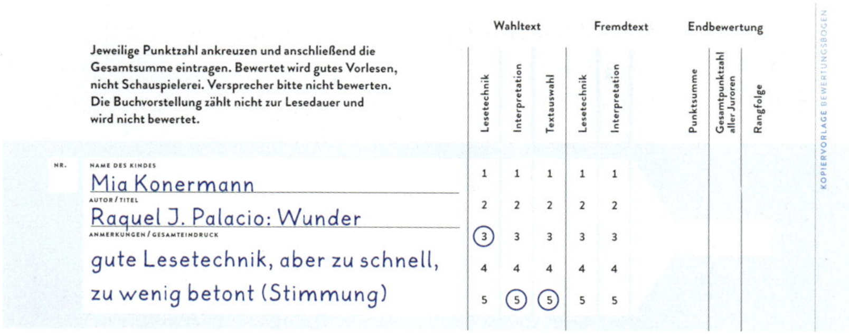

Jeweilige Punktzahl ankreuzen und anschließend die Gesamtsumme eintragen. Bewertet wird gutes Vorlesen, nicht Schauspielerei. Versprecher bitte nicht bewerten. Die Buchvorstellung zählt nicht zur Lesedauer und wird nicht bewertet.

NR.

NAME DES KINDES: Mia Konermann

AUTOR / TITEL: Raquel J. Palacio: Wunder

ANMERKUNGEN / GESAMTEINDRUCK: gute Lesetechnik, aber zu schnell, zu wenig betont (Stimmung)

Wahltext			Fremdtext		Endbewertung		
Lesetechnik	Interpretation	Textauswahl	Lesetechnik	Interpretation	Punktsumme	Gesamtpunktzahl aller Juroren	Rangfolge
1	1	1	1	1			
2	2	2	2	2			
(3)	3	3	3	3			
4	4	4	4	4			
5	(5)	(5)	5	5			

KOPIERVORLAGE BEWERTUNGSBOGEN

1 Wie wurde dieser Lesevortrag von den Veranstaltern des Vorlesewettbewerbs bewertet?

a) Schau dir den Bewertungsbogen oben an und lies die Hinweise in der **LERNBOX**.

b) Was muss die Schülerin beachten, damit sie mehr Punkte im Bereich der Lesetechnik erreicht? Gib ihr Tipps.

2 Tragt eure vorbereiteten Vorträge in der Klasse vor und bewertet sie:

a) Übertragt den Bewertungsbogen in euer Heft und füllt ihn beim Zuhören aus. Ein gewählter Zeitwächter achtet darauf, dass die Vorlesezeit von 3 Minuten nicht überzogen wird.

b) Gib dem Vorleser Tipps, wie er seinen Vortrag und das Vorlesen noch verbessern könnte. Orientiere dich dabei an der **LERNBOX**.

[!] LERNBOX

6. Schritt: einen Lesevortrag bewerten

Beim Vorlesen achten die „Schiedsrichter" auf folgende Kriterien:

1. **Lesetechnik:** Wird flüssig und sicher gelesen, mit deutlicher, gut verständlicher Aussprache, so dass man den Inhalt gut versteht? Das heißt:
   - *Werden an geeigneten Stellen Sprechpausen gemacht?*
   - *Ist der Text sinnvoll betont vorgelesen?*
   - *Liest der Vorleser in einer passenden Geschwindigkeit?*
2. **Interpretation:** Kann der Zuhörer sich in die Situation hineinversetzen, weil der Vorleser die Stimmung der Textstelle wiedergibt? Das heißt:
   - *Bringt der Vorleser Gefühle durch seine Stimme zum Ausdruck?*
     Achtung: Es geht nicht darum, auswendig zu sprechen oder schauspielerisch zu übertreiben.
3. **Textauswahl:** Sind der vorbereitete Textauszug und die Informationen zum bisherigen Geschehen verständlich, so dass die Zuhörer den Textauszug verstehen können? Die Jury achtet auch darauf, dass man die Lesezeit von drei Minuten nicht überzieht.

Die bunte Welt der Medien

1 **a)** Schaut euch die Bilder an und sprecht darüber, welche der abgebildeten Medien ihr kennt und / oder nutzt und welche euch nicht vertraut sind.
b) Was ist mit der „bunten Welt" der Medien gemeint?

2 Beantworte die folgenden Fragen stichwortartig:
a) In welchen Situationen nutzt du die abgebildeten Medien?
b) Vergleicht die Ergebnisse in einem Klassengespräch.
Ich nutze das Handy, um ...
Den Fernseher nutze ich, wenn ...
Den Laptop / den Computer / das Tablet nutze ich, um ...
c) Begründe, auf welches Medium du auf keinen Fall verzichten möchtest.

3 Sieh dir Maries Medientagebuch an und ziehe daraus Schlussfolgerungen:
a) Welches Medium hat Marie bislang am längsten genutzt?
b) Wozu nutzt Marie Medien besonders häufig?

Uhrzeit	Welches Medium?	Warum? Wozu?
14–15 Uhr	Spielekonsole	Entspannung nach der Schule
zwischen 13.30 Uhr und 21 Uhr, ca. 7 Mal jeweils 5 Minuten	Handy	Austausch mit Freunden
15–15.30 Uhr	Tablet-PC	Hausaufgaben: Internetrecherche
18–20.15 Uhr	Fernseher	Unterhaltung (Serien)
...	...	...

Maries Medientagebuch

4 Fallen dir noch weitere Medien ein, die hier nicht abgebildet sind? Beschreibe, wie sie aussehen und wie du sie nutzen kannst.

5 **a)** Schätze, seit wann es die abgebildeten Medien gibt (5 Jahre, 10 Jahre, 100 Jahre ...). Begründe deine Einschätzung.
b) Recherchiere, wann es das erste Telefon, den ersten Fernseher und das erste Mobiltelefon gab.

6 Blicke in die Zukunft: Welche weiteren Medien kannst du dir vorstellen?

In diesem Kapitel lernst du die „Welt der Medien" kennen: Du legst selbst ein Medientagebuch an und wertest es aus. Außerdem beschäftigst du dich mit dem Fernsehprogramm. Du lernst verschiedene Arten von Sendungen kennen und entwickelst anhand der Fernsehserie „Die Pfefferkörner" Szenen selbst.

Welche Medien nutze ich? – ein Medientagebuch führen und auswerten

„Gestern war bei mir den ganzen Nachmittag der Fernseher an. Ich habe die ganze Zeit hin und her gezappt, weil nichts Interessantes lief." „Du darfst den ganzen Tag fernsehen?", erwidert Leni. „Meine Eltern würden durchdrehen! Vor allem wenn ich wahllos irgendetwas gucke! Ich darf mir eine Sendung am Tag aussuchen. Gestern habe ich meine Lieblingssendung ‚Die Pfefferkörner' angeschaut." „Ja! Die kenne ich auch!", sagt Mia.

1 Gib in eigenen Worten wieder, worüber sich die Jugendlichen unterhalten.

2 Schätze deinen eigenen Medienkonsum ein: Welche Medien nutzt du nach Schulschluss und wie lange?

3 Untersucht eure Mediennutzung mithilfe eines Medientagebuchs. Geht so vor:
a) Einigt euch in der Klasse auf einen bestimmten Tag, an dem ihr euer Medientagebuch ausfüllt.
b) Übertrage die Tabelle in dein Heft und fülle sie außerhalb der Schulzeiten an diesem Tag aus.

Uhrzeit	Dauer	Medium	Zweck: Warum? Wozu?
14–14.30 Uhr	30 Minuten	Fernseher	Ich habe meine Lieblingserie geguckt.
	…	…	…

c) Rechne aus, wie viele Minuten du jeweils ein Medium genutzt hast.
d) Vergleiche dein Ergebnis mit deiner Schätzung aus Aufgabe **2**.

4 **a)** Wertet in Kleingruppen eure Medientagebücher aus. Haltet eure Ergebnisse in einer Tabelle auf einem DIN-A3-Blatt fest:
- Notiert, welche Medien ihr genutzt habt.
- Wie lange habt ihr ein Medium jeweils genutzt? Rechnet das Gruppenergebnis aus. Dieses Gruppenergebnis teilt ihr durch die Personenanzahl eurer Gruppe. So errechnet ihr den Durchschnittswert pro Person.
- Notiert auch, warum ihr das jeweilige Medium genutzt habt.

Gruppenergebnis der Medientagebücher

Name	Computer	Zeitung	Radio	Fernseher	…
Anja	60 Minuten	10 Minuten	90 Minuten	240 Minuten	
Mert	20 Minuten	… Minuten			
Stefanie	40 Minuten				
Gruppenergebnis	120 Minuten	… Minuten			
Durchschnittswert	40 Minuten	… Minuten			
Hauptgründe	…				

b) Vergleicht die Ergebnisse innerhalb der Gruppe. Welche Gemeinsamkeiten und Unterschiede gibt es? Was ist auffällig? Welche Schlussfolgerungen könnt ihr daraus ziehen?
Folgende Formulierungen könnt ihr nutzen:
- *Wir alle nutzen ... gleich lange, aber ... unterschiedlich lange.*
- *Auffällig sind große Abweichungen bei der Nutzung von ...*
- *Besonders das Medium ... wird nicht von allen genutzt.*

5 Vergleicht eure Gruppenergebnisse in einem Klassengespräch. Sprecht über auffällige Besonderheiten eurer Mediennutzung.
So könnt ihr formulieren:
- *In unserer Klasse werden ... besonders häufig genutzt.*
- *Dagegen werden ... gar nicht verwendet.*
- *Auffällig ist, dass ...*
- *Überrascht hat mich, dass ...*
- *Vielleicht liegt es daran, dass ...*

6 Das Diagramm zeigt ein Ergebnis der KIM-Studie (Kinder und Medien). Diese Studie wird einmal im Jahr durchgeführt und befragt Kinder und Eltern bezüglich ihrer Mediennutzung.
a) Beschreibe das Diagramm: Was kann man aus ihm ablesen?
b) Vergleiche dieses Diagramm mit euren eigenen Werten.
Haben die Erziehungsberechtigten richtig geschätzt?

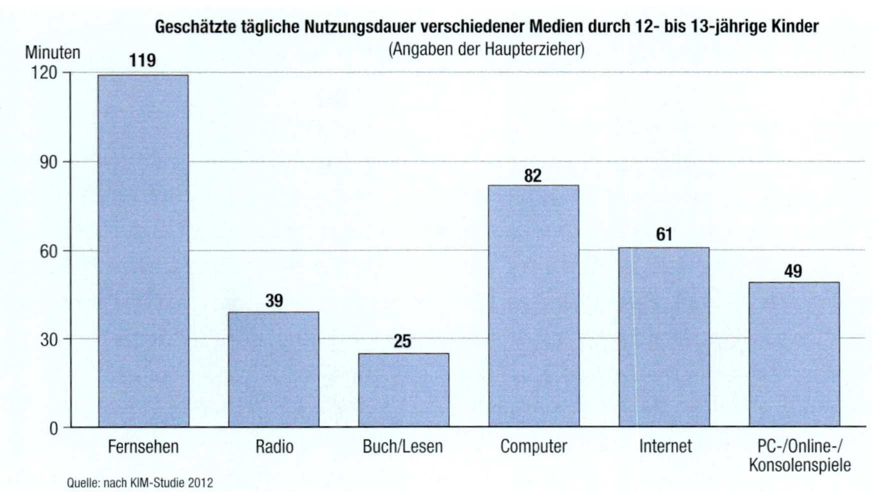

TIPPBOX

Zu 3 b): Du kannst für die vierte Spalte (Zweck) folgende Formulierungen zu Hilfe nehmen:
zum Abschalten / zur Unterhaltung / aus Gewohnheit / aus Langeweile / aus Interesse / zum Spielen / zum Informieren / um mich nicht allein zu fühlen

Medienkritik – Grafiken und Sachtexte verstehen

Auch Wissenschaftler beschäftigen sich mit der Frage, wie viel Kinder und Jugendliche fernsehen und welche Auswirkung das haben kann.
Zum Beispiel untersuchten Forscher die geistige Entwicklung von knapp 1900 Vorschulkindern. Diese Kinder wurden aufgefordert, einen Menschen zu zeichnen. Diese Zeichnungen stammen von Vorschulkindern, die ...

... pro Tag bis zu einer Stunde fernsehen.

... pro Tag mindestens drei Stunden fernsehen.

1 Schau dir die Abbildungen an. Beantworte die folgenden Fragen:
- Was mussten die Vorschulkinder bei dem Test tun?
- Beschreibe, was man aus der Abbildung ablesen kann.
- Je genauer die Abbildung war, desto höher wurde die Leistung des Kindes von den Wissenschaftlern eingestuft. Welchen Rat würdest du Eltern von Vorschulkindern geben?

Zu viel Fernsehen ist ungesund

häufiges Fernsehen verhindert andere Beschäftigungen

(1) Unkontrolliertes Fernsehen
Knapp zwei Drittel aller deutschen Kinder und Jugendlichen zwischen zwölf und neunzehn Jahren besitzen einen eigenen Fernseher. Kinder starren, wenn man sie lässt, stundenlang auf den Bildschirm. Die Lust auf sportliche oder auch kreative Aktivitäten wie Basteln, Malen oder Musizieren sinkt und schulische Leistungen lassen bei übermäßigem Medienkonsum deutlich nach. Für Hausaufgaben und körperliche Bewegung bleibt kaum noch Zeit.

(2) Fernsehen wirkt sich negativ auf das Lernen aus
Hirnforscher erläutern die Auswirkungen exzessiven[1] Fernsehkonsums auf das Lernen von Kindern und Jugendlichen: Was Kinder in der Schule hören oder sich zu Hause an Schulwissen aneignen, landet zunächst im Kurzzeitgedächtnis. Die danach folgende Abspeicherung im Langzeitgedächtnis dauert mindestens zwölf Stunden. Dabei ist es von entscheidender Bedeutung, was das Kind nach dem Lernen emotional[2] erlebt. Das Hirn reagiert sehr empfindlich auf starke Gefühle und konzentriert seine Gedächtnisarbeit auf die Eindrücke, die es emotional stark bewegen. Schaut sich das Kind nach dem Lernen spannende oder schockierende Filme an, die es in den Bann ziehen, wird das, was vorher im Kurzzeitgedächtnis gespeichert wurde, gewissermaßen verdrängt. Auf diese Weise verblasst das erlernte Schulwissen.

spannende und schockierende Filme nach der Schule gefährden das Abspeichern von Gelerntem

[1] exzessiv: übermäßig, sehr häufig
[2] emotional: gefühlsmäßig

(3) Medien bieten auch Chancen

Zu viel Fernsehen ist also ungesund, aber dennoch muss man wissen: In allen Medien stecken Chancen und Risiken für die Kinder. Nur wer die „Mediensprache" versteht, kann mit ihnen wirklich umgehen und ihre Botschaften richtig einschätzen. Nicht Fernseher, Computer oder Smartphones sind das Problem, sondern der falsche Umgang damit. Als „Fenster zur Welt" vermittelt der Fernseher Eindrücke, die andere Medien nicht bieten können. Bestimmte Sendungen können helfen, komplexe Geschehnisse leichter zu erfassen, und bieten Gesprächsstoff. Aber meistens ist es eben eine Scheinwelt, die über die Bildschirme flackert.

Chance: im Fernsehen kann man wichtige Dinge erfahren

Risiko: eine nicht wirkliche Welt wird gezeigt

(4) Empfehlungen der Bundeszentrale für gesundheitliche Aufklärung[3]

Die Bundeszentrale für gesundheitliche Aufklärung (BZgA) empfiehlt, dass Kinder zwischen zehn und dreizehn Jahren nicht mehr als 90 Minuten täglich fernsehen sollten. Forschungsergebnisse zeigen sogar, dass bereits mehr als eine Stunde Fernsehen am Tag zu Beeinträchtigungen führt. Generell gilt: Je jünger die Kinder, desto weniger dürfen sie fernsehen. Für alle Familienmitglieder sollte gelten, die Sendungen anhand von Programmzeitschriften auszuwählen und nach der Sendung den Fernseher auch konsequent abzuschalten.

[3] Eine Aufgabe der Bundeszentrale für gesundheitliche Aufklärung (BZgA) ist es, den Menschen zu erklären, wie sie gesund leben können.

2 Lies den Text mithilfe der **Lesemethode für Sachtexte**.

Seite 286–287

3 Überprüfe, ob du den Text verstanden hast. Bearbeite folgende Aufgaben:

a) Kreuze die richtigen Aussagen an:

A Der Autor möchte erreichen, dass Kinder nicht mehr fernsehen. [*]
B Der Autor möchte über Gefahren von Medien aufklären. [*]
C Der Text stellt nur die negativen Folgen des Fernsehens dar. [*]
D Der Text stellt das Fernsehen als „Fenster zur Welt" dar. [*]

b) Beantworte die folgenden Aufgaben in ganzen Sätzen:
- Nenne Folgen unkontrollierten Fernsehens.
- Erkläre, warum das erlernte Schulwissen verblasst, wenn Kinder gleich nach der Schule fernsehen.
- Stelle dar, welche Chancen und Risiken von Medien der Text nennt.
- Gib die Empfehlungen der BZgA mit eigenen Worten wieder.

4 **a)** Erstellt in Partnerarbeit auf Grundlage der Abbildung und des Sachtextes fünf Regeln, die helfen, einen gesunden Umgang mit Medien einzuhalten.
b) Vergleicht eure Ergebnisse mit denen einer Partnergruppe und ergänzt sie, wenn nötig.
c) Veröffentlicht eure Regeln, zum Beispiel auf eurer Schulhomepage.

TIPPBOX

Zu 1: Du kannst folgende Formulierungen nutzen:
- *Die Vorschulkinder mussten ...*
- *Die Abbildung zeigt Zeichnungen von Kindern, die ... / Man kann erkennen, dass ...*
- *Die Darstellung des Menschen ist realistisch / genau / Man kann Einzelheiten gut erkennen ...*
- *Die Zeichnung ist eher ungenau / Man kann wenige Einzelheiten erkennen ...*
- *Ich würde den Eltern raten, dass ... / Sie sollten beachten, dass ...*

Was guckst du? – Sendungen zuordnen

1 **a)** Betrachte die Fotos. Um welche Art von Sendung könnte es jeweils gehen? Lies dazu die **LERNBOX**.
b) Suche weitere Beispiele für die verschiedenen Sendungsformate. Du kannst dazu die Programmübersicht auf Seite 197 verwenden.
c) Handelt es sich bei den abgebildeten Sendungen jeweils um Informations- oder Unterhaltungssendungen? Begründe deine Meinung.

2 **a)** Lege dir ein Medienlexikon in Form einer Wörterliste an (siehe **LERNBOX**, Seite 117). Erkläre die Begriffe „Informationssendung“ und „Unterhaltungssendung“. Schreibe so:
Informationssendung: Unter einer Informationssendung versteht man …
Unterhaltungssendung: Eine Unterhaltungssendung gucke ich, wenn …
b) Führe deine Wörterliste fort: Wähle fünf Sendungsformate aus der **LERNBOX** aus und schreibe Erklärungen dazu auf. Wenn du nicht sicher bist, recherchiere im Internet. So kannst du formulieren:
Soap Opera:
Die Soap Opera (dt. Seifenoper) oder kurz Soap ist eine kitschige, übertrieben dramatische Fernsehserie, die regelmäßig gesendet wird.

☆ **3** Recherchiere, wie der Begriff „Soap Opera“ entstanden ist.

☆ **4** Recherchiere und erkläre den Unterschied zwischen einer „Reality Show“ und einer „Scripted Reality“.

! LERNBOX

Folgende Formate (Arten von Sendungen) kannst du unterscheiden:

- Spielfilm
- Zeichentrickfilm
- Krimi
- Komödie
- Comedy
- Soap Opera
- Science-Fiction
- Musiksendungen
- Nachrichten
- Dokumentationen
- Magazin
- Sportsendungen
- Talkshow
- Castingshow
- Reality Shows
- Scripted Reality

Viele Sendungen erscheinen auch als Serie, z. B. einmal in der Woche.

Die Qual der Wahl – das Fernsehprogramm untersuchen

Es gibt so viele verschiedene Sender, dass man oft nicht weiß, was man anschauen soll. Daher kann man sich mithilfe von Zeitschriften, Apps oder im Internet über das Fernsehprogramm informieren. Sie geben einen Überblick und bewerten einzelne Sendungen.

SA
7. FEBRUAR

HD Das Erste

5.30 Kinderprogramm Durch die Wildnis 7-066-736 **5.55** dasbloghaus.tv (k. VPS) 2-721-804 **7.10** Anna 4-389-755 **7.35** motzgurke.tv 4-270-262 **8.00** Checker Can 92-668 **8.25** neuneinhalb 2-986-200 **8.35** Die Pfefferkörner (k. VPS) 4-563-378 **10.03** tierisch gut! 305-410-129
10.45 Die gefährlichsten Schulwege der Welt Dokureihe. Kenia UT HD 1-052-533
11.30 Kopfball Magazin UT HD 3-991
12.00 Tagesschau UT HD 92-674
12.05 Kritisch reisen UT HD 3-390-533
3-tlg. Doku (3) Alpen abgezockt…
12.50 Tagesschau UT HD 635-113
13.00 Sterne über dem Eis 5.1 UT HD 504-200
★★ Liebesdrama, Dtl. 2009. Mit Michael Fitz, Birge Schade **90 Min.**
14.30 Die Dienstagsfrauen UT HD 689-945
FILM ★★★ TV-Komödie, Dtl. 11. Mit Ulrike Kriener, Inka Friedrich, S. Vester **90 Min.**
16.00 W wie Wissen Blut UT HD 8-804
16.30 Hebamme am Limit UT HD 9-113
17.00 Tagesschau UT HD 67-378
17.10 Brisant Magazin UT HD 984-007
17.50 Tagesschau UT HD 8-584-561
18.00 Sportschau 3. Liga UT HD 4-858
18.30 Sportschau 20. Spielt. 5.1 UT HD 56-705
SPORT U. a.: VfL Wolfsburg – Hoffenheim, Stuttgart – Bayern München, Mainz 05 – Hertha BSC, HSV – Hannover 96
19.57 Lotto am Samstag 205-633-939
Superzahl | Super 6 | Spiel 77
20.00 Tagesschau UT HD 75-113

TV-KRIEGSDRAMA

20.15 Laconia 5.1 UT HD 89-260-552
FILM ★★★ TIPP TV-Kriegsdrama, Dtl. / GB 2011 Mit Ken Duken, Andrew Buchan, Jacob Matschenz, Matthias Koeberlin Regie: Uwe Janson – Juli 1942: Ein deutsches U-Boot torpediert den englischen Transporter „Laconia“. Kommandant Hartenstein (**Ken Duken, mit Franka Potente**) sieht erschüttert 2000 Zivilisten im Wasser ums Überleben kämpfen. Er trifft eine mutige Entscheidung. **170 Min.**
23.05 Tagesthemen UT HD 7-427-484
Moderation: Thomas Roth

ZDF HD

5.35 Tivi – Kinder-TV www.tivi.de Löwenzahn 2-732-910 **6.00** Take-off 72-842 **6.25** pur+ 2-740-939 **6.50** Kein Keks für Kobolde 8-544-200 **7.10** Wickie… (kein VPS) **7.35** Dschungelbuch (k. VPS) **8.10** 1, 2 oder 3 4-298-668 **8.35** Bibi Blocksberg (kein VPS) **9.25** Bibi und Tina 4-562-649 **9.50** Mia and Me 2-961-129 **10.10** Das Haustiercamp (kein VPS) **10.35** Löwenzahn (kein VPS)
11.05 Sport extra UT HD 21-448-179
SPORT TIPP **LIVE Skeleton** Weltcup in in Igls. Damen, 1. Lauf **11.20 Snowboard** Weltcup in Sudelfeld. Parallelriesenslalom **12.20 Biathlon** Weltcup in Nove Mesto. 7,5 km Sprint Damen **13.50 Skeleton** Weltcup, Damen, 2. Lauf **14.10 Freestyle** Weltcup. Skicross **14.20** Skispringen, Damen **14.40 Skeleton** Weltcup, Herren, 2. Lauf
15.15 heute 2-560-259
15.20 Sport extra UT HD 90-708-115
SPORT **LIVE Biathlon** Weltcup. 10 km Sprint Herren **17.00 Skispringen** Weltcup in Titisee-Neustadt/Dtl. 1. Durchgang **17.30 Eisschnelllauf** Weltcup in Heerenveen/Niederlande. Zusammenfassung **17.40 Skispringen** Weltcup 2. Durchgang **18.20 Eisschnelllauf** Weltcup. Zsfg. – Dazw.: **17.25 heute**
18.30 hallo deutschland UT HD 7-991
19.00 heute/Wetter UT 29-910
19.15 Alpine Ski-WM 5.1 UT HD 4-035-910
SPORT TIPP **LIVE** aus Vail/Beaver Creek/USA Abfahrt Herren. Moderation: Jana Thiel. Experte: Marco Büchel

TV-KRIMIKOMÖDIE

20.15 Friesland: Familiengeheimnisse UT HD 3-345-216
FILM ★★★ TIPP **NEU** TV-Krimikomödie, Dtl. 2015. Mit Sophie Dal, Holger Stockhaus, Tayfun Bademsoy. R.: Dominic Müller – Als Apothekerin und Hobby-Kriminalistin Insa Scherzinger (**Theresa Underberg, mit Florian Lukas**) auf die Leiche eines Türstehers der ortsansässigen Großraumdisko stößt, ist es mit der Ruhe im beschaulichen Friesland recht schnell vorbei. **90 Min.**
21.45 Ein Fall für zwei UT HD 4-515-303
TIPP Krimiserie, Dtl. / Österr. / Schweiz

NDR HD

6.00 Hablamos Español Reihe 664-620
6.30 Türkei Die Sonne v. Antalya 689-939
7.00 Sendung mit der Maus (ab 3) 680-668
7.30 Sehen statt Hören HD 683-755
8.00 Service: Zuhause Magazin 684-484
8.30 Die Reportage: Unter deutschen Dächern (3 / Wh.) UT HD 575-179
9.00 Ländermagazine Mecklenb.-Vorp. 125-638 **9.30** Hamb. Journal 975-115 **10.00** SH-Mag. 525-674 **10.30** buten un binnen 670-723 **11.00** Hallo Nieders. 220-282
11.30 Wir Europäer Doku UT 1-206-026
(5) Europa entdeckt die Nation
12.15 China Extrem Doku UT HD 354-858
Mit dem Rad an Tibets Grenzen
12.45 Kuren wie die Könige 4-865-113
Doku. Die Böhmischen Bäder: Karlsbad, Marienbad, Franzensbad
13.30 Elefant, Tiger & Co. HD 213-533
Zoogeschichten aus Leipzig
13.55 Das Geschäft mit unserer Gesundheit Doku (Wh. vom Mi.) UT 6-339-571
14.40 Die Schlager des Jahres 1-961-674
Show, Dtl. 2014. Gäste: Andrea Berg, Jürgen Drews, Beatrice Egli, Ute Freudenberg, Nik P., die Amigos u. a.
16.45 Elvis und der Kommissar 9-066-755
(1/6) Krimiserie, Dtl. 07. Heiße Ware
17.35 Tim Mälzer kocht! UT HD 923-113
Reihe. Entenbrust mit Linsensalat
18.00 Nordtour 552-674
Norddeutsches Reisemagazin UT
18.45 DAS! Mit H. Baumgarten 3-592-674
Radio Bremen Regionales bis 20.00
19.30 Ländermagazine 152-200
20.00 Tagesschau UT HD 274-484

TV-KOMÖDIE

20.15 Mit fünfzig küssen Männer anders 5-496-842 UT
FILM ★★★ TV-Komödie, Dlt. 98. Mit Konstantin Wecker. Regie: Margarethe v. Trotta – Einst hat Marie (**Senta Berger**) Kunst studiert. Nun sind die Kinder flügge, und die Hausfrau versucht, sich als Malerin. Das geht schief – bis Marie ihr Leben mit Gatte Dietrich (**Ulrich Pleitgen**) infrage stellt… **90 Min.**
21.45 Neue Freunde, neues Glück
FILM ★★ TV-Tragikomödie, Dtl. 2005 2-694-858
Mit Christiane Hörbiger, Ernst Jacobi, Anian Zollner Regie: C. Kabisch

RTL HD

5.40 Betrugsfälle Reihe 1-526-303
6.10 Verdachtsfälle Reihe 1-720-002
7.10 Verdachtsfälle Reihe 3-064-465
8.15 Familien im Brennpunkt 6-777-113
9.15 Yolo Magazin 4-519-668
Challenge Day: Praktikantin in der Stadt der Tiere – Hinter den Kulissen des größten Tierheims Europas
9.45 Yolo Magazin. Challenge HD 1-384-842
Day Reportage: Dogs with Jobs – Assistenzhunde als fleißige Helfer
10.00 Exclusiv (Wh. von gestern) HD 73-587
10.10 Berlin Models – Unser Leben, unser Traum 7-495-709 HD
(48) Serie, Deutschland 2014
10.40 Berlin Models – Unser Leben, unser Traum 6-023-026 HD
(49) Serie, Deutschland 2014
11.10 Gute Zeiten, schlechte Zeiten HD
(5674–5678) (Wh. v. Mo.–Fr.) 36-292-823
13.45 Der Lehrer (3/6) HD 8-045-587
Comedyserie, Dtl. 2014. Die sind verliebt, die zählen nicht! (vom Do.)
14.45 Verdachtsfälle 8-471-129
Reihe, Deutschland 2015
15.45 Die Trovatos – Detektive decken auf Dokusoap 3-762-736
16.45 Die Trovatos – Detektive decken auf Dokusoap 8-304-465
17.45 Best of…! Deutschlands schnellste Rankingshow Show 1-826-277
18.45 Aktuell HD 226-674
19.03 Wetter HD 300-019-587
19.05 Explosiv – Weekend HD 4-669-246
Boulevardmagazin
Moderation: Janine Steeger

SHOW

20.15 Deutschland sucht den Superstar 9-712-858 HD
Show, Dtl. 2015. Die Castings (6) – Die Jurymitglieder **Heino (l.)** und **DJ Antoine** trennen fast 40 Lebensjahre. In einem aber sind sie sich einig: Die Stimme zählt! Gemeinsam mit Pop-Titan Dieter Bohlen und Mandy Capristo beurteilen sie in der sechsten Castingrunde die Sangesqualitäten der Kandidaten.
22.15 Paul Panzer live! Alles auf Anfang
TIPP Show, Deutschland 2014 HD 932-858
– Hatte der Urzeitmensch ein bes-

HD auch in HDTV empfangbar VPS senden (nur analog): ARD / ZDF / NDR SW Schwarzweiß UT Untertitel Dolby Surround 5.1 Dolby Digital 5.1 Zweikanalton (nicht über Satellit) Für Sehbehinderte HD HDTV OmU Original mit Untertiteln

HD auch in HDTV empfangbar VPS senden (nur analog): ARD / ZDF / NDR SW Schwarzweiß UT Untertitel Dolby Surround 5.1 Dolby Digital 5.1 Zweikanalton (nicht über Satellit) Für Sehbehinderte HD HDTV OmU Original mit Untertiteln

Kinder-Sendung Theater/Klassikkonzert Sportübertragung TIPP siehe Höhepunkt-Seiten Serieninfo: Sendungs- o. Folgentitel (1/2) = 1. Staffel / 2. Folge

1 Untersuche das Fernsehprogramm zusammen mit einem Partner. Bearbeitet dazu die folgenden Fragen und Aufgaben:

a) Woran könnt ihr erkennen, ob eine Sendung besonders empfohlen wird?

b) Welche Sendung würdet ihr auswählen, wenn ihr nur eine Sendung am Tag anschauen dürftet? Begründet eure Meinungen.

c) Stellt in einer Liste Sendungen zusammen, z. B. für Tierfreunde oder Krimifans.

d) Welche Sendungen gibt es speziell für Kinder? Begründet, ob ihr die Sendezeiten angemessen findet.

e) Unter welchen Sendungen könnt ihr euch nichts vorstellen? Nennt Beispiele.

f) Sprecht darüber, welche Informationen zum Fernsehprogramm für euch besonders wichtig sind.

2 Tauscht eure Ergebnisse mit einem weiteren Team aus.

Kinder als Detektive – eine Fernsehserie untersuchen

1 Kennt ihr die Sendung „Die Pfefferkörner“? Sammelt eure Vorkenntnisse in einem Cluster an der Tafel.

2 In der Folge „Verseuchte Erde“ ermitteln die vier Hobby-Detektive Luis, Nina, Jessi und Max mit Hündin Feline. Vermute, worum es in der Folge gehen könnte. Die Bilder auf der nächsten Seite können dir helfen.
Achtung: Sie stehen *nicht* in der richtigen Reihenfolge.

(1) Luis geht mit Hündin Feline im Hafen spazieren. Doch plötzlich reißt sie sich los und läuft auf ein abgesperrtes Baugelände. ____

(2) Luis bekommt daraufhin Ärger mit dem Bauleiter und versteht die Welt nicht mehr – auf dem Gelände ist doch gar nichts! ____

(3) Als Luis seine Hündin dann nicht anfassen darf, bevor der Bauleiter sie nicht abgespritzt hat, hat er den Verdacht, dass dort etwas Illegales vor sich geht. ____

(4) Er erzählt den anderen Pfefferkörnern davon. ____

(5) Plötzlich wird Feline auch noch krank. Sie übergibt sich. Hat sie etwas Giftiges gefressen? ____

(6) Nina analysiert das Erbrochene. ____

(7) Das Ergebnis: Feline hat das hochgiftige Pflanzenschutzmittel Parathion gefressen. Die Erde ist verseucht! Offenbar ein Fall illegaler Giftmüll-Entsorgung. ____

(8) Daraufhin spionieren Luis und Max das Baugelände mit einer Drohne aus. Dieses Flugobjekt macht Videos des Geländes. Dort herrscht Hektik: Arbeiter in Schutzkleidung schaufeln die Erde weg und füllen sie in Tonnen. ____

(9) Die Aufschrift der Fässer macht die beiden Pfefferkörner stutzig: „Deutsche Blumenerde“? ____

(10) Die Pfefferkörner wollen die Polizei rufen, da stoßen sie auf ein Problem: Der Hotel-Entwurf von Jessis Vaters soll ausgerechnet auf diesem Grundstück verwirklicht werden. Der Architekt braucht dringend den Auftrag, sonst verliert er viel Geld. ____

Folie

3 Lies die Bildkommentare und ordne die Fotos von Seite 199 den Bildkommentaren zu. Hast du richtig zugeordnet, ergeben die Buchstaben ein Lösungswort. Trage die Buchstaben rechts neben den Bildkommentaren ein.

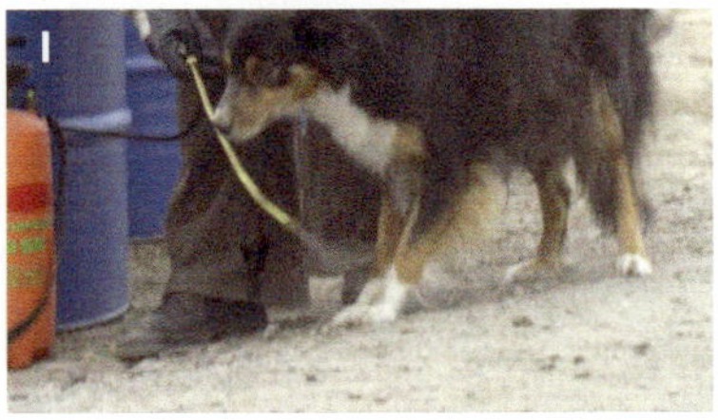

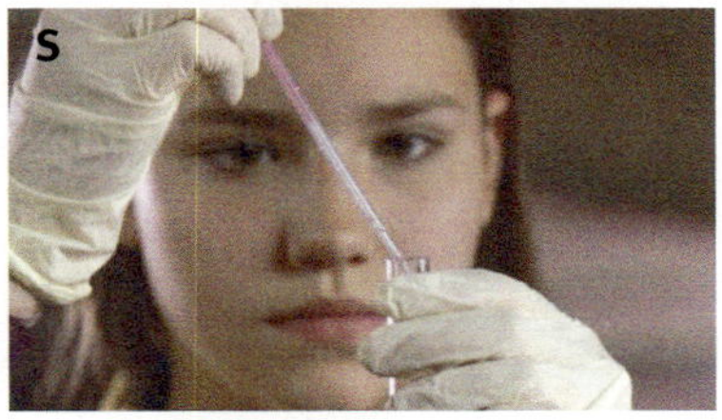

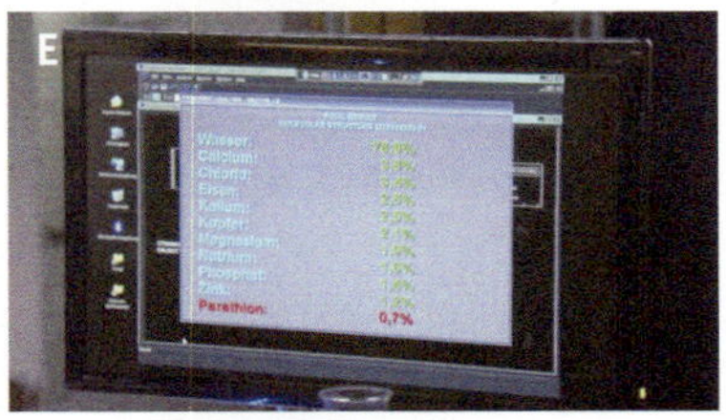

4 Schreibe zu Bild M ein Gespräch auf. So kannst du beginnen:

Luis: „Ich muss euch was erzählen! Beim Spaziergang mit Feline ist etwas Komisches passiert!"

Max: „Was ist denn nun schon wieder los? ..."

5 Wie könnte die Folge ausgehen? Schreibe einen Schluss.

TIPPBOX

Zu 3:

- Zu Bildkommentar 7 gehört ein Bild, auf dem du einen Computerbildschirm erkennen kannst.
- Zu Bildkommentar 8 gehört ein Bild, auf dem du eine Drohne (= ein Flugobjekt mit Kamera) erkennen kannst, die über das Baugelände fliegt.

Ganz nah dran – mit Kameraeinstellungen Wirkungen erzielen

Folie

1 **a)** Sieh dir das Bild aus der Folge „Verseuchte Erde" genau an.
Was wird in dieser Kameraeinstellung besonders betont? Wähle aus:

A Nina als Hauptperson wird besonders betont. *
B Das konzentrierte Arbeiten wird besonders dargestellt. *
C Die Umgebung soll hervorgehoben werden. *

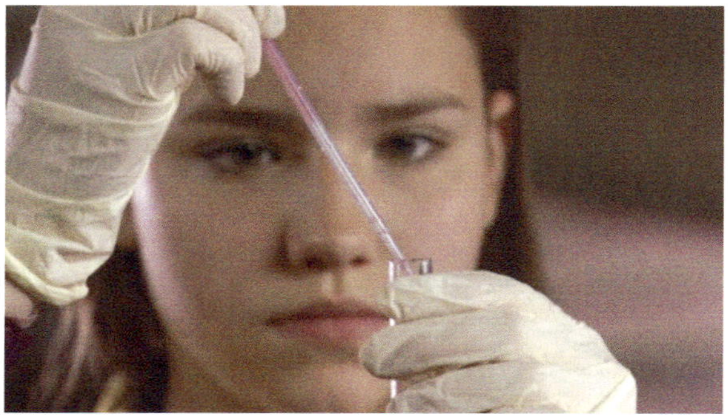

b) Lies die **LERNBOX** und begründe, weshalb die Regisseure für dieses Bild *nicht* die Totale gewählt haben.

2 In einem Film werden verschiedene Kameraeinstellungen verwendet.
a) Ermittle, welche Kameraeinstellungen in den Bildern auf Seite 199 verwendet wurden. Lies dazu die **LERNBOX**. Notiere deine Ergebnisse in der richtigen Abfolge der Handlung in einer Tabelle.
b) Erkläre genau, warum diese Kameraeinstellungen gewählt wurden.
Wie wirken diese Einstellungen? Was wird betont?

Bild	Kameraeinstellung	Funktion/Wirkung
K	Totale	Man erkennt das gesamte Gelände ...
...		

3 Diskutiert in der Klasse darüber, an welcher Stelle die Regisseure auch eine andere Einstellung hätten wählen können. Begründet eure Meinungen.

LERNBOX

Kameraeinstellungen

Ein Film besteht aus verschiedenen Bildschnitten. Nach einem Bild kann die Kameraeinstellung wechseln.

1. **Die Totale:** Der gesamte Ort des Geschehens ist zu sehen. Die Personen sind kleiner.

2. **Die Nahaufnahme:** Die Personen erscheinen in normaler Größe. Man kann gut die Körperbewegung und die Gesichter erkennen.

3. **Die Großaufnahme:** Einzelheiten, wie z. B. ein Gesicht oder ein Gegenstand, füllen das ganze Bild aus. Sie werden dadurch besonders hervorgehoben.

„Die Pfefferkörner“ – eine eigene Folge entwickeln

1 Stellt euch vor, ihr seid die „Pfefferkörner“ und ermittelt in der Schule. Erstellt eine eigene Folge der Serie in Form einer Fotostory mit sechs bis acht Bildern. Lest die **LERNBOX** und geht anschließend so vor:

a) Setzt euch in Kleingruppen zusammen. Überlegt gemeinsam, was die „Pfefferkörner“ ermitteln sollen. Ihr könnt die folgende Idee nutzen oder eigene entwickeln.

b) Plant eure Fotostory. Nehmt die unten stehende Tabelle zu Hilfe.

c) Fotografiert die geplanten Szenen, indem ihr die Szenen in **Standbildern** nachstellt.

Seite 207

d) Druckt die Fotos aus und klebt sie auf ein Plakat. Ergänzt Bildunterschriften, Sprech- und Denkblasen.

	Skizze des Bildes	Beschreibung
1	 **Kameraperspektive:** Nahaufnahme	**Personen:** „Pfefferkorn“ Nina, Schüler Timon **Handlung:** Nina beobachtet durch die halb geöffnete Klassenraumtür, dass Timon in der Tasche eines Lehrers kramt. **Handlungsort:** Schule **Regieanweisung:** Nina verhält sich ruhig hinter der Tür, Timon kramt hastig in der Tasche des Lehrers. **Texte:** **Bildunterschrift:** Nina bemerkt in der Pause, dass Timon sich noch im Klassenzimmer aufhält. **Nina denkt:** „Timon! Was sucht er denn da?!“ **benötigte Requisiten (Gegenstände):** Tasche
2		**Personen:** …

2 Stellt eure Folgen im Klassenraum aus und sprecht über eure Fotostorys: Begründet, ob ihr die Handlung nachvollziehbar findet und wie die verwendeten Kameraperspektiven auf euch wirken.

LERNBOX

Was ist eine Fotostory?
In einer Fotostory wird eine **Geschichte mithilfe von Fotos** erzählt.

1. Die **Handlung** wird **verkürzt** dargestellt: Z. B. wird der Schulweg nicht dargestellt, wenn er zur Handlung nichts Wichtiges beiträgt. Trotz der Kürzung muss der Leser verstehen, was passiert ist. Deshalb beschreiben **Überschriften** oder **kurze Texte unter dem Bild**, was geschehen ist.
2. **Sprech-** und **Denkblasen** sorgen dafür, dass der Leser die Handlung versteht.

TIPPBOX

Zu 1 a): Zwei weitere Ideen für die Handlung:

- In der Mensa herrscht große Aufregung: Die Tomatensoße ist durch scharfe Chillisoße ausgetauscht worden. Jedoch war dies nicht ein einmaliger Streich: Die Tat kommt wiederholt vor! Wer steckt dahinter?
- Jemand treibt sein Unwesen an den Fahrradständern: Ständig fehlen teure Anbauteile: Fahrradklingeln, Sättel und Fahrradkörbe sind verschwunden.

Wir spielen Theater

1 Erzähle die Fabel von Stadtmaus und Landmaus mithilfe der Bilder.

a) Notiere die Handlungsschritte in der Reihenfolge der Bilder.

b) Formuliere Gedanken für die Stadtmaus und die Landmaus wie in Bild 1.

c) Wer sagt was? Ordne die folgenden Aussagen der Stadtmaus oder der Landmaus in den einzelnen Bildern zu. Ergänze weitere Aussagen.

A „Du bist wirklich dumm, dass du hier in solcher Armut lebst!"

B „Das hört sich ja toll an. Ich komme gerne mit!"

C „Uih, ist das hier das Schlaraffenland?"

d) Erzähle die Fabel einem Partner. Wechselt euch nach vier Bildern ab.

fröhlich, stolz, abwertend, gehässig, ängstlich, überheblich, verzweifelt, flüsternd

2 Schreibt in Partnerarbeit zu jedem Bild einen kurzen Dialog. Nutzt eure Gedanken- und Sprechblasen aus Aufgabe **1**. Ergänzt auch, *wie* die Sätze gesprochen werden sollen. Ihr könnt die Adjektive am Rand verwenden.

Bild 1: Landmaus (freundlich): Schön, dass du da bist …
Stadtmaus (abwertend): Danke, aber ich bin gar nicht …

3 Entwickelt zu der Fabel gemeinsam ein eigenes Ende.
a) Beantwortet zunächst die folgenden Fragen:
Werden beide Mäuse in der Stadt bleiben? Was spricht für die Stadt, was dagegen? Was sollen die Leser aus der Fabel lernen?
b) Schreibt euren Dialog zu Ende und zeichnet das letzte Bild.

4 **a)** Verteilt die Rollen unter euch und übt die Dialoge zu den Bildern. Macht mit eurer Stimme deutlich, wie sich die Figur gerade fühlt. Beachtet dazu die Adjektive, die ihr in Aufgabe **2** ausgewählt habt.
b) Stellt eure Fabeln in der Klasse vor und gebt euch gegenseitig Rückmeldungen zum Spiel: Passen die Texte zu den Bildern? Wurden die Gefühle der Figuren durch die Stimmlage deutlich? Beantwortet das Ende die Fragen aus Aufgabe **3 a)**?
c) Vergleicht jeweils den Schluss. Welche Gemeinsamkeiten oder Unterschiede stellt ihr fest? Woran kann das liegen?

Heinzelmännchen – pantomimisches Spiel

Die Heinzelmännchen zu Köln

August Kopisch (1799–1853)

Wie war zu Köln es doch vordem / verträumt
Mit Heinzelmännchen so bequem! // allein
Denn, war man faul, ... // man legte sich
Hin auf die Bank und pflegte sich: //
Da kamen bei Nacht, schnell, abwechselnd
Ehe man's gedacht, } Sprecher A
Die Männlein und schwärmten
Und klappten und lärmten, } Sprecher B
Und rupften
Und zupften, } Sprecher A
Und hüpften und trabten
Und putzten und schabten ... } Sprecher B
Und eh ein Faulpelz noch erwacht, ... // ruhig; allein
War all sein Tagewerk ... // bereits gemacht!
[...]

Beim Bäckermeister war nicht Not,
Die Heinzelmännchen backten Brot.
Die faulen Burschen legten sich,
Die Heinzelmännchen regten sich –
Und ächzten[1] daher
Mit den Säcken schwer!
Und kneteten tüchtig
Und wogen es richtig,
Und hoben
Und schoben,
Und fegten und backten
Und klopften und hackten.
Die Burschen schnarchten noch im Chor:
Da rückte schon das Brot, ... das neue, vor!
[...]

[1] ächzen: stöhnen

Seite 290–291

1 **a)** Überfliege alle vier Strophen des Gedichts: Worum geht es?
b) Lies das Gedicht nun genau und betrachte die Bilder. Ordne die auf den Bildern dargestellten Tätigkeiten passenden Verben im Gedicht zu.
c) Kläre mit einem Partner folgende Fragen:
Warum ging es den Kölnern früher so gut? Wem halfen die Heinzelmännchen?
Was erfahrt ihr über die Frau des Schneiders?
d) Sprecht darüber, woran man erkennt, dass das Gedicht schon fast 200 Jahre alt ist.

2 **a)** Wählt zu zweit eine Strophe (2–4) aus und übt den flüssigen Vortrag (siehe **LERNBOX**, Seite 187). Bearbeitet die Strophe wie die erste und überlegt, ob ihr alle Verse gemeinsam oder abwechselnd sprechen wollt.
b) Setzt euch mit einem weiteren Paar zusammen und tragt eure Strophe vor. Wechselt anschließend die Rollen.
c) Gebt euch Rückmeldungen, ob der Inhalt und auch die Stimmung durch euren Vortrag verständlich geworden ist.

☆ **3** **a)** Sammelt in der Gruppe Ideen, welche Tätigkeiten die Heinzelmännchen heute für euch übernehmen könnten.
b) Schreibt eine oder mehrere Strophen, die eure Ideen enthält bzw. enthalten. Haltet euch dabei an den Aufbau der zweiten Strophe.

4 Schreibt zu viert ein Ende für das Gedicht, in dem deutlich wird, wie sich das Leben der Kölner nach dem Verschwinden der Heinzelmännchen verändert.

Einst hatt' ein Schneider große Pein[2]:
Der Staatsrock[3] sollte fertig sein;
Warf hin das Zeug und legte sich
Hin auf das Ohr[4] und pflegte sich.
Da schlüpften sie frisch
In den Schneidertisch;
Da schnitten und rückten
Und nähten und stickten
Und fassten,
Und passten
Und strichen und guckten
Und zupften und ruckten,
Und eh mein Schneiderlein erwacht:
War Bürgermeisters Rock ... bereits gemacht!

Neugierig war des Schneiders Weib,
Und macht sich diesen Zeitvertreib:
Streut Erbsen hin die andre Nacht;
Die Heinzelmännchen kommen sacht;
Eins fähret nun aus,
Schlägt hin im Haus,
Die gleiten von Stufen
Und plumpen in Kufen,
Die fallen
Mit Schallen,
Die lärmen und schreien
Und vermaledeien[5]!
Sie springt hinunter auf den Schall
Mit Licht: husch husch husch husch! –
verschwinden all!
[...]

5 Bereitet das Gedicht in Vierergruppen als kleines Theaterstück vor:

a) Wählt eine oder mehrere Strophen aus, die ihr mit eurem eigenen Ende vorspielen möchtet.

b) Lest die **LERNBOX** und entscheidet, welche Tätigkeiten ihr pantomimisch darstellen wollt.

c) Teilt die Rollen auf: Einer trägt den Text vor, die anderen spielen den Inhalt pantomimisch vor.

d) Übt euer Theaterstück, bis Text und Spiel zusammenpassen.

6 Spielt euer Theaterstück der Klasse vor. Die Zuschauer geben euch Rückmeldungen:
- Wird der Text wirkungsvoll vorgetragen?
- Passen Text und Pantomime zusammen?
- Laufen die Handlungen in den Strophen und das Spiel gleichzeitig ab?
- Ist das eigene Ende / sind die eigenen Strophen nachvollziehbar?

[2] die Pein: die Not

[3] der Staatsrock: hier: Anzugjacke für den Bürgermeister

[4] sich aufs Ohr hauen: sich schlafen legen

[5] vermaledeien: fluchen, schimpfen

LERNBOX

So gestaltest du pantomimisch:

1. Bei der **Pantomime** verzichtest du auf Wörter, nur dein **Körper spricht.**
2. Mit deinem Gesichtsausdruck (**Mimik**) kannst du Gefühle zum Ausdruck bringen.
3. Mit Körperhaltung und -bewegungen (**Gestik**) kannst du zusätzlich noch Tätigkeiten verdeutlichen.
4. Wenn zugleich ein Text gesprochen wird, müssen Text und Pantomime gleichzeitig ablaufen.

TIPPBOX

Zu 1 b): Passende Verben findest du z. B. in den Versen 12, 16, 21 und 36.
Zu 4 : Folgende Fragen können helfen: Welche Tätigkeiten müssen die Kölner nun wieder selbst verrichten? Wie reagieren sie darauf? Wie fühlen sie sich?
Zu 5 b): Ihr müsst nicht alle Tätigkeiten darstellen. Wählt Tätigkeiten aus, die eindeutig sind, also nicht *klappten* (V. 8), sondern z. B. *rupfen* und *zupfen* (V. 9 und 10).

Sagenhaftes Treiben – ein Standbild bauen

Das Hornberger Schießen

[1] der Schütze
[2] die Kanone
[3] die Lunte
[8] die Salve

(1) Einst, als die Hornberger noch zum Herzogtum Württemberg gehörten, sagte der Landesvater einmal seinen Besuch an. Das gab eine nette Aufregung im Städtchen, und alles bereitete sich vor, den Herzog würdig zu empfangen. Vor allem aber wurden Kanonen auf den Schlossberg geschleppt, damit sie mit donnerndem Gruß den Fürsten empfingen.

(2) Als der große Tag anbrach, war schon seit dem frühen Morgen alles in Bewegung. Die Schützen[1] standen neben den Kanonen[2] bereit und warteten auf den großen Augenblick. Sorgsam hatten die Feuerwerker das Pulver eingefüllt und ordentlich Papier nachgestopft. Die glimmende Lunte[3] lag auch parat[4], aber es zeigte und zeigte sich nichts im Tal.

(3) Die Sonne stieg immer höher und zu der brennenden Ungeduld[5] kam der noch brennendere Durst. Aber da gab's kein Weichen und Wanken. Nachher, ha, da wollte man sich nach der schweren Arbeit schon gütlich tun[6] in den kühlen Schenken[7]. Endlich zeigte sich ein Wagenzug im Tal, woraufhin der Hauptmann „Feuer" rief.

(4) Sofort kamen die Schützen dem Befehl nach und schossen ihre Salven[8] ab. Schließlich war das letzte Pulver verschossen und der Wagenzug ins Städtchen eingerückt. Stolz zogen sie hinab im freudigen Gefühl der erfüllten Pflicht. Doch, o weh, der Herzog hatte nur sein Gefolge vorausgeschickt, er selbst rückte einige Zeit später sang- und klanglos in Hornberg ein.

(5) Drum sagt man seit jener Zeit, wenn eine mit viel Lärm angekündigte Unternehmung leer ausgeht: Das geht aus wie das „Hornberger Schießen".

[4] parat: bereit
[5] brennende Ungeduld: große Ungeduld
[6] sich gütlich tun: sich etwas Gutes gönnen
[7] die Schenke: die Gaststätte

1 **a)** Notiere fünf Fragen zu der Sage.
b) Setze dich mit einem Partner zusammen und beantwortet gegenseitig eure Fragen.

2 Untersuche die Handlung der Sage genauer.
Übertrage dazu die Tabelle in dein Heft und ergänze die fehlenden Informationen zu den Abschnitten 2 bis 4 mithilfe des Textes.

Handlung / Situation	Personen	Wie fühlen sie sich?
1 Herzog will Hornberg besuchen (Z. 2–3), zur Begrüßung werden Kanonen auf den Schlossberg gebracht (Z. 5–6)	Bürger und Soldaten aus Hornberg	freuen sich auf den Herzog (Z. 3), sind stolz, dass er zu ihnen kommt (Z. 4–5)
2 die Kanonen werden vorbereitet	…	…

3 Bereitet in einer 6er-Gruppe ein Standbild zu der Sage vor. Geht so vor, wie in der **LERNBOX** beschrieben.

a) Wählt mithilfe des Textes und eurer Tabelle aus Aufgabe **2** eine Situation aus, die ihr für die Handlung wichtig findet.

b) Verteilt die Rollen: Legt fest, wer Standbildbauer und wer Darsteller ist.

c) Überlegt gemeinsam, wie man die Gefühle und die Beziehung der Personen untereinander gestisch und mimisch darstellen kann. Probiert eure Vorschläge aus.

4 **a)** Stellt eure Standbilder in der Klasse vor. Notiert für die Rückmeldung Stichpunkte zu den folgenden Fragen:

	Gruppe 1	Gruppe 2	...
Welche Personen werden dargestellt?			
In welcher Situation befinden sie sich?			
Welche Gefühle kann man erkennen?			
Wie werden diese durch Gestik und Mimik verdeutlicht?			

b) Bewertet eure Standbilder: Passt das Standbild zur Situation und zu den Gefühlen der Personen?

5 Gib einer Figur im Standbild einer anderen Gruppe eine Stimme. Lege der Figur deine Hand auf ihre Schulter und sprich ihre Gedanken und Gefühle stellvertretend für sie aus.

! LERNBOX

So baut ihr ein Standbild:

1. Wählt eine Textstelle aus, die ihr darstellen möchtet. Überlegt euch, wie die **Personen** in dieser Situation **zueinander stehen** und was sie **fühlen**.
2. Stellt die **Gefühle** durch eure Körper dar, nutzt dazu den **Gesichtsausdruck** (die Mimik) und eure **Körperhaltung** (die Gestik).
3. Einer aus der Gruppe ist der **Standbildbauer**. Er bringt eure Arme und Beine in die richtige Position und sagt euch, ob die Mimik stimmt. Wenn ihr zu mehreren ein Standbild baut, achtet er auch darauf, dass ihr in der Gruppe richtig zueinander steht.
4. Wenn das Standbild fertig ist, **friert ihr es für einen Moment ein**, sodass eure Mitschüler es betrachten und euch Rückmeldungen geben können.

Sommertisch – eine Spielszene entwickeln

Der Sommer-Tisch

Raquel J. Palacio

Seite 178–186

August, die Hauptfigur aus dem Roman „Wunder", ist anders. Trotz vieler Operationen ist sein Gesicht so entstellt, dass die Leute mit Entsetzen und Ablehnung auf ihn reagieren. In der fünften Klasse darf er zum ersten Mal in eine normale Schule gehen.

„Hey, ist der Platz noch frei?" Ich schaute auf, und ein Mädchen, das ich noch nie zuvor gesehen hatte, stand mit einem vollen Tablett vor meinem Tisch. Sie hatte langes, gewelltes braunes Haar und trug ein braunes T-Shirt mit einem lilafarbenen Peace-Zeichen darauf. „Äh, ja", sagte ich.
Sie stellte ihr Tablett auf den Tisch, ließ ihren Rucksack auf den Boden plumpsen und setzte sich mir gegenüber. Sie fing an, die Makkaroni mit Käse zu essen, die sie auf ihrem Teller hatte. [...]
„Ich heiße übrigens Summer. Wie heißt du?" „August." „Cool", sagte sie.
„Summer!" Ein anderes Mädchen kam mit einem Tablett in den Händen herüber. „Warum sitzt du hier? Komm doch an unseren Tisch zurück." „Da war es mir zu voll", erwiderte Summer. „Komm, setz dich zu uns. Hier ist noch Platz."
Das andere Mädchen sah einen Moment lang verwirrt aus. [...] „Ne, ist schon gut", sagte das Mädchen und zog ab.
Summer schaute mich an, zuckte lächelnd mit den Schultern und nahm noch einen weiteren Bissen von ihren Käsemakkaroni. „Hey, unsere Namen passen gut zusammen", sagte sie kauend. Wahrscheinlich merkte sie, dass ich nicht verstand, was sie meinte. „Summer? August?", sagte sie lächelnd mit weit geöffneten Augen, als wartete sie darauf, dass ich es endlich kapierte. „Oh, ach so", sagte ich nach einem Moment.
„Wir können das hier zum *exklusiven Sommer-Tisch* erklären", sagte sie. „Nur Leute mit Sommer-Namen dürfen hier sitzen. Warte mal, gibt's hier irgendwen, der June oder July heißt?" „Es gibt eine Maya", sagte ich. „Das wäre Mai, und das ist ja eigentlich Frühling", erwiderte Summer, „aber wenn sie gern hier sitzen würde, könnten wir vielleicht eine Ausnahme machen." Sie sagte das, als hätte sie die ganze Sache komplett durchdacht. „Es gibt Julian. Das ist wie Julia und kommt von Juli." Ich sagte nichts.
„Es gibt einen Jungen in meinem Englischkurs, der Monty heißt", sagte ich. „Ja, Monty kenne ich, aber inwiefern soll Monty ein Sommername sein?", fragte sie. „Weiß nicht." Ich zuckte mit den Schultern. „Ich musste an Montauk denken. Da fahren wir im Sommer oft hin." „Ja, okay." Sie nickte und zog ihren Block hervor. „Und Miss Beacham könnte dann auch hier sitzen. Klingt doch wie Miami Beach, finde ich." „Ich hab sie in Sport", sagte ich. „Ich in Mathe", erwiderte sie und verzog das Gesicht. [...] „Also, wer noch?", fragte sie.
Am Ende der Mittagspause hatten wir eine lange Liste mit Namen von Schülern und Lehrern zusammen, die an unserem Tisch sitzen durften, wenn sie wollten. [...] „Aber wenn jemand keinen Sommernamen hat und bei uns sitzen will", sagte sie sehr ernst, „erlauben wir es ihm trotzdem, wenn er nett ist, okay?" „Okay." Ich nickte. „Selbst wenn es ein Wintername ist."
„Ultracool", sagte sie und hob den Daumen in meine Richtung. [...]

1 **a)** Würdest du auch gerne an diesem Sommer-Tisch sitzen? Begründe deine Meinung.
b) Erkläre, warum das andere Mädchen Summer wieder an ihren Tisch holen möchte.
c) Kennst du ähnliche Situationen aus der Schule? Erzähle davon.

2 Schreibt das Kapitel aus dem Roman „Wunder" so um, dass ihr es vorspielen könnt. Legt euch hierzu in der Gruppe ein Drehbuch (siehe **LERNBOX**) an.
a) Sammelt aus dem Text Hinweise zum Handlungsort und zu den Personen.
b) Notiert, welche Requisiten ihr braucht. Sprecht darüber, was in der Schule vorhanden ist und was ihr mitbringen müsst.
c) Schreibt das Gespräch zwischen den Schülern als Rollentext auf. Ihr könnt den folgenden Anfang übernehmen oder einen eigenen entwickeln. Notiert die notwendigen Regieanweisungen wie im Beispiel.

Handlungsort: Mensa
Requisiten: Tisch, Stühle ...
1. Szene:
Summer: (steht mit Tablett vor dem Tisch, an dem August sitzt, sagt freundlich) „Hey, ist der Platz noch frei?"
August: (begutachtet Summer, antwortet schüchtern) „Äh, ja, der Platz ist wie immer frei."
Summer: (stellt ihr Tablett ab ...) ...

d) Fügt weitere Schüler hinzu, die das Treffen zwischen Summer und August kommentieren. ☆
e) Verteilt die Rollen und übt euer Spiel, bis ihr euren Text sicher sprechen könnt.

3 Spielt eure Szene vor. Eure Zuschauer geben euch Rückmeldungen
- zum Inhalt: Habt ihr ihn richtig wiedergegeben?
- zu euren Ergänzungen: Passen sie zu den Vorgaben des Textes?
- zu eurer Sprechweise, Mimik und Gestik: Drücken sie die Gefühle der Personen angemessen aus?

! LERNBOX

So schreibst du ein Drehbuch:
1. Ein **Drehbuch** enthält alle **Informationen**, die ein Schauspieler braucht.
2. Notiere zuerst den **Handlungsort** und die benötigten **Gegenstände** (Requisiten) für den **Ort** und die **Schauspieler**: *Mensa, Tische und Stühle, Teller, Besteck, Schultaschen ...*
3. Schreibe den **Rollentext**, d. h. das, was die Personen sagen, auf. Ergänze in den **Regieanweisungen**, *wie* sie sprechen (*erstaunt, neugierig, schnippisch ...*) und *was* sie dabei tun (*Summer isst Makkaroni, August schaut auf den Boden ...*).
4. Wenn der Ort wechselt oder ein neuer Handlungsabschnitt eintritt, beginnt eine neue Szene.

Sprache betrachten

Kleiner Anfangstest

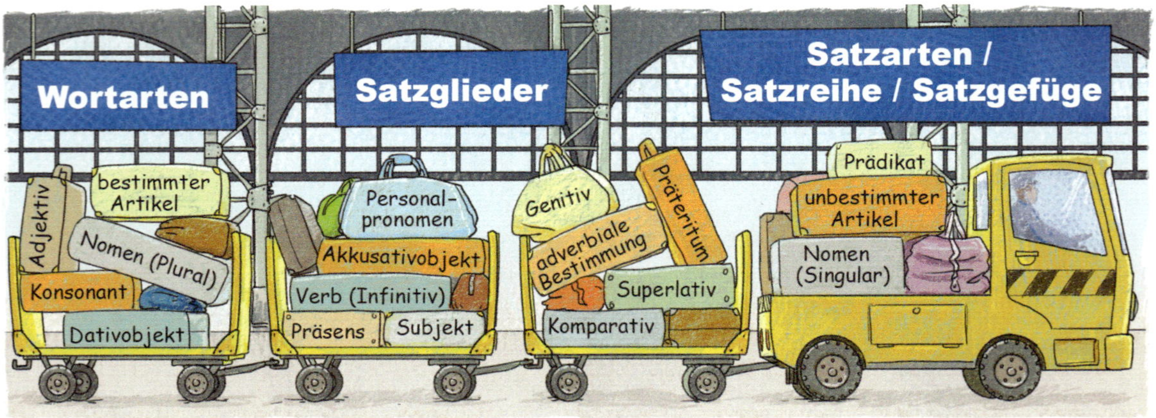

Seite 301–311

1 **a)** Erklärt euch gegenseitig, wofür die Fachbegriffe in den Koffern des Zuges stehen. Wenn ihr unsicher seid, schlagt im **Basiswissen** nach.
b) Ordne die Wörter und die in den Sätzen unterstrichenen Satzglieder den Fachbegriffen zu. Bestimme so genau wie möglich, also bei Verben auch die Zeitform. Schreibe so:
Nomen (Plural): die Hotelgäste / viele Strandkörbe ...
c) Vergleiche dein Ergebnis mit dem eines Partners.

A Gestern fuhr ich mit dem Zug. / Ich wollte nach Köln.
B planen / buchen / reservieren
C der / die / das
D ich packte / wir lasen / er flog
E die Zimmer des Hotels / den Gipfel des Berges
F am schnellsten / am höchsten / am weitesten
G fröhlich / sonnig / wunderschön
H m, q, x, z, t ...
I teurer / heller / vergnügter
J die Hotelgäste / viele Strandkörbe / bunte Handtücher
K Tim zeigte dem Schaffner seine Fahrkarte. / Mir gab er den Fahrplan.
L einer / eine / ein
M ich / mir / du / euch
N Vater checkte den Ölstand. / Tina holte die Koffer.
O ich schwimme / wir fliegen los / sie essen
P ein Flughafen / das Strandcafé / der Sonnenschirm
Q Die Mutter holt die Kühlbox. / Sie füllt sie mit Getränken.
R Didem schreibt Postkarten. / Wir bestellen zwei Cola.

2 **a)** Finde für zehn Fachbegriffe drei weitere Beispiele zum Thema „Reisen und Urlaub“ und packe sie in die Koffer, indem du sie in deiner Liste ergänzt.
b) Ergänze zu allen Fachbegriffen drei weitere Beispiele.

Nomen und ihre Begleiter

Der Löwe und der Hase

nach Äsop

Ein Löwe überraschte einen kleinen Hasen in seinem Schlaf. Als der Löwe ihn verschlingen wollte, bemerkte er einen Hirsch, der vorbeieilte. Weil der Hirsch eine größere Beute für den Löwen bedeutete, ließ er seinen Hasen liegen und jagte den Hirsch. Als er merkte, dass er diesen Hirsch nicht mehr einholen konnte, dachte er wieder an den Hasen und kehrte zurück. An dem Platz angekommen, sah er, dass der schlafende Hase verschwunden war. Da sagte er zu sich selber: „Das geschieht mir recht, ich ließ die kleine, aber sichere Beute liegen, weil ich die fette Beute wollte."

1 **a)** Lies den Text und erkläre, warum es sich um eine Fabel handelt.
b) Besprecht, welche Lehre der Leser daraus ziehen kann.

2 **a)** Unterstreiche in der Fabel die Nomen und ihre Begleiter wie im Beispiel.
b) Übertrage die Tabelle in dein Heft. Ergänze die Überschriften (**LERNBOX**).
c) Schreibe die Nomen und ihre Begleiter geordnet in die Tabelle.

Folie

Nomen mit ...	Nomen mit ...	Nomen mit ...	Nomen mit ...
ein Löwe	der Löwe	einen kleinen Hasen	in seinem Schlaf

? Leiter / ? Fossil / ? Pionier / ? Band / ? Schutt / ? Gang /
? Laster / ? Chance / ? Kiefer / ? Steuer / ? Galaxis / ? Junge

3 **a)** Ergänze zu jedem der Wörter den passenden bestimmten oder unbestimmten Artikel. Schlage, wenn nötig, den Artikel und die Bedeutung des Wortes nach.
b) Bei sieben Wörtern sind verschiedene Artikel möglich. Schreibe zu jedem dieser Wörter einen Beispielsatz, der die unterschiedliche Bedeutung zeigt.

LERNBOX

Begleiter von Nomen

1. Der Artikel ist der wichtigste Begleiter des Nomens. Er zeigt das grammatische Geschlecht des Nomens an: *maskulin (der Löwe), feminin (die Maus), neutrum (das Glück).*
2. Je nachdem, ob es sich bei dem Nomen um etwas Bestimmtes oder um etwas Unbestimmtes handelt, unterscheidet man zwischen **bestimmtem** (*der, die, das*) und **unbestimmtem** (*ein, eine, ein*) **Artikel.**
3. Wenn du dir nicht sicher bist, welches Geschlecht ein Nomen hat, schlage im Wörterbuch nach.
4. Auch **Adjektive** und **Pronomen** begleiten Nomen: *der kleine Hase, dieser Hirsch, seine Beute.*

TIPPBOX

Zu 1 a): Lies dir dazu noch einmal die **LERNBOX** auf Seite 59 durch.
Zu 2 a): Du musst 18 Nomen und ihre Begleiter unterstreichen.
Zu 2 b): Nutze die fett gedruckten Wörter als Überschriften.
Zu 2 c): Orientiere dich beim Einordnen an dem Begleiter, der direkt vor dem Nomen steht.

Der Hund und der Hase

Ein Hund fing einen Hasen. Mal beleckte er ihn und mal biss er ihn. Der Hase versuchte, den Hund davon abzubringen, und sagte dem Hund: „Entweder du hörst auf, mich zu beißen, oder du hörst auf, mich zu belecken, damit ich endlich weiß, ob du mein Freund oder mein Feind bist." Die Antwort des Hundes lautete: „…"

4 **a)** Überlege, warum das Nomen *Hund* im Text unterschiedliche Begleiter und Endungen hat.

b) Mit welchen Fragewörtern fragst du nach den unterstrichenen Nomen?

c) Ordne die Nomen den vier Fällen zu. Lies dazu die **LERNBOX**.

d) Ergänze eine sinnvolle Anwort des Hundes am Ende der Fabel.

Das Pferd und der Esel

(1. *Ein Bauer*) besaß (2. *ein Pferd und ein Esel*). Als einmal beide Tiere schwer beladen (3. *der Weg*) entlanggingen, sagte der Esel (4. *das Pferd*): „Pferd, ich kann nicht mehr. (5. *die Last*) ist mir zu schwer. Wenn du mich retten willst, nimm mir etwas von (6. *die Last*) ab." (7. *das Pferd*) war nicht einverstanden und (8. *der Esel*) brach tot zusammen. Der Bauer nahm die Ladung (9. *der Esel*), dazu auch noch (10. *das abgezogene Fell*) und belud damit (11. *der Gaul*). Das Pferd weinte und klagte: „Oh weh, ich armes Pferd. Ich wollte (12. *der Esel*) nicht (13. *ein kleiner Teil*) seiner Last abnehmen. Und jetzt muss ich nicht nur (14. *das Doppelte*), sondern auch noch das Fell (15. *der Esel*) tragen.

5 **a)** Sprecht darüber, ob diese Aussage zu der Fabel passt: „*Wenn die Großen die Lasten der Kleinen mittragen, ist das Leben für beide leichter.*"

b) Schreibe die Fabel ab und setze die Wörter in Klammern im richtigen Fall ein.

Seite 239

c) Mache die **Erweiterungsprobe**: Ergänze die folgenden Adjektive: *erschöpft, reich, stolz, schwer, verzweifelt, schwach*. Achte auf die richtigen Endungen.

LERNBOX

Das Nomen und seine vier Fälle

Nomen können in **vier Fälle** gesetzt werden. Dabei verändern sich ihre Begleiter (z. B. die Endungen der Adjektive und Pronomen) und manchmal auch die Endungen der Nomen. Die vier Fälle kannst du durch Fragen ermitteln:

1. **Fall (Nominativ) => *Wer oder was?***: *Wer oder was fing einen Hasen? => Ein Hund fing einen Hasen.*
2. **Fall (Genitiv) => *Wessen?***: *Wessen Antwort lautete …? => Die Antwort des Hundes …*
3. **Fall (Dativ) => *Wem?***: *Wem sagte der Hase etwas? => Dem Hund sagte er etwas.*
4. **Fall (Akkusativ) => *Wen oder was?***: *Wen oder was versuchte der Hase davon abzubringen? => Er versuchte, den Hund davon abzubringen.*

TIPPBOX

Zu 4 b):
Bilde Fragen mit folgenden Fragewörtern:
Wer oder was?, Wessen?, Wem?, Wen oder was?

Zu 5 b):
Setze 4x den Nominativ, 2x den Genitiv, 3x den Dativ und 6x den Akkusativ ein.

Zu 5 c):
Je nach Fall musst du das Adjektiv anpassen:
Ein reicher Bauer …

Personalpronomen – Bezüge herstellen

Die Mücke und der Löwe

Eine Mücke traf einen Löwen. Die Mücke sprach zu dem Löwen: „Weißt du was, ich habe keine Angst vor dir, und ich glaube auch nicht, dass du stärker bist als ich. Lass uns ringen." Die Mücke flog auf den Löwen zu und stach dem Löwen ins Maul. Das Maul des Löwen begann zu jucken und mit den Pranken des Löwen zerriss sich der Löwe das Maul, bis der Löwe erschöpft umfiel. Die Mücke hatte den Löwen besiegt. Die Mücke flog davon. In dem Siegestaumel der Mücke verfing sich die Mücke in einem Spinnennetz. Die Mücke schrie verzweifelt: „Ein Sieger gegen die mächtigen Tiere stirbt durch eine unbedeutende Spinne!"

1 **a)** Wenn du die Fabel gelesen hast, wirst du feststellen, dass sie wenig abwechslungsreich klingt. Vermute, woran das liegen könnte.
b) Überprüfe deine Vermutungen mithilfe der **LERNBOX** (Hinweise 1–2).
c) Entscheide, welche Wörter du durch Personalpronomen ersetzen möchtest. Markiere sie auf einer Folie mit diesem Zeichen: └→←┘ .
d) Schreibe den Text ab und ersetze die markierten Wörter durch Personalpronomen. Finde durch Fragen heraus, in welchen Fall du diese setzen musst. Nutze dazu die Tabelle aus der **LERNBOX** (Hinweis 3).
e) Ändere den Text, sodass er zum Titel „Die Mücke und die Löwin" passt.

Eigentlich ist sie klein und schwach. Aber diesmal tritt sie sehr selbstbewusst ihm gegenüber auf. Sie lacht über ihn. Dafür wird sie bestraft.

2 **a)** Besprecht, warum die Meinung des Schülers schwer verständlich ist.
b) Schreibe sie so um, dass klar wird, wer gemeint ist.

LERNBOX

Mit Personalpronomen Bezüge herstellen

1. Mit den Personalpronomen (*ich, du, er / sie / es, wir ihr, sie*) kannst du in einem Text Bezüge herstellen und Wiederholungen vermeiden.
2. Wenn du ein Nomen durch ein Personalpronomen ersetzt, achte darauf, dass weiterhin klar ist, wer oder was gemeint ist. Der **Bezug zum vorausgehenden Nomen** muss deutlich sein.
3. Auch Personalpronomen treten in verschiedenen Fällen auf:

	Fall	1. Person	2. Person	3. Person		
				männlich	weiblich	sächlich
Singular	**Nominativ** (*Wer / was?*)	ich	du	er	sie	es
	Dativ (*Wem?*)	mir	dir	ihm	ihr	ihm
	Akkusativ (*Wen / was?*)	mich	dich	ihn	sie	es
Plural	**Nominativ** (*Wer / was?*)	wir	ihr	sie	sie	sie
	Dativ (*Wem?*)	uns	euch	ihnen	ihnen	ihnen
	Akkusativ (*Wen / was?*)	uns	euch	sie	sie	sie

Possessivpronomen – Zugehörigkeit ausdrücken

Was nimmst du denn jetzt mit auf unsere Klassenfahrt? Ich brauche dringend deine Tipps!

Also, ist doch klar, dass ich auf den Reiterhof meine Reithose und die Reitstiefel mitnehme. Den Helm habe ich mir von meiner Cousine geliehen. Ihr Helm passt mir gut! Außerdem wollte ich unsere Spielesammlung einpacken, damit wir in unserem Zimmer keine Langeweile haben. Dann habe ich mir den MP3-Player von meinem Bruder geliehen. Sein Player hat mehr Speicherplatz als mein Player. Du solltest auch an deinen Badeanzug denken, falls wir schwimmen gehen …

Okay, ich wiederhole nochmal. Du nimmst deine Reithose …

1 **a)** Lies das Telefongespräch: Welche Sachen packt Sina in ihren Koffer?
b) Welche Dinge würdest du noch einpacken? Schreibe auf:
meinen Tischtennisschläger …
c) Tauscht eure Ideen in der Klasse aus.

Folie

2 **a)** Markiere in den Aussagen die Wörter, die anzeigen, wem oder zu wem etwas oder jemand gehört. Lies dazu die **LERNBOX**.
b) Vergleiche deine Markierungen mit denen eines Partners.
c) Clara will sich alles merken und wiederholt, was Sina gesagt hat. Setze Claras Sprechblase fort.

3 Sina und Clara schreiben vom Reiterhof aus an die Schulsekretärin, weil sie bei der Organisation der Reise geholfen hat. Vervollständige Sinas und Claras Text:
Sehr geehrte Frau Weber,
wir möchten uns ganz herzlich für Ihre tolle Organisation bedanken …

LERNBOX

Mit Possessivpronomen Zugehörigkeiten ausdrücken

1. Mit **Possessivpronomen** kannst du Besitz und Zugehörigkeit ausdrücken:
   Singular: mein – meine / dein – deine / sein – seine / ihr – ihre.
   Plural: unser – unsere / euer – eure / ihr – ihre.
2. Die Possessivpronomen werden wie Nomen und Artikel **in die vier Fälle gesetzt**: *mein Bruder (Nominativ), meines Bruders (Genitiv), meinem Bruder (Dativ), meinen Bruder (Akkusativ).*
3. In der **Höflichkeitsform** werden diese Pronomen großgeschrieben: *Wir haben uns über Ihre Urlaubskarte gefreut.*

TIPPBOX

Zu 1 b):
Denke zum Beispiel an sportliche Aktivitäten, unterschiedliches Wetter, Waschzeug …
Zu 2 a):
Markiere in den Sprechblasen insgesamt 12 Possessivpronomen.

Demonstrativpronomen – auf etwas hinweisen

Hast du die Seehundstation schon besucht?

Nein, die kenne ich noch nicht.

Welche Muscheln möchtest du haben?

Mir gefallen diese.

1 **a)** Lies die Dialoge und überlege, wofür die unterstrichenen Wörter stehen.
b) Woher weiß der Gesprächspartner, was der Antwortende meint?

A In Bensersiel verbrachten wir die Sommerferien. Diese waren erlebnisreich.
B Wir haben auch den Strand besucht. Das war ziemlich aufregend.
C Die Strandkörbe waren alle besetzt. Das war aber vorauszusehen.
D Deshalb bauten wir uns eine Sandburg. Diese hatte hohe Mauern.
E Wir schmückten sie mit Muscheln. Solche findet man nur an der Nordsee.

2 **a)** Lies in der **LERNBOX** nach, worauf sich das Demonstrativpronomen beziehen kann.
b) Übertrage die Sätze in dein Heft. Kreise im zweiten Satz das Demonstrativpronomen ein und unterstreiche im ersten Satz, worauf es sich bezieht.

Dieser Tag am Strand war richtig schön. Am besten gefielen mir die frischen Krabben auf den Brötchen. Jene kommen direkt vom Krabbenkutter und werden frisch gepult. Ich sah den Fischern beim Krabbenpulen zu. Das war spannend. Ich möchte denselben Urlaub gerne noch einmal machen. Der war klasse.

3 Untersuche den Text: An welchen Stellen wird das Demonstrativpronomen als Begleiter eines Nomens verwendet, an welchen Stellen verweist es auf ein Nomen oder auf einen ganzen Satz?

! LERNBOX

So nutzt du Demonstrativpronomen:

1. **Demonstrativpronomen** sind:
   der, die, das / dieser, diese, dieses / jener, jene, jenes / solcher, solche, solches / derselbe, dieselbe, dasselbe.
2. Mit ihnen kannst du auf etwas **zurück-** oder **vorausweisen**.
3. Das Demonstrativpronomen steht stellvertretend für ein **Wort**, eine **Wortgruppe** oder einen **ganzen Satz**.

   Wir beobachteten die Fischer bei ihrer Arbeit. Das war toll.
4. Das Demonstrativpronomen kann auch Begleiter eines Nomens sein: *Ein Ostfriese führte uns durchs Watt. Dieser Mann kannte sich gut aus.*

TIPPBOX

Zu 2 b):
Das Demonstrativpronomen steht stellvertretend für:
A Wortgruppe,
B ganzer Satz,
C ganzer Satz,
D Wortgruppe,
E Wort.
Im zweiten Satz steht es jeweils am Anfang.

Verben

Präteritum und Plusquamperfekt – Abfolgen aufzeigen

Nachdem Göknur mit ihrer Mutter gefrühstückt hatte, ...

1 **a)** Betrachte die Bilder und setze den Satzanfang fort.
b) Lies die **LERNBOX**. Fasse zusammen, was du beachten musst, wenn zwei Handlungen aufeinanderfolgen.

Göknurs Erdbeermarmelade

Göknur hatte zwei Kilo Erdbeeren eingekauft. Sie kam zu Hause an. Sie schüttete die Erdbeeren in ein Sieb. Sie wusch die Früchte gründlich. Sie entfernte die Blätter und schnitt die Früchte klein. Dann holte sie einen großen Topf aus dem Schrank. Göknur schüttete die Erdbeeren in den Topf. Sie fügte zwei Kilo Gelierzucker hinzu. Sie schaltete die Herdplatte ein, um die Erdbeeren schnell zu erwärmen. Sie rührte drei Minuten und schüttete die Masse in kleine Gläser. Göknur schraubte die vollen Gläser zu. Sie stellte sie zum Abkühlen auf die Fensterbank.

2 Schreibe den Text ab und überlege, an welchen Stellen du die Sätze sinnvoll verknüpfen kannst. Verwende die Konjunktionen *nachdem* oder *als*, um die zeitliche Abfolge deutlich zu machen. Achte auf die richtige Zeitform: Als Göknur zu Hause angekommen war, schüttete sie die Erdbeeren in ein Sieb.

3 Wähle ein eigenes Gericht aus und erzähle davon, wie du es selbst gekocht hast. Leite einige deiner Sätze mit *als* und *nachdem* ein.

LERNBOX

Die Zeitformen Präteritum und Plusquamperfekt

1. Das **Präteritum** ist eine Zeitform der Vergangenheit. Du verwendest es vor allem, wenn du etwas **schriftlich erzählst oder berichtest**, was schon geschehen ist: *Göknur kochte Marmelade.*
2. Wenn in der Vergangenheit zwei Handlungen aufeinanderfolgen, verwendest du für die frühere der beiden Handlungen das **Plusquamperfekt**: *Nachdem Göknur die Marmelade gekocht hatte, stellte sie die Herdplatte aus.*
3. Das **Plusquamperfekt** wird aus dem Präteritum von *haben* oder *sein* und dem *Partizip II* gebildet: *er hatte gesprochen, sie waren gelaufen* ... Diese Verbformen findest du in der Tabelle auf S. 312.

TIPPBOX

Zu 1 a): Verwende im zweiten Teil des Satzes (Bild rechts) das Präteritum.
Zu 2 : So kannst du fortfahren: *Nachdem sie die Früchte gründlich gewaschen hatte, entfernte sie die Blätter und ...*

Präsens und Futur – Zukünftiges ausdrücken

Gleich gehe ich noch in die Stadt zum Einkaufen.
Nachher packen wir unsere Koffer. Morgen früh fahren wir
nämlich nach Boitzenburg auf Klassenfahrt und sind
wahrscheinlich am Nachmittag schon da.
Darauf freue ich mich total.

1 **a)** Untersuche, welche Aussagen sich auf die Zukunft beziehen. Woran erkennst du das? Überprüfe deine Lösung mithilfe der **LERNBOX**.
b) Streiche alle Zeitangaben, die auf die Zukunft hindeuten. Was ändert sich?
c) Schreibe die Aussagen so auf, dass sie ohne weitere Zeitangaben etwas Zukünftiges ausdrücken.

2 Hanna und Hannes sind neugierig, was ihre Zukunft bringen wird. Also besuchen sie auf dem Rummel eine Wahrsagerin:
a) Welche Voraussagen trifft die Wahrsagerin?
b) Unterstreiche in dem Gedicht die Zeitformen der Verben: grün → Futur, blau → Präsens.
c) Tauscht euch darüber aus, woran ihr in den Sätzen erkennen könnt, dass die Wahrsagerin von der Zukunft spricht.

Folie

Bei der Wahrsagerin

Nächstes Jahr um diese Zeit
seid ihr immer noch zu zweit.
Es folgen viele Wochen,
die ihr genießt – ununterbrochen.

Später dann, in drei, vier Jahren,
wird ein jeder von euch fahren
in einen unbekannten Ort,
vom andern hört ihr lang kein Wort.

Doch sag ich euch, so wird's nicht bleiben,
die Einsamkeit wollt ihr vertreiben,
dann geht ihr wieder Hand in Hand
und fahrt' in manches schöne Land.

3 **a)** Schreibe einen Text dazu, was du gerne von einer Wahrsagerin hören würdest. Entscheide, ob du Präsens oder Futur verwenden willst.
b) Verfasse die Weissagung der Wahrsagerin in Gedichtform.

LERNBOX

Das Futur
1. Wenn du von etwas sprichst, das **in der Zukunft** liegt, benutzt du das **Futur**.
2. Das Futur wird mit einer gebeugten Form von *werden* und dem *Infinitiv* eines Verbs (Grundform) gebildet: *Janis wird auf Klassenfahrt fahren.*
3. Du kannst Zukünftiges aber auch mit dem **Präsens** ausdrücken. Meistens ergänzt du dann eine **Zeitangabe**: ***Morgen früh*** *fährt der Bus ab.*

TIPPBOX

Zu 1 c): Nutze als Zeitform das Futur und schreibe so: *Ich werde in die Stadt zum Einkaufen gehen ...*
Zu 2 b): Du musst 8x Präsens und 2x Futur unterstreichen.
Zu 3 a): Beginne so: *Deine Zukunft verspricht dir großartige Dinge. In einigen Jahren ...*

Sprache mündlich und schriftlich verwenden

A Zwei Ziegen (*treffen*) sich auf einer schmalen Brücke, die über einen tiefen Fluss (*führen*). Die eine (*wollen*) auf diese Seite, die andere (*wollen*) auf jene Seite des Flusses. „Geh mir aus dem Weg", (*meckern*) die eine. „Du bist gut!", (*antworten*) die andere …

B Schokoladenkuchen: Zuerst (*vorheizen*) du den Backofen auf 180 Grad. Dann (*einfetten*) du eine Kastenform mit Butter oder Öl. Den Boden und die Seiten (*auslegen*) du mit Backpapier …

C Hi Susi, ich (*schaffen*) heute endlich das Sportabzeichen. Der Langstreckenlauf (*quälen*) mich besonders. Aber der Sportwart (*zudrücken*) ein Auge. Beim Schwimmen (*sein*) ich ja immer gut und auch den Hochsprung (*bewältigen*) ich auf Anhieb …

D In der letzten Schulstunde am 7. März (*ereignen*) sich ein Unfall. Während des Sportunterrichts in der Turnhalle (*sollen*) die Schüler der Klasse 6c einen Handstand turnen. Obwohl zwei Schüler Hilfestellung (*leisten*), (*einknicken*) Lars Müller und (*verdrehen*) sich das Handgelenk …

E In Thailand (*leben*) immer noch viele Elefanten. Für ein Leben in Freiheit (*geben*) es aber zu wenig Djungel. Die Elefanten (*dienen*) auch nicht mehr dazu, Lasten zu tragen. Aus diesem Grund (*einrichten*) die Besitzer eine Schule für Elefanten, in der diese das Malen lernen. Der Verkauf der Bilder (*finanzieren*) das Futter …

1 Lies die unterschiedlichen Textanfänge und untersuche sie: Um welches Thema geht es jeweils und welche Funktion haben sie? Sprecht darüber, welche eher gesprochen (mündlich) und welche aufgeschrieben (schriftlich) werden:
Text A ist eine Fabel, also eine schriftliche Erzählung.

☆ **2** Notiere verschiedene Situationen und Medien, in denen Texte eher gesprochen werden oder eher abgedruckt vorkommen.

3 **a)** Besprecht, welche Zeitform am besten zu den Texten passt, und begründet eure Entscheidung.
b) Überprüft eure Ergebnisse mithilfe der **LERNBOX**.
c) Schreibe zwei der Texte ab. Setze die Verben in die richtige Zeitform.

LERNBOX

Die Zeitformen der Verben im mündlichen und schriftlichen Sprachgebrauch

1. Beim **mündlichen Erzählen** und **Berichten** verwendest du meistens das **Perfekt,** wenn Vergangenes dargestellt wird: *Ich habe heute das Sportabzeichen geschafft.*
2. Beim **schriftlichen Erzählen** und **Berichten** verwendest du in der Regel das **Präteritum:** *Zwei Ziegen trafen sich auf einer Brücke. / In der letzten Sportstunde ereignete sich ein Unfall.*
3. **Sachtexte,** die über Aktuelles oder noch immer Gültiges **informieren,** schreibst du im **Präsens:** *In Thailand leben immer noch viele Elefanten.*
4. Auch **Beschreibungen** und **Anleitungen** verfasst du im **Präsens:** *Dann verrührt man die Zutaten zu einem cremigen Teig.*

Präpositionen – Verhältniswörter richtig verwenden

Am Strand

Wenn wir (1) die Nordsee fahren, sitze ich meistens (2) Strandkorb. Mein Vater liegt lieber (3) meiner Mutter (4) einer Strandmatte (5) Sand. (6) meiner Nähe steht immer der Picknickkorb. (7) dem Proviant liegen Handtuch und Badehose bereit. Mein Bruder sitzt gerne (8) einer Bank (9) der Strandpromenade. (10) ihm stehen seine Schwimmflossen griffbereit, damit er jederzeit (11) Wasser springen kann. Meine kleine Schwester bleibt immer (12) meinen Eltern (13) dem Sonnenschirm.

1 **a)** Wer oder was befindet sich an welcher Stelle? Betrachte die Zeichnung und ergänze in den Sätzen die fehlenden Wörter.
b) Untersuche die Wörter, die du eingesetzt hast. Ordne sie nach *Präposition* und *Präposition + Artikel*. Überprüfe dein Ergebnis mithilfe der **LERNBOX**.

A Der Wanderweg führt durch (1) Naturschutzgebiet.
B Die Umkleidekabine für (2) Schwimmer ist gegenüber (3) Wellenbad.
C Unterhalb (4) Spielplatzes befindet sich der Hundestrand.
D Das Gassigehen mit (5) Hund außerhalb (6) Hundestrandes ist verboten.
E Wegen (7) scharfen Muschelscherben sollte man Schuhe tragen.
F Für Wattwanderer gilt: mit (8) ablaufenden Wasser gehen, während (9) Gewitters das Watt meiden und nie ohne (10) Wattführer gehen.

2 **a)** Markiere die Präpositionen auf einer Folie.
b) Lies in der **LERNBOX** nach, welcher Fall auf welche Präposition folgt.
c) Schreibe die Sätze ab, ergänze den richtigen Artikel und gib den Fall an:
Der Wanderweg führt durch ein Naturschutzgebiet. (Akkusativ)

LERNBOX

Präpositionen richtig verwenden

1. Mit einer **Präposition** gibst du z. B. räumliche oder zeitliche Verhältnisse an: *Peter steht vor dem Strandkorb. / Die Leute klatschen während des Konzerts.*
2. Präpositionen bestimmen den **Fall des darauffolgenden Nomens und seiner Begleiter.**
   Der **Genitiv** folgt nach: *unterhalb, während, wegen, außerhalb ...:*
   → *Wegen des schlechten Wetters fällt der Strandtag aus.*
   Der **Dativ** folgt nach: *aus, bei, gegenüber, mit, nach, seit, von, zu ...:*
   → *Gegenüber der Strandpromenade ist eine Eisdiele.*
   Der **Akkusativ** folgt nach: *durch, für, gegen, ohne, um ...:*
   → *Durch den Sand zu laufen, macht Spaß.*
3. In manchen Fällen kann die **Präposition mit dem Artikel** verschmelzen: *ans* (an + das), *zum* (zu + dem), *im* (in + dem) ...

TIPPBOX

Zu 1 b):
10x musst du eine Präposition einsetzen (*auf, neben, an, vor, in, bei, unter*),
3x Präposition + Artikel (*im, ins*).
Zu 2 b):
Verwende folgende Fälle:
4x Genitiv (*Wessen?*),
3x Dativ (*Wem?*) und
3x Akkusativ (*Wen oder was?*).

1. Die Kinder springen **in das Wasser.**
2. Die Kinder springen **in dem Wasser.**

3 **a)** Zu welchem Bild passt welcher Satz? Begründe deine Vermutung .
b) Durch welches Wort verändert sich die Bedeutung der Sätze? Überprüfe deine Überlegung mithilfe der **LERNBOX**.
c) Formuliere zu den fett gesetzten Satzteilen entsprechende Fragen, um den Fall der Präposition zu ermitteln. Unterstreiche in der Antwort die Präposition und notiere den richtigen Fall dahinter:
Wohin springen die Kinder? → … (…)
d) Bearbeite in gleicher Weise die folgenden Sätze:

A Das Boot fährt auf der Nordsee. / Das Boot fährt auf die Nordsee hinaus.
B Die Fische liegen neben den Krabben. / Er legt die Fische neben die Krabben.
C Hein sitzt in der Kajüte[1]. / Hein geht in die Kajüte.

[1] die Kajüte: ein Raum im Schiffsinnern

e) Formuliere zwei weitere Satzpaare, in denen der Bedeutungsunterschied deutlich wird (Präposition + Dativ / Präposition + Akkusativ).

Moin, Karl! Gestern sind wir gegenüber einem Boot gegen die offene See hinausgefahren. Leider hatten wir nicht unter die Ebbe gedacht und so landeten wir durch einer Sandbank. Ohne dem Boot knirschten die Muschelreste und die Wattwürmer vergruben sich schnell über den feuchten Boden. Bald kamen die ersten Wattwanderer mit unserem Boot vorbeispaziert. Da kam mein Vater über eine geniale Idee: Er verkaufte Kaffee und Kuchen neben die Touristen! Claas

Folie

4 In diesem Text wurden die Präpositionen falsch verwendet. Markiere sie und schreibe den Text richtig in dein Heft:
Gestern sind wir in einem Boot …

LERNBOX

Präpositionen mit Dativ oder Akkusativ

Bei den **Präpositionen** *auf, unter, vor, hinter, über, neben, an* und *in* musst du dich entscheiden: Je nachdem, was du ausdrücken willst, setzt du das nachfolgende Nomen entweder in den Dativ oder in den Akkusativ.

1. Der **Dativ** zeigt an, dass etwas **an einer bestimmten Stelle** passiert:
   Das Boot fährt auf der Nordsee. (Wo fährt das Boot?)
2. Der **Akkusativ** zeigt an, dass sich etwas **auf eine bestimmte Stelle zubewegt:**
   Das Boot fährt auf die Nordsee hinaus. (Wohin fährt das Boot?)

TIPPBOX

Zu 3 d): So formulierst du die Fragen:
A Wo fährt das Boot? → auf der Nordsee (Dativ) …

Zu 4 : Setze diese Präpositionen ein:
an (3x), auf (3x), in (2x), unter (1x).

Adverbien – genaue Umstände angeben

Die geheimnisvolle Kiste

Justus und Caro hatten sich endlich von dem Höhlen-Abenteuer erholt, als Professor Fischgold laut aufschrie: „Jetzt ist der *Seeigel* wieder betriebsbereit, nun gibt es ein neues Problem.“ Er zeigte nach draußen, wo die Kinder bald den Deckel einer Schatzkiste zwischen den Korallen sahen. Flugs machten sie einen Plan, wie sie die geheimnisvolle Kiste bergen konnten. Samir wollte schnurstracks zu der Kiste schwimmen, doch Professor Fischgold konnte ihn noch zurückhalten. „Samir, siehst du denn nicht den Zitteraal links vom Boot? Willst du einen Schlag bekommen?“ Immer, wenn er sich aufregte, wurde er puterrot. Doch bald saß er wieder gelassen am Tisch. „Wir müssen die Kiste irgendwie in den *Seeigel* holen, trotzdem dürfen wir die Gefahren nicht vergessen. Deshalb schlage ich vor, dass Justus dort aktiv wird. Er ist der beste Schwimmer.“ …

1 **a)** Informiere dich mithilfe der **LERNBOX**, was für Adverbien es gibt und welche Aufgaben sie haben.
b) Im Text wurden bereits einige Adverbien unterstrichen. Lege eine Tabelle an und ordne die unterstrichenen Adverbien in die richtigen Spalten ein.
Die Fragen in der **LERNBOX** helfen dir, die Arten der Adverbien zu erfragen.

Adverbien des Ortes	Adverbien der Zeit	Adverbien der Art und Weise	Adverbien des Grundes
…	endlich		

c) In dem Text sind noch zehn weitere Adverbien versteckt. Finde sie heraus und ordne sie ebenfalls in deine Tabelle ein.

2 **a)** Schreibe das Tiefseeabenteuer weiter: *Wie bergen die Kinder die Schatzkiste? Was verbirgt sich in der Schatzkiste?* Nutze die Adverbien aus der **LERNBOX**.
b) Unterstreiche anschließend alle Adverbien in deinem Text.

! LERNBOX

Was sind Adverbien?

1. Adverbien gehören zu den vier **unveränderlichen Wortarten** und sie bestehen meistens **aus einem Wort**.
2. Mit Adverbien (Singular: das Adverb) beschreibst du die **genaueren Umstände** eines Geschehens. Adverbien kannst du erfragen:
   - Adverbien des **Ortes**: *Wo? Woher? Wohin?*
     → dort, draußen, links, heimwärts, herab, innen, nirgends …
   - Adverbien der **Zeit**: *Wann? Seit wann? Wie lange? Wie oft?*
     → dann, mittags, nun, bald, immer, niemals, später …
   - Adverbien der **Art und Weise**: *Wie? Auf welche Weise?*
     → kaum, genauso, flugs, wahrlich, sogar …
   - Adverbien des **Grundes**: *Warum? Weshalb? Weswegen? Wozu?*
     → trotzdem, somit, deshalb, allerdings, zwar …

TIPPBOX

Zu 1 a):
Du musst
- 2 Adverbien bei „Ort“,
- 2 bei „Zeit“,
- 2 bei „Art und Weise“ und
- 1 bei „Grund“

einordnen.

Konjunktionen – Wörter und Sätze sinnvoll verknüpfen

Marco rennt los, (?) er den Bus sieht.

weil – damit – als – wenn – obwohl – dass

1 **a)** Betrachte das Bild und überlege, welche Konjunktion du in den Satz einsetzen kannst.
b) Besprich mit einem Partner, in welcher Situation ihr welche Konjunktion einsetzen würdet und welche nicht sinnvoll sind, z. B.
„Marco rennt los, <u>weil</u> er den Bus sieht." – Dieser Satz ist sinnvoll, wenn Marco den Bus nicht verpassen möchte oder wenn er einen guten Platz haben möchte.

Marco (1) Anastasia fahren mit ihrer Klasse auf Klassenfahrt auf den Bauernhof, (2) die meisten tierlieb sind (3) in einer Großstadt wohnen, (4) sie selten Tiere in der freien Natur erleben. (5) die Fahrt ein Erlebnis für alle wird, hat der Lehrer viele Programmpunkte eingeplant. (6) das Wetter warm wird, wollen alle ein Picknick im Maisfeld machen (7) bei der Ernte helfen. (8) es regnet, helfen die Schüler im Stall mit. (9) einige Heuschnupfen haben, freuen sich alle auf die gemeinsame Zeit.

2 **a)** Lies die **LERNBOX** und ergänze im Text passende Konjunktionen.
b) Vergleiche mit einem Partner, welche verschiedenen Möglichkeiten es gibt. Diskutiert darüber, welche Möglichkeit am besten passt.
☆ **c)** Unterstreiche alle unterordnenden Konjunktionen und ordne ihnen die unterschiedlichen Funktionen zu (Hinweis 2, **LERNBOX**).

LERNBOX

So verknüpfst du Wörter und Sätze mit Konjunktionen:

1. **Konjunktionen** sind **Verknüpfungswörter.** Mit ihnen verknüpfst du
   - Wörter: *Marco <u>und</u> Anastasia steigen in den Bus.*
   - Teile von Sätzen: *Im Bus liest Marco <u>oder</u> hört Musik.*
   - Hauptsätze: *Der Busfahrer hupt, <u>denn</u> die Zeit drängt.*
   - einen Haupt- mit einem Nebensatz: *Der Bus fährt los, <u>wenn</u> alle da sind.*
2. Konjunktionen, die einen Haupt- mit einem Nebensatz verbinden, heißen **unterordnende Konjunktionen.** Sie haben unterschiedliche Funktionen: Mit ihnen kannst du ausdrücken, wie der Nebensatz den Hauptsatz inhaltlich ergänzt. Du kannst z. B.:
   a) **etwas zeitlich einordnen:** *Wann? Seit wann? – als, nachdem, bevor, während*
   b) **etwas begründen:** *Warum? Wieso? – weil, da*
   c) eine **Bedingung angeben:** *Unter welcher Bedingung? – wenn, sofern, falls*
   d) einen **Zweck angeben:** *Wozu? – damit, um*
   e) eine **Folge angeben:** *Mit welcher Folge? – sodass*
   f) **etwas einschränken:** *Trotz welcher Beschränkung? – obwohl, obgleich*
   Der Bus fährt los, <u>wenn</u> alle da sind. (Bedingung)

Kleiner Wortartentest: Das kann ich jetzt!

Wortartenprofis sollten auch die Aufgaben mit ☆ bearbeiten.

1 Ergänze den Begleiter des Nomens im richtigen Fall. | 12 | |

(Der) ____ **Bauer** fährt (sein) ____ **Trecker** aus dem Stall. (Eine) ____ Schülerin gibt (das) ____ **Kälbchen** Milch. Die Schnauze (das) ____ **Kälbchens** ist samtweich. (Die) ____ Schüler sammeln in (der) ____ Hühnerstall Eier. Das gefällt (die) ____ Bäuerin. Mit (diese) ____ Eiern bereitet sie (das) ____ Abendessen zu. Nach (das) ____ Essen geht es auf (der) ____ Heuboden.

2 Ordne die fettgedruckten Nomen und ihre Begleiter den vier Fällen zu: | 4 | |

a) Nominativ: ____________
b) Genitiv: ____________
c) Dativ: ____________
d) Akkusativ: ____________

Folie

3 Vervollständige die folgenden Merksätze zu den Pronomen: | 8 [11] | |

Personalpronomen ersetzen (a) ____ und ihre (b) ____. Sie werden überwiegend im Nominativ, (c) ____ und Akkusativ verwendet.
Das (d) ____ zeigt den Besitz oder die Zugehörigkeit an. In der (e) ____ werden sie großgeschrieben.
Mit dem Demonstrativpronomen bezieht man sich zurück auf ein Wort, eine (f) ____ oder einen (g) ____. Es kann auch der (h) ____ eines Nomens sein.

Drei Beispiele für Demonstrativpronomen sind (i) ____, (j) ____,(k) ____. ☆

4 Schreibe das Verb mit Personalpronomen in der vorgegebenen Zeitform auf: | 12 [16] | |

a) 2. Person Plural Präteritum von *biegen*
b) 1. Person Plural Futur von *fliegen*
c) 3. Person Singular Präsens von *tanzen*
d) 2. Person Singular Perfekt von *rauben*
e) 1. Person Singular Futur I von *nehmen*
f) 3. Person Singular Präteritum von *schreiben* ☆
g) 2. Person Plural Plusquamperfekt von *haben*
h) 3. Person Singular Plusquamperfekt von *sein*

5 Setze passende Präpositionen in die Lücken ein. Zweimal musst du eine Präposition + Artikel einsetzen. | 9 | |

Am Freitag fahren wir (1) dem Zug (2) meiner Tante, um (3) ihr meinen Geburtstag nachzufeiern. Der Weg (4) Duisburg ist recht weit, wenn wir (5) zu Hause aus starten. Aber meine Tante wohnt direkt (6) dem Bahnhof (7) einem Dönerladen. (8) Samstag planen wir einen Ausflug (9) Hafen und einen Abstecher nach Mülheim.

6 **a)** Unterstreiche die Adverbien in den folgenden Sätzen. | 6 [12] | |
b) Bestimme die Art der Adverbien (Ort, Zeit, Art und Weise, Grund). ☆
Heute gibt es draußen glücklicherweise keine Wolke am Himmel. Deshalb genießen wir die Sonne. Gleich fahren wir sogar ins Freibad.

| 51 [64] | |
Summe

Überprüfe deine Ergebnisse anhand der Lösungen im Lösungsheft

Satzarten – Was wir ausdrücken wollen

„Hast du auch schon das Gedicht von James Krüss gelesen?"
„Welches?"
„Das Gedicht heißt: Die sonderbare Stadt Tempone."
„Ach das! Das kenne ich."
„Kannst du mir helfen, es zu verstehen?"
„Klar!"
„Also, wir müssen erklären, was an dieser Stadt so sonderbar ist."
„Hast du damit Probleme?"

1 **a)** Schreibe den Dialog zwischen den beiden Schülern ab und ergänze die Redebegleitsätze, damit deutlich wird, welche Sprechabsichten sie jeweils verfolgen. Nutze die Verben aus dem Wörterkasten. Beginne so:
Jenny fragt Dominik nach der Schule: „Hast du auch schon das Gedicht ...?"

sagen, fragen, antworten, entgegnen, ausrufen, erklären, staunen, erzählen, feststellen, erwidern, sich wundern, bemerken, nachhaken, erkennen, auffordern, nachfragen, verkünden, meinen, sich vergewissern

☆ **b)** Setze den Dialog fort. Das Gedicht findest du auf Seite 112.

Lisa: Welche Note hast du für deinen Gedichtvortrag bekommen (1)
Theis: Eine Zwei (2)
Lisa: Eine Zwei (3) Das ist toll (4) Das werden sich deine Eltern freuen (5)
Theis: Das glaube ich auch (6)

2 **a)** Lies das Gespräch mit einem Partner vor. Achtet auf die Betonung.
b) Schreibe den Dialog ab und setze die Satzschlusszeichen, um deutlich zu machen, welche Absicht der Sprecher verfolgt. Lies dazu die **LERNBOX**.

LERNBOX

Mit Satzarten unterschiedliche Absichten deutlich machen

1. Sätze können **unterschiedliche Absichten** zum Ausdruck bringen. In der **geschriebenen Sprache** erkennst du die Absicht an den **Schlusszeichen**:
   Fragesatz: *„Soll ich dir helfen?", fragte Lisa Theis.*
   Aussagesatz: *Theis antwortete: „Ich kann Hilfe gut gebrauchen."*
   Aufforderungssatz: *Da schlägt Lisa vor: „Komm doch heute Nachmittag zu mir!"*
   Ausrufesatz: *„Super! Ich freu mich schon!", entgegnet Theis.*
   Häufig geben bei wörtlicher Rede die **Verben in den Begleitsätzen** einen Hinweis auf die **Sprechabsicht**.
2. In der **mündlichen Sprache** erkennst du die Sprechabsicht an der **Betonung**.

TIPPBOX

Zu 1 a):
Achte auch auf die Zeichensetzung bei der wörtlichen Rede (→ S. 272).
So kannst du weitermachen:
... von James Krüss gelesen?" – „Welches?", fragt Dominik nach ...

3 **a)** Welche Sprechabsicht verfolgt das Mädchen? Wie reagiert der Junge darauf?
b) Sprecht darüber, warum der Junge nicht wie erwartet reagiert.

A Tobias passt in Deutsch nicht auf, weil er gerade seine Matheaufgaben macht. Verärgert fordert ihn die Lehrerin auf: „Gib mir sofort dein Heft!“
B Maria war krank. Sie möchte sich über den Inhalt der letzten Stunde informieren und fragt Kamil: „Gibst du mir bitte dein Heft?“
C Marens Gedichtbeschreibung ist sehr gelungen, daher sagt der Lehrer: „Es wäre schön, wenn du mir dein Heft zum Kopieren geben könntest.“

4 **a)** Spielt euch die Situationen zu zweit vor: Wodurch könnt ihr die Sprechabsichten der Personen deutlich machen? Lest dazu die **LERNBOX**.
b) Welche Formulierungen wirken entschieden? Erklärt, woran das liegt.
c) Ordne die Sätze mithilfe der **LERNBOX** richtig zu: Bei welchen Sätzen handelt es sich eher um eine Bitte, einen Befehl, eine Aufforderung ...?
d) Ergänze zu jeder Situation eine Reaktion des Angesprochenen, aus der deutlich wird, wie sich der Angesprochene fühlt. ☆

1. In diesem Raum ist es kalt.

2. Möchtest du dich nicht setzen?

3. Nun erzähl schon!

5 **a)** Bestimme die Satzarten und benenne die Sprechabsichten.
b) Schreibe zwei weitere Beispiele auf, in denen ein Aussagesatz und ein Fragesatz eine Aufforderung enthalten. ☆

LERNBOX

Sprechabsichten erkennen

1. Manchmal ist es trotz Satzzeichen und Stimmführung nicht eindeutig, wie ein Satz gemeint ist.
2. Höre genau hin und beachte die Situation, denn manchmal ist die Sprechabsicht versteckt in einer Äußerung enthalten, z. B. die Sprechabsicht **Aufforderung**:
   a) Eine Aufforderung kann höflich als **Frage** formuliert werden: *Könntest du mir helfen?*
   b) Eine eindeutigere Aufforderung sind **Befehlssätze**: *Jetzt hilf mir doch schon!* Befehlssätze wirken aber weniger höflich.
   c) Auch **Aussagesätze** können eine versteckte **Aufforderung** enthalten: *Ich kann das nicht. (= Hilf mir!)*

Sätze in verschiedenen Sprachen vergleichen

Deutsch und Türkisch

Ali	schießt	den Ball	ins Tor	.

1 **a)** Stelle den Satz oben mehrfach um. Lege dir dazu Kärtchen wie oben an und probiere aus.
b) An welcher Satzgliedstelle steht immer das Prädikat?

2 Im Türkischen heißt der Satz: *Ali topu kaleye atiyor.*
a) Lasst euch von euren türkischsprachigen Mitschülern die Wörter einzeln übersetzen.
b) Lege die deutschen Satzgliedkärtchen so, wie der türkische Satz aufgebaut ist. Was stellst du fest?
c) Vergleiche dein Ergebnis mit dem eines Partners.

Schießt Ali den Ball ins Tor?	*Ali topu kaleye atiyor mu?*

3 Untersuche den deutschen und den türkischen Fragesatz:
a) An welcher Stelle steht das Prädikat?
b) Woran erkennt man im Türkischen, dass ein Satz als Frage gestellt wird? Wenn du unsicher bist, frage deine türkischsprachigen Mitschüler.

Olga schenkt ihrer Freundin eine CD.	*Olga arkadasina bir CD hediye ediyor.*
Schenkt Olga ihrer Freundin eine CD?	*Olga arkadasina bir CD hediye ediyor mu?*

4 **a)** Untersuche die Sätze und formuliere für beide Sprachen Regeln zur Stellung des Prädikats. Unterscheide dabei Aussage- und Fragesätze.
b) Vergleiche dein Ergebnis mit der **LERNBOX**.
☆ **c)** Denkt euch weitere einfache Sätze aus und lasst sie von den Türkisch sprechenden Mitschülern übersetzen. Überprüft damit eure Regeln aus Aufgabe **4 a)**.

☆ **5** Wo steht das Prädikat in anderen Sprachen? Lasst euch die Sätze oben von Mitschülern in eine andere Sprache übersetzen und sprecht über die Besonderheiten.

LERNBOX

Die Satzstellung in anderen Sprachen
1. Im **Deutschen** steht das **Prädikat** im Aussagesatz immer an zweiter Satzgliedstelle, im Fragesatz steht es an erster Stelle: *Mirja fragt Nicole: „Kommst du heute zu mir?“*
2. **Andere Sprachen** können sich in ihrer **Satzstellung** vom Deutschen deutlich **unterscheiden**. Daher ist es wichtig, die Unterschiede zwischen den verschiedenen Sprachen zu beachten, wenn man eine Fremdsprache lernt.

TIPPBOX

Zu 4 a): So kannst du beginnen: *Im Deutschen steht das Prädikat in Aussagesätzen immer an ... Stelle, in Fragesätzen an ... Stelle. Im Türkischen ...*

Deutsch und Englisch

1 **a)** Wodurch ist im Deutschen immer klar, welches Satzglied das Objekt ist?
b) Lies die dritte Sprechblase vor: Welches Satzglied wird betont?
c) Vergleicht eure Ergebnisse zu **1 a)** und **b)** miteinander und beachtet dabei den ersten Hinweis der **LERNBOX**.

Wenn du dein Wissen über die deutsche Sprache auf englische Sätze überträgst, kann es jedoch Probleme geben:

The woman kisses the dog.

The dog kisses the woman.

2 Erkläre, weshalb die Umstellung der Satzglieder im Englischen zu Missverständnissen führen kann. Was fällt dir auf?

3 Übersetze die folgenden Sätze ins Englische. Achte auf die richtige Satzgliedstellung und auf das *s* am Ende des Verbs.

A Der Lehrer ruft den Schüler.
B Der Lehrer singt ein Lied.
C Dem Freund hilft Tom.
D Sally fängt den Ball.
E Den Apfel isst Mary.
F Dieses Buch liest meine Mutter.

LERNBOX

Warum ist der Satzbau im Englischen anders?

1. Im **Deutschen** wird durch die **Beugung der Nomen und ihrer Begleiter** (Artikel, Adjektive) **deutlich**, welches Satzglied in einem Satz **Subjekt** oder **Objekt** ist. Daher kann auch das Objekt am Satzanfang stehen. Es wird dadurch hervorgehoben.
2. Im **Englischen** ist der **Artikel** hingegen **unveränderlich**: *the, a, an*. Nur durch die fest **vorgegebene Satzstellung** (*Subjekt-Prädikat-Objekt → S–P–O*) wird deutlich, um welches Satzglied es sich handelt. Stellst du wie im Deutschen das Objekt an den Anfang, verändert sich der Sinn des ganzen Satzes.

TIPPBOX

Zu 1 a): Nutze den ersten Hinweis der **LERNBOX**.
Zu 2 : Achte besonders auf die Artikel.
Zu 3 : Diese Vokabeln helfen dir bei der Übersetzung: *teacher, ball, pupil, friend, song, to sing → sings, to catch → catches, to call → calls, to help → helps.*

Satzreihe – Hauptsätze verknüpfen

Ernährungstipps für eure Mensa

1 Essen und Trinken sind für den Menschen lebensnotwendig.

2 Kinder und Jugendliche befinden sich noch im Wachstum.

3 Spinat essen Kinder meistens überhaupt nicht gern.

4 Süßigkeiten sind natürlich erlaubt.

A Als Füllung für Teigtaschen schmecken die saftig grünen Blätter aber auch ihnen gut.

B Am besten gibt man sie Kindern aber nur nach den Mahlzeiten.

C Bestimmte Nährstoffe und Vitamine sind für sie daher unentbehrlich.

D Er benötigt daher eine ausgewogene und gesunde Ernährung.

1 **a)** Je zwei Hauptsätze ergeben einen Ratschlag. Suche die Satzpaare.
b) Schreibe die Ratschläge in dein Heft. Zeige, dass sie zusammengehören, indem du anstelle eines Punktes ein Komma setzt.
c) Unterstreiche in den Sätzen die Subjekte und kreise die Prädikate ein.
d) An welcher Stelle im Satz muss das Prädikat immer stehen?
e) Vergleiche dein Ergebnis mit den Hinweisen 1 und 2 in der **LERNBOX**.

So esst und trinkt ihr richtig:

Der Mensch braucht am Tag bis zu 3 Liter Wasser. Der Körper benötigt viel Flüssigkeit. Vor allem Kinder müssen ausreichend trinken. Viele nehmen zu wenig Wasser zu sich. Regelmäßige Mahlzeiten sind ebenso wichtig. Kinder greifen dann häufig auf Schokoriegel zurück. Obst ist viel gesünder.

Seite 270

2 **a)** Lies den Text und mache Vorschläge, wie man die Sätze zu Satzreihen verknüpfen kann.
b) Überprüft eure Vorschläge. Nutzt dazu die **LERNBOX** (Hinweise 3 und 4).

LERNBOX

Was ist eine Satzreihe?

1. Ein vollständiger **Hauptsatz** enthält immer ein **Subjekt** und ein **Prädikat**. Das Prädikat steht im Aussagesatz immer an der zweiten Satzgliedstelle.
2. Aneinandergereihte Hauptsätze bilden eine **Satzreihe**.
3. Häufig werden Hauptsätze durch die **Konjunktionen** *und, oder, aber, denn, doch* verbunden
4. Die **Sätze einer Satzreihe** werden durch **Kommas** voneinander getrennt. Nur vor *und* bzw. *oder* darf das Komma wegfallen: *Richtige Ernährung beginnt nicht erst mit fünf Jahren, sie beginnt bereits nach der Geburt. / Richtige Ernährung beginnt nicht erst mit fünf Jahren, denn sie beginnt bereits nach der Geburt.*

TIPPBOX

Zu 1 a)–c):
So schreibst du die Satzreihe mit Komma auf:
1 + D → *Essen und Trinken sind für den Menschen lebensnotwendig, er benötigt daher eine ausgewogene und gesunde Ernährung.*

Satzgefüge – Haupt- und Nebensätze verknüpfen

Der Teufelsfelsen und die Teufelskanzel

A Die Bewohner des Donautals waren fromm und gottesfürchtig, weil sie auf ihren Feldern immer reichlich ernteten.
B Da dies den Teufel ärgerte, wollte er das Volk vom Glauben abbringen.
C Verkleidet bestieg er einen Berg, damit er von der Spitze predigen konnte.
D Er versprach ihnen Reichtum, wenn sie seinen Lehren folgten.
E Als er aber erkannt wurde, wollte ihn niemand mehr hören.
F Er wurde so böse, dass er wütend ein Felsstück packte und in die Donau warf.
G Da er so gewaltig mit dem Fuß auf den Boden gestampft hatte, ist noch heute die Spur auf der Teufelskanzel zu sehen.

1 **a)** Markiere die Prädikate und Konjunktionen wie im Beispielsatz A.
b) Unterstreiche die Nebensätze. Lies dazu die **LERNBOX**.

Folie

Die Knödelsage von Deggendorf

1. Im 13. Jahrhundert befand sich Deggendorf im Krieg, (A) es Streit um ein Erbe gab. 2. Es kam aber ganz anders, (B) die Frauen den Soldaten an diesem Mittag die Knödel brachten. 3. Die böhmischen Männer wollten die Mittagszeit abwarten. 4. Sie dachten, (C) die Wächter der Stadt dann essen würden. 5. (D) nun die ersten böhmischen Beobachter über die Stadtmauer blickten, wurden sie zum Empfang mit kochend heißend Knödeln beworfen. 6. Damals schickte der böhmische König Ottokar eine Armee an die Donau nach Deggendorf, (E) er dort die Herrschaft übernehmen wollte. 7. (F) die Deggendorfer die Soldaten nicht ohne Weiteres in die Stadt lassen wollten, überlegten sie sich eine List. 8. Vor Schreck stürzten sie rückwärts die Leiter hinunter, (G) der Böhmenkönig Deggendorf nicht einnehmen konnte.

2 **a)** Lies die Sage und finde heraus, was merkwürdig ist.
b) Bringe die Sätze 2 bis 7 in die richtige Reihenfolge.
c) Entscheide, welche Konjunktionen (A bis G) du einsetzen musst, damit ein Satzgefüge entsteht: *weil, sodass, dass, da, als.* Schreibe die Sage ab.

LERNBOX

Was ist ein Satzgefüge?

1. Ein **Satzgefüge** besteht aus einem Hauptsatz und einem Nebensatz. Diese Sätze werden durch ein Komma voneinander getrennt.
2. **Nebensätze** werden häufig durch eine Konjunktion (*wenn, dass, obwohl, damit* ...) eingeleitet. Das Prädikat steht an letzter Stelle.
   Die Leute waren fromm, weil sie gute Ernten hatten.
   Hauptsatz — *Nebensatz* — *Konjunktion* — *Prädikat*
3. Du kannst **Nebensätze** vor oder hinter den Hauptsatz stellen:
   Weil sie gute Ernten hatten, waren sie fromm.

TIPPBOX

Zu 1 b): In den Satzgefügen A bis G ist jeweils ein Nebensatz. 4x steht der Nebensatz hinter dem Hauptsatz, 3x vor dem Hauptsatz.
Zu 2 c): Du kannst 2x *weil*, 1x *sodass*, 1x *dass*, 2x *da* und 1x *als einsetzen*.

Kleiner Test zu Satzreihen und Satzgefügen: Das kann ich jetzt!

Profis sollten auch die Aufgaben mit ☆ bearbeiten.

10

1 Verbinde immer zwei Hauptsätze zu Satzreihen, indem du *und*, *oder*, *doch*, *aber* oder *denn* sinnvoll ergänzt. Achte auch auf die Zeichensetzung.

Die Schüler der 6 d hatten sich nachmittags verabredet. Sie wollten gemeinsam in den Zirkus gehen. Treffpunkt war um 15 Uhr. Einige Schüler hatten den Bus verpasst. Die Lehrerin wollte zwei Schüler zur Haltestelle schicken. Einer sollte Greta anrufen. Endlich kam sie um die Ecke gerannt. Keiner meckerte wegen der Verspätung. Sie freuten sich auf den Zirkus. Jetzt ging es endlich los.

4 [12]

2 **a)** Verknüpfe die Sätze mit den Konjunktionen *da*, *obwohl*, *sodass* oder *als*.

☆ **b)** Finde je zwei weitere Möglichkeiten, die Sätze miteinander zu verknüpfen.

A Das Zirkuszelt war im Park aufgebaut. Sie gingen zu Fuß dorthin.
B Alle freuten sich. Sie hörten die Zirkusmusik.
C Niklas streichelte noch den Affen. Sie mussten sich beeilen.
D Die Klasse suchte schnell ihre Reihe. Es war dunkel.

4 [6]

3 Ergänze den Lückentext mit sinnvollen Konjunktionen.

Die Klasse kam etwas verspätet im Zirkus an, (A) der Zirkusdirektor die Manege bereits betreten hatte. (B) die Löwen in die Manege gelassen wurden, war ein Zaun aufgebaut worden. (C) der Dompteur seinen Kopf in ein Löwenmaul steckte, stockte den Leuten der Atem. (D) der Löwe sein Maul kurz schloss, passierte dem Löwenbändiger nichts.

☆ Die Affen sorgten für Heiterkeit, (E) sie mit Cowboyhüten auf den Löwen ritten. Ein Löwe warf den Affen ab, (F) ihm war das Affentheater zu viel.

14 [19]

4 **a)** Unterstreiche in den Sätzen die Prädikate und kreise die Konjunktion ein.
b) Setze die notwendigen Kommas, um Haupt- und Nebensatz bzw. Haupt- und Hauptsatz voneinander zu trennen.
c) Notiere, ob es sich um eine Satzreihe (SR) oder ein Satzgefüge (SG) handelt.

A Die Elefanten sorgten für großes Staunen weil sie wundervoll geschmückt waren. ________
B Auf ein Zeichen des Dompteurs hoben die Elefanten ihre Vorderbeine und die Kapelle spielte einen Tusch. ________
C Mit ihren Rüsseln hielten die Dickhäuter einen Stab sodass sie wie Dirigenten aussahen. ________
☆ **D** Einer nach dem anderen verließ stolz die Manege denn der Beifall war groß. ________

32 [47]
Summe

Überprüfe deine Ergebnisse anhand der Lösungen im Lösungsheft.

Satzglieder

Bausteine eines Satzes – Satzglieder ermitteln

Texthaus

1	Am Wochenende	machte	unsere Klasse	einen Ausflug	ans Mees.
2	Wir	fuhren	mit der Bahn	nach Norddeich.	
3	Vom Bahnhof	radelten	wir	gemeinsam	zur Jugendherberge.
4	Danach	ging	es	schnell	an den Strand.
5	Zum Glück	stieg	gerade	das Wasser.	
6	Bis zum Abend	spielten	wir	im Wasser.	

1 Betrachte die Satzglieder und vergleiche die Reihenfolge. Was fällt dir auf?

2 **a)** Verändere die Stellung der Satzglieder aus dem Texthaus mit der Umstellprobe, aber nicht die Satzzeichen. Stelle die einzelnen Sätze so oft um wie möglich. Lies dazu vorher die **LERNBOX**.
b) Tauscht euch darüber aus, wie viele Möglichkeiten ihr gefunden habt.

A Am nächsten Tag / nahmen / wir / die Fähre / nach Norderney.
B Dort mieteten wir gruppenweise Go-Karts.
C Damit machten wir eine Rallye am Strand bis zur Weißen Düne.
D Auf dem Rückweg fuhren wir noch gemeinsam zum Leuchtturm.
E Am ersten Tag auf der Insel hatten alle großen Spaß.
F Auch die restliche Zeit verbrachte die Gruppe meistens gemeinsam am Strand.

3 Führe zu jedem Satz die Umstellprobe durch:
a) Schreibe jeweils zwei Möglichkeiten in dein Heft.
b) Trenne in einem Satzbeispiel die Satzglieder durch Schrägstriche.

LERNBOX

So ermittelst du Satzglieder:

1. Sätze bestehen aus mehreren Bausteinen, den **Satzgliedern**. Diese kannst du unterschiedlich zusammenfügen.
2. Mit der **Umstellprobe** findest du heraus, welche Wörter beim Umstellen zusammenbleiben und deshalb gemeinsam ein Satzglied bilden. Der folgende Satz besteht aus fünf Satzgliedern:
   Der Fischer / verkaufte / den Touristen / Fische / am Hafen.
   Am Hafen / verkaufte / der Fischer / den Touristen / Fische.
   Fische / verkaufte / der Fischer / den Touristen / am Hafen.
   ...
3. Stellst du das Prädikat an die erste Stelle, entsteht eine Frage: *Verkaufte / der Fischer / den Touristen / Fische / am Hafen?*

TIPPBOX

Zu 1: Alle Sätze sind Aussagesätze. Vergleiche sie: In welcher Spalte steht immer das gleiche Satzglied?
Zu 2 a): Schreibe die einzelnen Bausteine (= Satzglieder) auf kleine Zettel und verschiebe sie. Schreibe die neuen Sätze auf und vergleiche die Anzahl der Bausteine mit den Sätzen. Was stellst du fest?

Satzglieder untersuchen – Subjekt und Prädikat

Die Seeschwalbe

Die Küstenseeschwalbe gehört zu den Möwen. Sie hat einen gegabelten Schwanz und einen knallroten Schnabel. Diese kleine Möwe wiegt nur etwa 100 Gramm, dafür fliegt sie weltmeisterlich: Jahr für Jahr fliegt sie nahezu um die ganze Welt, insgesamt 42.000 Kilometer. Im Wattenmeer macht sie zum Brüten halt. Das Küken überlebt häufig nicht nicht einmal seine erste Woche. Ein erwachsener Vogel kann aber bis zu 30 Jahre alt werden.

1 **a)** Markiere alle Subjekte. Aus welchen Wortarten bestehen sie?
die Küstenseeschwalbe → bestimmter Artikel + Nomen
b) Setze jeweils das Subjekt, das im Singular (Einzahl) steht, in den Plural (Mehrzahl). Schreibe die veränderten Sätze ab. Achte auch darauf, die Prädikate zu verändern. Lies dazu die **LERNBOX**.
c) Tausche deinen Text mit einem Partner und überprüft, ob die Prädikate auch richtig im Plural stehen.
d) Neben Subjekt und Prädikat musst du weitere Wortarten verändern: Welche sind es?

Die Küstenseeschwalbe (*1. finden*) man an spärlich bewachsenen Küsten. Sie (*2. leben*) im Sommer im nördlichen Teil unserer Erde. Man (*3. beobachten*) sie in Skandinavien, Grönland und Norddeutschland. Das Winterquartier (*4. liegen*) in der Antarktis. Die Küstenseeschwalbe (*5. gehören*) zu den „Stoßtauchern", weil sie das Meer sorgfältig (*6. absuchen*). Dann (*7. entdecken*) sie eine Beute, (*8. vollziehen*) einen fast senkrechten Sturzflug und (*9. tauchen*) unter Wasser. Dort (*10. schnappen*) die kleine Möwe die Beute, wie Kleinkrebse, Wasserinsekten oder kleine Fische.

2 **a)** Unterstreiche auf einer Folie die Subjekte.
b) Schreibe den Text ab und setze die Prädikate in der richtigen Form ein. Lies dazu den Hinweis 3 in der **LERNBOX**.

LERNBOX

Subjekt und Prädikat

1. Das **Subjekt** ist das Satzglied, über das im Satz etwas ausgesagt wird. Subjekte sind meistens **Nomen und ihre Begleiter** (*die kleine Möwe*) oder **Pronomen** (*ich, du, er …*).
2. Subjekte stehen im **Nominativ**. Du erfragst sie mit ***Wer oder was?***
Die Möwe frisst Fisch. → Wer frisst Fisch? – Die Möwe.
3. Das **Prädikat** ist immer ein Verb. Es richtet sich in seiner Form nach dem Subjekt:
Die Möwe fliegt. Die Möwen fliegen. Du fliegst. Ihr fliegt.
4. Das Prädikat kann aus mehreren Teilen bestehen:
Sie ruhen sich im Watt aus.

TIPPBOX

Zu 1 a): Schlage die Wortarten im **Basiswissen** (**S. 301–311**) oder auf Seite 210 nach. Markiere im Text insgesamt acht Subjekte.
Zu 1 b): Aus *sie hat* wird *sie haben*.
Zu 2 a): Es sind acht Subjekte.

Satzglieder untersuchen – das mehrteilige Prädikat

1 **a)** Was ist eigentlich ein Wattwurm? Tauscht euch darüber aus.
b) Vergleicht eure Vermutungen mit den Erklärungen im Text.

A Unter jedem „Spaghettihaufen" liegt in 20 cm Tiefe ein Wurm.
P S
B Der Wattwurm hat einen braun bis schwarz gefärbten, fingerdicken Körper und einen ausstülpbaren Rüssel.
C Wattwürmer graben jedes Jahr das komplette Watt um.
D Sie fressen Sand auf und verdauen die organischen Reste.
E Der Wattwurm kann ein Alter von mehreren Jahren erreichen.

2 **a)** Markiere die Subjekte.
b) Ermittle die Prädikate. Lies hierzu die **LERNBOX**: Überlege , welches Verb / welche Verben zum Subjekt gehören. Kennzeichne mehrteilige Prädikate durch *P1, P2* ...

Folie

3 Bestimme in den folgenden Sätzen die Prädikate. Gehe so vor, wie in Aufgabe **2** beschrieben, und ergänze auch die Zeitform des Verbs.

A Ich habe ihm gestern geholfen. Verbform: Perfekt
S P1 P2
B Schließt du die Tür auf?
C Kristin und Lea hatten den Ausflug vorbereitet.
D Bist du mit deinen Eltern gegangen?
E Er wollte mir gestern etwas vorlesen, kam dann aber nicht. ☆
F Bevor ich zum Training gehe, muss ich Hausaufgaben machen.

LERNBOX

Mehrteilige Prädikate

1. Das **Prädikat** ist immer ein Verb. Es richtet sich in seiner Form nach dem Subjekt:
2. Das Prädikat kann aus einem Teil oder mehreren Teilen (= mehrteiliges Prädikat: *P1, P2* ...) bestehen. Wenn es mehrteilig ist, verändert sich die Stellung im Satz:
   a) **Verben mit Präfix** (= Vorsilbe): *Sie bereitet das Essen vor.* Wenn du den Infinitiv *(vorbereiten)* bildest, weißt du, was zum Prädikat gehört.
   b) **Ausdrücke mit Modalverben** (*können, sollen, müssen, wollen, mögen, dürfen*): *Er kann im Watt überleben.*
   c) **Verben im Futur, Perfekt oder Plusquamperfekt:** *Ich werde morgen verreisen.* (Futur) / *Ich bin in Cuxhaven gewesen.* (Perfekt) / *Nachdem ich in den Tidenkalender geschaut hatte, ging ich ins Watt.* (Plusquamperfekt / Präteritum)

TIPPBOX

Zu 2 b):
So viele Prädikate oder Prädikatsteile enthalten die Sätze:
A = 1, B = 1,
C = 2, D = 3,
E = 2.
Zu 3 :
Diese Prädikatsteile sind enthalten:
A = 2, B = 2,
C = 2, D = 2,
E = 3, F = 3.

Zusammenhänge erkennen – Prädikat und Objekt

Sonja las ein Jugendbuch.

Die Kinder lauschten der Geschichte.

Alle Zuhörer bewerteten den Vortrag.

Den Vorlesewettbewerb gewann Sonja.

Der Lehrer gratulierte ihr.

Ihre Mutter lobte sie.

☆ Sonja trug der Jury die Leseprobe vor.

☆ Der Vortrag bedurfte keiner weiteren Übung.

1 **a)** Mithilfe des Prädikats kannst du alle Satzglieder bestimmen. Schreibe die Sätze oben mit Zwischenzeilen ab und ermittle die Subjekte. Lies dazu noch einmal die **LERNBOX** auf Seite 232.
b) Kreise die dazugehörigen Prädikate ein, z. B.
Sonja (las) ein Jugendbuch. → Wer oder was las ein Jugendbuch? Sonja.
(= Subjekt)

2 Ausgehend vom Prädikat (Verb) kannst du verschiedene Fragen formulieren, mit denen du auch die Objekte bestimmen kannst:
a) Lies die **LERNBOX** und fasse kurz zusammen, welche Objekte es gibt und wie man sie unterscheiden kann.
b) Überlege dir zu den Sätzen oben passende Fragen, um die Objekte zu ermitteln. Notiere dir anschließend die Antworten und schreibe in Klammern dahinter, um was für ein Objekt es sich handelt.
Sonja (las) ein Jugendbuch. → Wen oder was las Sonja? Ein Jugendbuch.
(= Akkusativobjekt)

☆ **3** Knack die Nuss und bestimme die Satzglieder in diesem Satz: Der Klassensprecher überreicht dem Sieger den Pokal und rühmt ihn seiner Leistungen.

LERNBOX

Was sind Objekte?

1. **Objekte** sind Satzglieder. Das **Prädikat** bestimmt, **in welchen Fall das Objekt** gesetzt werden muss.
2. Nach dem **Akkusativobjekt** fragst du mit den Fragewörtern **Wen oder was?**:
   Wir schauen einen Film. → Wen oder was schauen wir? – Einen Film. (= Akkusativobjekt)
3. Nach dem **Dativobjekt** fragst du mit dem Fragewort **Wem?**:
   Ich folge meinem Lehrer. → Wem folge ich? – Meinem Lehrer. (= Dativobjekt)
4. Das **Prädikat** bestimmt auch, ob überhaupt ein Objekt nötig ist. Zum Beispiel benötigt das Prädikat *leben* kein Objekt: *Wir leben.*
5. Manchmal musst du Objekte ergänzen, damit der Satz sinnvoll und richtig ist:
   Die Klasse schenkt ... (Wem?) dem Vortragenden ... (Wen oder was?) ihre Aufmerksamkeit.
6. Das **Genitivobjekt** erfragst du mit dem Fragewort **Wessen?**. Es wird nur noch selten gebraucht: *Wessen schäme ich mich? – Meiner Noten.*

Hier ist was los – Eine nicht ganz ernst zu nehmende Schulordnung

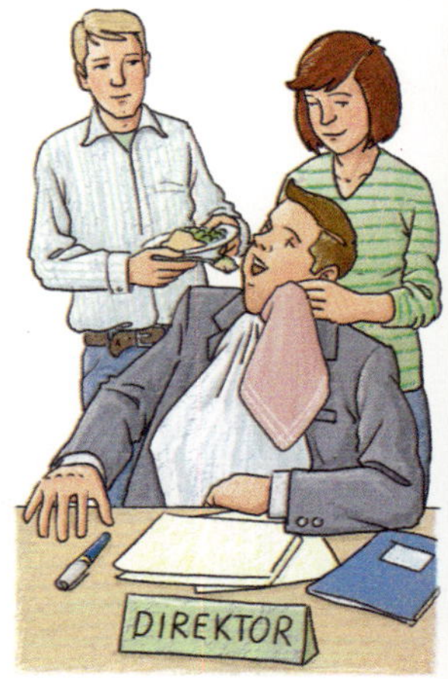

I. Die Schüler müssen die Schultür ständig abschließen.
II. Schüler dürfen vor und nach 8.00 Uhr das Treppenhaus nicht benutzen und Lehrer bedienen sich nicht des Aufzugs.
III. Das Treppenhaus gehört den Lehrern.
IV. Den Aufzug benutzen nur die Schüler.
V. Die Lehrer müssen den Schulleiter im Büro regelmäßig füttern.
VI. Das Futter bezahlen sie selbstverständlich selbst.
VII. Die älteren Schüler bedürfen einer ausgiebigen Mittagspause.
VIII. Die Lehrer müssen den Schülern ihre Mittagspause gönnen.
IX. Die Lehrer dürfen die geputzte Tafel nicht beschreiben.
X. Schüler und Lehrer übergeben dem Hausmeister zu Ostern und Weihnachten ein Geschenk.

4 Sprecht darüber, welche Regel euch gefällt und welche euch stören würde.

5 **a)** Kreise die Prädikate ein und formuliere davon ausgehend passende Fragen, um die Objekte zu ermitteln. Achte darauf, ob das Prädikat mehrteilig ist (z. B. *I. müssen ... abschließen*). Notiere die Fragen und um welches Objekt es sich jeweils handelt. Folie
b) Lege eine Tabelle an und trage die Objekte in die richtige Spalte ein.

Genitivobjekt (Wessen?)	Dativobjekt (Wem?)	Akkusativobjekt (Wen oder Was?)
		die Schultür

6 Ergänze weitere Unsinns-Regeln. Markiere und bestimme die Objekte.

Jan stand am Fenster und beobachtete (1) auf dem Schulhof. Gerade schenkte Hausmeister Müller (2) (3). Dieser gefiel (4), sodass sie leicht errötete. Sie sah (5) freudestrahlend an. Zwei Kinder lachten (6) aus. Auf der Wiese spielte der Sportkurs von Frau Lange (7). Ein Schüler beschuldigte (8) (9). Frau Lange gab (10) (11).

7 **a)** Im Text fehlen die Objekte. Ergänze sie im richtigen Fall.
b) Vergleicht eure Ergebnisse: Welche verschiedenen Objekte habt ihr eingesetzt?

TIPPBOX

Zu 5 a): Der erste Satz lautet: *Die Schüler müssen die Schultür ständig abschließen.*
Frage: *Wen oder was müssen die Schüler ständig abschließen? Die Schultür. (= Akkusativobjekt)*
Zu 5 b): Trage insgesamt 2 Genitivobjekte, 3 Dativobjekte und 8 Akkusativobjekte ein.
Zu 7 a): Folgende Wörter kannst du einsetzen: *die Leute, das Geschehen, die Musiklehrerin, Blumen, Kekse, das Geschenk, die Aufmerksamkeit, ihn, der Mann, ein Mitschüler, Baseball, ein Mitspieler, sein Freund, das Foul.*

Adverbiale Bestimmungen – genaue Angaben machen (Wo? Wann?)

1 **a)** Diese Einladung ist unvollständig. Sprecht darüber, welche Angaben fehlen und wo ihr sie einsetzen würdet.
b) Überarbeite den Text der Einladung und schreibe ihn vollständig in dein Heft.

Liebe Christine,

weil ich Geburtstag habe, möchte ich dich zu meiner Party einladen. Es wäre toll, wenn du kommen könntest. Sag mir bitte Bescheid, ob du Zeit hast!

Viele Grüße
dein Carsten

Ausritt mit Hindernissen

Unsere Klassenfahrt führte uns im September auf ein brandenburgisches Reiterschloss. Dort wurde jeden Morgen Reitunterricht erteilt. Unser Reitlehrer Max war von Anfang an von unseren Reitkünsten begeistert. Schon am zweiten Tag machten wir in einer langen Reihe auf den Waldwegen einen Ausritt. Abends waren wir hundemüde und fielen schon um 21.00 Uhr erschöpft ins Bett. Am nächsten Vormittag saßen wir aber schon wieder erwartungsvoll auf den Pferden. Meggy durfte vorne reiten, weil sie die Beste war. Plötzlich geschah es: Ein Schwarm Wildenten stieg, verängstigt durch unser Getrappel, aus den Feldern auf. Die Pferde erschraken so sehr, dass einige von ihnen in den nahe gelegenen Wald flüchteten. Erst nach einer Stunde hatte Max alle auf dem Reitplatz wieder versammelt. Zum Glück war keinem etwas passiert.

Folie

2 **a)** Unterstreiche in diesem Text die adverbialen Bestimmungen des Ortes und der Zeit. Lies dazu die **LERNBOX**.
b) Schreibe die adverbialen Bestimmungen geordnet heraus.
adverbiale Bestimmungen des Ortes: ...
adverbiale Bestimmungen der Zeit: im September ...

3 Schreibe fünf Sätze dazu, was die Klasse abends auf der Klassenfahrt unternimmt. Unterstreiche in deinen Sätzen die adverbialen Bestimmungen.

LERNBOX

Adverbiale Bestimmungen des Ortes und der Zeit

1. Adverbiale Bestimmungen sind Satzglieder, die genaue Angaben zu einem Geschehen machen: *Morgen reite ich in den Wald.*
2. **Adverbiale Bestimmungen des Ortes** erfragst du mit: *Wo? Woher? Wohin? → Wohin reite ich morgen? – Morgen reite ich in den Wald.*
3. **Adverbiale Bestimmungen der Zeit** erfragst du mit: *Wann? Seit wann? Wie lange? → Wann reite ich in den Wald? – Morgen reite ich in den Wald.*

TIPPBOX

Zu 1 b): Ergänze ein Datum und eine Uhrzeit. Du kannst auch den Ort ergänzen, wo die Party stattfindet.
Zu 2 a) + b): Unterstreiche 9 adverbiale Bestimmungen des Ortes und 9 der Zeit.

Adverbiale Bestimmungen – genaue Angaben machen (Wie? Warum?)

Ein Konzert in unserer Schule

A Vor Ungeduld kaute Pia an den Fingernägeln.
B Sie wurde aus diesem Grund von ihrer Mutter ermahnt.
C Beschämt versteckte sie ihre Hand hinter dem Rücken.
D Dann ging der Vorhang langsam auf.
E Zaghaft setzte sich Pia auf den Hocker und begann zu spielen.
F Doch schon nach einigen Takten spielte sie mit sicherer Hand.
G Mit großer Begeisterung lauschten die Zuschauer ihrem Spiel.
H Der Beifall wollte aufgrund ihres Könnens gar nicht mehr enden.
I Sie verließ erleichtert und auch stolz die Schulbühne.

1 **a)** Was erfährst du durch die unterstrichenen Angaben?
b) Formuliere zu den Angaben passende Fragen und notiere sie mit den Antworten. Benenne die Art der adverbialen Bestimmung und schreibe sie in Klammern hinter deine Antwort. Lies dazu die **LERNBOX**.
A Warum kaute Pia an den Fingernägeln? – Vor Ungeduld. (= Grund)

Vertretungsplan für Dienstag, den 9. Oktober

Der Sponsorenlauf fällt morgen (*1. Warum?*) aus. Alle Schüler werden (*2. Wie?*) gebeten, ihre Bücher mitzubringen und (*3. Wie?*) in ihre Klasse zu gehen. Der Unterricht findet (*4. Wie?*) statt. Der Lauf wird (*5. Wie?*) nachgeholt. Die Informationen erhaltet ihr (*6. Wie?*). Die Veranstaltung findet diese Woche nicht mehr statt (*7. Warum?*).

2 Schreibe den Text ab und ergänze die folgenden Angaben, sodass die Schüler alle notwendigen Informationen erhalten:
da das Regenwetter anhalten soll / sofort / nach Plan / wegen des schlechten Wetters / rechtzeitig / freundlich / so schnell wie möglich / deshalb

! LERNBOX

Adverbiale Bestimmungen der Art und Weise / des Grundes

1. Mit **adverbialen Bestimmungen** kannst du genaue Angaben zur Art und Weise eines Geschehens und zu Gründen machen:
   Wir müssen uns ganz schnell wegen eines neuen Termins treffen.
2. Die **adverbiale Bestimmung der Art und Weise** erfragst du mit:
   Wie? Auf welche Weise? → Wie müssen wir uns treffen? – Wir müssen uns ganz schnell treffen.
3. Die **adverbiale Bestimmung des Grundes** erfragst du mit:
   Warum? Wieso? → Warum müssen wir uns treffen? – Wegen eines neuen Termins …
4. Auch ein **Nebensatz** kann eine adverbiale Bestimmung sein. Er wird mit einem Komma vom Hauptsatz abgetrennt:
   Die Veranstaltung fällt aus, weil das Wetter schlecht ist.

TIPPBOX

Zu 1 b): Du musst dreimal *warum* und sechsmal *wie* fragen, d. h. es sind 3 adverbiale Bestimmungen des Grundes und 6 adverbiale Bestimmungen der Art und Weise unterstrichen.
Zu 2 : Die Angaben beantworten die Fragen. Achte auf die Zeichensetzung.

Kleiner Satzgliedertest: Das kann ich jetzt!

Satzgliederprofis sollten auch die Aufgaben mit ☆ bearbeiten.

15

1 Jemand hat diesen Text in Schnipsel gerissen. Setze die drei Sätze in deinem Heft sinnvoll und grammatisch richtig zusammen, sodass die Nachricht verständlich ist. Beachte die Großschreibung und die Satzschlusszeichen.

auch	in der Mensa der Schule		Bring
an die Fotos.	Wir	zum Basteln	
uns	Schere und Kleber	Denke	am Dienstag
unseres Weihnachtsschmucks.			um 15.00 Uhr
mit.	für die Plakate		
treffen			

Folie

10 [12]

2 Setze die richtigen Formen des Prädikats in den Schülerzeitungsbericht ein. Unterstreiche dazu das Subjekt und schreibe den Text ab. Achte auch auf die richtige Zeitform.

Am Donnerstag (*1. sein*) Tag der offenen Tür an unserer Schule. Sobald sich die Türen (*2. öffnen*), (*3. strömen*) viele Gäste in das Schulgebäude. Nachdem der Direktor seine Begrüßungsrede (*4. halten*), (*5. teilnehmen können*) die Besucher am Probeunterricht. Danach (*6. ansehen*) die Gäste die Stellwände, die die Schüler (*7. vorbereiten*). Zum Abschluss (*8. anbieten*) die verschiedenen Klassen Stände mit Essen und Trinken. Dort (*9. geben*) es ein reichhaltiges Angebot. Am Abend (*10. spielen*) wir Theater.

☆ Wir (*11. freuen*) uns schon auf das nächste Jahr, denn dann (*12. vorführen*) die Schulband ein Musical.

12 [15]

18 [23]

3 Übertrage die folgenden Sätze und bestimme alle Satzglieder:

a) Führe die Umstellprobe durch und schreibe zu jedem Satz drei verschiedene Varianten auf.

b) Benenne nun die Satzglieder. Schreibe die Namen unter einen der abgeschriebenen Sätze. Mache mit einer Klammer deutlich, welche Wörter zu einem Satzglied gehören. Achte auf die mehrteiligen Prädikate (*P1, P2* ...).

A Nach dem Probeunterricht besuchten alle in der Aula die Ausstellung.
B Diese gefiel den Eltern besonders.
C Am Abend kamen viele Besucher zur Theateraufführung, weil die Schüler Plakate gemalt hatten.
D Die Hauptdarsteller gaben sich große Mühe, als sie auf der Bühne standen.
☆ **E** Am Ende des Tages jubelten alle Beteiligten wegen der guten Rückmeldungen.

55 [65]
Summe

Überprüfe deine Ergebnisse anhand der Lösungen im Lösungsheft.

Texte überarbeiten – Satzglieder weglassen, umstellen, ersetzen und erweitern

1 Tauscht euch darüber aus, welche Proben ihr schon kennt. Denkt dabei auch an die Korrekturzeichen, die ihr zur Textüberarbeitung nutzt.

Wettlauf mit der Zeit

Auf dem Seeigel war wieder Ruhe eingekehrt. Justus hatte es sich mit einem Buch gemütlich gemacht. Justus hatte es in seiner Kajüte gefunden. Justus mochte Abenteuergeschichten. Caro half Samir. Die Netze lagen ausgebreitet am Boden des Seeigels. ~~Eins war rot und das andere grün.~~ Die Netze hatten durch den Angriff des Sägefisches Löcher bekommen. Professor Fischgold bereitete das Abendessen vor. Professor Fischgold schälte Kartoffeln und Gemüse. Mais mochte Professor Fischgold gar nicht. Als sie sich zum Abendessen an den Tisch setzten, planten sie die Aufgaben für den nächsten Tag. „Wir sind noch zwei Tagesreisen von Aquatanien entfernt. Wir dürfen uns keinen Zwischenstopp mehr leisten, sonst kommen wir zu spät. Gib mir bitte noch etwas Gemüse, Samir!", sagte Professor Fischgold. „Es wäre schön, wenn wir alles aufessen. Dann wird das Wetter gut", sagte Samir. „Hoffentlich kommt nicht wieder etwas dazwischen", sagte Caro. Der Seeigel schaukelte hin und her. Der Seeigel hüpfte im Wasser auf und ab. „Oh nein! Nicht das noch", sagte Professor Fischgold. „Die Steuerung hat sich verhakt. Das passiert jetzt schon zum dritten Mal." „Mir wird schon ganz schlecht. Bitte stellen Sie das ab, Professor", sagte Samir. „Wenn das so einfach wäre ..."

Er

streichen

wie ein Flummi

2 Lies die Erzählung und besprich mit einem Partner, was ihr gut gelungen findet und was noch überarbeitet werden muss.

Folie

3 **a)** Überarbeite den Anfang der Erzählung mit den Proben aus der **LERNBOX**.
b) Schreibe den Text überarbeitet ab.

4 Schreibe den Anfang fort und überarbeite ihn nach dem gleichen Prinzip.

LERNBOX

Mithilfe dieser Proben kannst du eigene Texte überarbeiten:

1. **Weglassprobe**: Diese Probe wendest du an, um Texte zu straffen. Kennzeichne die Stellen, die du streichen willst, so: ├─┤
2. **Umstellprobe**: Diese Probe wendest du an, damit dein Text abwechslungsreich klingt. Du stellst die Satzglieder zum Beispiel so um, dass die Sätze nicht immer mit dem Subjekt beginnen. Kennzeichne die Stellen, die du umstellen willst, so: ⟶
3. Mit der **Ersatzprobe** suchst du nach Ausdrücken, um Wiederholungen, unpassende Ausdrücke oder Umgangssprache zu vermeiden. Kennzeichne die Stellen, die du ersetzen willst, so: └→←┘
4. Mit der **Erweiterungsprobe** prüfst du, ob noch etwas ergänzt werden müsste, um den Text z. B. anschaulicher zu gestalten oder wenn wichtige Informationen fehlen. Notiere Ergänzungen so: ┌

Wortbildung

Wortfeld – Wörter mit ähnlicher Bedeutung

Caro, schau dir den Fisch dort an!

Welchen denn genau? Den Korallenwächter, den Schnapper, den Kaiserfisch, den Zackenbarsch, den Falterfisch …?

1 Wir unterscheiden nicht nur verschiedene Tierarten mit vielen Wörtern. Es gibt auch viele Ausdrücke für *Farben*, für *Gefühle*, für *Arbeit* … Vervollständige das Wortfeld zum Oberbegriff *Fische*. Lies dazu die **LERNBOX**.

A schwer, gewichtig, zierlich, kräftig, massig, wuchtig, gewaltig
B tauchen, schwimmen, kraulen, fliegen, baden, planschen, treiben
C U-Boot, Frachter, Fähre, Lotsenboot, Schlitten, Yacht, Motorboot
D schweigsam, still, wortkarg, einsilbig, zurückhaltend, beredt

2 Streiche aus jeder Reihe das Wort weg, das nicht zum Wortfeld gehört.

Gefangen in der Höhle

Professor Fischgold hatte den *Seeigel* festgemacht und die Mannschaft (1) an Land. Caro (2) als Erste in die Höhle, in der sie den vermissten Taucher vermuteten. Die Jungen (3) zu ihr und Einstein (4) zwischen den Kindern. Die Höhle war sehr tief. Sie (5) an den Wänden entlang, um die Orientierung nicht zu verlieren. Doch dann (6) Justus und verlor dabei die Taschenlampe. Dunkelheit umhüllte sie. Caro (7) zu der Stelle, an der die Lampe ins Wasser gefallen war, doch sie war nirgends zu finden. In der Zwischenzeit (8) Samir zum Höhleneingang. Er wollte Hilfe holen. Leider (9) er so schnell, dass er den Vorsprung nicht sah und mit voller Wucht gegen den Felsen (10). Caro war völlig verzweifelt. Wie sollte sie im Dunkeln zu Samir (11) und ihm helfen?

Seite 302

3 **a)** Erstelle ein Wortfeld zum Oberbegriff *gehen* in Form eines **Clusters**.
b) Vergleiche dein Cluster mit dem deines Nachbarn und ergänze es.
c) Fülle die Lücken im Text mit diesen Verben. Achte auf den Zusammenhang und entscheide, welches Verb jeweils am besten passt.
d) Setze die Erzählung fort. Verwende weitere Verben aus deinem Cluster.

LERNBOX

Was ist ein Wortfeld?

1. Wörter, die eine ähnliche Bedeutung haben und zu derselben Wortart gehören, bilden ein **Wortfeld**.
2. Wenn du viele Wörter eines Wortfeldes kennst, kannst du Texte **abwechslungsreicher** gestalten: *sprechen (= Verben): denken, meinen, sagen, fragen, antworten, flüstern, entgegnen, erwidern, behaupten, schreien, rufen, brüllen, bestimmen, befehlen …*

TIPPBOX

Zu 1: Denke an verschiedene Lebensräume oder an den Zoo: *die Forelle, der Barsch, der Rochen …*
Zu 3 a): Denke an verschiedene Fortbewegungsarten und Geschwindigkeiten: *laufen, rasen, hopsen, folgen, stolpern …*

Wortfamilie – verwandte Wörter

fahren – Fahrausweis – Fahrer – abfahren – Fahrbahn – fahrbereit – Fahrplan – Fahrerflucht – verfahren – Fahrerin – Gefahr – gefährlich – Autofahrt

1 **a)** Markiere den Wortstamm in den Wörtern im Kasten.
b) Ergänze weitere Wörter mit dem Wortstamm *-fahr-*.
c) Schreibe die Wörter in einer Tabelle nach Wortarten geordnet auf.
d) Untersuche die Wörter und überprüfe, ob die Bedeutung ähnlich ist.

Folie

2 **a)** Sammle Wörter aus der Wortfamilie *-schreib-* und notiere sie nach Wortarten geordnet wie in Aufgabe **1 c)**. Lies dazu vorher die **LERNBOX**.
b) Vergleicht, wer die meisten Nomen, Verben oder Adjektive gefunden hat, und ergänzt die Wörter, die ihr nicht notiert habt.

Fußball-AG

(1) sind Mitglieder eines Teams, das nur im (2) funktioniert. Jeder einzelne (3) muss sich den Anordnungen des (4) fügen und jederzeit (5) sein. Zeigen sich im (6) Konditionsprobleme, ist die (7) nicht mehr gegeben. Beim (8) auf die einzelnen (9) muss stets auf die (10) geachtet werden, denn diese versuchen, den (11) der angreifenden Mannschaft zu stören. Besonders die Angreifer versuchen häufig, sich durch gewagte Torschüsse ins Rampenlicht zu (12). Dabei wird selten beachtet, dass auch die (13) am Erfolg ihrer Mannschaft beteiligt sind. Über die gesamte (14) müssen die Sportler auf die Schiedsrichtersignale achten. Dieser entscheidet spontan, ob ein Foul nur (15) ist. Eingefleischte Fans bezeichnen den Unparteiischen deshalb oft auch als (16).

3 **a)** Arbeitet zu zweit und setzt die Wörter aus dem Wörterkasten in die Lücken des Textes ein. Sie haben alle den Wortstamm *-spiel-*.
b) Vergleicht eure Ergebnisse mit einem anderen Paar und einigt euch auf eine sinnvolle Lösung.
c) Sammle weitere Wörter aus dieser Wortfamilie.

Spielverderber / Abspiel / Spielzug / Abwehrspieler / Fußballspieler / Zusammenspiel / Spieler / Spielfluss / Spielleiters / Spielzeit / Anspielbereitschaft / Mitspieler / Gegenspieler / spielen / vorgespielt / spielbereit / Spiel

LERNBOX

Was ist eine Wortfamilie?

1. Wörter, die den **gleichen Wortstamm** haben, gehören zu einer **Wortfamilie**:
lesen – das Lesebuch – lesbar – der Leser.
2. Den Wortstamm **schreibst du immer gleich.**
3. Wörter einer Wortfamilie bildest du durch **Ableitungen** (*verlesen*) oder durch **Zusammensetzungen** (*die Lesenacht*).

TIPPBOX

Zu 1 c): Sortiere nach diesen Wortarten: *Nomen, Verben, Adjektive.*
Zu 2 a): Notiere Nomen (*der Schreibtisch …*), Adjektive (*schreibfaul …*) und Verben (*verschreiben …*).
Zu 3 a): Schreibt die Ergebnisse so auf: *(1) Fußballspieler, (2) Zusammenspiel, (3) Spieler …*

Ableitungen – Wörter von Wörtern ableiten

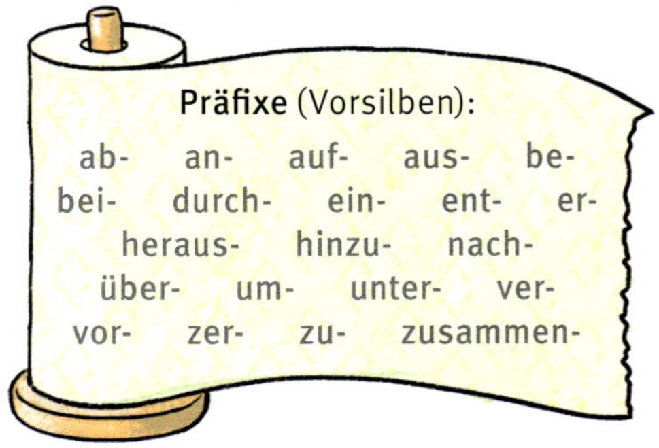

So kochst du Spaghetti mit Tomatensoße:

A zuerst einen großen Topf aus dem Küchenschrank (*nehmen*)
B etwa zwei Liter Wasser mit einem Messbecher (*messen*)
C das Wasser in den bereitgestellten Kochtopf (*füllen*)
D eine Prise Salz (*fügen*)
E das Wasser (*kochen*) lassen
F eine kleine Zwiebel (*hacken*) und sieben mittelgroße Tomaten (*schneiden*)
G in einer Pfanne etwas Butter (*wärmen*)
H das gewürfelte Gemüse darin (*braten*)
I die Spaghetti dem kochenden Wasser (*fügen*)
J die Soße mit ein wenig kochendem Wasser (*füllen*) und mit Salz, Pfeffer und Gartenkräutern (*schmecken*)
K nach acht Minuten die Nudeln durch ein Sieb gießen und gut (*tropfen*) lassen
L auf die Teller Spaghetti füllen und mit einem Basilikumzweig (*zieren*)

1 **a)** Viele Verben in dieser Kochanleitung sind ungenau. Formuliere genauer, indem du die Verben in den Klammern mit passenden Präfixen aus dem Wörterkasten verbindest. Lies vorher den 1. Hinweis in der **LERNBOX** auf der Seite 243.
b) Schreibe die Anleitung in ganzen Sätzen auf. Beginne so:
Zuerst nimmt man aus dem Küchenschrank einen großen Topf heraus.
Dann …
c) Sprecht darüber, was mit einigen Präfixen passiert, wenn ihr in vollständigen Sätzen formuliert.

2 **a)** Bilde zu den folgenden Verben möglichst viele weitere Ableitungen, indem du Präfixe davorsetzt: *geben, denken, spielen, drücken, halten*.
b) Bilde zu den neuen Verben auch das Partizip II, z. B. vorgegeben.

angeben – übersetzen – aufschneiden – anziehen – aufheben – übergeben

3 Manchmal entstehen durch Ableitungen Wörter mit unterschiedlicher Bedeutung. Mache diese deutlich, indem du die Verben aus dem Kasten in verschiedenen Sätzen verwendest, z. B.
angeben: Gib nicht so an! / Hier müssen Sie Ihre Telefonnummer angeben.

einsam, brauchen, wagen, böse, dumm, wahr, eitel, versäumen, schön, beleidigen, reich, gesund, trüb, fassen, erleben, bewirten, bewegen, deutlich

4 Bilde Nomen, indem du die Wörter aus dem Wörterkasten links mit den folgenden Suffixen verbindest: *-ung, -heit, -keit, -schaft, -tum, -nis, -sal,-ling.*

5 Bilde Adjektive, indem du die Wörter aus dem Wörterkasten rechts mit den folgenden Suffixen verbindest: *-sam, -lich, -ig, -isch, -voll, -bar, -haft, -los*. Beachte den 3. Hinweis in der **LERNBOX**.

Duft, taugen, Fleiß, Liebe, Genuss, Rand, Verschwender, Unglück, Stimme, wirken, Manieren, wandeln, Fabel, Geschmack, Wert, fassen, Chance, danken, raten

6 Zerlege die folgenden Wörter und ergänze die Tabelle. Nutze dazu den 4. Hinweis in der **LERNBOX**.

Erholung, unterhaltsam, überholen, Versäumnis, zerstäuben, Entspannung, verständlich, Erlebnis, gehörlos.

Wort	Präfix	Wortstamm	Suffix
Erholung	Er-	-hol-	-ung

7 **a)** Bilde mit den Wortstämmen im Kasten so viele Ableitungen wie möglich. Achte dabei auf die Groß- und Kleischreibung:

-glück- / -weib- / -mann- / -wahr- / -les- / -koch- / -lieb-

b) Führt einen Wettbewerb durch: Wer bildet die meisten Ableitungen?

LERNBOX

Ableitungen bilden

1. Wenn du ein **Präfix** (Vorsilbe) vor ein Wort setzt, entsteht ein neues Wort mit einer anderen Bedeutung (*be- + rühren = berühren*).
2. Auch durch das Anhängen eines **Suffixes** (Nachsilbe) entsteht ein neues Wort. Achtung: Die Nachsilben bestimmen die Wortart. Daher kann sich die Groß- und Kleinschreibung ändern: *frech + -heit = (die) Frechheit; (der) Duft + -ig = duftig; er- + -hell- + -en = erhellen.*
3. Der Stamm kann sich beim Ableiten ändern: *Mann + -lich = männlich.*
4. Es können auch mehrere Präfixe und Suffixe in einem Wort vorkommen: *das Geständnis (ge-, -nis), unbezahlbar (un-, be-, -bar).*

TIPPBOX

Zu 1 c): Probiere verschiedene Präfixe aus. Wenn du unsicher bist, schlage im Wörterbuch nach.
Zu 2 a): Schreibe so: *geben: abgeben, angeben, aufgeben ...*
Zu 4 : Wenn du die Suffixe ergänzt, fällt bei Verben die Endung *-en* weg: *brauchen => das Brauch-tum.* Der Stamm von Adjektiven kann sich ändern: *böse => die Bosheit.*
Zu 5 : Bei der Bildung von Adjektiven musst du manchmal Buchstaben ergänzen: *die Chance => chancenlos*. Bei Verben fällt die Endung *-(e)n weg: wandeln => wandelbar ...*

Zusammensetzungen – Wörter aus Wörtern bauen

Speiseeis → Eiswaffel → Waffelteig → Teigschüssel …

1 **a)** Mache ein Wettspiel mit deinem Partner: Beginne mit einem Wort, das aus zwei Nomen besteht. Dein Partner bildet eine neue Zusammensetzung mit dem zweiten Nomen des Wortes usw. Verloren hat, wer keine neue Zusammensetzung mehr bilden kann.

☆ **b)** Spielt das Spiel einmal anders: Erlaubt sind nur Wörter rund um die Küche.

Teller – Topf – Liebling – Hering – Brett – Schrank – Brot – Eis – Becher – Salat – Küche – Tür – Koch – Essen – Rest – Gabel – Grill – Torte – Fenster

2 **a)** Bilde aus den Nomen durch Zusammensetzung möglichst viele Wörter. Lies dazu die **LERNBOX**.

b) Trage die Zusammensetzungen mit dem passenden Artikel in die Tabelle ein.

Zusammensetzung	Zusammensetzung mit Fugenbuchstaben
der Eisbecher	der Küchenschrank

Folie

c) Betrachte die Wörter genauer. Markiere in der Tabelle Bestimmungs- und Grundwort so wie in der **LERNBOX**.

der Feinschmecker – bissfest – der Putzteufel – blitzschnell – fettarm – die Garzeit – goldgelb – der Kühlschrank – steifschlagen – zuckersüß – der Schnellkochtopf – die Sonnenblumenkerne – die Zartbitterschokolade

3 **a)** Untersuche die Wörter im Kasten oben. Aus welchen Wortarten bestehen sie jeweils? Orientiere dich am zweiten Hinweis der **LERNBOX**.

☆ **b)** Wenn es keine Zusammensetzungen gäbe, müsstest du dich komplizierter ausdrücken. Umschreibe die Wörter aus dem Kasten in eigenen Worten.

LERNBOX

Mit Zusammensetzungen genauer formulieren

1. Viele unserer Wörter sind **Zusammensetzungen** (= das Kompositum (Einzahl), die Komposita (Mehrzahl)). Sie bestehen meist aus einem **Bestimmungswort** und einem **Grundwort**: *das Speiseeis, die Eiswaffel*. Mit ihnen kannst du dich kurz und genau ausdrücken.
2. Das **Grundwort** des Kompositums bestimmt seine **Wortart** und damit seine Groß- und Kleinschreibung:
   das Schneidebrett: Das Wort ist ein Nomen, es besteht aus *Verbstamm + Nomen*.
   dunkelrot: Das Wort ist ein Adjektiv. *(Adjektiv + Adjektiv)*
   küchenfertig: Das Wort ist ein Adjektiv. *(Nomen + Adjektiv)*
   die Kühltruhe: Das Wort ist ein Nomen. *(Adjektiv + Nomen)*
3. Bei **Nomen** richtet sich der **Artikel** des zusammengesetzten Wortes immer nach dem **Grundwort**. Manchmal musst du zwischen den Wörtern Fugenbuchstaben (Verbindungsbuchstaben) ergänzen: *der Küchenschrank, das Schneidebrett.*

Lernbegleitbogen *Sprache betrachten*

Kompetenz / Inhalt Ich kann ...	Selbstein- schätzung ☺ 😐 ☹	Fremdein- schätzung ☺ 😐 ☹	Bemer- kungen	Hier kannst du weiter- üben:
Fachwörter benennen und verwenden (S. 210)				
Begleiter zu Nomen finden (S. 211)				AH, S. 41
Nomen in unterschiedlichen Fällen verwenden (S. 212)				AH, S. 41
durch Personalpronomen Bezüge herstellen (S. 213)				AH, S. 42
mit Possessivpronomen Besitz ausdrücken (S. 214)				AH, S. 43
Demonstrativpronomen richtig verwenden (S. 215)				AH, S. 44
Zeitformen der Verben erkennen und verwenden: – Präteritum und Plusquamperfekt (S. 216) – Präsens und Futur (S. 217)				AH, S. 45, 46
Sprache mündlich und schriftlich verwenden (S. 218)				
Präpositionen richtig verwenden (S. 219–220)				AH, S. 47
mit Adverbien genaue Umstände angeben (S. 221)				AH, S. 48
mit Konjunktionen Wörter und Sätze verknüpfen (S. 222)				
Wortarten richtig verwenden (S. 223)				
Redeabsichten erkennen (S. 224–225)				AH, S. 49
Sprachen vergleichen: – Deutsch und Türkisch (S. 226) – Deutsch und Englisch (S. 227)				
Satzreihen erkennen und bilden (S. 228)				AH, S. 50
Satzgefüge erkennen und bilden (S. 229)				AH, S. 51
Satzreihen und Satzgefüge verwenden (S. 230)				
mithilfe der Umstellprobe Satzglieder ermitteln (S. 231)				AH, S. 52
Subjekt und Prädikat ermitteln (S. 232)				AH, S. 53
mehrteilige Prädikate erkennen (S. 233)				
Prädikate erkennen, Objekte bestimmen (S. 234–235)				AH, S. 54
adverbiale Bestimmungen erkennen: – Ort / Zeit (S. 236) – Grund / Art und Weise (S. 237)				 AH, S. 55 AH, S. 56
Satzglieder richtig verwenden (S. 238)				
Texte mit Proben überarbeiten (S. 239)				AH, S. 57
Wortfelder bilden und nutzen (S. 240)				AH, S. 58
Wortfamilien bilden und nutzen (S. 241)				
Ableitungen bilden (Präfixe und Suffixe) (S. 242–243)				AH, S. 59
Zusammensetzungen bilden (S. 244)				AH, S. 60

Richtig schreiben

Ein Rechtschreibgespräch führen

1 Die fünf Schüler auf dem Foto führen ein Rechtschreibgespräch durch.
a) Besprecht, über welches Problem sie diskutieren.
b) Welche Rechtschreibstrategie hat die Schülerin rechts angewandt?

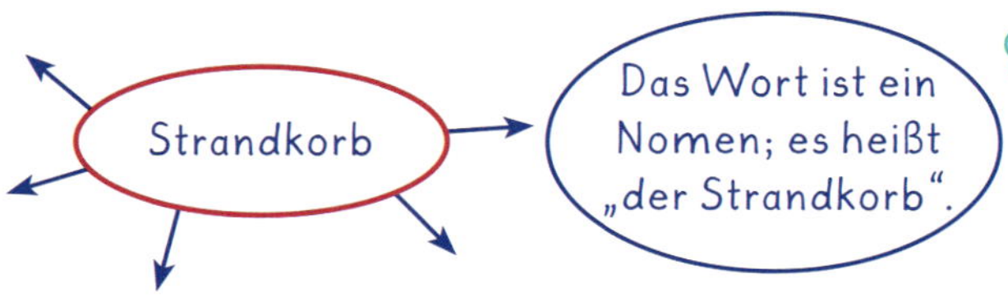

2 Führt zu dem Wort *Strandkorb* zu zweit ein Rechtschreibgespräch durch (siehe LERNBOX). Übertragt das Cluster und ergänzt es.

3 **a)** Führt Rechtschreibgespräche zu den Wörtern *Schifffahrt, bewahren, Meerwasser, lebensgefährlich* und notiert die Ergebnisse auf Karteikärtchen, die ihr in eure Rechtschreibkartei einordnet.
b) Führt zu fünf Wörtern aus dem Text auf Seite 170–171 ein Rechtschreibgespräch.

LERNBOX

So führt ihr ein Rechtschreibgespräch:

1. Schreibt das betreffende Wort in die **Mitte eures Clusters**.
2. Sammelt rundherum alles über die **Rechtschreibung**, z. B.:
   - Zerlegt das Wort in Silben (S. 247) oder Bestandteile (S. 244); probiert aus, wie oft ihr das Wort trennen könnt (S. 264).
   - Erklärt bei Nomen die Großschreibung (S. 259), z. B. mithilfe der Artikelprobe oder Endung, und bildet den Plural.
   - Schreibt bei Verben Zeitformen auf, z. B. Präteritum (S. 216) …
   - Geht auf Rechtschreibschwierigkeiten ein, z. B. doppelte Konsonanten (S. 250–251), Auslaute (S. 253) …
   - Sucht nach Wortverwandten (Ableitungen, S. 242).
   - Bildet mit dem Wort Beispielsätze.
3. Übertragt eure Ergebnisse auf **Karteikärtchen** und ordnet diese in eure **Rechtschreibkartei** ein.

TIPPBOX

Zu 2: Stellt zu dem Wort *Strandkorb* Überlegungen zu folgenden Aspekten an: Artikelprobe (*der Strandkorb*), Silbenprobe/Worttrennung (*Strand-korb*), Teile der Wortzusammensetzung, Auslaute der Einzelwörter, Pluralbildung, Wortverwandte. Bildet auch einen Beispielsatz.

Silben in Wörtern untersuchen

Kurze und lange Vokale – Silbenprobe

A) R E T I S C E N H | B) T N U E B | C) L B N E E | D) S T R I P E Z

1 Welche Wörter sind hier verwürfelt? Bilde aus jedem Oval zwei Wörter.

2 **a)** Übertrage die Tabelle in dein Heft. Schreibe die Wörter aus Aufgabe **1** mit Silbenbogen in die richtige Spalte. Achte dabei auch auf die Groß- und Kleinschreibung. Ergänze bei Nomen den Artikel.
b) Prüfe, welche Vokale kurz und welche lang gesprochen werden. Setze unter die langen Vokale einen Strich und unter die kurzen Vokale einen Punkt.

Wörter mit offener Silbe	Wörter mit geschlossener Silbe
schrei ten	

3 **a)** Finde für jede Tabellenspalte fünf (acht ☆) weitere zweisilbige Wörter und trage sie mit Silbenbogen ein.
b) Stellt euch gegenseitig eure Ergebnisse vor und ergänzt eure Tabellen.

4 **a)** Vervollständige die Lückensätze und schreibe sie richtig in dein Heft.
b) Überprüfe deine Lösung mit der LERNBOX.

Wenn die erste betonte Silbe mit einem (1) endet, so ist sie offen. Der Vokal wird deshalb (2) gesprochen.
Wenn die erste betonte Silbe mit einem (3) endet, so ist sie geschlossen. Der Vokal wird deshalb (4) gesprochen.

! LERNBOX

So unterscheidest du kurze und lange Vokale:

1. Buchstaben, die allein ausgesprochen werden können, heißen **Vokale** (Selbstlaute): *a, e, i, o, u*. Dazu gehören auch die **Umlaute** *ä, ö, ü* und die **Zwielaute** (Diphtonge) *ai, ei, au, äu, eu*.
2. In jeder Silbe eines Wortes kommt entweder ein Vokal, ein Umlaut oder ein Zwielaut vor.
3. Wenn du ein Wort in Silben sprichst, kannst du erkennen, ob du den Vokal kurz oder lang sprechen musst:
   a) *die War nung* = zwei Silben → Die erste betonte Silbe endet mit einem Konsonanten. Die **Silbe** wird dadurch **geschlossen. Den Vokal sprichst du deshalb kurz.**
   b) *die Mö we* = zwei Silben → Die erste betonte **Silbe** endet mit einem Vokal. Sie ist **offen. Den Vokal sprichst du lang.**
   c) Zwielaute werden immer lang gesprochen: *hei ßen, freu en.*

TIPPBOX

Zu 1: Die gesuchten Wörter beginnen mit den folgenden Buchstaben:
A): sch…, str…
B): bu…, Tu…
C): Le…, Ne…
D): Spr…, Spi…
Zu 4 a): Überlege dir bei den Lücken (1) und (3), welche Buchstaben du einsetzen musst, bei den Lücken (2) und (4), ob der Vokal lang oder kurz gesprochen wird.

Wörter mit *ie* richtig schreiben

notieren – der Flieder – der Ziegel – siegen – mies – schmierig

1 **a)** Lies die Wörter leise durch. Was haben sie alle gemeinsam?
b) Vergleiche deine Ideen mit der LERNBOX.

2 **a)** Wer findet die meisten Reimwörter zu den Wörtern oben? Schreibe möglichst viele auf: notieren – spazieren – verlieren …
b) Sortiere deine Reimwörter nach Wortarten. Lege dir dazu eine Tabelle wie unten an und trage die Wörter ein. Ergänze bei Nomen den Artikel. Wenn du unsicher bist, schlage ihn im Wörterbuch nach.
c) Markiere jeweils den lang gesprochenen *i*-Laut.

Nomen	Verben	Adjektive	andere Wortarten
der Flieder	notieren		
	spazieren		

3 Suche zu den folgenden Adjektiven jeweils ein verwandtes Nomen und zu den Nomen ein verwandtes Verb. Markiere das *ie*.

sympathisch → die Sympathie
melodisch →
theoretisch →
biologisch →
energisch →

die Korrektur → korrigieren
die Kopie →
die Sorte →
die Nummer →
der Marsch →

V	I	E	L	L	E	I	C	H	T
K	R	F	S	P	I	E	ß	G	A
L	S	G	C	T	D	E	G	Ö	M
A	D	A	H	Z	W	S	Ä	L	I
V	E	U	I	L	I	E	D	J	E
I	N	I	E	D	E	R	C	W	S
E	H	B	F	J	S	I	E	G	F
R	Q	N	L	I	E	G	E	Z	V

Folie

4 **a)** In diesem Rätselgitter sind Wörter mit *ie* versteckt. Markiere sie.
b) Schreibe die Wörter in der richtigen Groß- und Kleinschreibung heraus.
c) Schreibe Wörter, die du dir einprägen willst, auf Karteikärtchen und ordne sie in deine Rechtschreibkartei ein.

LERNBOX

So erkennst du Wörter mit *ie*:

1. Der **lang gesprochene *i*-Laut** wird in der offenen betonten Silbe meistens **mit *ie* geschrieben**: *die Bie ne, die Schie ne, die Rie sen*.
2. Ermittle bei einsilbigen Wörtern die Schreibung, indem du eine **zweisilbige Form** bildest. Steht das lange *i* am Ende der ersten offenen Silbe, wird es meist mit *ie* geschrieben: *das Tier → die Tie re*.
3. Wörter, in denen der lang gesprochene *i*-Laut nur als *i* geschrieben wird, sind **Lernwörter**: *die Musik, dir, das Kilo, erwidern …*
4. Bist du bei der Schreibung unsicher, schlage im **Wörterbuch** nach.

TIPPBOX

Zu 3: Bei diesen Ableitungen enden die Nomen auf *ie*, die Verben auf *ieren*.
Zu 4 a): Du musst zehn Wörter finden: sechs stehen waagerecht, vier senkrecht.

Wörter mit silbentrennendem *h* – Wörter verlängern

Seite 305

Erarbeitet die folgenden Aufgaben im **Lerntempoduett**. Gehe dazu so vor:

A) Bearbeite die erste Aufgabe zunächst allein. Wenn du unsicher bist, nutze die TIPPBOX.

B) Sobald du diese Aufgabe geschafft hast, meldest du dich. So zeigst du, dass du dich mit einem Partner austauschen möchtest.

C) Vergleiche die Ergebnisse mit einem Partner, korrigiere oder ergänze sie.

D) Dann arbeitest du mit den nächsten Aufgaben in gleicher Weise weiter.

1 **a)** Füge in die folgenden Wörter das *h* ein und notiere sie mit Silbenbogen. Ergänze bei den Nomen den Artikel.
Schreibe so: die Rei he.
die Reie – droen – dreen – die Müe – wieern – die Schue – flieen – versteen
näer – die Rue – True – der Mäer – die Zeen – die Küe
b) Erkläre, warum das *h* an dieser Stelle silbentrennendes *h* genannt wird. Orientiere dich dazu an der LERNBOX.

2 Verlängere die Wörter mit *h* aus dem Kasten und schreibe sie in getrennten Silben auf:
die Kuh → die Kü he.

die Kuh – der Zeh – Geh weg! – der Schuh – Verzeih mir! – das Reh – roh – der Floh – nah – Sieh an!

3 Bilde Wortfamilien zu den Verben: *sehen, nähen,* ☆ *gehen, drohen.*
Schreibe so: sehen → er sieht, der Seher, die Sehschärfe …

4 Markiere die Wörter im Text, in denen das silbentrennende *h* fehlt.

Folie

Erfrischend anders: Ein Tag am Meer!

Wintersonne und ein frisch weender Wind – warm eingehüllt ist ein ruiger Strandspaziergang herrlich entspannend. Die Orte an der Nordsee geben sich viel Müe, damit ihre Gäste den Ausflug ans Meer genießen. Wie Robben gefüttert werden, können Besucher in der Seehundstation Friedrichskoog seen. Und um mit Seehunden beinae auf Tuchfühlung zu geen, verabreden sich Abenteurer im Winter im Naturpark Hüttener. Gleich vier Leuchttürme steen in einer Reie in Brunsbüttel am Nord-Ostsee-Kanal.

LERNBOX

Das silbentrennende *h*

1. Wenn eine Silbe mit einem Vokal endet und die nächste mit einem Vokal beginnt, dann setzt man meistens ein *h* dazwischen. Dadurch wird das Wort **leichter lesbar**. Dieses *h* heißt **silbentrennendes *h***: *ge hen*.
2. Damit du überprüfen kannst, ob einsilbige Wörter am Ende mit *h* geschrieben werden, musst du diese **verlängern**: *die Kuh → die Kü he*.
3. Gehört das silbentrennende *h* zum Wortstamm, bleibt es **in allen verwandten Formen des Wortes erhalten.**

TIPPBOX

Zu 1 a): Sprich die Wörter leise vor dich hin. Dort, wo die zweite Silbe beginnt, setzt du ein silbentrennendes *h*: *die Rei he*.
Zu 2: Bei Nomen bildest du den Plural, bei Verben den Infinitiv, Adjektive setzt du vor ein Nomen.
Zu 4: Markiere acht Wörter.

Konsonant – einfach oder doppelt?

1 a) Schreibe die Bezeichnungen für die Abbildungen auf.
b) Verlängere die Nomen, indem du den Plural bildest. Setze unter den langen Vokal einen Strich, unter den kurzen einen Punkt.
c) Untersuche, wann du den Konsonanten einfach und wann du ihn doppelt schreiben musst. Was stellst du fest?
d) Vergleiche dein Ergebnis mit der **LERNBOX** auf Seite 251.

f oder ff:	der Ha?en, o?en, der A?e, er tri?t	p oder pp:	die Pu?e, die Lu?e, er schna?t, do?elt
l oder ll:	die We?e, sie ste?t, er ho?t, bi?ig	r oder rr:	der Ka?en, die Wa?en, er i?t sich, schmo?en
m oder mm:	das sti?t, die Ei?er, der Ja?er, i?er	t oder tt:	das We?er, er hü?et, die Ke?e, die Tü?e
n oder nn:	die Mie?e, dü?, der Si?, es bre?t	b oder bb:	die Kra?e, die Wa?e, der Ra?e, sie bi?ert

2 a) Entscheide, ob du in den Wörtern einen einfachen oder doppelten Konsonanten einsetzen musst. Nutze dazu die **LERNBOX** auf Seite 251.
b) Schreibe die Wörter mit Silbenbogen ins Heft und markiere den Vokal. Einsilbige Wörter musst du verlängern. Schreibe so: der Ha fen.
c) Welche Konsonanten musst du in den folgenden Wörtern ergänzen? Schreibe sie mit Silbenbogen auf.

der Hi?el, der Ra?en, wi?en, er kä?t, ma?en, die Tü?e, der Tre?punkt

3 Till hat einen Schülerzeitungsartikel über den „Tag der Nationalitäten“ verfasst.

Folie

a) Welche Wörter muss er mit Doppelkonsonanten schreiben? Markiere sie.
b) Schreibe den Bericht richtig in dein Heft.

Schlemen bis zum Umfalen – „Tag der Nationalitäten“ in der Mensa

Am Dienstag fand in unserer Mensa der „Tag der Nationalitäten“ stat. Eingeladen waren ale Schülerinen und Schüler der 6. Jahrgänge und auch ihre Eltern und Geschwister. Unter dem Moto „Esen verbindet“ wurden verschiedene Gerichte angeboten, die ale von den zahlreichen Gästen probiert werden konten. Die Klase 6.1 hate außerdem ein toles Klasenrezeptbuch zusamengestelt, das man an ihrem Stand kaufen konte. Besonders gut angenomen wurde der „Test-Stand“ der 6.3. Dort wurden den Eltern die Augen verbunden, und sie musten erraten, welches Esen sie gerade probierten. Spanend! Ales in alem war das eine gelungene Veranstaltung. So etwas solten wir in jedem Jahr durchführen, denn so komen Menschen verschiedener Kulturen zusamen und lernen sich kenen.

4 **a)** Begründe die Schreibweise der folgenden Wörter. Zerlege sie dazu in Silben und verlängere die erste Silbe.
der Pfannkuchen – das Schwimmbad – die Mannschaft – der Treffpunkt
b) Erkläre das *bb* in *Korbball*.

kommen – der Anlasser – fallen – verlässlich – die Gelassenheit – der Ankömmling – beifällig – lassen – das Vorkommen – der Fallschirm – das Gefälle – verkommen – die Entlassung – falls – entkommen

5 Schreibe die Wörter oben nach Wortfamilien geordnet auf und suche jeweils zwei weitere Wörter mit Doppelkonsonanten. Markiere die Wortstämme farbig und unterstreiche die Doppelkonsonanten darin: kommen, der Ankömmling …

6 **a)** Schreibe möglichst viele verwandte Wörter mit den Wortstämmen *-trenn-* und *-stell-* auf (siehe **LERNBOX**, Hinweise 5 und 6). Markiere die Wortstämme.
Schreibe so: -trenn-: trennen, getrennt, die Worttrennung …
b) Notiere alle Wörter, die dir zur Wortfamilie *-klett-* einfallen.

Fabians erster Kochversuch

Natürlich auch Fabians Eltern zum „Tag der Nationalitäten" (kommen). Sie sich das letzte Klassenrezeptbuch (gönnen). Seine Mutter Fabian zu Hause (bitten), für sie zu kochen. Also er beherzt zu den Rezepten (greifen) und eine Einkaufsliste für Hamburger zusammen (stellen). Das anschließende Zubereiten ihm nicht schwer (fallen). Die Mutter ihren Sohn gar nicht wieder (erkennen). „Das mache ich jetzt jedes Wochenende", strahlte Fabian.

7 **a)** Schreibe den Text ab und setze die Verben aus den Klammern im Präteritum ein (siehe **LERNBOX**, Hinweis 6). Schlage im Zweifelsfall im Wörterbuch nach.
b) Unterstreiche in den eingesetzten Verbformen jeweils den lang gesprochenen Vokal und setze unter den kurzen einen Punkt.

Seite 312

LERNBOX

So erkennst du Wörter mit doppeltem Konsonanten:

1. Sprich das Wort deutlich aus und achte auf den Vokal in der ersten betonten Silbe.
2. Wird dieser **Vokal lang** gesprochen, dann ist die Silbe offen, also **ohne Konsonant**: *die Tü te*.
3. Wird dieser **Vokal kurz** gesprochen, dann ist die Silbe geschlossen. Sie endet **mit einem Konsonanten**: *die Bret ter*.
4. **Verlängere** einsilbigen Wörter: *das Blatt → die Blät ter, er rennt → wir ren nen, schnell → das schnel le Auto*.
5. Wörter, die miteinander verwandt sind, werden meist gleich geschrieben. Dann bleibt der **Doppelkonsonant im Wortstamm** erhalten: *kämmen → er kämmte*.
6. Manchmal werden verwandte Wörter auch unterschiedlich geschrieben. Entscheidend ist, ob der **Vokal in der betonten Silbe kurz oder lang** ist: *bit ten → er bat, tre ten → die Trit te*.

TIPPBOX

Zu 2 a): In 21 Wörtern fehlt ein Doppelkonsonant.
Zu 3 a): Im Text sind 24 Wörter falsch geschrieben. Führe die Silbenprobe im Kopf durch.
Zu 4 a): Schreibe so: *der Pfannkuchen → die Pfan ne + der Kuchen.*
Zu 7 a): Schreibe so: *Natürlich ka men auch Fabians Eltern zum „Tag der Nationalitäten" …*

Wörter mit *ck* und *tz*

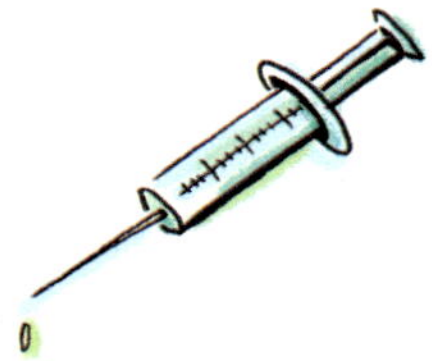

1 **a)** Sprich die Wörter zu den Bildern deutlich aus und schreibe sie auf. Setze unter einen kurzen Vokal einen Punkt und unter einen langen einen Strich.
b) Vergleiche deine Ergebnisse mit einem Partner.

k oder ck?	z oder tz?
der Kle?s, zan?en, der Zan?, tro?en, den?en, der Bä?er, we?en, strei?en, stin?en	der Scha?, überkreu?en, win?ig, schni?en, he?en, schmel?en, spri?ig, die Wur?el, kür?en
☆ mel?en, der Schin?en, das La?en	die Kreu?ung, stü?en, sal?ig

2 **a)** Welche Buchstaben fehlen? Lies zunächst die **LERNBOX**.
b) Entscheide, welche Konsonanten du einsetzen musst. Sprich die Wörter deutlich aus, um zu erkennen, ob der Vokal kurz oder lang gesprochen wird.
c) Schreibe die Wörter richtig in dein Heft. Einsilbige Wörter musst du verlängern: der Klecks → die Kleckse.

der Witzbold – witzig – der Schluckauf – das Schlitzohr – der Zankapfel – die Katze – die Schnitzerei – fetzig – die Latzhose – trotzdem – die Lücke – der Wecker – trotzig – die Weckzeit – die Backe

☆ die Sackkarre – die Netze – wackelig – sitzen – die Spatzen

3 Schreibe die Wörter ab und kennzeichne den kurzen Vokal durch einen Punkt. Beachte: Bei einigen Wörtern gehören *tz* und *ck* zur ersten Silbe: der Witz bold.

☆ **4** Wähle fünf Wörter aus Aufgabe **3** aus und erzähle damit eine kurze Geschichte.

LERNBOX

Wörter mit *k* oder *ck* – mit *z* oder *tz*

1. Für *tz* und *ck* gilt dieselbe Regel wie für alle Doppelkonsonanten. Ist der **Vokal** davor **kurz**, so schreibst du ***tz* oder *ck***: *blitzen, die Fratze, kleckern, die Glocke*.
2. Steht vor dem *k*-Laut oder dem *z*-Laut ein langer Vokal, so ist die **erste Silbe offen**. Dann schreibst du ***k* oder *z***: *sprei zen, die Bre zel, spu ken, die Lu ke*.
3. Steht vor dem *k* oder *z* ein **anderer Konsonant**, schreibst du ebenfalls ***k* oder *z***: *zan ken, die Bir ke, tan zen, die Lan ze*.

TIPPBOX

Zu 2 a): Wenn du unsicher bist, schlage im Wörterbuch nach.
Zu 3: Sprich die Silben deutlich aus: *wit zig*, aber: der *Witz bold*.
Bei sechs (☆ sieben) Wörtern gehören *ck* und *tz* zur ersten Silbe.

Wörter mit *b, d, g* im Auslaut – Wörter verlängern

der Her? – kal? – sie par?t – gel? – der Die? – schrä? – das Bro? – blon? – sie na?t – der Bun? – es kle?t – flin? – die Prach? – er den?t – das Ra? – der Zu? – er hu?t

1 Finde heraus, ob die Wörter mit *b / p, d / t* oder *g / k* geschrieben werden:
a) Verlängere die Wörter so, dass man den Buchstaben im Auslaut deutlich hört, und schreibe sie richtig auf: *der Herd → die Herde*.
b) Formuliere zu jeder Wortart eine Regel, wie du verlängern kannst.
c) Vergleiche deine Regeln mit den Hinweisen 1 und 2 der **LERNBOX**.

Gel? – Fel? – Bur? – Bro? – Han? – Fabri? – Musi? – Ran?
-graben – -ball – -maus – -laden – -schornstein – - streifen – -schein – -messer

2 Trage die fehlenden Buchstaben ein und verbinde die Wortteile sinnvoll. Überprüfe dein Ergebnis, indem du den ersten Teil des Wortes verlängerst oder ein verwandtes Wort suchst. Lies dazu die Hinweise 3 und 4 in der **LERNBOX**.

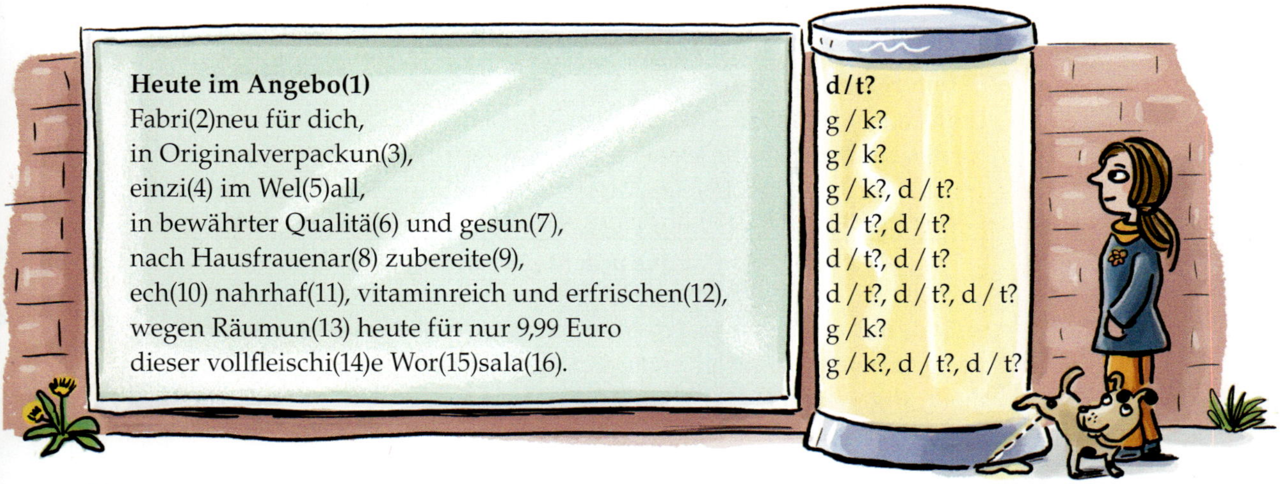

3 Ergänze die Buchstaben im Gedicht mithilfe der Regeln in der **LERNBOX**.

LERNBOX

So erkennst du Wörter mit *b, d, g* im Auslaut:

1. Endet ein Wort mit *b, d, g,* hörst du diese Laute wie *p, t, k*.
2. Durch die **Verlängerungsprobe** hörst du deutlich, ob du Wörter mit *b / p, d / t* oder *g / k* schreiben musst:
   – Bilde bei **Nomen** der Plural: *der Herd → die Her de.*
   – Verwende **Adjektive** mit einem Nomen: *gelb → der gel be Schuh.*
   – Verwende **Verben** in der Wir-Form: *sie parkt → wir par ken.*
3. Zusammengesetzte Wörter musst du zuerst **zerlegen**: *der Handball → die Hand + der Ball → die Hän de.*
4. Wörter aus derselben **Wortfamilie** werden im **Wortstamm** immer gleich geschrieben: *die Folge, folgen, folglich ...*

TIPPBOX

Zu 1 b):
So kannst du beginnen:
Nomen kann ich verlängern, indem ich ...
Adjektive ...
Verben ...
Zu 2 :
Wenn du eine Zusammensetzung gefunden hast, zerlege sie:
der Geldschein → das Geld + der Schein → die Gel der.

Wörter mit *-isch*, *-ig* oder *-lich* – Wörter verlängern

Das Ross und der Stier

Auf einem prächtigen Ross ritt einmal ein niedliches Mädchen im Galopp. Es hatte trotz des zügigen Tempos keine Angst und lachte, verhielt sich aber nicht kindisch. Tier und Reiterin kamen an einer herrlichen Koppel vorbei, auf der ein angriffslustiger Stier missmutig[1] hin und her stampfte. Dieser rief dem Pferd spöttisch und ein bisschen neidisch zu: „So eine Schande! Du feuriges Ross lässt dich von einem so armseligen Mädchen reiten und beherrschen. Das jämmerliche Kind könntest du doch mit Leichtigkeit abwerfen." Darauf entgegnete das findige[2] Pferd: „Mir macht das nichts aus. Denn was bringt es mir an Ehre, die Kleine aus dem Sattel zu werfen? Jeder weiß, dass ich das könnte."

[1] missmutig: schlecht gelaunt [2] findig: klug

1 **a)** Lest den Text und sprecht darüber, warum das Ross sich nicht von dem Stier beeinflussen lässt.
b) Um welche Textart handelt es sich hier? Begründet.

Folie

2 **a)** Markiere die im Text verwendeten Adjektive. Lies dazu die LERNBOX.
b) Übertrage die Tabelle in dein Heft und ergänze die fehlende Überschrift. Ordne die Adjektive zu und schreibe sie zusammen mit einem passenden Nomen auf. Markiere die jeweilige Endung.

Wörter mit -isch		Wörter mit -lich
	das prächtige Ross	

3 **a)** Bilde aus den Nomen unten Adjektive mit den Bausteinen (Suffixen) *-isch*, *-ig* oder *-lich* und trage sie mit einem passenden Nomen in die Tabelle ein:
die Stunde → die stündlichen Nachrichten

Stunde – Herbst – Witz – Saft – Fantasie – Fleiß – Farbe – Dieb – Welle – Sport – Morgen – Geselle – Abend – Woche – Wähler – Eifer – Grund – Romantik

b) Zu zwei der Nomen kannst du jeweils zwei Adjektive bilden. Finde heraus, welche es sind, und schreibe die Adjektive mit einem Nomen auf.

LERNBOX

Wörter mit *-isch*, *-ig* oder *-lich*

1. Zur Bildung von Adjektiven setzt du den Wortstamm mit den **Bausteinen *-isch*, *-ig* oder *-lich*** (Suffixe) zusammen: *der Elan → elastisch, die Welle → wellig, das Fest → festlich.*
2. Wenn du unsicher bist, wie du die Adjektive schreiben musst, **verlängerst** du sie: *feurig → das feurige Ross.*
3. Der Wortbaustein *-lich* ist eine Silbe, während *-isch* und *-ig* keine Silben sind. Das musst du beim Trennen der Wörter berücksichtigen: *fröh-lich → das fröh-**li-che** Lied, elas-tisch → das elas-**ti-sche** Band, mu-tig → das mu-**ti-ge** Kind.*

TIPPBOX

Zu 2 a): Im Text sind 13 Adjektive.
Zu 2 b): Notiere die Nomen mit Artikel im Nominativ (1. Fall).
Zu 3 a): Du kannst viermal den Baustein *-isch*, sechsmal *-ig* und achtmal *-lich* verwenden.

s-Laute zum Klingen bringen: *s* oder *ß*?

Der Klo(?) mit So(?)e aus der Do(?)e, den ich gestern Mittag a(?), war so hei(?), dass ich mir auf diese Wei(?)e die Zunge verbrannte.

1 Setze die *s*-Laute ein. Höre hin, ob du den *s*-Laut eher summst oder zischst. Verlängere die einsilbigen Wörter, falls nötig. Lies dazu die LERNBOX.

das Paradie(1) – er la(2) – gro(3) – ich sa(4) – das Ma(5) – ich nie(6)te – er a(7) – das Lo(8) – blo(9) – ich lie(10) – das Tier gra(11)t – der Erlö(12) – sü(13)

2 **a)** Überlege, wie du die Nomen, Verben und Adjektive verlängern kannst, sodass du den *s*-Laut deutlich zum Klingen bringst.
b) Schreibe zu jedem Wort eine zumindest zweisilbige Form mit Silbenbogen auf.

Auf dem Schulfest: Café Istanbul

Eigentlich sollte das Schulfest bei schönem Wetter drau(1)en stattfinden. Aber es sollte auch Angebote im Schulhau(2) geben. Hier fiel das Lo(3) auf die Klasse 6.1, die das Café Istanbul betreiben wollte. Dazu musste die Klasse den Raum umgestalten. Er wurde vorher orientalisch geschmückt. Das machte den Schülern gro(4)en Spa(5). Die Tische wurden im Krei(6) aufgestellt. Heike, die vorne auf einem rie(7)igen Kissen sa(8), putzte jedes Teegla(9) einzeln. Ayse la(10) noch einmal die Spei(11)ekarte und kontrollierte, ob der Prei(12) jeweils stimmte. Ihre Mutter hatte extra ihre Lieblingsspei(13)e vorbereitet: wei(14)en türkischen Honig. Der war zwar sehr sü(15), aber unheimlich lecker. Erich blie(16) währenddessen noch einige Luftballons auf und Mirja ma(17) noch einmal die Länge der Wand, an die sie eine Girlande hängen wollte. Da kam schlie(18)lich Frau Kämper in die Klasse und rief: „Das sieht ja toll aus!" …

3 **a)** Benenne, was die Schüler machen, um sich auf das Schulfest vorzubereiten.
b) Schreibe den Text ab und setze jeweils das fehlende *s* oder *ß* ein.
c) Schreibe den Text zu Ende und markiere in deiner Ergänzung die *s*-Laute.

LERNBOX

Wörter mit *s* oder *ß*

1. Wenn du nach einer offenen Silbe einen weichen *s*-Laut hörst, den du **summen** kannst **wie eine Biene,** schreibst du *s*: *le sen, die Rei se.*
2. Wenn du nach einer offenen Silbe einen scharfen *s*-Laut hörst, den du **zischen** kannst **wie eine Schlange**, schreibst du *ß*: *rei ßen, die Spie ße.*
3. **Verlängere** einsilbige Wörter, um den *s*-Laut zu hören: *groß → grö ßer, er las → wir la sen, das Los → die Lo se.*
4. Bilde eine Wortform mit offener Silbe, wenn der *s*-Laut am Ende einer geschlossenen Silbe steht: *er ras te → ra sen.*

TIPPBOX

Zu 1: Du musst in die Lücken viermal den scharfen und zweimal den weichen *s*-Laut einsetzen.
Zu 2 b): Schreibe so:
das Paradies → die Pa ra die se,
er las → wir la sen,
groß → der gro ße Mann.
Zu 3 b): Wenn du unsicher bist, welchen *s*-Laut du einsetzen musst, verlängere die Wörter.

Kurzer oder langer Vokal: *ss* oder *ß*?

S	C	H	Ü	S	S	E	L	T	H	L	Q	A	V	S	S	V
N	K	L	A	S	G	Z	N	ß	Q	U	A	S	S	E	L	N
D	G	T	T	Ü	ß	ß	A	Ü	N	M	W	Q	Ü	I	H	A
T	E	S	S	ß	A	K	U	S	S	D	E	V	K	J	J	M
G	E	N	I	E	ß	B	A	R	S	S	Z	Z	E	K	I	A
R	F	R	T	A	Z	S	S	S	N	S	Ä	Ü	N	L	L	ß
H	D	R	A	U	ß	E	N	S	U	S	ß	B	B	Ä	Ö	P
J	A	S	S	F	T	Z	W	B	S	A	K	L	O	ß	S	P
L	K	G	H	E	E	B	U	N	S	F	D	T	G	R	S	G
V	E	R	G	E	S	S	E	N	H	W	F	G	S	T	ß	R
S	F	R	T	N	O	H	J	U	K	F	W	A	S	Z	P	Ü
S	S	M	S	S	ß	U	G	E	G	R	R	S	W	I	U	ß
Ö	M	Ü	S	S	E	N	D	G	F	A	S	S	F	Ü	ß	E
ß	H	ß	F	E	ß	G	A	T	R	ß	I	E	D	H	S	S
G	I	I	E	R	G	M	E	S	S	E	R	F	R	U	I	Q
H	I	G	R	G	E	N	U	S	S	N	A	S	D	R	T	H
H	A	L	K	L	Ö	D	D	S	S	F	B	M	A	S	S	E

1 Suche im Rätselgitter jeweils zehn Wörter mit *ss* und *ß*. Du findest sie waagerecht und senkrecht.

Folie

2 **a)** Übertrage die folgende Tabelle in dein Heft.

b) Ordne die Wörter aus Aufgabe **1** in die Tabelle ein. Schreibe sie mit Silbenbogen auf. Ergänze bei Nomen den Artikel. Orientiere dich an der **LERNBOX**.

c) Ergänze in jeder Spalte noch drei weitere Wörter.

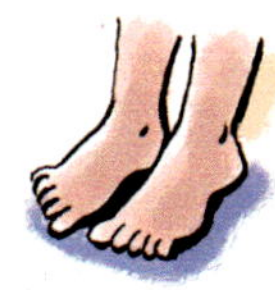

langer Vokal = betonte Silbe offen	kurzer Vokal = betonte Silbe geschlossen
	der Schlüs sel

gießen – stoßen – fressen – messen – wissen – müssen – essen – fassen – vergessen – lassen – zerreißen – grüßen – schließen – küssen – vergießen

3 Bilde mit den Verben oben jeweils die Wir-Form des Präteritums und ordne sie in eine Tabelle wie unten ein.

s-Laut verändert sich im Präteritum	s-Laut verändert sich im Präteritum nicht
wir gie ßen → wir gos sen	sto ßen → wir stie ßen

LERNBOX

Wörter mit *ss* oder *ß*

1. **Nach kurzem Vokal** schreibst du den **scharfen *s*-Laut als *ss*.** Die betonte Silbe ist geschlossen: *mes sen, Gebis se.*
2. **Nach langem Vokal** schreibst du den **scharfen *s*-Laut als *ß*.** Die betonte Silbe ist offen: *lie ßen, die Grö ße.*
3. Wenn du bei einsilbigen Wörtern unsicher bist, **verlängere** sie, um herauszufinden, ob die betonte Silbe offen oder geschlossen ist: *das Fass → die Fäs ser.*
4. Im **Präteritum** verändert sich bei **starken Verben** der *s*-Laut: *ich zerreiße → ich zerriss.*

TIPPBOX

Zu **2 b)**: Führe im Kopf die Silbenprobe durch und sprich die Silben deutlich mit. Wörter mit *ss* trennst du nach dem ersten *s*: *die Flüs se.* Bei Wörtern mit *ß* gehört der *s*-Laut in die folgende Silbe: *die Fü ße.*

Wörter mit *ä / äu* – Wörter ableiten

Mäuse oder Meuse? Zähne oder Zehne?

1 **a)** Tauscht euch zu zweit darüber aus, welche Schreibweise richtig ist.
b) Welche Strategie habt ihr angewendet? Vergleicht mit der LERNBOX.

näher – lächeln – das Geräusch – schnäuzen – länger – bärtig – ängstlich – die Äpfel – die Sträucher – träumen – die Fläche

2 **a)** Schreibe die Wörter ab und notiere zu jedem ein verwandtes Wort.
b) Bilde Sätze, in denen möglichst viele dieser Wörter vorkommen.

stark – das Lämmlein – die Gefahr – fahren – träumen – die Stärke – glatt – bäuchlings – gefährlich – belämmert – der Bauch – träumerisch – glätten – das Glätteisen – die Bäuche – die Stärkung – der Traum – das Lamm

3 Notiere die Wörter nach Wortfamilien geordnet, unterstreiche den Wortstamm.

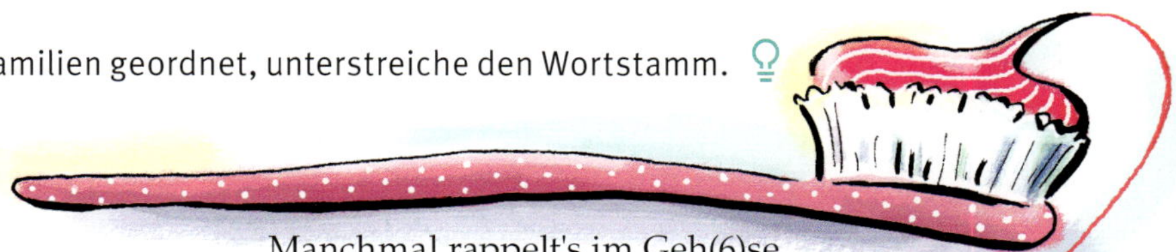

Der Lauf des Lebens

T(1)glich putz ich meine Z(2)hne,
wird gehobelt, fallen Sp(3)ne.
Wenn ich fall, wein ich 'ne Tr(4)ne
oder zerr mir eine S(5)hne.

Manchmal rappelt's im Geh(6)se,
Kinder kriegen auch mal L(7)se.
Im Portemonnaie sind lauter M(8)se,
Schiffe fahren durch 'ne Schl(9)se.

Wer nicht aufpasst, kommt unter die R(10)der,
blöd ist ein Rucksack ohne Tr(11)ger.
Zum Tennis brauchst du einen Schl(12)ger,
zum F(13)gen einen F(14)ger.

Vor der Kirche steh'n die Br(15)te,
drumherum sind ganz viel L(16)te.
Vor dem Kaufhaus wartet h(17)te
eine aufgeregte M(18)te.

Das L(19)ben, es ist oftmals schw(20)r,
geht es doch immer hin und h(21).
Aber seien wir mal (22)hrlich,
es ist wirklich nicht gef(23)hrlich.

4 Schreibe das Gedicht ab und setze in die Lücken *ä / äu* oder *e / eu* ein.

LERNBOX

So erkennst du Wörter mit *ä / äu*:

1. Wenn du herausfinden willst, ob ein Wort mit *ä / e* oder *äu / eu* geschrieben wird, musst du es **ableiten**.
   Du suchst also ein **verwandtes Wort** mit *a* oder *au*:
   gefährlich → die Gefahr, die Bäuche → der Bauch.
2. Wenn du kein verwandtes Wort mit *a* oder *au* findest, schlägst du im **Wörterbuch** nach.

TIPPBOX

Zu 2 a): Ableitungen sind verwandte Wörter, die den gleichen Wortstamm haben.
Zu 3 : Die Wortstämme sind: *-lamm-, -fahr-, -traum-, -stark-, -glatt-, -bauch-.*

Lernwörter mit Dehnungs-*h*

Oh!
Wenn Söhne die Strähnen ihrer Mähnen föhnen,
wenn Hähne sich dehnen und aus dem Fenster lehnen,
wenn Dohlen auf hohlen Sohlen johlen,
werden auch Hühner kühner
und sehnen sich nach Ruhm.
Doch was ist ihr Lohn? Nur Hohn!

Sollen Drohnen auf Thronen* wohnen?
Soll man sie mit Kronen belohnen?
Oder soll man auf die Drohnen
Bohnen schießen aus Kanonen?

* Das Wort kommt aus dem Griechischen, kein Dehnungs-*h*.

1 **a)** Lest diese Verse laut vor und sprecht die Wörter ganz deutlich aus. Wenn jemand ein Wort klären möchte, klopft er auf den Tisch.

b) Übertrage die Tabelle in dein Heft und ordne die Wörter mit langen Vokalen ein. Schreibe die Nomen mit Artikel auf. Markiere in der rechten Spalte jeweils das Dehnungs-*h* sowie den Buchstaben, der darauf folgt.

langer Vokal ohne Kennzeichnung	langer Vokal mit Dehnungs-h
die, aus, dem …	Oh, die Söhne …

2 Überprüfe die Eselsbrücke mithilfe deiner Tabelle.

berü?mt – der Compu?ter – la?m – das Ro?r – der Mo?n – gä?nen – der Ha?se – die A?nung – der Be?sen – der Ho?n – die Ke?le – wä?rend
we?ren – me?r – der Ra?be – ä?nlich – der Pfa?l – der Ra?sen

3 Entscheide, welche der Wörter du mit Dehnungs-*h* schreiben musst. Lies dazu die LERNBOX. Schreibe die Wörter auf, bilde zu drei davon einen Satz.

4 Bilde Wortfamilien zu den Verben *wohnen, fühlen, fahren, rahmen*. Suche je fünf verwandte Wörter. Lies dazu den dritten Hinweis in der LERNBOX.

LERNBOX

Wörter mit Dehnungs-*h*

1. Das Dehnungs-*h* zeigt einen **lang gesprochenen Vokal** an. Wörter mit Dehnungs-*h* sind **Lernwörter**.
2. Das Dehnungs-*h* steht nur **vor den Buchstaben** *l, m, n, r*: *das Mehl, lahm, dehnen, das Jahr*. Das gilt aber nicht für alle Wörter, z. B.: *die Krone*. Schlage im Zweifelsfall im Wörterbuch nach.
3. Das Dehnungs-*h* bleibt in derselben **Wortfamilie bestehen**: *die Gefahr, gefährlich, gefährden …*

TIPPBOX

Zu 1 b): Links müssen 11 verschiedene Wörter stehen, rechts 23.
Zu 2 : Betrachte dazu die markierten Stellen in der rechten Spalte.
Zu 3 : Es sind neun Wörter. (In der Aufgabe mit Stern sind es vier.)

Großschreibung

Nomen mithilfe von Endungen und Signalwörtern erkennen

Buchstabe	-heit	-keit	-nis	-schaft	-ung	Punkte
B	die Beschaffenheit	die Betriebsamkeit	die Besorgnis	die Bekanntschaft	die Bestattung	

1 Führt das „Endungsspiel“ durch. Es funktioniert wie „Stadt, Land, Fluss“:
a) Übertragt dazu die Tabelle oben auf ein Blatt Papier.
b) Wenn ihr einen Buchstaben festgelegt habt, schreiben alle ihre Nomen mit Artikel in die Spalten. Schluss ist, wenn einer alle Spalten gefüllt hat.
c) Um es schwieriger zu machen, könnt ihr noch weitere Spalten für Nomen mit den Endungen *-tum* und *-ling* anlegen.

der schimpanse und das vögelchen
Leonardo da Vinci

Eines tages sah ein junger schimpanse, der von ast zu ast turnte, ein nest voller junger vögel. Er näherte sich ihnen und streckte seine hand nach ihnen aus. Aber die vögel konnten schon fliegen und entflohen – nur das nesthäkchen blieb zurück. Vergnügt kam der kleine affe mit seinem vögelchen heim. Das tierchen gefiel ihm so sehr, dass er es an die brust zu drücken begann. Seine mutter sah dies, sagte aber nichts. „Wie niedlich es ist!“, rief der kleine. „Ich habe es gar zu gern.“ Und er fuhr fort, es an sich zu drücken – bis er es totgedrückt hatte.

2 a) Lies die Fabel und sprecht darüber, was der Autor kritisieren möchte.
b) Finde alle Nomen im Text und unterstreiche sie.
c) Markiere die zugehörigen Begleiter (Folie). Lies dazu die LERNBOX.
d) Schreibe die Fabel mit der richtigen Großschreibung in dein Heft.

LERNBOX

So erkennst du Nomen:
1. **Nomen** sowie das **erste Wort im Satz** werden **großgeschrieben**.
2. Viele Nomen werden mit den **Wortbausteinen** (Suffixen) ***-heit, -keit, -nis, -schaft*** oder ***-ung*** gebildet: *die Beschaffenheit, die Heiserkeit, das Erlebnis ...*
3. Ein Nomen erkennst du an dem Signalwort, das davorsteht und sich auf das Nomen bezieht. **Signalwörter für Nomen** sind:
   – **Artikel:** *ein Löwe, die Brötchen, eines Tages.*
   – **Pronomen:** *deine Schultasche, dieses Buch, unsere Klasse.*
   – **Adjektive:** *der störrische Esel / die listige, diebische Elster.*
   – **Präposition + Artikel:** *am (an + dem) See; beim, im, vom ...*
4. Wenn du unsicher bist, weil ein Begleiter fehlt, kannst du ihn in Gedanken dazusetzen (**Artikelprobe**): *Wenn [die] Vögel singen, freue ich mich.*

TIPPBOX

Zu 2 a): Lies dazu noch einmal die letzten beiden Sätze des Textes. Berücksichtige bei deiner Erklärung auch die folgende Redewendung: *Liebe kann erdrückend sein.*
Zu 2 b): Zusammen mit der Überschrift musst du im Text 17 Nomen unterstreichen.

Aus Verben können Nomen werden

A Beim (meditieren) sollte nicht gesprochen werden.
B Es liegt mir gar nicht, die ganze Zeit still zu (sein).
C Dieses lange (schweigen) strengt mich an.

1 **a)** Überlege, ob du die Verben in den Klammern groß- oder kleinschreiben musst. Lies dazu die LERNBOX.
b) Schreibe die Sätze richtig ab und markiere jeweils das Signalwort.

Die Meditation

Fabel aus Japan

Vier Priester wollten eine Nacht im tiefen MEDITIEREN[1] (1) verbringen und SCHWOREN (2) sich, dass keiner, komme auch, was da wolle, durch ein Wort die Meditation stören dürfe. Diese Übung zum BÜßEN[2] (3) sollte im Hauptraum des Tempels[3] stattfinden. Nach dem sorgfältigen AUFSTELLEN (4) von vier Kerzen in Leuchtern wurde ein junger Priesterschüler beauftragt, auf die Kerzen aufzupassen. Sie SOLLTEN (5) hell und gleichmäßig brennen. Nach einiger Zeit FINGEN (6) die Kerzen an, trüber zu leuchten. Beim AUFPASSEN (7) war der Tempelschüler müde geworden und sah es nicht. Einer der Priester wollte ihn nun durch wiederholtes WINKEN (8) auf seine Pflicht aufmerksam machen. Als der Schüler aber seine Gesten nicht BEACHTETE (9), verlor er die Geduld und SCHNAUZTE (10) ihn an: „He, du Bursche, SIEHST (11) du denn nicht, dass die Lichter geputzt werden müssen?" Da wandte sich der zweite Priester dem Sprecher zu: „Hast du denn vergessen, dass beim MEDITIEREN (12) nicht gesprochen werden sollte?" Ärgerlich RIEF (13) nun der dritte: „Wenn ihr beide euch hier unterhalten wollt, kann man beim besten Willen nicht MEDITIEREN (14)!" Und der vierte SAGTE (15) nach langem MUSTERN (16) der anderen selbstgefällig: „Ich bin der Einzige, der den Schwur nicht gebrochen hat."

[1] meditieren: Konzentrationsübungen zur Besinnung machen

[2] büßen: durch selbst gewählte Bußübungen von einer Schuld o. Ä. frei werden

[3] der Tempel: Gotteshaus (nicht christlich)

2 **a)** Was unterscheidet die Fabel oben von denen, die du schon kennst?
b) Woran kannst du erkennen, dass sie aus einer anderen Kultur stammt?

Folie

3 **a)** Entscheide, ob du die nummerierten Verben groß- oder kleinschreiben musst. Belege die Großschreibung, indem du die Signalwörter unterstreichst.
b) Schreibe den Text richtig ab. Verbinde Signalwörter und nominalisierte Verben.

LERNBOX

Nominalisierung von Verben

1. **Verben im Infinitiv** schreibst du **groß**, wenn ein **Signalwort** (vgl. LERNBOX, Seite 259) davorsteht: *das Denken, dieses Laufen, das schnelle Rennen, beim Schreiben.* Das Verb wird dann **nominalisiert**.
2. Wenn du kein Signalwort findest, mache die **Artikelprobe**: *Laufen und Werfen kann ich gar nicht.* → *[Das] Laufen und [das] Werfen kann ich gar nicht.*

TIPPBOX

Zu 1 b): Das Signalwort steht meist direkt vor dem nominalisierten Verb: *Beim* (= Präposition + Artikel) *Zurückschauen ...*
Zu 3 a): Du musst sieben der nummerierten Verben großschreiben.

Aus Adjektiven können Nomen werden

1. Fabeln geben wichtige Hinweise. **2.** Das Wichtige muss man erkennen.
3. Die Fliege ist listig. **4.** Die Listige täuscht sich aber auch mal.

1 **a)** Lies die Sätze und stelle Vermutungen darüber an, warum Adjektive manchmal groß- und manchmal kleingeschrieben werden.
b) Lies die LERNBOX und finde Erklärungen zu diesen Schreibungen.

Die ziemlich intelligente Fliege

nach James Thurber

Zum Fangen von Fliegen hatte eine GROẞE (1) Spinne in einem ALTEN (2) Haus ein SCHÖNES (3) Netz gewoben. Nachdem sich eine Fliege niedergelassen hatte, verzehrte sie diese schleunigst, damit andere Fliegen, die vorbeikamen, denken sollten, das Netz sei ein SICHERER (4) und GEMÜTLICHER (5) Platz zum Ausruhen. Aber die AHNUNGSLOSEN (6) waren hoffnungslos verloren. Eines Tages schwirrte eine ziemlich INTELLIGENTE (7) Fliege so lange um das Netz herum, ohne es zu berühren, bis die Spinne schließlich hervorkroch. Sie lockte die Fliege: „Komm her, GUTE (8), ich habe einen Platz zum Ausruhen!" Aber die Fliege fiel nicht auf den Trick herein. „Ich setze mich nicht an Stellen, wo keine anderen Fliegen sind, erscheint mir viel zu GEFÄHRLICH (9)", antwortete sie. Die LISTIGE (10) flog weiter, bis sie an eine Stelle kam, wo sehr viele Fliegen saßen. Beim Anfliegen rief ihr eine Biene zu: „Halt, du Idiot, hier ist Fliegenleim[1]. Diese DUMMEN (11) sitzen rettungslos fest." „Red keinen Unsinn", sagte die scheinbar KLUGE (12) Fliege. „Sie tanzen doch LUSTIG (13)." So ließ sie sich FRÖHLICH (14) nieder und blieb auf dem Fliegenleim kleben.

[1] Fliegenleim

2 **a)** Lies die Fabel und tausche dich mit einem Partner darüber aus, warum die Überschrift lautet: „Die ziemlich intelligente Fliege".
b) Überlege, ob du die nummerierten Adjektive jeweils groß- oder kleinschreiben musst. Begründe deinen Vorschlag mit den Regeln in der LERNBOX.
c) Schreibe die Fabel richtig ab. Lass viel Platz zwischen den Zeilen.
d) Kreise in der Abschrift alle nominalisierten Adjektive ein, unterstreiche die zugehörigen Signalwörter und verbinde mit Pfeilen: die Ahnungslosen.
e) Formuliere eine Lehre zu der Fabel. Beginne so: Nicht immer ist der Ratschlag eines anderen ...

LERNBOX

Nominalisierung von Adjektiven

1. **Adjektive** schreibst du **groß**, wenn ein **Signalwort** davorsteht: *das Richtige*. Das Adjektiv wird dann **nominalisiert**.
2. Achte darauf, dass unmittelbar danach kein anderes Nomen steht: *Die kleinen Vögel fallen aus dem Nest.* aber: *Die Kleinen fallen aus dem Nest.*
3. Wenn Adjektive zu Nomen werden, bekommen sie **Endungen wie Nomen**: *die Kleine, diese Kleinen.*

TIPPBOX

Zu 1 b): Vergleiche die Sätze 1. und 2. sowie 3. und 4. Suche nach dem gleichen Wort und finde heraus, worauf es sich bezieht und ob ein Signalwort davorsteht.
Zu 2 b): Vier der Adjektive sind nominalisiert.

Großschreibung üben

A Der Hirsch

Ein einäugiger hirsch graste auf wiesen neben dem meer. Dabei hielt er immer das gesunde auge landwärts. Er glaubte, von der seeseite her habe er keine gefahr zu fürchten. Das schicksal hatte es anders beschlossen. Eines tages segelte ein schiff an ihm vorbei, und da sein gesundes auge dem lande zugekehrt war, bemerkte er es nicht. Kaum hatten die schiffer aber die köstliche beute erblickt, als sie auch schon pfeile nach ihm abschossen. Ein pfeil traf ihn gerade ins herz, und beim stürzen rief er aus: „Wie sehr habe ich mich getäuscht!“ Nur zu oft weicht man vorsorglich einer gefahr aus und gerät dabei unvorsichtig in eine andere.

B Der kleine Nussknacker

Antina Heinolff

WENN DIE TAGE KÜRZER WERDEN, ZIEHEN VIELE VÖGEL SÜDWÄRTS. NUR DIE KRÄHEN BLEIBEN BEI UNS. SO BLEIBT AUCH KARLI HIER. ALS NORDISCHER VERTRETER DER RABENVÖGEL WEIß ER GENAU, WANN UND WO ES ETWAS ZU HOLEN GIBT. ALSO FLIEGT ER IN DIE NÄCHSTE WOHNSIEDLUNG. SCHON BEIM ANFLUG AUF DAS HELL ERLEUCHTETE FENSTER KANN ER DIE FAMILIE BEIM ESSEN UM DEN GROßEN TISCH SITZEN SEHEN. KARLI LÄSST SICH AUF DEM BALKONGITTER NIEDER. DABEI VERANSTALTET ER DURCH SEIN KRÄHEN EINEN HÖLLENLÄRM. ES DAUERT GAR NICHT LANG, DA ÖFFNET EINE BLONDE FRAU DIE BALKONTÜR. KARLI KENNT SIE SCHON AUS DEM LETZTEN JAHR. „DA BIST DU JA WIEDER. WIR HABEN DICH SCHON VERMISST!“, SAGT SIE, EILT HINEIN UND HOLT SCHNELL EIN PAAR GROßE WALNÜSSE FÜR KARLI. DIESER BEDANKT SICH MIT EINEM KRÄHEN UND MACHT SICH ANS AUFKNACKEN. ER DENKT SICH: „SO WIRST DU MÜHELOS ÜBER DEN WINTER KOMMEN!“

C Die Macht der Winzigkeit

Wolfdietrich Schnurre

„Mach, Dass Du Wegkommst!“, Schnaubte Der Stier Die Mücke An, Die Ihm Im Ohr Saß. „Du Vergisst, Dass Ich Kein Stier Bin“, Sagte Sie Und Stach Ihn Gemächlich.

1 Lies alle Texte sorgfältig durch. Hast du sie trotz der ungewöhnlichen Schreibung verstanden? Ein Text ist eine Fabel. Finde dies heraus.

2 **a)** Wähle einen Text (A oder B) aus und übertrage ihn in der richtigen Rechtschreibung in dein Heft. Beachte die Signalwörter.
b) Unterstreiche alle Nomen und vergleiche dein Ergebnis mit einem Partner.

TIPPBOX

Zu 1: Lies noch einmal die Merkmale von Fabeln auf Seite 59 nach.
Zu 2: In Text A musst du 27 Wörter, in Text B 36 Wörter inklusive der Satzanfänge großschreiben.

Die Konjunktion *dass*

1. Tina: Ich meine, dass man an der Nordsee viel mehr unternehmen kann.
2. Marc: Meine Mutter sagt, dass die Luft in den Bergen sehr gesund ist.
3. Marlen: Ich glaube, dass Mountainbiking allen Spaß machen würde.
4. Niko: Dirk vermutet, dass es im Sommer an der Ostsee eine Algenpest gibt.

1 a) Die Schüler besprechen, wohin die Klassenfahrt gehen könnte. Manche der Aussagen klingen sicherer als andere. Woran liegt das?
b) Unterstreiche in den Sätze alle Verben, nach denen die Konjunktion *dass* steht (Folie). Schreibe sie als Wörterliste untereinander in dein Heft:
Nach diesen Verben steht die Konjunktion dass: ...
c) Finde weitere Verben, mit denen du Wünsche oder Meinungen ausdrücken kannst. Formuliere mit ihnen einen Beispielsatz und ergänze sie in deiner Liste.
d) Vergleiche die Liste mit der LERNBOX. Ergänze weitere Verben.

Lieber Onkel Peter,
ich hoffe, (1) du wieder gesund bist. Ich wollte dich außerdem daran erinnern, (2) du dein Versprechen einhältst. Du hast in den letzten Ferien gesagt, (3) wir im Sommer ans Meer fahren werden. Ich habe mich schon so darauf gefreut, (4) ich mir zum Geburtstag ein Surfboard gewünscht habe. Ich glaube, (5) ich das Surfen sehr schnell lernen werde.
Liebe Grüße aus dem Sauerland, dein Sven

2 a) Schreibe den Brief ab und setze in die Lücken *dass* ein. Orientiere dich am Verb im Hauptsatz. Unterstreiche das Verb oder die Wortgruppe, worauf sich der *dass*-Satz bezieht. Kennzeichne dies mit einem Pfeil.
b) Beschreibe in einigen Sätzen deine Reisepläne. Verwende *dass*-Sätze.

A	Ich habe mir gewünscht.	Ich lerne in diesem Winter Skilaufen.
B	Es ist sinnvoll.	Man macht zur Vorbereitung Skigymnastik.
C	Es ist erwiesen.	Bergluft macht besonders hungrig.
D	Mein Vater findet schön.	Der Sternenhimmel ist in den Bergen klar.

3 a) Verbinde die beiden Sätze jeweils mit *dass*. Denke an das Komma.
b) Schreibe deine Sätze so auf, dass der *dass*-Satz vorne steht.

Seite 222

! LERNBOX

Die Konjunktion *dass*

1. Mit der Konjunktion *dass* kannst du einen **Gedanken** fortsetzen oder **Wünsche/Meinungen** zum Ausdruck bringen.
2. Deshalb stehen *dass*-Sätze **oft nach Verben** wie *wissen, meinen, behaupten, vermuten, sich freuen, bedauern, wollen, hoffen, glauben ...*
3. Den *dass*-Satz trennst du mit einem **Komma** vom Hauptsatz ab: *Tim meint, dass Snowboarden ihm Spaß macht. / Dass Snowboarden ihm Spaß macht, meint Tim.*

TIPPBOX

Zu 2 a): Arbeite so:
Ich hoffe, dass du wieder gesund bist. Ich wollte dich außerdem daran erinnern, dass du dein Versprechen ...
Zu 3 a): Schreibe so:
Ich habe mir gewünscht, dass ich in diesem Winter Skilaufen lerne.

Wörter richtig trennen

Trennungen
Winfried Ulrich

Antrags-
teller
Tran-
spar-
ente
Vers-
tauchen
Bausch-
lamm
Freischwimm-
erzeugnis
Gene-
sender
Uran-
fang

1 a) Lies den Text am Rand, es ist ein Gedicht: Gibt es den *Antrags-teller* wirklich? Tausche dich mit einem Partner darüber aus.
b) Schreibt das Wort in der richtigen Trennung auf. Wie hat sich die Bedeutung nun verändert?
c) Gehe mit den anderen Wörtern im Gedicht ebenso vor.

2 a) Die Wörter unten sind falsch getrennt. Lies sie mit der richtigen Betonung.
b) Schreibe sie mit der richtigen Trennung auf.
Zwergel-stern – Du-schlampe – Uro-ma – Blumento-pferde – Heima-torte – Fernse-hecke – Tee-nager – Fass-ade – Fischer-eihafen – Dieb-esgut

3 Welche Regeln gelten bei der Trennung der folgenden Wörter? Ordne die passende Regel aus der LERNBOX zu. Schreibe so: Fens-ter → Regel 2
das Fens-ter – der Gold-fisch – der Trock-ner – der Ofen – der Stadt-teil – der Tisch-ler – fut-tern – das Mäd-chen – die Ta-fel – rup-fen – die Haie

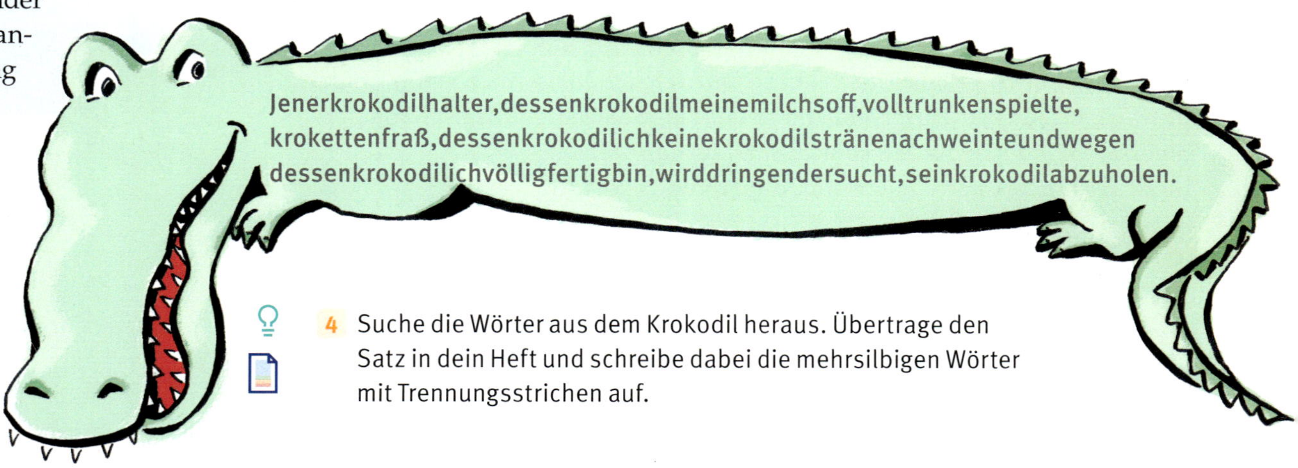

4 Suche die Wörter aus dem Krokodil heraus. Übertrage den Satz in dein Heft und schreibe dabei die mehrsilbigen Wörter mit Trennungsstrichen auf.

LERNBOX

Wörter richtig trennen

1. Mehrsilbige Wörter kannst du **am Zeilenende trennen.** Beim langsamen Sprechen kannst du hören, wo man ein Wort trennt: *der Kü-chen-tisch.*
2. Stehen mehrere Konsonanten zwischen zwei Vokalen, schreibst du den **letzten Konsonanten auf die nächste Zeile**, denn er gehört zur nächsten Silbe: *der Bag-**g**er, der Rech-**n**er, hüp-**f**en, ers-**t**e, die Ker-**z**e, die Knos-**p**e ...*
3. Die Buchstabenverbindungen *ch, sch, ph, rh, sh, th, ck,* die für einen **Buchstabenlaut** stehen, trennst du jedoch nicht: *wa-**sch**en, die Teil-**ch**en-**ph**y-sik, der Bä-**ck**er.*
4. **Einzelne Vokale** am Anfang oder Ende eines Wortes trennst du nicht: nicht *A-bend*, sondern *Abend*.
5. Zusammengesetzte Wörter trennst du nach den **Wortbausteinen**: *der Fuß-ball, der Bahn-hof.*

TIPPBOX

Zu 2 b): Das erste Wort wird so gelesen: *Zwerg-els-tern* (kein Stern, sondern eine Vogelart). Probiere verschiedene Lesarten aus.

Zu 3 : Diese Regeln musst du zuordnen: Regel 1 einmal, Regel 2 dreimal, Regel 3 dreimal, Regel 4 zweimal, Regel 5 zweimal.

Zu 4 : Finde 31 Wörter: *Je-ner Kro-ko-dil-hal-ter ...*

Rechtschreibstrategien üben

In diesem Kapitel hast du geübt, wie du die richtige Schreibweise von Wörtern ermitteln kannst. Diese Verfahren nennt man auch: *Strategien für die Rechtschreibung*.

A Lange oder kurze Vokale erkennen durch die Silbenprobe

→ Nach einem langen Vokal ist die Silbe offen, nach einem kurzen Vokal ist sie durch einen Konsonanten geschlossen:
- Wörter mit *ie* **Seite 248**
- Schreibung von doppelten Konsonanten **Seite 250–251**
- Wörter mit *ck* und *tz* **Seite 252**
- Schreibung von *ss* und *ß* **Seite 256**

B Endungen zum Klingen bringen durch die Verlängerungsprobe

→ Ich bilde die zweisilbige Form eines Wortes (Nomen → Plural, Verben → Wir-Form / Infinitiv, Adjektive → vor ein Nomen setzen / erste Steigerungsstufe):
- *b, d, g* im Auslaut **Seite 253**
- Schreibung von Adjektiven auf *-isch, -ig, -lich* **Seite 254**
- Schreibung von *s* und *ß* **Seite 255**

C Verwandte Wörter finden durch die Ableitungsprobe

→ Ich bilde Wörter der Wortfamilie mit gleichem Wortstamm:
- Schreibung von *ä/äu* **Seite 257**
- silbentrennendes *h* **Seite 249**
- Wörter mit Dehnungs-*h* **Seite 258**

D Großschreibung erkennen durch Signalwörter und die Artikelprobe

→ Ich überprüfe, ob ich einen Artikel davorsetzen kann, oder achte auf die Signalwörter (Artikel, Adjektive, Pronomen, Präposition + Artikel):
- Schreibung von Namen und Nomen **Seite 259**
- Großschreibung von Verben **Seite 260**
- Großschreibung von Adjektiven **Seite 261**

1 **a)** Lies die Kärtchen und ordne sie einer Rechtschreibstrategie zu. Orientiere dich an den Zwischenüberschriften im Kasten und finde den passenden Unterpunkt.

Vorderseite:

> Wie erkenne ich,
> dass „Herd" mit d
> geschrieben wird?

Rückseite:

> Wenn ich „Herd" verlängere,
> kann ich das d zum Klingen
> bringen: Her de.

b) Erstelle weitere Aufgabenkärtchen zu schwierigen Schreibweisen. Wenn du unsicher bist, schlage auf den jeweiligen Seiten nach.

Prüfe dein Wissen zur Rechtschreibung! (Teil I)

Rechtschreibprofis sollten auch die Aufgaben mit ☆ bearbeiten.

7 [10]

1 *b/p, d/t* oder *g/k*? Zerlege und/oder verlängere die Wörter:

der Ber? – er flie?t – das Sie? – der Pilo? – sie ma? – es pie?t – flin?
☆ die Freun?schaft – der Stran?kor? – das Wor?gefech?

7

Folie

2 Vervollständige den folgenden Lückentext:

Wenn ich erklären will, warum **der Herd** am Ende mit **d** geschrieben wird, muss ich das Wort (a) ______________. Das mache ich, indem ich den (b) ______________ bilde. Dieser lautet: (c) __________.
Bei Verben, wie zum Beispiel **du gibst**, bilde ich die (d) ______________.
Diese lautet: (e)______________. Dass **bunt** mit **t** geschrieben wird, kann ich hören, indem ich das Adjektiv vor ein (f) __________setze:
(g) ____________________________.

8

Folie

3 Markiere die Wörter, die mit silbentrennendem *h* geschrieben werden müssen. Schreibe sie in der verlängerten Form auf.

a) Als Fußgänger get man nur bei Grün über die Ampel. → ____________
b) Für die Konfirmation nät der Schneider meinen Rock um. → ________
c) Das Gegenteil von gar ist ro. → ______________
d) Mein Schu hat ein Loch. → ______________

18 [24]

4 **a)** Entscheide, ob die Wörter mit einfachem oder doppeltem Konsonanten geschrieben werden. Verlängere sie und schreibe sie mit Silbenbogen auf.
b) Kennzeichne den langen Vokal mit einem Strich, den kurzen mit einem Punkt.

1. pla(t/tt), 2. der Ho(f/ff), 3. er mu(s/ss), 4. si(n/nn)los, 5. das Ba(d/dd),
6. sie ka(m/mm), 7. der Kna(l/ll), 8. er ste(l/ll)t, 9. tre(f/ff)sicher
☆ 10. der Kor(b/bb)ball, 11. bre(t/tt)hart, 12. die Schi(f/ff)fahrt

10 [16]

Folie

5 Setze in den folgenden Text die *s*-Laute ein: *s*, *ss* oder *ß*.

Wenn meine Eltern auf eine Rei__e gehen wollen, sind sie immer nervö__. Es herrscht eine rie__ige Aufregung, wenn sie ihre Pä__e suchen, und es gibt gro__en Ärger, wenn mein Vater sie nicht findet. Au__erdem geht die Rei__etasche nie zu, wenn meine Mutter sie packt. Mein Vater mu__ sich immer draufsetzen, aber das pa__t ihm gar nicht. Er findet das viele Gepäck nur überflü__ig.
☆ Ich finde das nicht so intere__ant. Ich geh lieber nach drau__en und la__e mich im Gra__ nieder. Leute über drei__ig verbreiten mir zu viel Stre__.

50 [65]
Summe

Überprüfe deine Ergebnisse anhand der Lösungen im Lösungsheft.

Prüfe dein Wissen zur Rechtschreibung! (Teil II)

Rechtschreibprofis sollten auch die Aufgaben mit ☆ bearbeiten.

1 Markiere die Wörter, in denen du ein Dehnungs-*h* ergänzen musst, und schreibe sie richtig auf. | 7 | Folie

a) Ich sene mich danach, berümt zu werden. → ____________________
b) Fatima ist irer Schwester änlich. → ____________________
c) Wärend Marc schon größer als sein Vater ist, felen seinem Bruder Pascal noch ungefär 20 cm. → ____________________

2 Vervollständige den folgenden Merksatz: | [4] ☆ | Folie

Vor ____________________ , das merke ja, steht sehr oft ein Dehnungs-h.

3 Verknüpfe die folgenden Sätze mit der Konjunktion *dass*. Unterstreiche das Verb oder die Wortgruppe, worauf sich der *dass*-Satz bezieht. | 10

a) Gestern dachte ich noch. Das wird mir nichts ausmachen.
b) Doch jetzt bin ich traurig. Meine Eltern sind verreist.
c) Als Erstes war seltsam. Ich musste mein Frühstück selbst zubereiten.
d) Dann habe ich gemerkt. Keiner hat mein Bett gemacht.
e) Ich bin mir aber sicher. Ich schaffe das alleine.

4 **a)** Kreise die Wörter ein, die als Signalwörter auf Nomen hinweisen können. | 4 [8] | Folie
b) Schreibe zur jeder eingekreisten Wortart jeweils zwei Beispiele auf.

A) Adjektive, B) Pronomen, C) Konjunktionen, D) Adverbien,
E) Personalpronomen, F) Artikel, G) Präposition + Artikel, H) Nomen

5 **a)** Unterstreiche in der Fabel die Wörter, die du großschreiben musst. | 18
b) Markiere alle Signalwörter für Nomen. | 16 | Folie

Vom Hund (nach Martin Luther)
Es lief ein hund durch einen seichten fluss und hatte ein stück fleisch im maul. Als er den umriss des fleisches im wasser sah, dachte er, dort wäre noch ein stück fleisch. Der gierige schnappte danach. Schon beim aufreißen des maules fiel das fleischstück heraus, und der fluss trug den leckerbissen fort. So verlor er beides: das fleischstück und das spiegelbild.

6 Schreibe die folgenden Wörter mit den richtigen Trennstrichen auf: | 11 [16]

die Blüte – klappern – verschieben – die Hecke – außerdem – die Oper – das Rezept – hacken – offensichtlich – der Abend – die Kuchenplatte die Katzenstreu – der Treffpunkt – verwischen – hüpfen – die Katastrophe ☆

66 [79] Summe

Überprüfe deine Ergebnisse anhand der Lösungen im Lösungsheft.

Zeichen setzen

Satzschlusszeichen

Kirschkern-Weitspuck-Wettbewerb

Am Wochenende saßen Alexander und Kristine auf der Gartenmauer sie aßen Kirschen Kristine spuckte die Kerne in hohem Bogen in Nachbar Blaschkes Garten Alexander wollte es besser machen und strengte sich noch mehr an er pustete seinen Kern ganz weit und er traf sein Kirschkern landete auf der Zipfelmütze des Gartenzwerges das ließ Kristine nicht auf sich sitzen sie spuckte noch mal …

1 **a)** Wodurch wird das Lesen des Textes erschwert? Tauscht euch zu zweit aus.
b) Schreibe den Text ab und setze die fehlenden Satzzeichen. Gehe dabei vor, wie in der LERNBOX beschrieben.
c) Vergleiche dein Ergebnis mit dem deines Partners. Gibt es unterschiedliche Lösungsmöglichkeiten? Begründe deine Entscheidung.

Auch beim zweiten Mal hatte Kristine kein Glück Alex' Kunststück war einfach nicht zu wiederholen dabei standen in Blaschkes Garten mindestens zehn Gartenzwerge einer sollte doch zu treffen sein diesmal probierte sie es mit Anlauf sie rannte los und spuckte ihren Kern mit einer Wahnsinnsgeschwindigkeit über die Mauer was würde passieren das Geschoss landete in Blaschkes Kaffeetasse Herr Blaschke drehte sich nach rechts und links wer oder was war in den Kaffee gefallen er konnte nichts entdecken …

2 **a)** Schreibe den zweiten Teil des Textes ab und setze die Satzzeichen. Arbeite dabei so wie in Aufgabe **1**. Überlege, ob du als Satzschlusszeichen eher einen Punkt, ein Ausrufezeichen oder ein Fragezeichen setzen musst.
b) Wie geht es weiter? Schreibe die Erzählung zu Ende.

LERNBOX

So setzt du die Satzschlusszeichen:
Ein Text besteht aus einer Folge von **Sinneinheiten** (Gedanken). Um diese beim Lesen schnell erkennen zu können, setzt man **Satzschlusszeichen (.!?)**.
So findest du die Sinneinheiten heraus:

1. Unterstreiche die **Prädikate** (Verben). Achtung: Manchmal besteht ein Prädikat aus mehreren Teilen: [*Der Nachbar hat sich furchtbar aufgeregt*].
2. Kennzeichne durch eine Klammer, welche Wörter zu dem Prädikat gehören.
3. Je nach **Aussageabsicht** trennst du Sinneinheiten durch einen **Punkt** (Aussage), ein **Fragezeichen** (Frage) oder ein **Ausrufezeichen** (Aufforderung, Ausruf). Die Satzanfänge schreibst du groß. [*Der Nachbar hat sich furchtbar aufgeregt*]. [*Neben seiner Tasse lag ein Kirschkern*].

TIPPBOX

Zu 1 b): Bilde eine Sinneinheit um das Verb und schreibe diese in Klammern auf: [*Am Wochenende saßen Alexander und Kristine auf der Gartenmauer*]. [*Sie aßen Kirschen*]. …
Zu 2 a): Du kannst acht Punkte und zwei Fragezeichen setzen. Denke daran, die Satzanfänge großzuschreiben. Informationen zur Aussageabsicht von Sätzen findest du auf **Seite 224–225**.

Das Komma bei Aufzählungen

EINLADUNG
Zu unserem Sommerfest am 24. Juli laden wir alle Eltern und Geschwister und Freunde und Bekannten herzlich ein! Wir werden ab 15.00 Uhr auf Schmidts Wiese gemeinsam grillen. Wer kommen will, bringt bitte einige Messer und Gabeln und Teller und Becher sowie Servietten mit, damit wir nicht abwaschen müssen. Wir freuen uns auf euch!
Eure Klasse 6.1

1 **a)** Lies die Einladung. Wer ist eingeladen, und an was müssen die Gäste denken?
b) Einige Sätze klingen umständlich. Woran liegt das?
c) Schreibe den Text ab, ersetze einige *und* durch ein Komma (siehe **LERNBOX**).

A Zum Sommerfest laden die Schülerinnen und Schüler der Klasse 6.1 alle Eltern Geschwister Freunde und Bekannten ein.
B Sie bitten die Gäste, Besteck Teller Becher und Servietten mitzubringen.
C Brot Saft Grillkohle und Anzünder hat der Klassensprecher schon eingekauft.
D Saliha bereitet einen Obstsalat vor. Dazu schneidet sie Erdbeeren raspelt Äpfel hobelt Birnen und schält Apfelsinen. Hinzu gibt sie noch Rosinen einige Tropfen Zitronensaft und ein wenig Honig.
E Der Vater von Mark ist Metzger. Er bringt frische Bratwürste saftige Hähnchenkeulen und bunte Schaschlikspieße[1] mit zur Party.
F Das Kennenlernspiel von Shirin soll alle Partygäste aufmerksam munter und lustig machen.
G Als besondere Gags hat sich Max ein paar Partyüberraschungen einfallen lassen. Dazu hat er Gummispinnen Knallerbsen und eine mit Senf gefüllte Bratwurst mitgebracht.

[1] die Schaschlikspieße:

2 **a)** Schreibe die Sätze ab und setze bei den Aufzählungen die fehlenden Kommas ein.
b) Was passiert noch auf der Party? Denke dir zwei weitere Sätze mit Aufzählungen aus und lass die Kommas von Mitschülern setzen.

LERNBOX

Das Komma bei Aufzählungen

1. Bei Aufzählungen von Wörtern und Wortgruppen setzt du ein Komma:
   a) **Aufzählung von Wörtern:** *Der Bäcker stiftete für das Sommerfest Brötchen, Meterbrot und Bienenstich.*
   b) **Aufzählung von Wortgruppen:** *Besonders die Partygags von Max sorgen für lustige Überraschungen, kleine Tumulte sowie entzückte Aufschreie.*
2. Vor **und, oder** und **sowie** steht kein Komma: *Erich isst zwei Bratwürstchen sowie einen Hähnchenschenkel und zwei Schaschlikspieße.*

TIPPBOX

Zu 1 c): Du kannst fünfmal das Wort *und* durch ein Komma ersetzen.
Zu 2 a): Lies die Sätze leise. Unterstreiche die Wörter / Wortgruppen der Aufzählungen. Setze bei Lesepausen Kommas:
A = zwei, B = zwei, C = zwei, D = drei, E = eines, F = eines, G = eines.

Das Komma zwischen Hauptsätzen (Satzreihe)

Das Sportfest

A Sabine springt hellwach aus dem Bett heute ist das Sportfest der Schule.
B Schnell fährt sie zum Sportplatz ihre Freundinnen sind schon da.
C Zuerst rennt Sabine 50 Meter sie muss anschließend zum Weitspringen und am Schluss ist sie im Weitwurf dran.
D Die Jungen spielen gegen die Lehrer Fußball leider verlieren die Schüler.

1 Schreibe die Sätze ab und setze die fehlenden Satzzeichen. Gehe so vor: Lies die LERNBOX. Markiere die Prädikate und klammere die zugehörigen Wörter (Sinneinheiten) ein. Setze das Komma an die richtigen Stellen:
[Sabine springt hellwach aus dem Bett], [heute ist das Sportfest der Schule].

Sabine gewinnt gleich zweimal

Sabine kommt erst spät am Nachmittag zurück das Sportfest dauerte lange. Ihre Mutter wartet schon ganz gespannt sie ist nicht beunruhigt. Stolz zeigt Sabine ihre Ehrenurkunde das haben nur vier Mädchen in ihrer Klasse geschafft. Sabine freut sich sie erhält von ihrer Mutter als Belohnung ein schickes T-Shirt.

2 **a)** Schreibe die Sätze oben ab und bearbeite sie wie in Aufgabe 1.
b) Probiere aus, wo du vor dem zweiten Hauptsatz die Konjunktionen *denn, aber, doch* einsetzen kannst. Schreibe auch diese Sätze mit Komma auf.
c) Lies in der LERNBOX den vierten Hinweis. Tausche dich mit einem Partner aus, in welchen Sätzen ihr einen Punkt anstatt eines Kommas setzen würdet.

LERNBOX

Kommasetzung in Satzreihen

1. **Satzreihen** sind **aneinandergereihte Hauptsätze**:
   Sabine geht früh ins Bett, morgen findet der Ausflug statt.
2. Häufig wird der zweite Hauptsatz mit einer **Konjunktion** (*und, oder, aber, denn, sondern, doch*) eingeleitet: *Sabine geht früh ins Bett, denn morgen findet der Ausflug statt.*
3. Die beiden Hauptsätze werden **durch Komma voneinander getrennt.** Steht zwischen den beiden Hauptsätzen ein *und* bzw. *oder*, kann das Komma fehlen:
   Der Wecker klingelt (,) und Sabine springt aus dem Bett.
4. Wenn die Hauptsätze nicht eng zueinandergehören, kannst du anstelle des Kommas auch einen **Punkt** setzen:
   Sabine geht früh ins Bett. Die Tasche für den Ausflug hat sie schon gepackt.
5. So ermittelst du **Satzreihen**:
   a) **Unterstreiche die Prädikate** und **klammere** die dazugehörigen Wörter (**Sinneinheiten**) **ein.**
   b) Setze vor dem Beginn des zweiten Hauptsatzes ein **Komma**.

TIPPBOX

Zu 1: Du musst in jedem Satz ein Komma setzen.
Zu 2 a): Die Prädikate, die du unterstreichen musst, lauten: *kommt … zurück, dauerte, wartet, ist, zeigt, haben … geschafft, freut sich, erhält.* Im Text musst du vier Kommas einsetzen.
Zu 2 b): Schreibe die Sätze mit den möglichen Konjunktionen auf. Achte darauf, dass der Sinn erhalten bleibt: *Sabine kommt erst spät am Nachmittag zurück, denn das Sportfest dauerte lange.*

Das Komma zwischen Haupt- und Nebensätzen (Satzgefüge)

Das Taubenbrünnlein von Feuchtwangen

A Einmal jagte Karl der Große in den Wäldern von Feuchtwangen weil diese sehr wildreich waren.
B Ihn quälte der Durst da er vom Fieber geschwächt war.
C Obwohl seine Diener sich bemühten fand niemand eine Quelle.
D Als einer der Diener eine Wildtaube mit Wassertropfen auf dem Gefieder erblickte machte er sich auf die Suche nach der Quelle.
E Nachdem er ein Stück gegangen war fand er sie an einem Berg.
F Das Fieber verschwand als der Kaiser von dem Wasser trank.
G Der Kaiser ließ dort eine Kirche bauen weil er sehr dankbar war.
H Da dies zur Gründung von Feuchtwangen führte erinnert heute das Taubenbrünnlein in der Nähe der Kirche an diese Sage.

1 **a)** Erkläre, warum der Brunnen „Taubenbrünnlein" genannt wird.
b) Lies die Sätze leise vor und setze bei Sprechpausen ein Komma.

2 Überprüfe, ob du die Kommas richtig gesetzt hast. Nutze die **LERNBOX**.
a) Schreibe die Sätze ab und markiere die Prädikate.
b) Klammere die Wörter ein, die zu dem jeweiligen Prädikat gehören.
c) Unterstreiche die Konjunktionen und bestimme wie in der **LERNBOX** die Haupt- und Nebensätze.

A [Einmal jagte Karl der Große in den Wäldern von Feuchtwangen], [weil diese sehr wildreich waren]. → HS + NS

Seite 229

LERNBOX

Das Komma zwischen Haupt- und Nebensatz (Satzgefüge)

1. Ein **Satzgefüge** besteht mindestens aus einem **Haupt-** und einem **Nebensatz**.
2. Der Hauptsatz ist in sich abgeschlossen. Den Nebensatz erkennst du an der einleitenden **Konjunktion** (*als, wenn, dass, obwohl, wenn ...*) und der Stellung des Verbs am Satzende. Der Nebensatz ergibt für sich keinen Sinn.
3. Haupt- und Nebensätze werden immer durch ein **Komma** getrennt. Der Nebensatz kann **vor** oder **nach** dem **Hauptsatz** stehen.
4. So findest du heraus, wo du ein Komma setzen musst:
   a) Ermittle die Sinneinheiten des Satzgefüges, indem du die Prädikate markierst und die dazugehörigen Teile einklammerst. Beachte, ob das Prädikat mehrteilig ist.
   b) Setze zwischen den Sinneinheiten ein Komma.
   [*Ich lese gerne Sagen*],[*weil sie oft spannend sind*].
   HS *NS*
   [*Weil sie oft spannend sind*],[*lese ich gerne Sagen*].
   NS *HS*

TIPPBOX

Zu 2 a) und **b):**
Du musst in den Sätzen A bis H jeweils ein Komma setzen.
In den Sätzen B, E und G musst du Prädikate markieren, die aus zwei Teilen bestehen.
Denke bei der Bearbeitung dieser Aufgabe daran, dass Nebensätze von einer Konjunktion eingeleitet werden, das Prädikat steht in diesen Sätzen am Ende.
Zu 2 c): Bei einem der Sätze A bis H steht der Nebensatz vor dem Hauptsatz.

Zeichen der wörtlichen Rede

Caro freute sich auf den Besuch im Dorf der Nixen. Sie fragte aufgeregt Was erwartet uns dort? Der Professor sagte geheimnisvoll Ihr werdet staunen. Das wird toll!, rief Justus und stellte sich schöne, tanzende Nixen vor, die ihn mit ihren blauen Augen anflirteten. Samir entgegnete Justus, bleib auf dem Boden!

Folie

1 Schreibe den Text ab und setze die Zeichen der wörtlichen Rede:
   a) Markiere, was gesprochen wird.
   b) Setze die Doppelpunkte und die Anführungszeichen (siehe LERNBOX).

wollte Samir wissen / warf Caro ein / rief Justus

A „Weißt du“, , „ich habe solche Abenteuer noch nie erlebt.“
B „Aber glaubst du“, , „es wird noch spannender?“
C „Mensch“, , „na klar!“

2 Schreibe die Sätze auf und ordne dabei die Begleitsätze in die wörtliche Rede ein. Orientiere dich an den Verben des Sagens und den Satzschlusszeichen.

Stefania schwamm elegant vor dem Seeigel her. Die legt aber ein Tempo vor stellte Samir fest. (Regel) Ja erklärte Professor Fischgold Nixen sind sehr wendige Geschöpfe. (Regel) Und so schön murmelte Justus. (Regel) Meine Güte, was ist nur mit dir los brüllte Caro Justus an. (Regel) Nach einer Stunde waren sie angekommen. So erklärte der Professor das ist das Dorf der Nixen. (Regel) Samir staunte Bauklötze …

Folie

3 a) Lies den Text und schreibe ihn Satz für Satz ab.
   b) Markiere die wörtliche Rede und unterstreiche die Begleitsätze.
   c) Ergänze alle Satzzeichen und gib die Regeln aus der LERNBOX an.

LERNBOX

Zeichensetzung der wörtlichen Rede

Die wörtliche Rede kennzeichnest du durch Anführungszeichen. Diese werden am Anfang unten, am Ende oben gesetzt.

1. **Zeichensetzung bei vorangestelltem Begleitsatz:**
   Sie fragte: „Was wird uns dort erwarten?“
   Nach dem vorangestellten Begleitsatz steht immer ein **Doppelpunkt**. Achte im Begleitsatz auf das **Verb des Sagens**. Es zeigt an, ob die wörtliche Rede mit einem **Punkt, Frage-** oder **Ausrufezeichen** schließt.
2. **Zeichensetzung bei nachgestelltem Begleitsatz:**
   „Was erwartet uns dort?“, fragte sie. „……..?“, ________.
   „Ich bin begeistert!“, rief Justus. „………!“, ________.
   „Ihr werdet staunen“, sagte der Professor. „………“, ________.
   Zwischen wörtlicher Rede und nachgestelltem Begleitsatz steht immer ein **Komma**. Beim Aussagesatz **entfällt** in der wörtlichen Rede der **Punkt**.
3. **Zeichensetzung bei eingeschobenem Begleitsatz:**
   Der Begleitsatz wird in die wörtliche Rede eingeschoben. Davor und danach steht ein **Komma**: *„Ich glaube“, meinte Samir, „so etwas haben wir noch nie gesehen.“*

Prüfe dein Wissen zur Zeichensetzung!

Zeichensetzungsprofis sollten auch die Aufgaben mit ☆ bearbeiten.

1 **a)** Unterstreiche im Text die Prädikate.
b) Bilde Sinneinheiten und klammere die dazugehörigen Wörter ein.
c) Setze die passenden Satzschlusszeichen und korrigiere die Satzanfänge.

8		Folie
8		
16		

Mert fällt auf

eigentlich ist Mert ein netter Kerl er ist neu in unserer Klasse seine Eltern sind mit ihm und seinen drei Brüdern erst vor zwei Monaten aus der Türkei in unsere Stadt gezogen aber er spricht schon sehr gut Deutsch er hat die Sprache bereits in der Türkei gelernt allerdings vertauscht er manchmal die Artikel das ist nicht schlimm das ist manchmal nur sehr lustig

2 **a)** Markiere die wörtliche Rede.
b) Setze alle fehlenden Satzzeichen (Kommas, Anführungsstriche ...).

4		Folie
13		

Neulich sagte Mert Der Leiter steht am Fenster Alle schauten sofort hinaus. Ich kann mir gar nicht vorstellen, dass der Schulleiter draußen steht murmelte ich verwirrt. Mensch Mert grinste Tatjana das heißt die Leiter. Sie zeigte auf eine Leiter, die die Handwerker dort abgestellt hatten.

3 Ergänze den folgenden Lückentext:

[6]		Folie	☆

Satzreihen sind aneinandergereihte ______________ (a). Diese werden durch einen ______________ (b) voneinander getrennt. Wenn sie eng zusammengehören, kann man auch ein ______________ (c) setzen. Ein ______________ (d) besteht mindestens aus einem Haupt- und einem Nebensatz. Nebensätze erkennt man an der einleitenden ______________ (e) (als, weil ...). Der Nebensatz steht vor oder nach dem ______________ (f).

4 **a)** Füge in den folgenden Sätzen das Komma an der richtigen Stelle ein.
b) Unterstreiche die Konjunktionen.
c) Entscheide, ob es sich um eine Satzreihe oder ein Satzgefüge handelt.

6		
6		
[6]		☆

A Nachdem sie einen furchtbaren Albtraum gehabt hatte kam Carina übermüdet zur Schule.
B Weil sie ständig gähnte waren alle gespannt.
C „Ich habe geträumt dass ich in Mathe und Deutsch und Englisch eine Sechs schreiben würde."
D Nur Mert konnte sie trösten denn er sagte:
E „Bei uns heißt es dass Träume in der Realität immer das Gegenteil bedeuten.
F Wenn du also die nächsten Klassenarbeiten schreibst bekommst du eine Eins."

61 [73]	
Summe	

Überprüfe deine Ergebnisse anhand der Lösungen im Lösungsheft.

Rechtschreibung trainieren

Texte abschreiben und überprüfen

Rezept für Bärentatzen
<u>Zutaten</u>: 300 g Butter, 100 g Marzipan, 130 g Puderzucker, 2 Eiklar, 350 g Mehl, 1 Päckchen Vanillezucker, Marmelade, flüssige Schokolade
Butter, Zucker, Vanillezucker und Marzipan gut mit dem Mixer verrühren, dann langsam Eiklar dazurühren, anschließend das Mehl unterrühren. Backrohr auf 180 Grad aufheizen. Backbleche einfetten oder mit Backpapier belegen. Teig in eine Spritztüte mit einer großen zackigen Lochtülle füllen und kleine „Bärentatzen" aufspritzen. Nach dem Backen die Hälfte der Kekse mit Marmelade bestreichen und mit einem anderen zusammenkleben. Danach zur Hälfte in geschmolzene Schokolade tunken.

Rezep für Bärentatzen (von Bonita)
<u>Zutaten</u>: 30 g Butter, 100 g Marzipan,
130 g Puderzucker, 2 Eikla, 350 Mehr,
1 Päckhen Vanillezucker, Marmelade,
Marmelade, flüsige Schokolade
Butter, Zucker, Vanillezucker und Marzi-
pan gut mir dem Mixer verrühren, an-
schließent langsam Eikla dazurühren,
dan das Mehl unterühren. Backrohr auf
180 Grad Grad aufheizen. Backbleche
einfetten oder mit Backpapiehr belegen.
Teig in eine Spitztüte mit mit einer
grossen zackigen Lohtülle fülle und klei-
ne „Bärentatzen" aufspritzen Nach dem
Backen die Häfte der Kekse mit Marme-
lad bestreichen und mit einem anderen
zusammenkleben. Danach zur Hälfte in
geschmolzen Schockolade tunken.

Kontrollkarte

1. Vorwärtslesen:	Wörter doppelt geschrieben?
2. Rückwärtslesen:	Wörter oder Buchstaben vergessen?
3. Vorwärtslesen:	Alle Satzzeichen übernommen?

Folie

1 Vergleiche die Abschrift mit dem Originaltext links. Lege eine Kontrollkarte über den Text und verwende die Korrekturzeichen.
Gehe so vor:
a) Lies zuerst vorwärts und kontrolliere, ob Wörter doppelt geschrieben wurden.
b) Überprüfe beim Rückwärtslesen, ob Wörter oder Buchstaben vergessen wurden.
c) Lies vorwärts und kontrolliere die Satzzeichen.
d) Schreibe den Text richtig und übersichtlich ab.

Rezept für Taboulé (orientalischer Petersiliensalat)
<u>Zutaten</u>: 2 Bund glatte Petersilie, 200 g Bulgur (Weizenschrot), 2 Tomaten, 1 kleine Gurke, Saft einer Zitrone, etwa 5 Esslöffel Olivenöl, eine Prise Salz
Lass den Bulgur in Wasser aufquellen. Dann hackst du die Petersilie. Als Nächstes schneidest du die Tomaten in Würfel. Diese Zutaten vermischst du mit dem ausgedrückten Bulgur. Zum Schluss wird die Masse mit Zitronensaft, Salz und ein paar Esslöffeln Olivenöl verrührt.

2 Schreibe den Text richtig ab und lass ihn von einem Partner überprüfen.

Texte überarbeiten – eigene Fehlerschwerpunkte ermitteln

Jeff hat für das Klassenkochbuch ein Rezept aus seinem Heimatland aufgeschrieben, damit die anderen es nachkochen können:

So backst du Maisbrot:

<u>Zutaten</u>: 1½Tassen Mehl, 3 TL Backpulver, 1 TL Salz, 1 Tasse gelbes
Maismehl, 2 EL sehr feinen zucker, 2 verquirlte Eier, 1½Tassen buttermilch, R1, R2
½Tasse Pflanzenöl, 50 g zerlassene Butter
<u>Jetzt gehts los</u>:
Heize zuerst den Ofen auf 180 °C vor. Dan must du eine 30 x 20 cm lange, R3, R4
flache Backform ca. 5 Minuten im vorgeheizten Ofen erwärmen.
Das Mehl das Backpulver und das Salz siepst du mit dem Maismehl und Z5, R6
dem Zucker in eine Schüsel. In die Mite drückst du eine vertiefung. Die R7, R8, R9
verquirlten Eier die buttermilch und das Öl mischst du in einem kleinen Z10, R11
Gefäss. Dann gipst du das Ganze in die vertiefung zu den trockenen R12, R13, R14
Zutaten. Danach vermenkst du alles, bis die Maße fester wird und keine R15, R16
Klümbchen mehr zu spüren sind. R17
Schlieslich pinselst du die vorgewärmte Backform mit Butter aus und R18
schüttest den teig hinein glätte die Oberfläche mit einem Meßer und R19, Z20, R21
backe ihn 25 Minuten im Ofen.
Dann nimmst du die Form heraus du streichst die zerlasene Butter Z22, R23
gleichmässig auf die Oberfläche. Als Nächstes muss das Brot noch R24
einmal 15 Minuten gebacken werden, bis es fertig ist. Zum Schluß muss R25
man das Brot nur noch in quadrate schneiden und es heiss servieren. R26, R27
Guten Appetit!!!

1 **a)** Lies das Rezept aufmerksam durch. Kennst du dieses oder ein ähnliches Rezept? Hast du das Gericht schon einmal probiert?
b) Überlege, aus welchem Land es stammen könnte.

Dein Rezept ist gut gelungen. Für den Leser ist die Reihenfolge der Arbeitsschritte klar. Er kann das Gericht also nachkochen. Aber du machst noch zu viele Rechtschreibfehler!

Du hast abwechslungsreich geschrieben. Das gefällt mir! Manchmal hast du aber bei Aufzählungen kein Komma gesetzt, und einige Sätze sind zu lang. Hier solltest du einen Punkt setzen, damit klar wird, dass ein neuer Arbeitsschritt beginnt.

2 Lies die Kommentare aus der Schreibkonferenz:
a) Erkläre in eigenen Worten, was an der Kritik gut gelungen ist.
b) Benenne, was Jeff noch überarbeiten muss.
c) Was würdest du außerdem noch verbessern?
d) Tausche dich mit einem Partner über deine Ergebnisse aus.

Textkorrekturstift:
Wähle eine bestimmte Farbe aus, mit der du deine Texte korrigierst. So fallen dir die Fehler eher auf.

3 Überarbeite Jeffs Rezept. Gehe dabei so vor:
a) Lies den Text auf Seite 275 und markiere die Fehler mit einem Textkorrekturstift farbig (Folie). Orientiere dich an den Anmerkungen am Rand.
b) Korrigiere die markierten Wörter, indem du die passenden Rechtschreibstrategien anwendest. Schreibe so:
R1 Zucker → <u>der feine</u> Zucker; R2 Buttermilch → ...
c) Schreibe das Rezept ohne Fehler ab.

4 Welche Fehlerschwerpunkte kannst du bei Jeff entdecken?
Übertrage die Tabelle ins Heft und ergänze sie, falls nötig, durch weitere Zeilen und Kategorien. Zähle die Fehlerarten. Wiederholungen zählst du nur einmal.

Großschreibung	I
Doppelkonsonanten	
ss oder ß	
p oder b / k oder g	
...	

5 Untersuche die ausgefüllte Tabelle:
a) Welche Tipps zum Üben würdest du Jeff geben?
b) Suche zu den Fehlerschwerpunkten Seiten zum Üben heraus, die du in diesem Buch oder im Arbeitsheft findest, z. B. *Großschreibung: Schülerbuch, S. 259–262.*

6 a) Wähle einen eigenen Text. Das kann zum Beispiel die letzte Klassenarbeit oder eine Hausaufgabe sein.
b) Finde deine Fehlerschwerpunkte heraus, indem du vorgehst, wie in der LERNBOX beschrieben.

LERNBOX

So findest du deine Fehlerschwerpunkte heraus:
Das Herausarbeiten von **Fehlerschwerpunkten** schärft deinen Blick für die **Überarbeitung eigener Texte**. Du kannst Rechtschreibung und Zeichensetzung verbessern, indem du die Strategien gezielt anwendest:
1. Lass deinen Text von einer anderen Person korrigieren.
2. Nummeriere die Fehler wie im Beispiel auf Seite 275.
3. Lege dir eine Tabelle mit Fehlerschwerpunkten an. Orientiere dich dazu an den Überschriften des Kapitels *Richtig schreiben* in diesem Buch.
4. Untersuche die Fehlerarten in deinem Text und zähle sie. Wiederholungen zählst du nur einmal.
5. Nun kannst du gezielt zu deinen Fehlerschwerpunkten üben. Beginne mit deiner häufigsten Fehlerquelle.

TIPPBOX

Zu 2 a)/b):
Markiere (Folie) die einzelnen Aussagen mit unterschiedlichen Farben: gut → blau, Tipps → rot.
Zu 3 b):
Diese Rechtschreibstrategien kannst du anwenden:
Artikelprobe, Silbenprobe, Verlängern, Ableiten.
Zu 4 :
Weitere Kategorien sind
s oder ß, Komma bei Aufzählungen, Satzschlusszeichen.

Zu Fehlerschwerpunkten üben

1 **a)** Lege zuerst eine persönliche Textkorrekturkarte wie im Beispiel rechts an. Lies dazu die **LERNBOX**.
b) Wähle Übungen aus den Karten **A**–**G** von Seiten 277–278 aus, mit denen du trainierst, deine Fehler zu vermeiden.

Jeffs Textkorrekturkarte:
auf Großschreibung von Nomen achten → Artikelprobe anwenden
auf Doppelkonsonanten achten → Silbenprobe machen; einsilbige Wörter verlängern
Auslaute (b, d, g) überprüfen → Wörter, die am Ende wie p, t, k klingen, verlängern
s-Laute genau aussprechen → gesummter s-Laut = s; gezischter s-Laut = ß

A **Wörter richtig trennen:**
Markiere im Text alle Wörter, die aus drei oder mehr trennbaren Silben bestehen, und schreibe sie mit Silbenbogen auf. Wie heißt das Wort mit den meisten Silben? Wie viele Silben sind es?

B **Großschreibung von Nomen:**
1. Schreibe aus dem Text alle Nomen mit ihrem Signalwort heraus. Fehlt dieses, so mache die Artikelprobe.
2. Bilde aus Adjektiven und Verben Nomen, indem du typische Endungen ergänzt: *-heit, -keit, -nis* ...

C **Großschreibung von Verben und Adjektiven:**
Im Text findest du Verben und Adjektive, die zu Nomen geworden sind. Schreibe sie mit ihren Signalwörtern auf.

D ***s*-Laute unterscheiden:**
Markiere alle Wörter, die mit *ss* und *ß* geschrieben werden. Ordne sie in eine Tabelle ein. Kennzeichne lange Vokale mit einem Strich und kurze Vokale mit einem Punkt.

LERNBOX

So legst du eine Textkorrekturkarte an:
1. Ermittle deine **Fehlerschwerpunkte** wie in der **LERNBOX** auf Seite 276 beschrieben.
2. Notiere deine Fehlerschwerpunkte *(Großschreibung, Doppelkonsonanten ...)* auf einer **Karteikarte** (Textkorrekturkarte, siehe Beispiel oben).
   Beginne mit der häufigsten Fehlerquelle. Schreibe jeweils die passenden **Rechtschreibstrategien** auf.
3. Lege diese Karte beim **Schreiben** und **Überarbeiten** neben dein Heft.
4. Wähle anhand der Auflistung geeignete Übungen von den Seiten 277–278 oder aus diesem Kapitel aus. Orientiere dich dazu am Lernbegleitbogen auf Seite 279.

TIPPBOX

Zu 1 a): Du kannst eigene Texte von deinen Eltern oder einem Lehrer korrigieren lassen oder bereits korrigierte Klassenarbeiten nutzen. Frage nach, wenn du einen Fehler nicht zuordnen kannst.
Zu 1 b): Der Lernbegleitbogen (S. 279) hilft dir, dich an den Themen im Schülerband und im Arbeitsheft zu orientieren.

Schwierige oder unbekannte Wörter richtig schreiben: E

1. Schreibe schwierige oder unbekannte Wörter aus dem Text auf eine Karteikarte und ordne sie zum Üben in deine Rechtschreibkartei ein. Lies dazu die **LERNBOX**.
2. Du kannst dir den Text auch diktieren lassen und die Wörter, die du noch nicht richtig geschrieben hast, in deine Rechtschreibkartei einordnen.

Lernwörter richtig schreiben: F

Nimm Wörter, deren Schreibung du nicht mit einer Rechtschreibstrategie erklären kannst, in deine Rechtschreibkartei auf und übe sie. Lies dazu die **LERNBOX**.

Wörter mit Doppelkonsonanten: G

Im Text findest du Wörter mit Doppelkonsonanten. Ordne sie in eine Tabelle ein (*ff*, *ll* ...) und schreibe sie mit Silbenbogen auf. Einsilbige Wörter musst du vorher verlängern.

Folie

2 Lies den folgenden Text mit einem Stift und führe mit ihm die von dir ausgewählten Übungen durch.

Der Traum von einem Schloss

Auf unserer letzten Klassenfahrt haben wir das Schloss Neuschwanstein mitten in den bayerischen Alpen besucht. König Ludwig II. hat es ganz nach seinen Wünschen bauen lassen. Dabei hat er viele bekannte Märchen und Sagen verarbeitet, so zum Beispiel die Nibelungensage oder die Sage von Lohengrin. Besonders beeindruckt hat mich dabei, dass der König immer dann gute Einfälle für den Schlossbau hatte, wenn er Musik von Richard Wagner hörte. Diese regte ihn zu neuen Ideen an. Vielleicht sollte ich auch einmal Musik von Wagner hören – besonders vor einer Physikarbeit wäre das sicher sehr sinnvoll! Das Lernen würde mir vermutlich viel leichter fallen …

Das ganze Schloss sollte ein Tempel[1] der Sagen- und Traumwelt werden. Alle Räume ließ der König mit kostbarsten Materialien ausschmücken. Zum ersten Mal wohnen konnte Ludwig dort im Jahr 1884. Er hatte aber nicht mehr lange Freude daran, denn schon zwei Jahre später ertrank er im Starnberger See.

Das ist zwar eine traurige Geschichte, aber auf diesem Schloss würde ich auch zu gerne wohnen. Ich hätte unfassbar viele Diener und man würde mir jeden Abend Spaghetti bolognese zubereiten und ein Wannenbad einlassen. Das Baden im heißen Sprudelwasser wäre dann meine Lieblingsbeschäftigung. Und vielleicht würde ich schon bald eine Prinzessin küssen …

[1] der Tempel: ein Heiligtum

! LERNBOX

So übst du mit einer Rechtschreibkartei:

1. Schreibe Fehlerwörter in richtiger Schreibweise auf **Karteikarten**.
2. Unterstreiche die **Fehlerstelle farbig**. Schreibe dann **andere Formen des Wortes** auf (z. B. Wörter aus der Wortfamilie, andere Zeitformen, Steigerungsformen ...) und einen **Beispielsatz** dazu.
3. Lege die Wörter, die neu sind, ins **erste Fach**. Lass sie dir diktieren. Schreibst du das Wort richtig, wandert die Karte ins **zweite Fach**. Schreibst du das Wort falsch, bleibt es im ersten Fach. Du wiederholst die Übungen so oft, bis die Karte im **fünften Fach** gelandet ist.
4. Übe die Wörter aus dem ersten Fach **täglich**, die aus den anderen Fächern **wöchentlich**.

Lernbegleitbogen *Richtig schreiben*

Kompetenz / Inhalt Ich kann ...	Selbsteinschätzung ☺ 😐 ☹	Fremdeinschätzung ☺ 😐 ☹	Bemerkungen	Hier kannst du weiterüben:
Rechtschreibgespräche führen (S. 246)				
kurze und lange Vokale unterscheiden (S. 247)				AH, S. 61
Wörter mit *ie* richtig schreiben (S. 248)				
Wörter mit silbentrennendem *h* verlängern und richtig schreiben (S. 249)				
entscheiden, ob ein Konsonant einfach oder doppelt geschrieben wird (S. 250–251)				AH, S. 62
Wörter mit *ck* und *tz* richtig schreiben (S. 252)				
Wörter mit *b, d, g* im Auslaut richtig schreiben (S. 253)				AH, S. 63
Wörter mit *-isch*, *-ig* oder *-lich* richtig schreiben (S. 254)				
s-Laute unterscheiden und richtig schreiben: – Wörter mit *s* oder *ß* (S. 255) – Wörter mit *ss* oder *ß* (S. 256)				 AH, S. 64 AH, S. 65
Wörter mit *ä / äu* ableiten (S. 257)				AH, S. 66
Lernwörter mit Dehnungs-*h* erkennen und richtig schreiben (S. 258)				AH, S. 67
Nomen mithilfe von Endungen und Signalwörtern erkennen (S. 259, 262)				AH, S. 68, 70
nominalisierte Verben und Adjektive erkennen (S. 260–262)				AH, S. 69, 70
die Konjunktion *dass* richtig schreiben (S. 263)				AH, S. 71
Wörter richtig trennen (S. 264)				AH, S. 72
Rechtschreibstrategien anwenden (S. 265)				
Rechtschreibregeln sicher anwenden (S. 266–267)				Wiederhole die Seiten im Kapitel!
Zeichen richtig setzen: – Satzschlusszeichen (S. 268) – Kommas bei Aufzählungen (S. 269) – Kommas in Satzreihen (S. 270) – Kommas in Satzgefügen (S. 271) – Zeichen der wörtlichen Rede (S. 272)				 AH, S. 73, 78 AH, S. 74, 78 AH, S. 75, 78 AH, S. 76, 78 AH, S. 77, 78
Zeichensetzungsregeln sicher anwenden (S. 273)				Wiederhole die Seiten im Kapitel!
Rechtschreibung trainieren: – Texte abschreiben und überprüfen (S. 274) – Fehlerschwerpunkte ermitteln (S. 275–276) – eine Textkorrekturkarte anlegen (S. 277) – zu Fehlerschwerpunkten üben (S. 277–278)				 AH, S. 79 AH, S. 80

AH = Arbeitsheft

Computer im Unterricht

Im Internet Informationen suchen

Immer wieder stoßt ihr im Unterricht auf Themen, zu denen ihr gerne mehr erfahren würdet. Das Kapitel „Mehr als Sand und Meer“ bietet zum Beispiel viele Anknüpfungspunkte, um im Internet nach Informationen zu suchen.

A) Heuler in einer Seehund-station
B) Schweinswale in der Nordsee
C) Das Leben auf einer Hallig

1 Die Kapitel „Mehr als Sand und Meer“ (S. 154–173) und „Arbeitsergebnisse anschaulich vortragen“ (S. 295–298) bieten eine große Auswahl an verschiedenen Themen rund um die Nordsee.
a) Sammelt diese Themen gemeinsam an der Tafel.
b) Überlegt euch zu einem dieser Themen Fragen, um eure Suche nach Informationen einzugrenzen: Was interessiert euch besonders?

A) Heuler in einer Seehundstation
1. Was fressen Heuler?

2 **a)** Lies die **LERNBOX** und gib ihren Inhalt mit eigenen Worten wieder.
b) Welche der folgenden Suchbegriffe findest du geeignet, um Antworten auf die Frage „Was fressen Heuler?“ zu finden? Begründe.

Heuler — Heuler + Essen — Essen — Heuler + Nahrung — Nahrung — Heuler + Nordsee

LERNBOX

So suchst du im Internet Informationen:

1. Das Internet bietet dir nahezu unendlich viele Informationen. Zum Suchen von bestimmten Informationen eignen sich **Suchmaschinen**, z. B. *www.google.de* und *www.yahoo.com*. Häufig wird dir eine unüberschaubare Vielzahl möglicher Seiten angezeigt.
2. Spezielle Seiten und Suchmaschinen grenzen die Auswahl ein und zeigen geeignete Seiten für Jugendliche an, z. B. *www.blinde-kuh.de, www.wasistwas.de, www.geo.de/GEOlino/, www.helles-koepfchen.de.*
3. a) Die Suche erfolgt, indem du **Stichworte** in ein **Suchfeld** eingibst. Trage einen Begriff (möglichst ein Nomen) ein, z. B. *Seehund*. Dann erhältst du eine Liste mit Texten, in denen der Begriff vorkommt.
   b) Wenn du mehrere Stichworte eingibst, z. B. *Seehund* und *Aufzucht* (= *Seehund Aufzucht*), grenzt du die Auswahl ein und findest schneller die passenden Informationen.

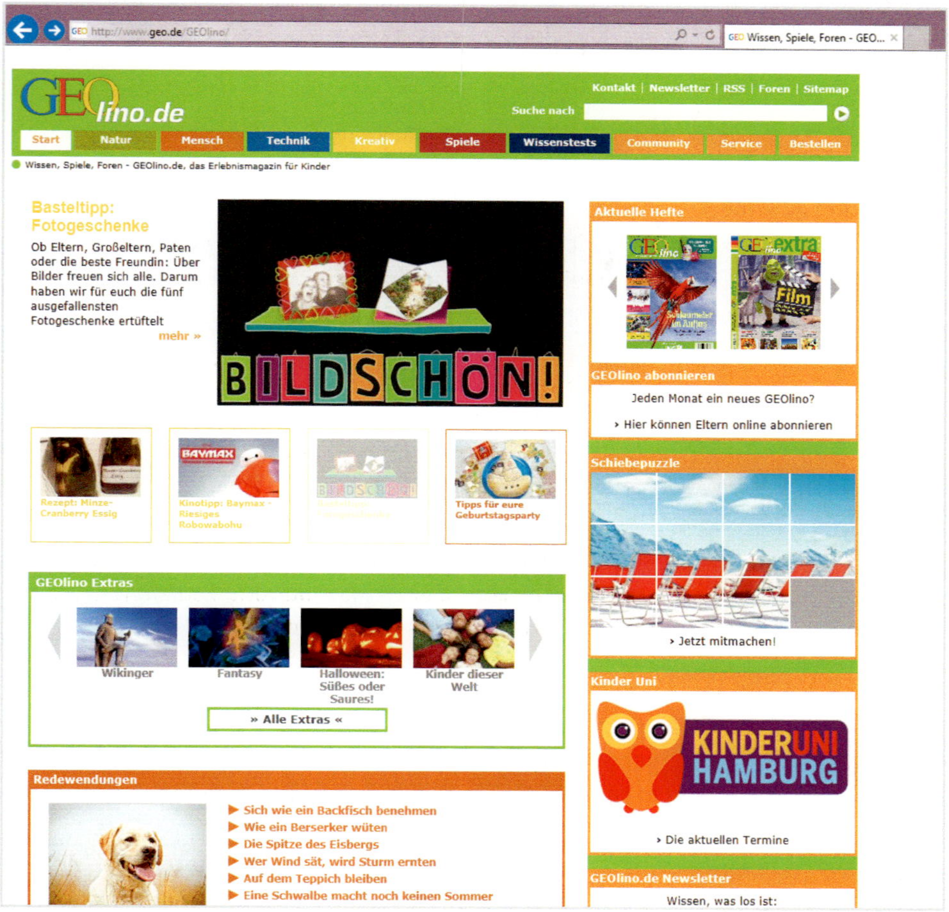

3 Schau dir die Startseite oben genau an.
a) Erkläre, woran du erkennst, dass diese Seite speziell für Kinder und Jugendliche gemacht ist.
b) Tauscht euch darüber aus, welche Themengebiete sind auf dieser Seite aufgeführt sind.

4 **a)** Rufe eine der Internetseiten auf, die in der **LERNBOX** auf Seite 280 angegeben sind, und schaue sie dir genau an.
b) Gib in das Feld für die Stichwortsuche einen oder zwei Begriffe ein, die wichtig für dein Thema sind *(z. B. Heuler Nahrung),* und klicke auf „Suchen“.
c) Wie kommst du schneller zu geeigneten Texten: über einen Themenbereich oder über die Stichwortsuche der Suchmaschine? Tauscht euch in der Klasse über eure Erfahrungen aus.

5 **a)** Wähle Internetseiten aus, die zu deinem Thema passen und Antworten auf deine Teilfragen geben. Überfliege die Texte und wähle geeignete aus.
b) Schreibe dir die Internetadressen auf, damit du die Seiten später wiederfindest.
c) Drucke dir die Texte aus dem Internet aus, mit denen du weiterarbeiten möchtest. Klicke hierzu mit der rechten Maustaste auf die Internetseite und wähle „Drucken“. Bearbeite die ausgedruckten Texte mit der Lesemethode.

Seite 286–287

Die E-Mail – eine besondere Form des Briefes

Im Kapitel „Essen verbindet“ (S. 114–131) habt ihr Rezepte aus verschiedenen Ländern kennengelernt. Um daraus ein Klassenrezeptbuch zu erstellen, müssen die Rezepte gesammelt und in eine ansprechende Form gebracht werden.

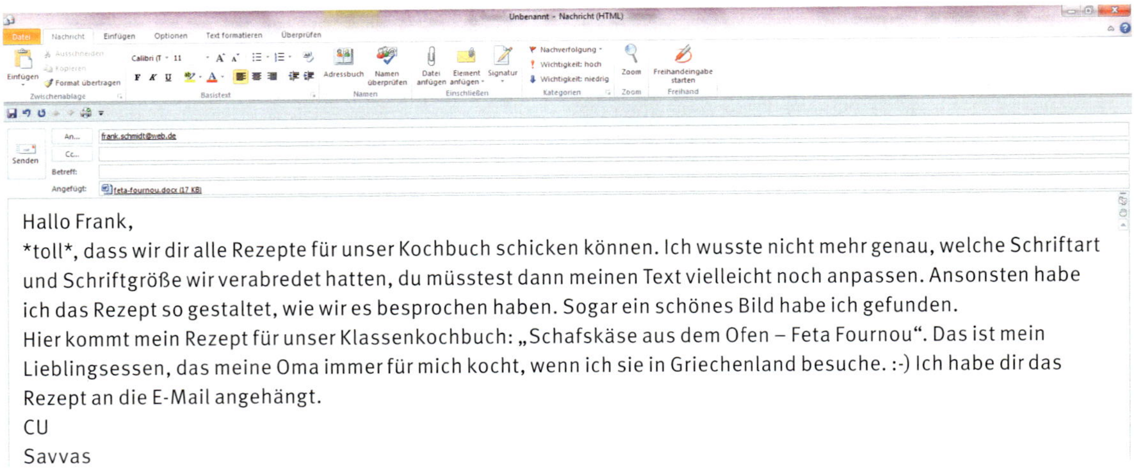

Hallo Frank,
toll, dass wir dir alle Rezepte für unser Kochbuch schicken können. Ich wusste nicht mehr genau, welche Schriftart und Schriftgröße wir verabredet hatten, du müsstest dann meinen Text vielleicht noch anpassen. Ansonsten habe ich das Rezept so gestaltet, wie wir es besprochen haben. Sogar ein schönes Bild habe ich gefunden.
Hier kommt mein Rezept für unser Klassenkochbuch: „Schafskäse aus dem Ofen – Feta Fournou“. Das ist mein Lieblingsessen, das meine Oma immer für mich kocht, wenn ich sie in Griechenland besuche. :-) Ich habe dir das Rezept an die E-Mail angehängt.
CU
Savvas

1 **a)** Lies die E-Mail. Worum geht es?
b) Beschreibe die Aufgabe, die Frank übernehmen soll.
c) Savvas verwendet in seiner E-Mail besondere Zeichen. Was bedeuten sie an dieser Stelle? Lies dazu auch die **LERNBOX**.

2 Kennst du die verschiedenen Symbole in der Menüleiste? Erläutere sie. Wenn du mit dem Mauszeiger auf die Symbole gehst, erscheint eine kurze Erklärung.

3 Nenne Franks E-Mail-Adresse. Woran kannst du sie erkennen?

4 In die Betreff-Zeile kommt eine kurze Erklärung für den Empfänger, worum es in der E-Mail geht. Was würdest du an Savvas’ Stelle schreiben?

5 Woran kannst du erkennen, dass Savvas sein Rezept mitschicken will?

! LERNBOX

Zeichen in der Internetsprache

1. Das **@-Zeichen** steht für das englische Wort „*at*“. Es steht ohne Leerzeichen zwischen dem Namen des Empfängers / Absenders und dem Namen des Providers (Savvas-Papadopulus@gmx.de). Der Provider ist der Anbieter für Verbindungen zum Internet.
2. **Emoticons** sind Zeichen, die Gefühle ausdrücken (engl. „emotion“ = Gefühl und „icon“ = Bild): *;-) = zwinkern* 😉 *:-) = lachen* 🙂
3. **Akronyme** sind Kurzwörter, die aus den Anfangsbuchstaben mehrerer Wörter gebildet werden: *CU = engl. „See you“ = Tschüss / Bis dann, GLG = Ganz liebe Grüße.*

E-Mail-Anhänge abspeichern

Frank hat Savvas' E-Mail erhalten. Doch bevor er das Rezept bearbeiten kann, muss er erst den Anhang speichern. Dabei geht er so vor:

Schritt 1

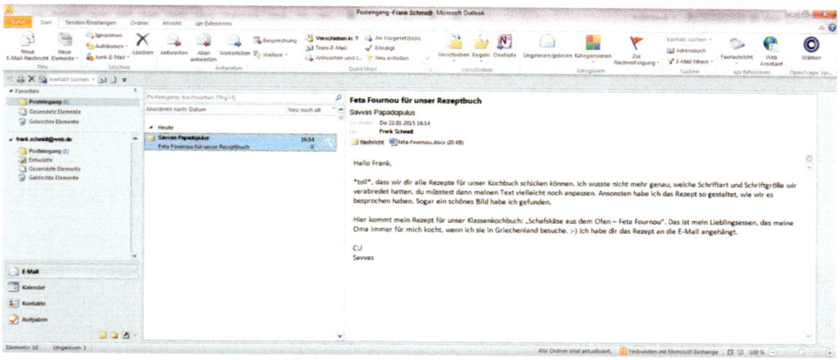

Schritt 2

Schritt 3

Schritt 4

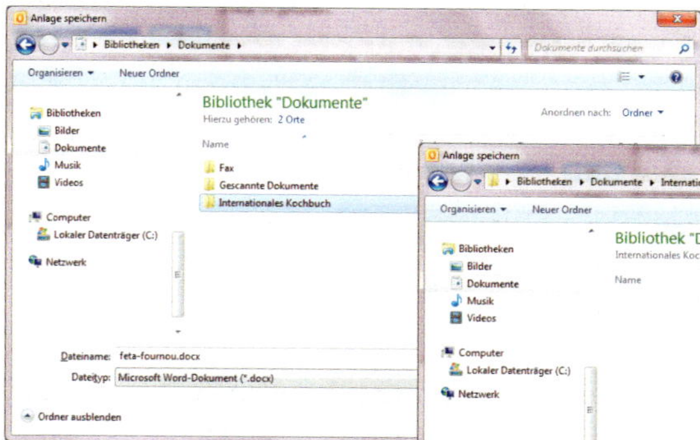

Schritt 5

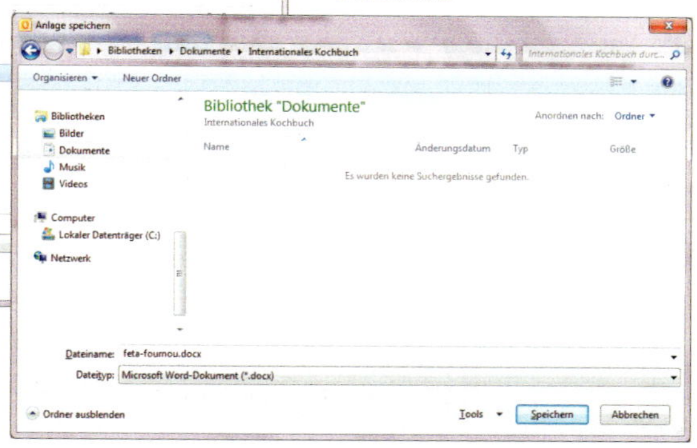

1 Beschreibe mithilfe der Bilder, wie Frank das Rezept von Savvas abspeichert.

2 Schreibe die Schritte in der richtigen Reihenfolge in vollständigen Sätzen in dein Heft. Beginne so:
So speichert man E-Mails:
1. Als Erstes klickt man im Posteingang die Mail an.
2. Dann klickt man …

TIPPBOX

Zu 2: Folgende Formulierungen kannst du nutzen, um die Schritte zum Abspeichern einer E-Mail zu beschreiben:
„Posteingang" anklicken / „Anlagen speichern" anklicken / Mail anklicken / zu speichernde Anlagen auswählen / Ordner auswählen und „öffnen" anklicken / Dateinamen eingeben / Ordner durchsuchen / „Datei" in Menüleiste anklicken / „Speichern" anklicken

Einen Text formatieren

Seite 121

Dies ist das Rezept, das Savvas an Frank gemailt hat. Damit es ansprechender aussieht, kann man das Rezept umgestalten. Das nennt man *formatieren.*

Feta Fournou (überbackener Schafskäse, für 4 Personen)
Zutaten:
400 g Schafskäse, 6 EL Olivenöl, 2 reife Tomaten, 2 kleine Zwiebeln, eine Prise Salz und Pfeffer, 1 TL scharfes Paprikapulver, 1 TL getrockneter Oregano
Heize den Backofen auf 225° C vor.
Halbiere den kalt abgespülten Käse quer und schneide ihn längs mit einem Messer in große, knapp 1 cm dicke Scheiben.
Nimm anschließend 4 Stücke Alufolie (30 x 30 cm) und bestreiche sie auf der glänzenden Seite mit etwas Öl. Lege die Fetastreifen darauf.
Jetzt nimm die Tomaten, wasche sie und schneide sie in dünne Scheiben. Achte darauf, dass du die grünen Stiele abschneidest. Schäle anschließend die Zwiebeln und schneide sie in hauchdünne Scheiben.
Dann verteile die Tomaten- und Zwiebelscheiben auf dem Käse.
Zum Würzen salzt du alles leicht und pfefferst es. Bestreue das Ganze außerdem mit Paprikapulver und Oregano. Träufele das übrige Öl darüber. Bevor du den Käse in den Backofen legst, verschließt du die Alufolie.
Lass den Käse 10–15 Minuten im Ofen backen.
Zum Schluss hole das Blech aus dem Ofen und serviere den überbackenen Schafskäse. Guten Appetit!

1 Gib den Text in den Computer ein. Speichere ihn unter einem passenden Dateinamen ab, z. B. „Rezept zu *Feta Fournou*“.

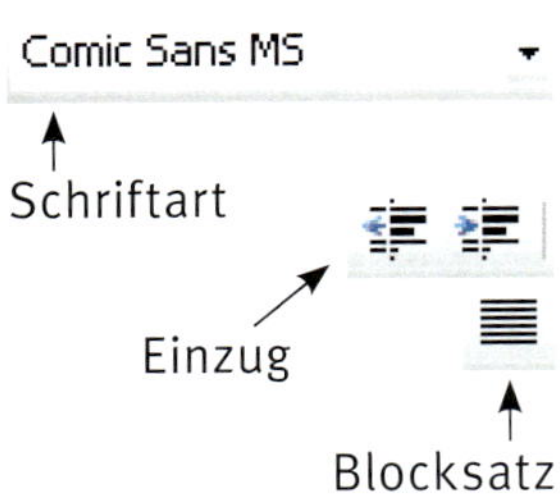

2 Gestalte den Text nach den folgenden Vorgaben. Lies dazu den **LERNBOX**.
a) Markiere den gesamten Text. Benutze als Schriftart *Comic Sans MS* und die *Schriftgröße 12* für den Text.
b) Markiere nun die Überschrift. Ändere die *Schriftgröße* auf *16* und *fett.*
c) Setze die Zutaten für das Rezept untereinander. Vergrößere den *Einzug.*
d) Richte den Rezepttext im *Blocksatz* aus.

3 **a)** Probiere andere Möglichkeiten der Formatierung mit deinem Rezept aus.
b) Vergleicht eure Ergebnisse. Welches Layout gefällt euch am besten?

! LERNBOX

So markierst du einen Text bzw. Textstellen:
1. Gehe mit dem **Mauszeiger** vor oder hinter die **Textstelle**, die du markieren möchtest.
2. **Klicke** die linke Maustaste und halte sie gedrückt. **Ziehe** dann **die Maus** über die Textstelle. Die markierte Textstelle ist jetzt farbig unterlegt.
3. Den **ganzen Text** kannst du markieren, indem du die **Tasten Strg und A** gleichzeitig drückst. Dabei ist es nicht wichtig, wo sich der Cursor befindet.

Eine E-Mail mit Anhang verschicken

1 Das Rezept ist jetzt fertig gestaltet. Frank schickt es an Savvas zurück. Erkläre mit eigenen Worten, wie Frank vorgehen muss. Lies dazu die **LERNBOX**.

2 Jetzt könnt ihr ein eigenes Klassenrezeptbuch erstellen:
a) Schreibe eines deiner Lieblingsrezepte auf.
b) Bearbeite es so, wie du es auf Seite 284 gelernt hast.
c) Suche dir einen Partner, an den du dein formatiertes Rezept schickst. Du bekommst dann dessen Rezept gemailt.
d) Lies das Rezept. Wenn du Verbesserungsvorschläge machen willst, schreibe eine E-Mail an deinen Partner.

LERNBOX

So verschickst du eine E-Mail mit Anhang:

- Klicke das Symbol *„Neue E-Mail-Nachricht"* an.
- Gib die **E-Mail-Adresse** des Empfängers in die Zeile *„An …"* ein.

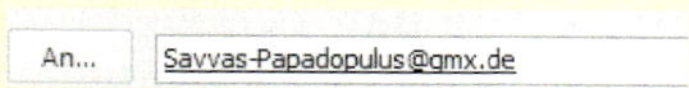

- Achte dabei auf die korrekte Schreibweise. Wenn du die gleiche E-Mail an eine **zweite Person** verschicken möchtest, trage deren Adresse in die Zeile *„Cc …"* ein.

- Schreibe in die **Betreffzeile**, worum es in deiner E-Mail geht.

- **Verfasse** deine E-Mail.
- Füge deinen **Dateianhang** ein:
  – Gehe mit dem Mauszeiger in der Menüleiste auf *„Einfügen"* → „Datei anfügen".

  – Suche in deinen Ordnern nach deiner Datei. Wenn du die Datei gefunden hast, klickst du sie an, sodass ihr Name im Feld *„Dateiname"* erscheint. Gehe dann auf *„Einfügen"*.

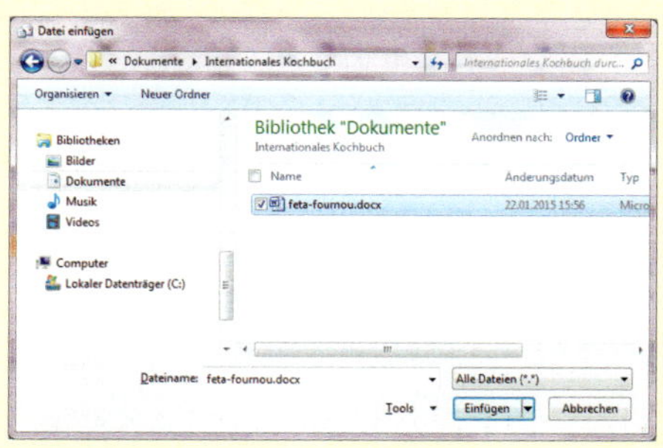

  – Genauso verfährst du, wenn du ein Bild als Anhang verschickst.

  – Gehe jetzt mit dem Mauszeiger auf das Symbol *„Senden"* und klicke es an. Deine E-Mail wird jetzt mit Anhang verschickt.

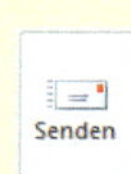

Methoden und Arbeitstechniken

Lesemethode für Sachtexte

Folie

1 **a)** Diese Lesemethode hilft dir, in einem Text wichtige Informationen zu erkennen und sie herauszuschreiben. Bearbeite den Text auf Seite 287 nach den folgenden Schritten. In den ersten Absätzen findest du schon Beispiele für Markierungen und Randbemerkungen.
b) Übertrage den Notizzettel unten in dein Heft und vervollständige ihn.

Vor dem Lesen

1. Schritt: sich orientieren
- „Überfliege" den Text. Lies die Überschrift, die Zwischenüberschriften, die Einleitung (fett gedruckt) und schau dir die Bilder an: Worum geht es?
- Stelle W-Fragen an den Text *(Was ...? Wer ...? Warum ...? Wo ...? Wann ...? Wie ...?)* und schreibe sie auf: Was sind Schweinswale?

Während des Lesens

2. Schritt: unbekannte Begriffe klären
- Lies den Text „mit dem Stift". Markiere beim ersten gründlichen Lesen mit einer Wellenlinie Begriffe und Ausdrücke, die du nicht kennst.
- Erschließe ihre Bedeutung aus dem Sinnzusammenhang oder durch Nachschlagen im Wörterbuch und schreibe sie an den Rand.

3. Schritt: Schlüsselstellen markieren
- Achte beim zweiten Lesen auf Antworten zu deinen Fragen oder auf andere interessante Angaben. Markiere diese Schlüsselstellen.

Nach dem Lesen

4. Schritt: Wichtiges herausschreiben
- Schreibe auf einen Notizzettel zu jedem Sinnabschnitt eine Überschrift (kurzer Satz oder Stichwort). Ein Sinnabschnitt enthält Informationen, die inhaltlich eng zusammengehören, und kann im Text einen oder mehrere Absätze umfassen.
- Schreibe unter jede Überschrift wichtige Informationen (Schlüsselstellen) in Stichworten heraus.

1. Sinnabschnitt: Entstehung des Namens
   - nicht ganz geklärt:
     a) Organe haben Ähnlichkeit mit denen eines Schweins
     b) wurde von Menschen wie ein normales Schwein gegessen

☆ **2** Du kannst zu den einzelnen Schritten einen Lesefächer anlegen, indem du sie auf Papierstreifen überträgst und sie in der Reihenfolge der Schritte übereinander legst.

Das Leben der Schweinswale

Schweinswale sind die häufigsten Wale in der Nord- und Ostsee und gehören zu der Gruppe der Zahnwale. Wie dieser Wal zu seinem Namen kam, ist nicht ganz geklärt. Vermutlich war es der griechische Gelehrte Aristoteles, der bei einer Untersuchung eines toten Schweinswals die Ähnlichkeit mit den Organen eines Schweines feststellte und darauf diesen Wal als „Meeresschwein" bezeichnete. Seinen Namen könnte er auch erhalten haben, weil er früher von den Menschen wie die Landschweine gegessen wurde.

Entstehung des Namens

kluger Mann (Lehrer)

Mit einer Körperlänge von maximal 1,85 Meter ist der Schweinswal die kleinste Art der Zahnwale. Sein Körpergewicht beträgt zwischen 50 und 90 Kilogramm. Die weiblichen Schweinswale sind größer und schwerer als die männlichen. Der Körper ist kräftig mit einer flachen und dreieckigen Rückenfinne. Der Rücken ist schwarz, der Bauch ist weiß. Bei jungen Tieren sind auch Teile der Bauchseite schwarz. Die Rückenflosse, die Brustflossen und die Schwanzflosse sind ebenfalls schwarz gefärbt. Die Schwanzflosse wird auch „Fluke" genannt und steht waagerecht ab.

Die Schweinswale ernähren sich fast ausschließlich von Fischen, Schnecken, Krebstieren und Tintenfischen und jagen Tag und Nacht. Sie suchen ihre Nahrung am Meeresgrund, wo sie mit ihrer Schnauze und ihren Flossen den Boden aufwühlen. Pro Tag frisst ein ausgewachsenes Tier ca. 4,5 Kilogramm Fisch.

Diese kleinen Wale leben als Einzelgänger, in Kleingruppen von zwei bis fünf Tieren und in größeren Gruppen mit bis zu fünfzehn Walen, die „Schulen" genannt werden. Zur Paarungszeit und zur Nahrungssuche treffen sich gelegentlich mehrere Schulen, sodass dann über hundert Tiere zusammenkommen können. Schweinswale können 22 km / h schnell schwimmen und springen nur selten aus dem Wasser. Sie können etwa 90 Meter tief tauchen und bis zu sechs Minuten unter Wasser bleiben. Danach müssen sie wieder auftauchen, um Luft zu holen.

Jährlich verheddern sich Tausende Wale in Fischernetzen, aus denen sie sich nicht befreien können, und ertrinken qualvoll, weil sie unter Wasser keine Luft mehr bekommen. Eine weitere Bedrohung der Schweinswale liegt in der Umweltverschmutzung der Meere. Auch der Lärm von Motorbooten und Jet-Skis bedeutet Stress für die Wale, denn sie nehmen Geräusche unter Wasser viel intensiver wahr. Daher werden sie durch den Lärm aus den küstennahen Gewässern vertrieben, in denen sie früher Jahr für Jahr ihre Jungen geboren und aufgezogen haben. So ist es nicht verwunderlich, dass der Bestand dieser Walart immer weiter abnimmt.

Lesemethode für erzählende Texte

Folie

1 **a)** Diese Lesemethode hilft dir, einen erzählenden Text leichter zu verstehen und wichtige Inhalte herauszuschreiben. Bearbeite den Text auf Seite 289 nach den folgenden Schritten. In den ersten Absätzen findest du schon Beispiele für Markierungen und Randbemerkungen.
b) Übertrage den Notizzettel von Seite 289 in dein Heft und vervollständige ihn.

Vor dem Lesen

1. Schritt: sich orientieren

- „Überfliege" den Text: Lies die Überschrift des Textes und die Anfänge der einzelnen Abschnitte. Vermute, worum es in der Erzählung geht.
- Gibt es zu dem Text ein Bild? Wenn ja, was ist darauf zu sehen?

Während des Lesens

2. Schritt: unbekannte Begriffe klären

- Überprüfe, ob deine Vermutungen stimmen: Lies nun den Text „mit dem Stift"! Markiere beim ersten gründlichen Lesen mit einer Wellenlinie Begriffe und Ausdrücke, die du nicht kennst.
- Erschließe ihre Bedeutung aus dem Sinnzusammenhang oder durch Nachschlagen im Wörterbuch und schreibe sie an den Rand.

3. Schritt: Schlüsselstellen markieren

- Markiere beim zweiten gründlichen Lesen Schlüsselstellen. Dies sind Stellen, die Antworten auf folgende Fragen geben:
  - Welche Personen handeln?
  - Wo und wann spielt die Erzählung?
  - Worum geht es?
  - Was findest du außerdem wichtig?
- Halte am Rand weitere Beobachtungen fest:
  - Wie wirkt der Text (*lustig, ernst, spannend*)?
  - Wer erzählt in der Geschichte (Ich-Erzähler, Er- / Sie-Erzähler)?

Nach dem Lesen

4. Schritt: Wichtiges herausschreiben

- Bilde Sinnabschnitte. Das sind Absätze, die inhaltlich eng zusammengehören. Ein neuer Sinnabschnitt beginnt, wenn zum Beispiel eine neue Person auftritt oder ein wichtiges Ereignis geschieht.
- Formuliere zu jedem Sinnabschnitt eine Überschrift (ein Stichwort oder einen kurzen Satz) und halte sie auf einem Notizzettel fest.
- Schreibe unter jede Überschrift wichtige Angaben (Schlüsselstellen) in Stichworten heraus.

2 Du kannst zu den einzelnen Schritten einen Lesefächer anlegen, indem du sie auf Papierstreifen überträgst und sie in der Reihenfolge der Schritte übereinander legst.

Die Mücke

Theodor Etzel

Eine kleine Mücke flog auf einen ruhig äsenden Hirsch zu, als dieser plötzlich erschreckt den Kopf hob und in hastiger Flucht davoneilte. „Wie er sich vor mir fürchtet!“, rief die Mücke triumphierend und summte ihm nach, so schnell sie konnte. „Seht doch, wie der große Hirsch vor mir flieht!“ Und so eifrig gab sie sich der Verfolgung hin, dass sie nicht bemerkte, wie hinter ihr ein Löwe auf der Fährte des flüchtenden Tieres daherjagte. Durch Feld und Wald ging die wilde Jagd, bis der Hirsch im dornigen Dickicht wund zusammenbrach. Jubelnd ließ sich die Mücke auf der Stirn des stöhnenden Tieres nieder.

Da sprang auch der Löwe herbei und warf sich auf den erjagten Hirsch. „Diese Beute hast du mir zu danken!“, rief ihm die Mücke stolz entgegen. Der Löwe würdigte sie keines Blickes.

„Die Großen kennen keinen Dank!“, sagte gekränkt das kleine Insekt und nahm sich fest vor, nie mehr einem Löwen ein Wildbret zu erjagen.

Titel:
Autor:
Textsorte:
1. Mücke fliegt auf Hirsch zu, Hirsch erschreckt sich und ...

TIPPBOX

Zu 1 a): Diese Worterklärungen helfen dir, die Fabel zu verstehen:
- äsen: fressen, grasen
- triumphieren: sich freuen, sich über einen Sieg freuen
- die Fährte: die Spur
- das Dickicht: die Büsche, die Hecke
- wund: verwundet
- jemanden keines Blickes würdigen: jemanden nicht beachten
- das Wildbret: die Beute, das Futter

Lesemethode für Gedichte

Folie

1 **a)** Diese Lesemethode hilft dir, den Inhalt und die Aussage von Gedichten leichter zu verstehen und wichtige Beobachtungen herauszuschreiben. Bearbeite das Gedicht auf Seite 291 nach den folgenden Schritten. Am Gedichtanfang findest du schon Beispiele für Markierungen und Randbemerkungen.
b) Übertrage den Notizzettel von Seite 291 in dein Heft und vervollständige ihn.

Vor dem Lesen

1. Schritt: sich orientieren
- „Überfliege" das Gedicht: Lies die Überschrift und die Anfänge der Strophen. Vermute, worum es in dem Gedicht geht.
- Gibt es zu dem Gedicht ein Bild? Wenn ja, was ist darauf zu sehen?

Während des Lesens

2. Schritt: unbekannte Begriffe klären
- Überprüfe, ob deine Vermutungen stimmen: Lies nun das Gedicht „mit dem Stift"! Markiere beim ersten gründlichen Lesen mit einer Wellenlinie Begriffe und Ausdrücke, die du nicht kennst.
- Erschließe ihre Bedeutung aus dem Sinnzusammenhang oder durch Nachschlagen im Wörterbuch und schreibe sie an den Rand.

3. Schritt: Schlüsselstellen markieren
- Markiere Schlüsselstellen. Dies sind Stellen, die Antworten auf folgende Fragen geben:
  - Was wird dargestellt *(Gefühle, Erlebnisse ...)*?
  - Gibt es handelnde Personen?
  - Was findest du außerdem wichtig?
- Halte am Rand weitere Beobachtungen fest:
  - In wie viele Strophen und Verse ist das Gedicht eingeteilt?
  - Kannst du ein Reimschema erkennen? Markiere die Reimwörter.
  - Welche sprachlichen Bilder *(Personifikationen, Vergleiche, Metaphern)* kannst du entdecken?
- Mache dir auch Notizen zur Wirkung des Gedichts:
  - Wie wirkt das Gedicht auf dich *(lustig, ernst, traurig)*?
  - In welcher Verbindung stehen Überschrift und Text?

Nach dem Lesen

4. Schritt: Wichtiges herausschreiben
- Formuliere zu jeder Strophe eine Überschrift und halte sie auf einem Notizzettel fest.
- Schreibe unter jede Überschrift wichtige Angaben (Schlüsselstellen) in Stichworten heraus.
- Notiere auch deine Beobachtungen zum Aufbau, zur Form, zur Sprache und zur Wirkung.

☆ **2** Du kannst zu den einzelnen Schritten einen Lesefächer anlegen, indem du sie auf Papierstreifen überträgst und sie in der Reihenfolge der Schritte übereinander legst.

Überlistet

Heinz Erhardt

Wenn Blätter von den Bäumen stürzen,	a	Paarreim
die Tage täglich sich verkürzen,	a	
wenn Amsel, Drossel, Fink und Meisen	b	
die Koffer packen und verreisen,	b	Vögel ziehen in den Süden,
wenn all die Maden, Motten, Mücken,		weil es kälter wird.
die wir versäumten zu zerdrücken,		
von selber sterben – so glaubt mir:		Person = Ich-Perspektive
es steht der Winter vor der Tür!		Personifikation = es ist Winter
		geworden
Ich lass ihn stehn!		
Ich spiel ihm einen Possen!		derber lustiger Streich
Ich hab die Tür verriegelt		
und gut abgeschlossen!		
Er kann nicht rein!		
Ich hab ihn angeschmiert!		
Nun steht der Winter vor der Tür –		
und friert!		

Titel: Überlistet — Autor: Heinz Erhard

1. Strophe: Der Übergang von Herbst zu Winter wird beschrieben.

2. Strophe: ...
Stimmung im Gedicht: lustiges Gedicht, denn die Person im Gedicht überlistet den kalten Winter ...
Personen im Gedicht: ...
Form: 2 Strophen ...
Sprache: Metapher (V. 4): „Koffer packen und verreisen" = die Vögel fliegen in den Süden ...
Wirkung: ...

Lesen mit dem Partner

Der Ritter von Wolf

Lokale Volkssage

Vor vielen Jahren stand in Wulfen an der Stelle, die auch heute noch „Burgwiese“ genannt wird, eine Burg. Diese gehörte dem Ritter von Wolf, der im ganzen Umland gefürchtet war. Er war ein harter, wilder und stolzer Mann.

Bei einer sommerlichen Hetzjagd stürzte das Pferd seines einzigen Sohnes, und dieser brach sich den Hals. Somit hatte der Ritter von Wolf seinen einzigen Erben verloren, was ihn verbitterte. Auch seine Gemahlin folgte seinem Sohne bald – wie es heißt, aus Trauer – in den Tod. Hass und Wut ließ der Ritter an den Bauern aus. Seine Tochter wandte sich vom Vater ab. Sie wurde Nonne, um im Kloster für die Sünden des Vaters zu beten. Da wurden die Grausamkeiten des Ritters noch schlimmer.

Eines Tages verdunkelte sich der Himmel, als ein schweres Gewitter heranzog. Die Bauern flüchteten in ihre Hütten und flehten Gott an, sie zu schonen. Der Ritter von Wolf aber stand auf den Zinnen seiner Burg und sah voller Hohn und Spott in das Unwetter. Lachend sah er zum Himmel, wo sich die schwarzen Wolken wie Berge türmten. Er hob seine tiefe Stimme und schrie den Naturgewalten entgegen: *„Du stolzer Herrgott, mögen deine Blitze noch so feurig zucken und deine Donner noch so laut grollen, ich fürchte Dich nicht! Du hast mir meinen einzigen Sohn genommen, deswegen verfluche ich dich!“*

Da ertönte ein betäubender Donnerschlag, als werde die Erde mit unendlicher Macht aus ihren Angeln gerissen, ein Stürzen, Krachen und Schreien, und, von Blitzen umgeben, versank die Burg in die Tiefe. Noch einmal heulte der Sturm mit aller Macht auf, dann war alles totenstill.

Jahrhunderte gingen ins Land. Von der starken Festung ist nichts mehr zu sehen. Nach Jahren, als man an der Stelle nachgrub, fand man einige Überreste von alten, mächtigen Grundmauern und ein halbverbranntes Bildnis. Es zeigte einen Wolfskopf mit weit aufgerissenem Maul und blutroter Zunge – es war das Wappen des Ritters von Wolf.

1 Erarbeitet euch zu zweit den Inhalt dieser Sage. Geht dabei so vor, wie es in der **LERNBOX** beschrieben wird.

! LERNBOX

So liest du mit einem Partner:

1. Lest **beide** den ersten Abschnitt des Textes still.
2. Der **Jüngere (A)** von euch liest den Abschnitt noch einmal laut vor.
3. **Schüler A stellt** nun **Fragen** an den Abschnitt: *Wo stand die Burg des Ritters?*
   Schüler B beantwortet sie: *Die Burg stand in Wulfen.*
   Habt ihr den **Inhalt** und alle **Begriffe** verstanden?
4. Notiert auf einem Blatt die Begriffe, die ihr nicht klären könnt.
5. **Tauscht** die **Rollen** nach jedem Textabschnitt: Schüler B stellt nun Fragen, A antwortet.
6. Schlagt die notierten Begriffe zum Schluss nach.

Placemat – gemeinsam Ergebnisse sammeln

Die Placemat-Methode eignet sich gut, um gemeinsam Ergebnisse zu sammeln. Ihr könnt zum Beispiel mit dieser Methode das Gedicht „Ein Tag erwacht“ auf der Seite 98 erschließen.

1 **a)** Lies die folgenden Schritte 1–3 nacheinander durch.
b) Tausche dich mit deinem Nachbarn über den Ablauf der Placemat-Methode aus: Mit wie vielen Personen arbeitet ihr zusammen? Wie viele Felder gibt es auf dem Placemat? Wo notiert jeder seine Stichpunkte? Was notiert ihr in der Mitte?

1. Schritt: Denken (Einzelarbeit)
- Setzt euch in Vierergruppen zusammen. Jede Gruppe erschließt den Inhalt einer Strophe (Gruppe 1 = Strophe 1 / Gruppe 2 = Strophe 2 / Gruppe 3 = ...).
- Teilt den Bogen mit einem Stift in Felder ein, so wie auf der Abbildung oben.
- Schreibt in Einzelarbeit in eurem Feld den Inhalt eurer Strophe stichwortartig auf.

2. Schritt: Austauschen (Gruppenarbeit)
- Lest euch gegenseitig innerhalb eurer Gruppe nacheinander eure Stichpunkte vor.
- Einigt euch auf die Formulierungen, die ihr am gelungensten findet, und schreibt sie gut lesbar in das leere Feld in der Mitte des Placemats.
- Falls eine weitere Gruppe die gleiche Strophe bearbeitet hat, vergleicht eure Ergebnisse mit dieser Gruppe.
- Schneidet die Mitte des Placemats aus.

3. Schritt: Vorstellen
- Ein Gruppenmitglied heftet die Mitte eures Placemats an die Tafel und stellt den Inhalt eurer Strophe vor.
- Die anderen Gruppen gehen anschließend genauso vor.

2 Wählt euch ein weiteres Gedicht aus dem Kapitel „Zeit für Gedichte“ (Seite 94–113) aus und erschließt den Inhalt mit der Placemat-Methode. ☆

3 Ihr könnt die Placemat-Methode auch zum Argumentieren einsetzen. Sammelt dazu Argumente oder mögliche Einwände mit der Placemat-Methode. ☆

Partnerpuzzle – arbeitsteilig arbeiten

Mithilfe eines Partnerpuzzles könnt ihr arbeitsteilig arbeiten und euch gegenseitig eure Ergebnisse vorstellen.

A Sehenswertes in Cuxhaven

Die „Alte Liebe“ gehört zu den beliebtesten Sehenswürdigkeiten in Cuxhaven. Ursprünglich im 18. Jahrhundert als Wellenbrecher und Schiffsanleger gebaut, dient das zweistöckige Bauwerk aus Holz heute hauptsächlich als Aussichtsplattform. Auch Schiffe legen hier noch regelmäßig ab – zum Beispiel zu den Inseln Neuwerk und Helgoland. Auch wer eine Fahrt zu den Seehundbänken in der Nordsee machen möchte, wird sich an der „Alten Liebe“ wiederfinden.

Über die Herkunft des romantischen Namens gibt es mehrere Geschichten. So soll einer Geschichte zufolge hier in früheren Zeiten das Segelschiff „Olivia“ als Anlegestelle gedient haben, dessen Name sich wie das Plattdeutsche „Oliv“ – „Alte Liebe“ – anhörte.

B Die Insel Neuwerk

Nur 13 Kilometer nordwestlich von Cuxhaven befindet sich die Insel Neuwerk. Bei Niedrigwasser ist Neuwerk von den Cuxhavener Stadtteilen Duhnen und Sahlenburg zu Fuß zu erreichen. Für Wattwanderungen zur Insel Neuwerk wurde ein Weg mit so genannten Pricken, Stangen mit oben angebrachten Zweigen, gekennzeichnet. Die Wanderung dauert etwa 2,5 Stunden und ist ein Erlebnis für die ganze Familie. Bei Hochwasser wird Neuwerk im Sommer täglich mit Schiffen angefahren.

Neuwerk gehört bereits seit dem 14. Jahrhundert zu Hamburg. Bereits damals wurde hier ein Leuchtturm zur Verteidigung gegen Seeräuber sowie als Seezeichen errichtet. Seit 1924 steht er unter Denkmalschutz und ist als ältester Leuchtturm Deutschlands eine ganz besondere Sehenswürdigkeit.

1 Fraukes Familie möchte von Cuxhaven aus nach Neuwerk wandern. Zuvor informiert sie sich über Sehenswertes in den beiden Orten. Erarbeitet euch mit dem Partnerpuzzle den Inhalt der beiden Texte: Welche Sehenswürdigkeiten werden beschrieben? Was erfahrt ihr über sie?

1. Schritt:

A (Schüler 1)
A (Schüler 2)
B (Schüler 3)
B (Schüler 4)

- Arbeitet zu viert. Entscheidet, wer von euch Text A und wer von euch Text B vorstellen möchte (2 Schüler bearbeiten Text A, zwei Schüler Text B).
- Beantwortet die Fragen zu dem Text in **Einzelarbeit**. Legt euch dazu ein Blatt mit zwei Spalten an und tragt eure Ergebnisse stichwortartig in die passende Spalte ein (Spalte 1: Text A / Spalte 2: Text B).

2. Schritt:

A ←→ A
B ←→ B

- Vergleicht eure Ergebnisse mit dem Schüler, der den gleichen Text erarbeitet hat.

3. Schritt:

A A
↑ ↑
↓ ↓
B B

- Bildet neue Paare. Schüler 1 arbeitet mit Schüler 3, Schüler 2 mit Schüler 4.
- Stellt euch nun gegenseitig den Inhalt des Textes vor, den ihr bearbeitet habt. Ergänzt die Informationen, die ihr von eurem Partner erhaltet, in der freien Spalte eures Blattes.

Arbeitsergebnisse anschaulich vortragen

Sich für ein Thema entscheiden

Wenn du dich für ein Thema besonders interessierst, kannst du dich darüber informieren und dein Wissen als Experte an deine Mitschüler weitergeben.

Meerfragen – mehr Wissen
Gibt es auch vor Sylt Monsterkrabben?
Gibt es wirklich Meerjungfrauen?
Unter der Adresse *www.muez.de* findest du Antworten auf diese und viele andere Fragen.

Gibt es Wale vor Sylt?
Ja, in dem Seegebiet westlich von Sylt leben Schweinswale. Informationen findest du unter *www.schutzstation-wattenmeer.de* und unter *www.bund.net/mv/schweinswale.*

Hallig Hooge grüßt den Rest der Welt!
Wenn du wissen willst, wie es in der Schule einer Hallig zugeht, dann informiere dich unter *www.halligschule-hooge.de.* Du erfährst auch, wie die Halligen entstanden sind, was *Japsand* und *Ditten* sind und vieles mehr.

1 Im Kapitel „Mehr als Sand und Meer" (Seite 154–173) werden viele interessante Themen angesprochen. Weitere Angebote findest du oben.
a) Lies die Kurztexte. Notiere zu jedem Text, um welches Thema es darin geht.
b) Welches Thema interessiert dich besonders? Wähle ein Thema aus, über das du dich und andere genauer informieren möchtest.

2 Formuliere Fragen zu deinem Thema. Lies dazu die **LERNBOX**.
– Wie groß sind Schweinswale?
– Woher haben sie ihren Namen?
– ...

Seite 287

LERNBOX

So entscheidest du dich für ein Thema:
1. Überlege zuerst:
   – Welches Thema interessiert dich besonders?
   – Worüber möchtest du gerne mehr wissen?
2. Stelle zu deinem Thema **W-Fragen**
   (Was ...? Wer ...? Woher ...? Wohin ...? Wie ...? Wann ...? Wie viele ...? Warum ...? Wo ...?).

TIPPBOX

Zu 1 a):
Wähle aus folgenden Themen die passenden aus:
die Insel Sylt – Rund ums Meer – In der Halligschule – Schweinswale – Das Wattenmeer – Die Nordsee – Hallig Hooge

Heuler im Wattenmeer – einen Vortrag planen

Am Beispiel des Themas „Heuler im Wattenmeer“ erfährst du, wie du Arbeitsergebnisse sammeln und vortragen kannst.

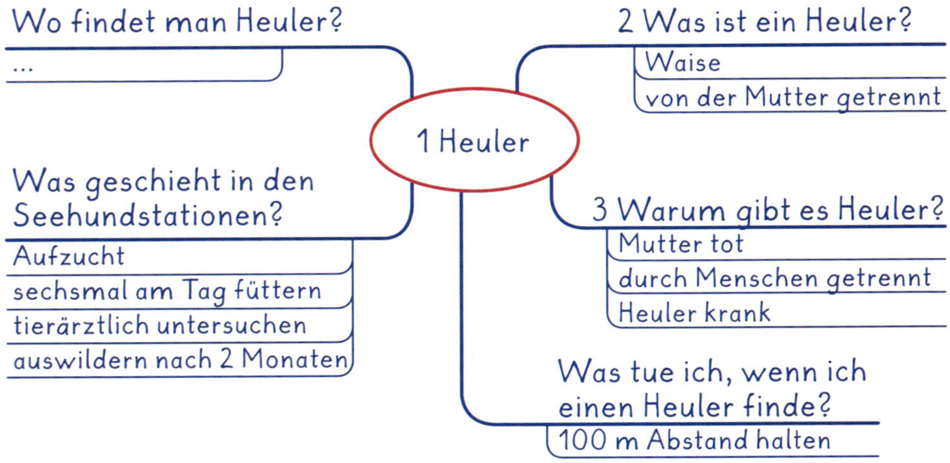

Seite 162–163

1 Im Kapitel „Mehr als Sand und Meer“ findest du Informationen über Heuler.
a) Lies den Text und die Piktogramme noch einmal.
b) Die Mindmap oben enthält schon einige Informationen aus den Materialien. Kennzeichne die Fragen, die an die Materialien gestellt wurden, rot.
c) Ergänze die Mindmap mit weiteren Informationen aus den Materialien.

2 Wenn du deine Arbeitsergebnisse anderen vortragen möchtest, musst du deinen Vortrag vorher planen. Lies dazu die **LERNBOX**.
a) Lege die Reihenfolge fest, in der du die Informationen nennst. Nummeriere dazu die Informationen in der Mindmap.
b) Lege für jeden Punkt deiner Gliederung eine Karteikarte an. Notiere dir darauf Stichworte oder kurze Sätze.

1 Mein Thema:	2 Was ist ein Heuler?	3 Warum gibt es Heuler?
Heuler im Wattenmeer	– Waise	– Mutter tot
	– ...	– ...

LERNBOX

So planst du einen Vortrag:
1. **Suche** zu deinem Thema **passende Informationen**. Du findest Bücher in der Bücherei oder recherchiere im Internet.
2. **Sammle** die Informationen, die du in den Texten findest, zum Beispiel in einer **Mindmap**.
3. **Gliedere** deinen Vortrag. Lege dazu die **Reihenfolge** fest, in der du die Informationen nennen möchtest, und lege dir **Karteikarten** an:
   - Nenne zuerst das Thema deines Vortrages.
   - Nenne dann nacheinander die Informationen, die du gesammelt hast.
4. Unterstütze deinen Vortrag durch **anschauliches Material** (Fotos, Gegenstände ...).

Medien in einen Vortrag einbeziehen

Besonders anschaulich wird dein Vortrag, wenn du ihn durch Medien unterstützt.

Thema: „Heuler im Wattenmeer“

1. Was ist ein Heuler?
2. Warum gibt es Heuler?
3. Wo findet man Heuler?
4. Was tue ich, wenn ich einen Heuler finde?
5. Was geschieht in den Seehundstationen?

1 Oben siehst du eine Folie für einen Overheadprojektor oder ein Whiteboard.
a) Was erkennt ihr auf der Folie?
b) Sprecht über den Einsatz dieser Folie:
Für wen ist sie hilfreich? Warum wird sie eingesetzt?

2 Auch Fotos oder Bilder können einen Vortrag anschaulich unterstützen.
a) Betrachte die Fotos: Zu welchen Fragen auf der Folie passen sie?
Ordne die Fotos den passenden Fragen zu.
b) Suche selbst für dieses Thema passende Bilder in Zeitschriften oder Zeitungen.
c) Überlege, an welcher Stelle des Vortrags du die Bilder einsetzen würdest.
Lies dazu die **LERNBOX** und mache dir Hinweise auf deinen Karteikarten.

3 Suche im Internet passende Fotos. Formuliere dazu geeignete Suchwörter. ☆

! LERNBOX

So kannst du Medien in einen Vortrag einbeziehen:

1. Dein Vortrag ist anschaulicher, wenn du ihn mit **Fotos, Bildern, Hör-** oder **Videoaufnahmen** unterstützt.
2. Suche zu deinem Thema **passendes Bildmaterial:**
   a) **OHP: Drucke** das Bild in der Größe von mindestens einer halben DIN-A-4-Seite **aus. Kopiere** das Bild auf eine **Folie.**
   b) **Whiteboard: Speichere** das Bild. **Füge** es in deine Präsentation **ein.**
3. Mache dir auf deinen Karteikarten **Notizen, wann** du die **Bilder** / Medien **einsetzen** willst.

1 Mein Thema:
Heuler im Wattenmeer → Bild 2

Einen Vortrag halten

Nun kannst du deinen Vortrag vor deinen Mitschülern halten und sie als Experte über deine Arbeitsergebnisse informieren.

1 Werte mit einem Partner die drei Fotos aus. Macht euch dazu Notizen.
a) Welche Situation erkennt ihr auf den Fotos?
b) Beschreibt, wie die Vortragenden jeweils vor der Klasse stehen. Welche Unterschiede bei der Körperhaltung erkennt ihr?
c) Beschreibt, wie die Zuhörer sich während des Vortrags verhalten.
d) Wie sollten die Zuhörer sich verhalten, um den Vortragenden zu unterstützen?

2 **a)** Welchen Einstieg findet ihr besser / weniger gelungen? Begründet.

A *Hi, ich möchte euch heute etwas über Heuler erzählen ...*
B *Wenn man das Wort „Heuler" hört, denkt man zunächst an weinende Kinder. Das ist aber nicht richtig. Denn Heuler sind junge Seehunde, die ...*
C *Das Thema meines Vortrags heißt „Heuler im Wattenmeer". Die Gliederung seht ihr auf der Folie. Ich fange mit dem Punkt „Was ist ein „Heuler"? an.*
D *Los geht's! Ich verklickere euch jetzt mal, was ein Heuler ist ...*

b) Notiert euch in Stichpunkten, was in einem guten Einstieg nicht fehlen sollte.

3 Halte nun einen Vortrag zu deinem Thema. Lies dazu die **LERNBOX**.

☆ **4** Du kannst am Schluss einen Fragebogen verteilen, mit dem deine Zuhörer testen können, ob sie alles verstanden haben.

LERNBOX

So hältst du einen Vortrag:
1. Halte **Blickkontakt** zu deinen **Zuhörern**.
2. Schaue nur auf deine **Karteikarten**, wenn du nicht weiterweißt.
3. **Erkläre unbekannte Wörter.**
4. **Sprich laut** und **deutlich**, sodass alle dich gut verstehen.
5. Frage am Ende deine **Zuhörer**, ob sie **noch Fragen** haben.

Übersicht: Arbeitstechniken und Merkwissen (LERNBOXEN)

Sprache betrachten

Richtig schreiben

Basiswissen

Fettgedruckte Wörter findest du ebenfalls im Basiswissen.

Adjektiv (Eigenschaftswort) 44, 56, 211, 243, 244, 261

Wortart. Mit Adjektiven beschreibst du Lebewesen, Gegenstände, Gedanken oder Ereignisse. *Der Schnee war pulvrig. Wir hatten schreckliche Angst.* Viele Adjektive lassen sich steigern:
witzig – witziger – am witzigsten.
Positiv – Komparativ – Superlativ
Mit Adjektiven kannst du daher Personen und Gegenstände vergleichen:
Lena ist größer als Tim. Per ist so groß wie Jan.
Eine Reihe von Wörtern werden zu Adjektiven, wenn sie eine Adjektivendung erhalten:
-lich = freundlich; -isch = tierisch;
-ig = windig; -bar = wunderbar

Adverb 110, 221

Wortart. Mit Adverbien beschreibst du die genaueren Umstände eines Geschehens. Es gibt Adverbien der Zeit: *Wann? Seit wann? Wie lange? – dann, mittags, bald, immer, später …*
des Ortes: *Wo? Woher? Wohin? – dort, draußen, links, heimwärts, nirgends …*
der Art und Weise: *Wie? Auf welche Weise? – kaum, genauso, sogar …*
des Grundes: *Warum? Wozu? – somit, deshalb …*

Adverbiale Bestimmungen 236–237

Satzglied. Adverbiale Bestimmungen können aus mehreren Wörtern bestehen. Du verwendest sie, um genaue Angaben zu machen. Es gibt vier Arten von adverbialen Bestimmungen:
adverbiale Bestimmung
der Zeit: *Wann? Wie lange? Wie oft?*
Sie spielen heute Basketball.
des Ortes: *Wo? Woher? Wohin?*
Der Ball fliegt in den Korb.
der Art und Weise: *Wie? Auf welche Weise?*
Sie spielen mit großer Begeisterung.
des Grundes: *Warum? Wieso?*
Wegen des Regens hören sie auf.

Akkusativ 212–214

4. Fall (**Kasus**) des **Nomens**. Du kannst ihn mit den Fragen *Wen?* oder *Was?* ermitteln:
den Ball; an einen Mitspieler; an ihn.

Akkusativobjekt (Ergänzung im 4. Fall) 234–235

Satzglied. Das Akkusativobjekt ermittelst du mit den Fragen *Wen?* oder *Was?*
Felix rempelt den gegnerischen Spieler an.
Wen rempelt Felix an?

Anführungszeichen 51, 70, 272

Durch Anführungszeichen kennzeichnest du die **wörtliche Rede** in einem Text. Sie werden am Anfang unten und am Ende oben gesetzt:
„Rette sich, wer kann!", ruft jemand.

Anredepronomen 80, 214

Wortart. Anredepronomen können **Personalpronomen** oder **Possessivpronomen sein.** Wenn du in einem Brief jemanden mit *Sie* ansprichst, werden die entsprechenden Anredepronomen großgeschrieben: *Sie, Ihr, Ihnen, Ihre, Ihren, Ihrem.* Beispiel: *Leihen Sie mir Ihr Buch?*
Die Anredepronomen *du/Du, dein/Dein, euch/Euch* kannst du groß- oder kleinschreiben.

Argument, argumentieren 78–80, 83–88

Wenn du zu einem Thema **Stellung nimmst,** solltest du überzeugende Argumente finden. Mit Argumenten stützt du deine Meinung.
Ein Argument besteht aus einem Aspekt, den du begründest und mit einem Beispiel veranschaulichst: *Ich möchte nach Boitzenburg fahren* (Meinung). *Dort können wir viel im Freien machen* (Aspekt), *weil das Kinderschloss mitten in der Natur liegt* (Begründung). *Wir könnten z. B. Kanu fahren* (Beispiel).

Artikel 211

Wortart. Der Artikel ist der Begleiter des **Nomens.** Du unterscheidest den bestimmten Artikel (*der, die, das*) und den unbestimmten Artikel (*ein, eine, ein*). Die Artikel geben das grammatische Geschlecht des Nomens an, also ob es **Maskulinum** (*der/ein Wald*), **Femininum** (*die/eine Katze*) oder **Neutrum** (*das/ein Haus*) ist. Der Artikel wird mit dem Nomen in den **Singular** (Einzahl) oder **Plural** (Mehrzahl) und in die einzelnen **Fälle** gesetzt.

Bericht, berichten 12–21
In einem Bericht schilderst du Tatsachen, Ereignisse, Vorgänge und deren Verlauf. Er ist ein sachlicher Text, mit dem du informieren willst. Dabei musst du die richtige zeitliche Abfolge einhalten. Die Zeitform ist die Vergangenheit (das **Präteritum**). In einem Bericht beantwortest du die wichtigsten W-Fragen (*Wer? Was? Wann? Wo?*). Manchmal sind aber auch die Ursachen (*Warum/Weshalb?*), die Folgen (*Welche Folgen?*) und der Ablauf (*Wie?*) des Geschehens wichtig. Die Darstellung des Berichts ist sachlich, daher vermeidest du **Spannungsmacher** und persönliche Meinungsäußerungen.

Beschreibung, beschreiben 25–30
Beim Beschreiben stellst du Personen, Gegenstände oder Vorgänge eindeutig und anschau lich dar, sodass man sich eine genaue Vorstellung davon machen kann. Wichtig ist eine sinnvolle Reihenfolge der Informationen. Formuliere sachlich, vermeide also persönliche Äußerungen. Verwende als Zeitform das **Präsens**.

Cluster (Ideensammlung) 115, 198, 240, 246
Ein Cluster hilft dir, Einfälle zu sammeln, z. B. für einen Aufsatz.

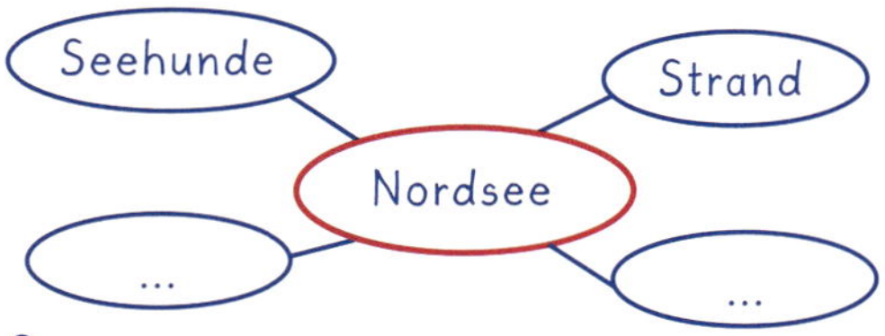

Cover 176
Als Cover bezeichnet man die Titelseite eines Buches. Darauf steht meist der Titel und der Autor oder die Autorin sowie der Name des Verlags, der das Buch vertreibt, z. B.: *Raquel J. Palacio (= Autorin), Wunder (= Titel), Hanser (= Verlag).*

Dativ 212–214
3. Fall (**Kasus**) des **Nomens.** Du ermittelst ihn mit der Frage *Wem?*: *dem Trainer; ihm; ihr.*

Dativobjekt (Ergänzung im 3. Fall) 234–235
Satzglied. Das Dativobjekt ermittelst du mit der Frage *Wem?*: *Der Basketball gehört Steffi. Wem gehört der Basketball?*

Dehnungs-h 258
Das Dehnungs-*h* hebt einen langen betonten **Vokal** besonders hervor. Es steht nur vor den **Konsonanten** *l, m, n, r*: *fehlen, nehmen, gähnen, fahren.*

Demonstrativpronomen
(hinweisendes Fürwort) 215
Wortart. Mit Demonstrativpronomen kannst du auf etwas zurück- oder vorausweisen. Demonstrativpronomen sind *der, die, das / dieser, diese, dieses / jener, jene, jenes / solcher, solche, solches / derselbe, dieselbe, dasselbe.*

Dialog (Zwiegespräch, Unterredung) 202–203
Damit wird das abwechselnd in Rede und Gegenrede geführte Gespräch zwischen zwei oder mehr Personen (z. B. auf der Bühne) bezeichnet.

Diktat
Diktate sind eine gute Möglichkeit, die Rechtschreibung zu üben. Du kannst dazu aus verschiedenen Möglichkeiten auswählen: Eigendiktat, Klopfdiktat, Laufdiktat, Partnerdiktat.

Diphthong (Doppellaut, Zwielaut) 247
Diphthonge gehören zu den **Vokalen**: *Kaiser, Bauer, träumen, beißen, keuchen.*

Elfchen 95
Diese Gedichtform besteht aus elf Wörtern, die auf fünf Verse verteilt sind:

1. Vers – 1 Wort	*grün*
2. Vers – 2 Wörter	*der Wald*
3. Vers – 3 Wörter	*Ort der Ruhe*
4. Vers – 4 Wörter	*dort bin ich gerne*
5. Vers – 1 Wort	*romantisch*

Zwischen den Wörtern der Verse sollte ein inhaltlicher Zusammenhang bestehen, z. B.: Alle Wörter haben etwas mit dem Wald zu tun.

Ersatzprobe 50, 90, 239
Die Ersatzprobe wendest du bei der Überarbeitung eines Textes an. Du überprüfst damit,

ob du ein Wort oder einen Ausdruck ersetzen willst. Außerdem kannst du überprüfen, ob du *dass* oder *das* schreiben musst.

Erweiterungsprobe 50, 239
Mit der Erweiterungsprobe überprüfst du, ob ein Text durch die Ergänzung von Wörtern (z. B. Adjektiven) verbessert werden kann.

Erzählform 62–68
Du kannst eine Geschichte aus der Sicht der Person schreiben, die erzählt, und verwendest dann die Ich-Form: *Als ich nach Hause kam, lief mir meine Mutter schon entgegen.*
In der Er-/Sie-Form erzählst du über jemanden: *Als Regina nach Hause kam, lief ihr ihre Mutter schon entgegen.*

Erzählung, erzählen 36–49, 62–68, 136–137
In einer Erzählung stellst du mündlich oder schriftlich den Verlauf von Geschehnissen dar, die tatsächlich passiert oder aber erdacht sind. Dabei kannst du dich an den W-Fragen orientieren: Wo ist das Ereignis passiert? Wann geschah es? Wer war beteiligt? Was ist passiert? Wie und warum kam es dazu? Beim Erzählen musst du die Einzelheiten in eine sinnvolle Reihenfolge bringen, die der Leser nachvollziehen kann. Die erzählte Handlung führst du spannend und abwechslungsreich über mehrere Schritte zum Höhepunkt. Dabei musst du Wichtiges von Unwichtigem trennen. Als Zeitform verwendest du die Vergangenheit: für das mündliche Erzählen meistens das **Perfekt**, für das schriftliche Erzählen das **Präteritum**.

Erzähltandem 37
Bei einem Erzähltandem erzählst du einem Partner mithilfe deiner Erzählkarte deine Geschichte. Dein Partner unterbricht dich nicht, sondern gibt dir, wenn du fertig bist, eine Rückmeldung:
- Er fragt nach, wenn etwas unklar war.
- Er sagt dir, ob du spannend erzählt hast.
- Er beurteilt deine Vortragsweise.

Anschließend wechselt ihr die Rollen.

Fabel, Fabelmerkmale 56–73
Eine Fabel ist eine kurze Erzählung, in der Tiere und Pflanzen wie Menschen denken, fühlen, reden und handeln können. Häufig stehen sich Tiere / Pflanzen mit gegensätzlichen Eigenschaften gegenüber (*klug – dumm*). Die Fabel zeigt am Beispiel der Tiere, wie sich Menschen oft verhalten. Viele Fabeln haben am Schluss eine Lehre (*Was du nicht willst, das man dir tu', das füg' auch keinem andern zu.*).

Femininum (weiblich) 211, 213
Grammatisches Geschlecht des **Nomens**: *die Maus, eine Rakete, die Angst.*

Futur (Zukunft) 110, 217
Zeitform des Verbs. Das Futur benutzt du, wenn du eindeutig ausdrücken willst, dass etwas in der Zukunft geschieht. Das Futur I bildest du mit dem Hilfsverb *werden* und dem **Infinitiv** eines Verbs: *Wir werden gewinnen.*

Gedichte 94–109, 112, 204–205, 290–291
Ein Gedicht ist ein oft kurzer Text, in dem der Dichter seine Gefühle, seine Stimmungen, aber auch seine Erlebnisse und Gedanken in einer besonderen Sprache und Form ausdrückt. Merkmale eines Gedichts können **Vers, Reim, Strophe** und **sprachliche Mittel** wie Personifikationen, Vergleiche und Metaphern sein.
Zu besonderen Gedichtformen zählen Laut- und Bildgedichte, **Elfchen** und **Haikus.**

Genitiv 212, 214
2. Fall (**Kasus**) des **Nomens.** Du ermittelst ihn mit der Frage Wessen?: *des Spiels, des Korbs.*

Genitivobjekt (Ergänzung im 2. Fall) 234–235
Satzglied. Das Genitivobjekt ermittelst du mit der Frage *Wessen?: Sie rühmt sich ihres Sieges. Wessen rühmt sie sich?*

Geschlossene Silbe 247
Das Wort *tan-zen* besteht aus zwei **Silben,** wobei die erste betonte Silbe mit einem **Konsonanten** endet. Die Silbe wird durch den Konsonanten geschlossen und der **Vokal** *a* daher kurz gesprochen.

Gestik (Körperhaltung) 204–209

Grafik (Bild, Schaubild, Illustration)
Bei der Gestaltung deiner Texte am Computer hast du die Möglichkeit, eigene oder vorgefertigte grafische Elemente einzubauen.

Großschreibung 243, 259–262
Namen, **Nomen** und das erste Wort in einem Satz sowie **Anredepronomen** (*Sie, Ihr*) in einem Brief schreibst du groß.

Haiku 95
Das Haiku ist eine reimlose, japanische Gedichtform. Es besteht aus 17 Silben, die auf drei Verse verteilt sind:

1. Vers – 5 Silben	*Mitten im Laubwald*
2. Vers – 7 Silben	*einsam und majestätisch*
3. Vers – 5 Silben	*steht eine Tanne*

Hauptsatz / Nebensatz 90, 148, 149, 228, 229, 270, 271
Ein Hauptsatz enthält immer **Subjekt** und **Prädikat**. Im Aussagesatz steht das Prädikat an der zweiten Satzgliedstelle: *Ich gehe nach Hause.* Ein Nebensatz kann nicht ohne einen Hauptsatz stehen. Nebensätze beginnen meist mit einer **Konjunktion**. Die gebeugte Form des Verbs steht am Ende. *Obwohl es regnet, will ich Fußball spielen.*

Illustrator, Illustration
Ein Illustrator zeichnet oder malt Bilder (= Illustrationen), um zum Beispiel ein Buchcover, den Innenteil eines Buches oder eine Zeitschrift zu bebildern (= illustrieren), beispielsweise um den Inhalt eines Textes zu veranschaulichen.

Infinitiv 217
Grundform des **Verbs**. Der Infinitiv eines Verbs endet auf *-en* oder *-n*: *lachen, rodeln.*

Information, informieren 13–21, 156–167
Informationen gibt man einem Empfänger (z. B. Urlauber) über eine Person oder einen Gegenstand (z. B. Sehenswürdigkeiten in einer Stadt) und zu einem bestimmten Zweck (z. B. um Ausflüge zu planen). Die Auswahl der Informationen und die Formulierung des Textes richten sich nach dem Adressaten (z. B. Kinder, Eltern).

Inhalte zusammenfassen 100–101, 138–139, 158–167
Du fasst Texte zusammen, um dir den Inhalt klarzumachen, um jemanden, der den Text nicht kennt, die wichtigsten Inhalte mitzuteilen oder um aus einer Reihe von Texten die wichtigsten Informationen zu einem bestimmten Thema zu sammeln, z. B. für einen Vortrag. Dazu teilst du den jeweiligen Text in **Sinnabschnitte** ein. Aus den Überschriften und Stichpunkten, die du im nächsten Schritt zu den Sinnabschnitten notiert hast, bildest du vollständige Sätze. Sie sind die Grundlage für deine Zusammenfassung.
In einem einleitenden Satz zu dieser Zusammenfassung nennst du den Titel des Textes, den Autor, die Textart und das Thema.
Als Zeitform verwendest du das **Präsens**.

Kasus 212–214
So nennt man die vier Fälle (**Nominativ, Genitiv, Dativ, Akkusativ**) des **Nomens**. Durch Fragen kann man den jeweiligen Fall bestimmen. Nach dem Kasus richtet sich die Form des **Artikels** und die Endung des Nomens.

Klappentext 176–177
Als Klappentext bezeichnet man einen Text, der auf der Rückseite eines Buches oder auf der Rückseite des Schutzumschlags eines Buches gedruckt ist. Ein Klappentext enthält meist eine kurze Zusammenfassung des Inhalts, die auf das Buch neugierig machen soll.

Konjunktion (Satzverknüpfungswort) 90, 148, 149, 222, 228, 229, 263
Wortart. Mit Konjunktionen werden Wörter, Wortgruppen oder Sätze miteinander verbunden: *Lotti und Konrad schreiben einen Brief an den Direktor, weil sie ihn um Erlaubnis bitten wollen.* Mit Konjunktionen kannst du in deinen Texten Zusammenhänge deutlich machen: *und, oder, weil, wenn, denn, da, obwohl, als, nachdem, bevor ...*

Konsonant (Mitlaut) 128, 247, 250–252, 264
Buchstaben, die noch andere Buchstaben brauchen, damit man sie aussprechen kann, heißen Konsonanten. Sie bilden den Gegensatz zu den **Vokalen**. Konsonanten sind z. B. *b, c, d, f, g ...*

Lerntempoduett 12, 121, 163, 171

In einem Lerntempoduett erarbeitet zunächst jeder Schüler in Einzelarbeit seine Aufgabe. Wenn er fertig ist, meldet er sich so lange, bis ein anderer auch fertig ist. Danach setzen sich diese beiden Partner zusammen und vergleichen ihre Lösungen miteinander. Sie überprüfen, ob die Lösung richtig ist, und geben sich gegenseitig Korrekturhilfen, wenn die Lösungen voneinander abweichen. Wenn ihr mehrere Aufgaben lösen müsst, könnt ihr euch auch nach jeder Aufgabe zusammensetzen.

Märchen, Märchenmerkmale

In einem Märchen werden fantastische Ereignisse erzählt. Märchen weisen typische Merkmale auf:
Die Handlung spielt an einem unbestimmten Ort zu einer unbestimmten Zeit. Oft werden die Helden Prüfungen ausgesetzt, die sie mithilfe von Zauberei, fantastischen Wesen und guten Mächten bestehen. In der Märchenwelt können Tiere sprechen und Menschen haben ungewöhnliche Fähigkeiten (können z. B. zaubern). Häufig kommen Zahlen, Symbole und formelhafte Sprüche vor. Formelhafte Anfänge (*Es war einmal* ...) und Schlusswendungen (*Und wenn sie nicht gestorben sind* ...) rahmen das Märchen ein. Am Ende siegt das Gute über das Böse, und oft werden die Bösen bestraft.
Du unterscheidest zwei Märchentypen:
Volksmärchen werden mündlich weitererzählt. Der Name des Autors ist unbekannt. Sie werden von Märchensammlern aufgeschrieben.
Kunstmärchen sind von einem mit Namen bekannten **Autor** erdacht worden.

Maskulinum (männlich) 211, 213

Grammatisches Geschlecht des **Nomens**: *der Wolf, ein Tag, der Mut.*

Mimik (Gesichtsausdruck) 204–209

Mindmap 8, 296

Mit einer Mindmap stellst du deine Ideen zu einem Thema geordnet dar: Oberbegriffe (also deine Hauptgedanken) stehen auf „Ästen", von denen kleinere „Zweige" für Unterbegriffe (deine Nebengedanken) abgehen.
Eine Mindmap eignet sich, um Themen und Textinhalte zu gliedern und als Gedächtnisstütze für Vorträge und zum Wiederholen.

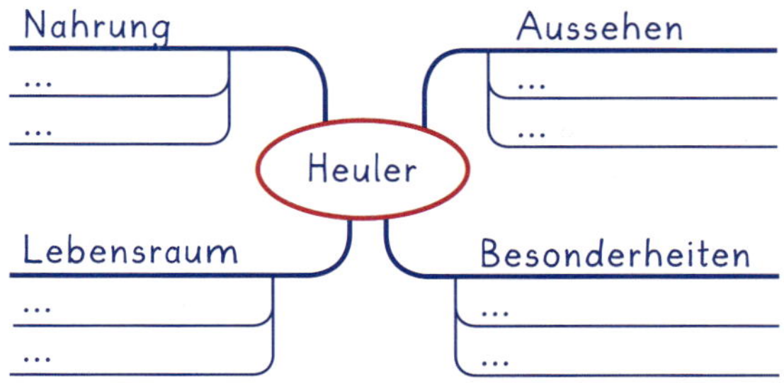

Neutrum (sächlich) 211, 213

Grammatisches Geschlecht des **Nomens**: *das Tier, ein Ziel, das Gefühl.*

Nomen (Hauptwort) 211–212, 259–262

Wortart. Mit Nomen bezeichnet man Lebewesen (Menschen, Tiere, Pflanzen), Gegenstände sowie Gedachtes und Gefühle: *Mädchen, Hund, Baum, Paradies, Auto, Ferien, Angst.* Die meisten Nomen kommen im **Singular** und im **Plural** vor. Nomen können mit einem **Artikel** stehen: *der Schuh, das Blümchen, die Langeweile.*
Jedes Nomen hat ein grammatisches Geschlecht: **Maskulinum** (*der Hammer*), **Femininum** (*die Erbse*), **Neutrum** (*das Buch*). Wenn du ein Nomen im Satz verwendest, steht es immer in einem der vier Fälle (**Nominativ, Genitiv, Dativ, Akkusativ**). Nomen werden großgeschrieben. Nomen erkennst du an folgenden Begleitern: **Artikel** (*das Glück*), **Präposition** + Artikel (*zum = zu dem Glück*); **Adjektive** (*großes Glück*), **Pronomen** (*dein Glück, diese Frau*) und an bestimmten Endungen (*Heiterkeit, Gesundheit, Freundschaft, Zeichnung, Erlebnis, Reichtum*). Auch Verben und Adjektive können zu Nomen werden, dann schreibst du sie groß (*beim Lernen; das Gute*).

Nominativ 212–214, 232

1. Fall (Kasus) des **Nomens**. Du ermittelst ihn mit den Fragen *Wer?* oder *Was?*: *der Gegner; das Spielfeld.*

Notizen machen 10, 76, 137, 178–185, 188, 286, 289, 291, 296, 297

Stichwortzettel anlegen

Objekt (Ergänzung) 234–235
Satzglied. Objekte sind im Satz eng mit dem **Verb** verbunden. Es legt fest, in welchem Fall ein Objekt steht (**Genitiv, Dativ** oder **Akkusativ**). Objekte können aus einem oder mehreren Wörtern bestehen:
Sie gedachten ihres erkrankten Trainers.
Die Fans feuerten die Spieler lautstark an.
Der Sieg gehörte der roten Mannschaft.

Offene Silbe 247
Das Wort *Pu-del* besteht aus zwei **Silben**, wobei die erste betonte Silbe mit einem **Vokal** (hier: *u*) endet, sie ist also offen. Den Vokal sprichst du deshalb lang.

Pantomime 204–205
Wenn die Darsteller beim Theaterspiel auf Worte verzichten und nur mit dem Gesicht (**Mimik**) sowie durch Körperhaltung und -bewegung (**Gestik**) Gefühle und Stimmungen ausdrücken, nennt man das Pantomime.

Perfekt (zusammengesetzte Vergangenheit) 137, 218
Zeitform des Verbs. Mit dem Perfekt drückst du die Vergangenheit aus. Du verwendest es vor allem, wenn du etwas mündlich erzählst.
bekommen – sie hat bekommen;
fahren – er ist gefahren.

Personalpronomen (persönliches Fürwort) 213
Wortart. Personalpronomen bezeichnen die sprechende oder angesprochene Person. Personalpronomen sind: *ich, du, er, sie, es, wir, ihr, sie* und die entsprechenden Formen im **Dativ**: *mir, dir, ihm, ihr, uns, euch, ihnen* und **Akkusativ**: *mich, dich, ihn, sie, uns, euch, sie.*

Plural (Mehrzahl) 213, 214
die Hunde; wir fahren

Plusquamperfekt 22, 216
Zeitform des Verbs. Wenn in der Vergangenheit zwei Handlungen aufeinanderfolgen, verwendest du für die frühere der beiden Handlungen das Plusquamperfekt: *Nachdem Göknur Marmelade gekocht hatte, kostete sie davon.*

Possessivpronomen (besitzanzeigendes Fürwort) 214
Wortart. Possessivpronomen geben an, wem etwas gehört: *ich → mein, du → dein, er → sein, sie → ihr, es → sein, wir → unser, ihr → euer, sie → ihr.*

Prädikat (Satzaussage) 232–235
Satzglied. Das Prädikat ist der Kern eines Satzes und wird immer durch ein **Verb** gebildet. Es benennt eine Tätigkeit oder einen Zustand. Das Prädikat kann aus mehreren Teilen bestehen: *Die Kinder regen sich auf (aufregen). Felix hat den Ball bekommen (zusammengesetzte Zeitform).* Das Prädikat steht im Hauptsatz an der zweiten Satzgliedstelle: *Felix bekommt den Ball. Felix hat den Ball bekommen.* Im Fragesatz ohne Fragewort steht es an erster Stelle: *Trifft er den Korb?*

Präfix (Vorsilbe) 242–243
Vorangestellter Wortbaustein. Das Präfix bestimmt die Bedeutung des Wortes: *ver-folgen, be-folgen.*

Präposition 219–220
Wortart. Mit einer Präposition gibst du räumliche oder zeitliche Verhältnisse an: *Peter geht an den Strand.* Präpositionen bestimmen den Fall des darauffolgenden **Nomens** und seiner Begleiter: *Während des Sturms bleiben wir zu Hause* (**Genitiv**). *Bei schönem Wetter baden wir* (**Dativ**). *Wir stapfen durch den Sand* (**Akkusativ**). Nach manchen Präpositionen kann der **Dativ** oder der **Akkusativ** stehen, je nachdem, was du ausdrücken möchtest: *Das Boot fährt auf der Nordsee* (*Wo?* → Dativ). *Das Boot fährt auf die Nordsee hinaus* (*Wohin?* → Akkusativ). In manchen Fällen kann die Präposition mit dem **Artikel** verschmelzen: *ans* (an + das), *ins* (in + das), *im* (in + dem), *zum* (zu + dem) …

Präsens (Gegenwart) 110, 217, 218
Zeitform des Verbs. Das Präsens benutzt du, wenn du über etwas berichtest, das gerade passiert. Auch wenn du etwas beschreibst, deine Meinung begründest oder einen Text zusammenfasst, verwendest du diese Zeitform: *gehen – du gehst.*

Manchmal wird das Präsens auch verwendet, um auszudrücken, dass etwas in der Zukunft geschieht. Dann ergänzt du meistens ein **Adverb** der Zeit: *Morgen gehen wir schwimmen.*

Präteritum (einfache Vergangenheit) 22, 216, 218

Zeitform des Verbs. Du verwendest das Präteritum, wenn du schriftlich von einem Ereignis in der Vergangenheit erzählst oder berichtest: *kochen – wir kochten, laufen – wir liefen.*

Pronomen (Fürwort) 213–215

Wortart. Pronomen sind Wörter, die für ein **Nomen** stehen. Mit Pronomen gestaltest du deine Texte abwechslungsreicher. Du kennst bisher **Personal-, Possessiv-, Demonstrativ** und **Anredepronomen.**

Reim 96–97

Durch Reime erhalten **Gedichte** eine bestimmte Klangwirkung. Durch den Gleichklang der Reimwörter am Ende eines **Verses** (*platscht – klatscht; Wand – Land*) werden zwei oder mehr Verszeilen miteinander verbunden.
Oft verwendete Reimformen sind:

– Paarreim

blau	*a*
grau	*a*
Laub	*b*
Staub	*b*

– Kreuzreim

klopft	*a*
lang	*b*
tropft	*a*
bang	*b*

– Umarmender Reim

Wald	*a*
gehen	*b*
stehen	*b*
bald	*a*

Wenn der Reim nur ungefähr stimmt, nennt man das einen unreinen Reim: *schwarz – Katz; fern – hör'n.*

Rolle 60, 203–209

So nennt man die Gestalt oder Figur, die ein Schauspieler auf der Bühne verkörpert, z. B. *Bösewicht, Königin, Vogel ...*

Roter Faden 40–41, 47

Wenn du eine Geschichte erzählst, ist es wichtig, dabei den „roten Faden" zu verfolgen. Dies bedeutet, dass die erzählte Handlung in der richtigen Reihenfolge und ohne Nebensächlichkeiten zum Höhepunkt führt. So werden deine Texte verständlich und nachvollziehbar.

Sachtext 13–15, 156–157, 159–163, 165–167, 170–172, 194–195, 286–287

Unter Sachtexten versteht man informierende Texte (z. B. Lexikonartikel, Zeitungsberichte). Sie sind meistens in einer sachlichen Sprache geschrieben. Sachtexte enthalten häufig auch Abbildungen, um etwas anschaulich zu machen, und Tabellen, um Informationen kurz und übersichtlich darzustellen.

Sage, Sagenmerkmale 132–153

Sagen sind erzählende Texte, die erklären, wie auffällige Naturerscheinungen (*Berge*) oder besondere Bauwerke entstanden sind. Daher werden manchmal konkrete Orte (*die Stadt Hameln*) und / oder konkrete Zeiten (*im Jahre 1284*) genannt. Manchmal handeln Sagen auch von Menschen, die wirklich gelebt haben. Oft kommen in Sagen übernatürliche Wesen mit besonderen Kräften (*Riesen*) vor. Vielfach werden in Sagen Personen für ihre bösen Taten bestraft. Sagen haben oft einen wahren Kern, das heißt, sie erklären etwas, das es noch gibt oder früher gab.

Satzarten 224–225

Sätze werden vier verschiedenen Satzarten zugeordnet, die in der gesprochenen Sprache durch die Stimmführung und in der geschriebenen Sprache durch **Satzschlusszeichen** gekennzeichnet werden:
– Aussagesätze: *Ich habe Ferien.*
– Fragesätze: *Was machst du in den Ferien?*
– Aufforderungssätze: *Schreib mir bitte!*
– Ausrufesätze: *Hätte ich doch auch Ferien!*

Satzgefüge 148, 149, 229, 271
Ein Satzgefüge besteht aus einem **Hauptsatz** und mindestens einem **Nebensatz**. Haupt- und Nebensatz werden durch ein Komma voneinander getrennt. Der Nebensatz wird häufig durch Konjunktionen wie *weil, wenn, dass, damit, obwohl* ... eingeleitet: *Sina macht sich etwas zu essen, weil sie hungrig ist.*

Satzreihe 228, 270
Eine Satzreihe besteht aus mindestens zwei **Hauptsätzen**. Oft sind die Hauptsätze einer Satzreihe durch die **Konjunktionen** *und, oder, aber, denn* oder *doch* verbunden: *Sina macht sich etwas zu essen, denn sie ist hungrig.* Zwischen den Hauptsätzen steht ein Komma; nur vor *und* und *oder* muss kein Komma stehen.

Satzverknüpfungswort 90, 148, 149, 222, 228, 229, 263
Konjunktion

Satzglied 231–238
Sätze bestehen aus verschiedenen Satzgliedern. Diese kannst du durch die **Umstellprobe** ermitteln. Ein Satzglied kann aus einem Wort oder einer Gruppe von Wörtern bestehen. Die meisten Sätze im Deutschen bestehen mindestens aus einem **Subjekt** und aus einem **Prädikat**. Weitere Satzglieder sind **Objekte** und **adverbiale Bestimmungen**.

Satzzeichen 268
Satzzeichen helfen, einen Satz bzw. einen Text übersichtlich zu gestalten und lesbarer zu machen. Dazu werden Sinneinheiten durch Punkte oder Kommas getrennt. Das Satzende kennzeichnest du je nach **Satzart** durch einen Punkt, ein Ausrufungs- oder durch ein Fragezeichen.

Schlüsselstellen, Schlüsselwörter 101, 139, 159, 286, 288, 290
Wenn du einen Text verstehen und ihn wiedergeben oder zusammenfassen willst, suchst du zunächst nach den Textstellen, die die wichtigsten Informationen enthalten. Das sind meistens Sätze oder Wörter, die Antworten auf die W-Fragen (*Wo?, Wer?, Was?, Wie?, Warum?*) geben. Mithilfe dieser Stellen erschließt du den Text.

Schreibkonferenz 47, 144
Bei einer Schreibkonferenz arbeitet ihr in Kleingruppen (4–5 Personen) zusammen: Jeder gibt seinen Text mit einem Rückmeldebogen dem linken Nachbarn. Dann liest jeder den ihm vorliegenden Text und notiert seine Rückmeldung mithilfe der jeweiligen Checkliste (z. B. zur *Textuntersuchung*). Gebt eure Texte so oft nach links weiter, bis alle Texte von jedem beurteilt wurden. Nun liest jeder die Rückmeldungen zu seinem eigenen Text und fragt nach, wenn er etwas nicht verstanden hat. Zum Schluss überarbeitet jeder seinen Text.

Schreibplan 11, 17, 18, 27, 43, 45, 63, 65, 79, 85, 106, 143
Ein Schreibplan hilft dir dabei, die Arbeitsschritte zu deinen schriftlichen Texten (z. B. Briefen, **Erzählungen, Beschreibungen, Textuntersuchungen**) zu organisieren. So behältst du passend zur Aufgabenstellung (z. B. eine Geschichte fortsetzen) die Übersicht und entwickelst einen **roten Faden** für deinen Text.

Signatur (Zeichen)
Um in einer Bücherei ein Buch zu finden, enthält jedes Buch auf dem Buchrücken eine Signatur. Dies ist eine Abfolge von Abkürzungen und Zeichen, die den Standort genau beschreiben.

Silbe 247–256, 264
Wörter setzen sich aus einer (*groß, Haus, rief*) oder mehreren (*ein-sam, Ba-na-ne, ru-fen*) Silben zusammen. Die meisten Wörter sind zweisilbig und enthalten eine betonte Silbe und eine unbetonte (*ernst-haft, ge-ben, I-gel*). Jede Silbe besteht aus mindestens einem **Vokal**, der von einem oder mehreren **Konsonanten** eingerahmt wird. Du unterscheidest **offene** und **geschlossene Silben**. Die Silben eines Wortes kannst du durch langsames Sprechen oder Klatschen beim Sprechen ermitteln.

Silbentrennung 264
Beim Trennen von mehrsilbigen Wörtern am Zeilenende setzt du nach einer **Silbe** einen Trennstrich. Silben, die aus nur einem **Vokal** am Wortanfang oder -ende bestehen, werden nicht getrennt: *Igel, Haie*.

Singular (Einzahl) 213, 214
ein Hund; er fährt

Sinnabschnitt 101, 159, 286, 288
Ein inhaltlich abgeschlossener Teil eines Textes bildet einen Sinnabschnitt. Meistens besteht er aus einem oder mehreren Absätzen. In Sachtexten enthalten Sinnabschnitte jeweils einen neuen Sachverhalt. In erzählenden Texten beginnt ein neuer Sinnabschnitt dann, wenn eine neue Person eingeführt wird, der Ort wechselt oder sich die Handlung ändert.
Das Bilden von Sinnabschnitten hilft dir beim Verstehen, Zusammenfassen und Wiedergeben von Texten.

Spannungswörter 38–41, 44–49, 64
Bei einer spannenden mündlichen oder schriftlichen **Erzählung** ist der Zuhörer oder Leser besonders aufmerksam. Darum ist es wichtig, Spannungswörter in deine Erzählungen einzubauen. Dazu gehören Begriffe wie *plötzlich, auf einmal, schlagartig ...*

s-Schreibung 23, 255, 256
Nach kurzen **Vokalen** und wenn die betonte **Silbe** geschlossen ist, schreibst du den stimmlosen *s*-Laut als *ss*: *Klas-se, has-sen.*
Nach langen Vokalen, wenn die betonte Silbe offen ist und du einen scharfen, gezischten *s*-Laut hörst, schreibst du *ß*: *flie-ßen; Stö-ße.*
Wenn du aber nach einer offenen Silbe einen weichen *s*-Laut hörst, den du summen kannst, schreibst du *s*: *Wie-se, rei-sen.*

Sprachliche Mittel 98–99
Sprachliche Mittel in **Gedichten** sind:
- Personifikationen: Menschliche Eigenschaften oder Tätigkeiten werden auf die Natur oder auf Gegenstände übertragen (*Wolken jagen um die Wette*),
- Vergleiche: Damit wird ein Gefühl oder eine Handlung bildlich veranschaulicht (*Er ist stark <u>wie</u> ein Löwe*),
- Metaphern: Das sind bildhafte Vergleiche ohne *wie* oder *als ob*. Die Bedeutung musst du übertragen (*Du bist mein Sonnenschein.* bedeutet *Du machst mich glücklich.*)

Stellung nehmen 78–88, 104, 141, 148
In einer Stellungnahme äußerst du deine Meinung mündlich oder schriftlich zu einem bestimmten Thema (z. B. *Reiseziel für die Klassenfahrt*). Dabei nennst du in einer sinnvollen Reihenfolge möglichst viele überzeugende **Argumente**. So gehst du vor:
- das Thema nennen und kurz die Situation beschreiben,
- deine Meinung äußern und mit Argumenten stützen,
- abschließend zusammengefasst deinen Standpunkt oder deine Forderung nennen.

Stichwortzettel anlegen 10, 76, 137, 178–185, 188, 286, 289, 291, 296, 297
Nicht alles kann man sich merken. Damit du nichts vergisst, solltest du dir Notizen machen. Auch zum Auswerten von Texten, bei Vorträgen, Diskussionen und Telefongesprächen sind Stichwortzettel nützlich. Gliedere die Stichworte mit Spiegelstrichen (–) und zeige mit Pfeilen (→) Zusammenhänge auf.

Strophe 97
Als Strophe bezeichnet man die einzelnen Absätze eines **Gedichts**. Mindestens zwei **Verszeilen** werden in einer Strophe zusammengefasst. Oft beginnt mit einer neuen Strophe ein neuer Gedanke.

Subjekt (Satzgegenstand) 232
Satzglied. Das Subjekt bezeichnet jemanden oder etwas, von dem eine Tätigkeit ausgeht oder das in einem bestimmten Zustand ist. Es kann aus mehreren Wörtern bestehen und steht häufig am Satzanfang. Du kannst das Subjekt mit den Fragen *Wer?* oder *Was?* ermitteln:
<u>Die Spieler</u> stehen vor dem Tor.
Wer steht vor dem Tor?
<u>Sie</u> warten gespannt. Wer wartet gespannt?

Suffix (Nachsilbe) 242–243, 254
Nachgestellter Wortbaustein: *Heiter-<u>keit</u>.*
Das Suffix bestimmt die Wortart eines Wortes:
Ärger<u>nis</u> – Nomen, *ärger<u>lich</u>* – Adjektiv,
ärger<u>n</u> – Verb

Textverarbeitung 284

Wenn du einen Text mit dem Computer schreibst, kannst du ihn mithilfe des Textverarbeitungsprogramms sprachlich und gestalterisch bearbeiten. Du kannst z. B. den Text mit der Rechtschreibhilfe überprüfen, mithilfe des **Thesaurus** abwechslungsreiche Wörter finden, die Schrift gestalten, dem Text eine bestimmte Form (z. B. Brief oder Gedicht) geben, eine Tabelle oder Bilder einfügen.

Thesaurus

So heißt das Wörterbuch des **Textverarbeitungsprogramms** im Computer.

Titel 176, 188

Ein Titel bezeichnet den Werktitel eines Buches, der meistens auf der Vorderseite des Buches oder des Buchumschlags steht, z. B. *Wunder*. Auch Gedichte, Erzählungen und Sachtexte haben meistens einen Titel (= die Überschrift).

Umlaut 247

Umlaute gehören zu den **Vokalen**: *ä, ö, ü*.

Umstellprobe 50, 231, 239

Mithilfe der Umstellprobe kannst du bestimmen, wie viele **Satzglieder** ein Satz hat.
Die Wörter, die beim Umstellen im Satz immer zusammenbleiben, bilden ein Satzglied:
Das blaue Team / ergatterte / gestern / den Sieg.
Gestern / ergatterte / das blaue Team / den Sieg.
Die Umstellprobe kannst du auch für die Textüberarbeitung verwenden: Mit ihr kannst du Satzanfänge abwechslungsreicher gestalten.

Verb (Tätigkeitswort) 22, 89, 110, 216–218, 260

Wortart. Mit Verben bezeichnest du Tätigkeiten (*brennen, schreiben, singen*) oder Zustände (*sein, werden*). Im Wörterbuch findest du ein Verb im **Infinitiv** (Grundform). In Sätzen wird das Verb in der gebeugten Form verwendet. Es informiert dich so über die
- Person (Personalform): *ich, du, er/sie/es, wir, ihr, sie,*
- Zahl: **Singular** (Einzahl), **Plural** (Mehrzahl),
- **Zeitform: Präteritum, Perfekt, Plusquamperfekt, Präsens, Futur I.**

Verben bilden das **Prädikat** eines Satzes.

Verlag

Ein Verlag ist ein Medienunternehmen, das z. B. Bücher, Zeitschriften, DVDs, CDs und andere Medien vervielfältigt und verbreitet. Dein Deutschbuch wird z. B. vom *Westermann Verlag* verbreitet.

Verlängerungsprobe 23, 128 , 250–251, 253–256

Endet ein Wort mit *b, d,* oder *g*, dann klingen diese Laute häufig wie *p, t,* oder *k*. Durch die Verlängerungsprobe kannst du die Buchstaben deutlich heraushören.
So kannst du verlängern:
- bei **Nomen** den **Plural** bilden: *Weg = die Wege*
- **Adjektive** mit einem **Nomen** verwenden: *gesund = das gesunde Frühstück*
- von **Verben** die Wir-Form (1. Pers. Plural) bilden: *er gibt = wir geben*

Auch wenn du sicher sein willst, ob ein Wort mit *s* oder *ß* geschrieben wird, hilft dir die Verlängerung: *stö?t = stoßen, Mau? = Mäuse.* Außerdem kannst du herausfinden, ob ein Wort mit doppeltem Konsonanten geschrieben wird (*schne? = schneller*) oder wie du die Adjektivendungen *-isch, -ig, -lich* schreibst: *feuri? = das feurige Ross.*

Vers 97–107

Die Zeile eines **Gedichts** nennt man Vers.

Vokal (Selbstlaut) 111, 169, 247–252, 258

Buchstaben, die allein ausgesprochen werden können, heißen Vokale: *a, e, i, o, u*. Auch die **Umlaute** *ä, ö, ü* und die **Diphthonge** (Zwielaute, Doppellaute) *ai, ei, äu, eu* gehören dazu. Vokale können lang oder kurz ausgesprochen werden: *Hüte – Hütte*. Danach richtet sich auch die Schreibung des auf den Vokal folgenden **Konsonanten**.

Weglassprobe 17, 239

Die Weglassprobe wendest du an, um deine Texte zu straffen. Das heißt, du prüfst, was du streichen kannst.

Wörter verlängern 23, 128 , 250–251, 253–256

Verlängerungsprobe

Wörtliche Rede 51, 70, 272

Mit der wörtlichen Rede gibst du in einem Text wieder, wenn jemand spricht. Damit der Leser das erkennt, setzt du diese Textteile in **Anführungszeichen.** Der Begleitsatz zur wörtlichen Rede kann an unterschiedlichen Stellen stehen:
- vorangestellter Begleitsatz: *Tim sagt: „Ich lese gerne."*
- nachgestellter Begleitsatz: *„Liest du nur Comics?", fragt Anne.*
- eingeschobener Begleitsatz: *„Früher", meint Sascha, „habe ich nie gelesen."*

Wortableitungen 242–243

Durch Anfügen von **Präfixen** und **Suffixen** an den Wortstamm lassen sich verschiedene Wörter bilden: *ge-fahr-los, be-fahr-en, Er-fahr-ung.*

Wortart 211–223

Die Wörter der deutschen Sprache lassen sich verschiedenen Wortarten zuordnen, z. B. **Nomen, Artikel, Pronomen, Verben, Adjektive** und **Konjunktionen** (Satzverknüpfungswörter).

Wortfamilie 241

Wörter, die einen gemeinsamen **Wortstamm** haben, gehören zu einer Wortfamilie. Die Mitglieder einer Wortfamilie können verschiedenen **Wortarten** angehören und unterschiedliche Bedeutungen haben: *fahren, Fahrt, Autofahrt, gefahrlos* ... Wortfamilien entstehen durch **Wortableitungen** oder **Wortzusammensetzungen.**

Das Bilden von Wortfamilien hilft dir bei der Schreibung von Wörtern mit *ä/äu* oder *e/eu*: *Bälle – Ball, Bäume – Baum.*

Wortfeld 240

Wörter der gleichen **Wortart**, die etwas Ähnliches bedeuten, bilden ein Wortfeld: *gehen, laufen, rennen, stapfen, rasen, marschieren* ...

Wortfelder können dir beim abwechslungsreichen Schreiben deiner Texte helfen.

Wortstamm 241, 243

Der Wortstamm ist der Kern eines Wortes. Durch Anhängen von **Suffixen** und **Präfixen** und durch **Zusammensetzungen** entstehen verschiedene Wörter mit unterschiedlicher Bedeutung: *wegfahren – Fahrer – Autofahrt.*

Wörter mit dem gleichen Wortstamm bilden eine **Wortfamilie.**

Wortzusammensetzungen 127, 244

Indem du Wörter, z. B. zwei **Nomen**, zusammensetzt, entsteht ein neues Wort mit einer neuen Bedeutung: *Das Spiel + der Platz = der Spielplatz.* Dabei erläutert das Bestimmungswort (*das Spiel*) das Grundwort (*der Platz*) näher. Das Grundwort bestimmt die **Wortart** und bei Nomen auch den **Artikel.** Wortzusammensetzungen können dir bei deinen eigenen Texten helfen, genauer zu formulieren (*Das Wasser war eiskalt.*).

Zeitdehner, Zeitraffer 41

In erzählenden Texten dienen Zeitdehner dazu, eine Handlung in die Länge zu ziehen, um die Spannung zu erhöhen: *Der Weg zog sich endlos hin: Sie glitten an Muscheln vorbei, unterhielten sich mit Fischen, spielten mit* ...

Zeitraffer verkürzen eine Handlung, indem der Zeitraum zusammengefasst wird: *Als sie stundenlang gearbeitet hatten,* ...

Zeitformen des Verbs 22, 110, 216–218

			Futur	Präsens	Präteritum	Perfekt	Plusquamperfekt
SINGULAR	1. Person	ich	*werde* sagen	sag**e**	sag**te**	*habe* gesagt	*hatte* gesagt
	2. Person	du	*wirst* sagen	sag**st**	sag**test**	*hast* gesagt	*hattest* gesagt
	3. Person	er/sie/es	*wird* sagen	sag**t**	sag**te**	*hat* gesagt	*hatte* gesagt
PLURAL	1. Person	wir	*werden* sagen	sag**en**	sag**ten**	*haben* gesagt	*hatten* gesagt
	2. Person	ihr	*werdet* sagen	sag**t**	sag**tet**	*habt* gesagt	*hattet* gesagt
	3. Person	sie	*werden* sagen	sag**en**	sag**ten**	*haben* gesagt	*hatten* gesagt

Unregelmäßige Verben

Infinitiv	Präteritum	Perfekt
befehlen	befahl	hat befohlen
beginnen	begann	hat begonnen
beißen	biss	hat gebissen
biegen	bog	hat gebogen
bitten	bat	hat gebeten
blasen	blies	hat geblasen
bleiben	blieb	ist geblieben
brechen	brach	ist gebrochen
bringen	brachte	hat gebracht
denken	dachte	hat gedacht
erschrecken	erschrak	ist erschrocken
essen	aß	hat gegessen
fahren	fuhr	ist gefahren
fallen	fiel	ist gefallen
fangen	fing	hat gefangen
finden	fand	hat gefunden
fliegen	flog	ist geflogen
fließen	floss	ist geflossen
fressen	fraß	hat gefressen
frieren	fror	hat gefroren
geben	gab	hat gegeben
gehen	ging	ist gegangen
gelingen	gelang	ist gelungen
geschehen	geschah	ist geschehen
gewinnen	gewann	hat gewonnen
gießen	goss	hat gegossen
greifen	griff	hat gegriffen
haben	hatte	hat gehabt
halten	hielt	hat gehalten
hängen	hing	hat gehangen
heben	hob	hat gehoben
heißen	hieß	hat geheißen
helfen	half	hat geholfen
kennen	kannte	hat gekannt
klingen	klang	hat geklungen
kommen	kam	ist gekommen
können	konnte	hat gekonnt
laden	lud	hat geladen
lassen	ließ	hat gelassen
laufen	lief	ist gelaufen
leihen	lieh	hat geliehen
lesen	las	hat gelesen
liegen	lag	hat gelegen
nehmen	nahm	hat genommen
raten	riet	hat geraten

Infinitiv	Präteritum	Perfekt
reißen	riss	hat gerissen
reiten	ritt	ist geritten
rennen	rannte	ist gerannt
riechen	roch	hat gerochen
rufen	rief	hat gerufen
scheinen	schien	hat geschienen
schieben	schob	hat geschoben
schießen	schoss	hat geschossen
schlafen	schlief	hat geschlafen
schlagen	schlug	hat geschlagen
schleichen	schlich	ist geschlichen
schließen	schloss	hat geschlossen
schneiden	schnitt	hat geschnitten
schreiben	schrieb	hat geschrieben
schreien	schrie	hat geschrie(e)n
schweigen	schwieg	hat geschwiegen
schwimmen	schwamm	ist geschwommen
schwören	schwor	hat geschworen
sehen	sah	hat gesehen
sein	war	ist gewesen
singen	sang	hat gesungen
sinken	sank	ist gesunken
sitzen	saß	hat gesessen
sprechen	sprach	hat gesprochen
springen	sprang	ist gesprungen
stehen	stand	hat gestanden
stehlen	stahl	hat gestohlen
steigen	stieg	ist gestiegen
sterben	starb	ist gestorben
streichen	strich	hat gestrichen
streiten	stritt	hat gestritten
tragen	trug	hat getragen
treffen	traf	hat getroffen
treten	trat	hat getreten
trinken	trank	hat getrunken
vergessen	vergaß	hat vergessen
verlieren	verlor	hat verloren
verzeihen	verzieh	hat verziehen
wachsen	wuchs	ist gewachsen
waschen	wusch	hat gewaschen
werden	wurde	ist geworden
werfen	warf	hat geworfen
wissen	wusste	hat gewusst
ziehen	zog	hat gezogen
zwingen	zwang	hat gezwungen

Textsortenverzeichnis

Stichwortverzeichnis

Textquellen

14 Kristin Maier: „Aktion Tagwerk": Wir alle zusammen! (Originalbeitrag).

31 f. Ingrid Hintz: Ich bin Schülerin, aus: Wolfgang Menzel (Hrsg.), Treffpunkte 7. Lesebuch, Schroedel Verlag, Hannover 2001 (verändert).

38 An Bord des *Seeigels* (Originalbeitrag).

52 Aufgetaucht (Originalbeitrag).

57 Der Pfau und die Dohle, nach Äsop, aus: http://www.versalia.de/archiv/Aesop/Der_Pfau_und_die_Dohle.2407.html (11.02.2015) (bearbeitet).

58 Die Schildkröte und der Hase, nach Äsop, aus: http://www.versalia.de/archiv/Aesop/Die_Schildkroete_und_der_Hase.2412.html (11.02.2015) (bearbeitet).

59 Iwan Andrejewitsch Krylow, Der Löwe und der Fuchs, aus: I. A. K., Sämtliche Fabeln, Die Waage, Zürich 1960.

60 Albert Ludwig Grimm, Die beiden Ziegen, aus: Achtzig Fabeln, Schaffenstein, Köln o. J.

61 Rabe und Fuchs, nach Äsop, aus: www.gutenberg.spiegel.de (11.02.2015) (bearbeitet).

62 Der Löwe und das kluge Pferd, nach Äsop, aus: Äsop Fabeln, Verlag Dr. Ernst Hauswedell & Co., Hamburg o. J. (verändert).

65 Die beiden Frösche, nach Äsop, aus: www.gutenberg.spiegel.de (11.02.2015) (verändert).

67 Der Hund und der Rabe (Originalbeitrag).

68 Der Fuchs und der Storch, nach Äsop, aus: www.gutenberg.spiegel.de (11.02.2015) (verändert).

69 Martin Luther, Der Hund im Wasser, aus: Wilhelm Schmidt, Geschichte der deutschen Sprache, Verlag Volk und Wissen, Leipzig 1976.

71 f. Tony Ross, Der Hase und die Schildkröte, aus: T. R., Fuchs Fabelhaft, Altberliner Verlag, Berlin 1992.

74 Schloss Boitzenburg, nach: http://www.schloss-boitzenburg.de/willkommen-auf-unserer-homepage.1.0.html (7.10.2008) (bearbeitet).

75 – Was raschelt im Stroh? – Klassen auf dem Bauernhof, nach: http://www.lernendurcherleben.de/de/id95.htm (11.02.2015) (bearbeitet).
– Adventure-Camp im Sauerland (Originalbeitrag).

87 Science-Center in Nordrhein-Westfalen: Physik und Technik für jeden, aus: http://http://www.phaenomenta.de/luedenscheid/besucherinfo.htm (11.02.2015) (stark bearbeitet).

88 Ein All-Inclusive-Skigebiet! – Fun und Action inbegriffen, aus: http://www.alpincenter.com/skihalle/ (07.10.2008) (bearbeitet).

91 Ursula Wölfel: Hannes fehlt, aus: U. W., Die grauen und die grünen Felder, Anrich, Mülheim an der Ruhr 1970, S. 23.

96 Die Sonne sinkt (Volksgut).

98 Hannes Fuchs, Ein Tag erwacht (Originalbeitrag).

100 Karoline Stahl, Die vier Brüder, aus: http://medienwerkstatt-online.de/lws_wissen/vorlagen/showcard.php?id=4015&edit=0 (10.02.2015).

102 Ilse Kleberger, Sommer, aus: http://www.schulzens.de/Grundschule/Allgemeines/Gedichte_1/gedichte_1.html#g1-10 (10.02.2015).

105 Peter Hacks: Der Herbst steht auf der Leiter, aus: Wenn die weißen Riesenhasen abends übern Rasen rasen. Kindergedichte aus vier Jahrhunderten, © Marix Verlag GmbH, Wiesbaden 2004.

108 Hoffmann von Fallersleben, Der Eislauf, aus: http://medienwerkstatt-online.de/lws_wissen/vorlagen/showcard.php?id=18492&edit=0 (10.02.2015).

109 Franz von Pocci, Winters Einzug, aus: Wenn die weißen Riesenhasen abends übern Rasen rasen. Kindergedichte aus vier Jahrhunderten, © Marix Verlag GmbH, Wiesbaden 2004 (Auszug).

110 Paul Maar, Zukunft, aus: Hans-Joachim Gelberg (Hrsg.), Großer Ozean. Gedichte für alle, Beltz und Gelberg Verlag, Weinheim und Basel 2000, S. 212.

111 Hannes Fuchs, oi oi oi (Originalbeitrag).

112 James Krüss, Die sonderbare Stadt Tempone, aus: J. K., Der wohltemperierte Leierkasten, 12 mal 12 Gedichte für Kinder, Eltern und andere Leute, mit einem Nachwort von Erich Kästner, Bertelsmann, Gütersloh ^{3}2001.

129 f. Sharon Creech: Schlagen, aus: S. C., Glück mit Soße, S. Fischer Verlag GmbH, Frankfurt am Main 2006, S. 112.

134 Die Entstehung des Siebengebirges, aus: Klaus-Peter Hausberg, Rheinische Sagen und Geschichten, J. P. Bachem Verlag, Köln ^{2}2006, S. 60 (bearbeitet).

138 f. Der Rattenfänger von Hameln, aus: http://www.hameln.de/tourismus/rattenfaenger/rf_sage_deutsch.htm (11.02.2015) (bearbeitet).

140 Der Binger Mäuseturm, aus: Klaus-Peter Hausberg, Rheinische Sagen und Geschichten, J. P. Bachem Verlag, Köln ^{2}2006, S. 306 ff. (stark bearbeitet).

142 Der Bonstapel (mündliche Überlieferung).

145 Die erste Kohlenzeche an der Ruhr, aus: http://www.udoklinger.de/Deutsch/Sagen/S9.htm (10.02.2015) (bearbeitet).

149 Das steinerne Brot, aus: http://www.sagen.at/texte/sagen/deutschland/rheinland_pfalz/dassteinernebrot.html (10.02.2015) (bearbeitet).

150 f. Siegfrieds Kampf auf dem Drachenfels, aus: Klaus-Peter Hausberg, Rheinische Sagen und Geschichten, J. P. Bachem Verlag, Köln ^{2}2006, S. 56 ff. (verändert).

156 f. Wenn das Meer verschwindet und wiederkommt (Originalbeitrag).

159 f. Aufpassen beim Wattwandern! (Originalbeitrag).

162 Besuch in der Seehundestation Friedrichskoog (Originalbeitrag).

165 Hotel Leuchtturm „Roter Sand" (Originalbeitrag).

170 f. Sönke Möhl: Tosende Nordsee: Land unter auf den Halligen, aus: http://www.shz.de/incoming/tosende-nordsee-landunter-auf-den-halligen-id463336.html (10.02.2015) (verändert).

177
- Text zu C. Wimmer, Ostwind [Text A], aus: http://www.randomhouse.de/Buch/Ostwind/Carola-Wimmer/e421650.rhd (10.02.2015) (verändert).
- Text zu M. G. Bauer, Nennt mich nicht Ismael! [Text B], aus: http://www.amazon.de/Nennt-mich-nicht-Ismael-Roman/dp/3423624353 (10.02.2015) (verändert).
- Text zu M. Sonnleitner, Die drei ??? – Fußballfieber [Text C], aus: http://www.kosmos.de/produktdetail-1059-1059/Die_drei_Fu_ballfieber-3203/ (10.02.2015) (verändert).
- Katrin Hörnlein: Gesicht zeigen? Lieber nicht! [Text D], aus: http://www.zeit.de/2013/20/luchs-jugendbuch-raquel-j-palacio-wunder (10.02.2015) (Textauszug, verändert).

178 ff. Raquel J. Palacio, Wunder, aus: R. J. Palacio: Wunder, aus dem Englischen von André Mumot, Hanser Verlag, München 2013, S. 9–12, 59 f., 80 f., 322–325.

194 f. Zu viel Fernsehen ist ungesund, aus: http://www.daimler-bkk.com/Gesund_bleiben/In_der_Familie/Leben_mit_Kindern/Kinder_und_Fernsehen/ (10.02.2015) (bearbeitet).

198 Inhaltsangabe zu „Die Pfefferkörner", Folge „Verseuchte Erde", nach: http://programm.ard.de/TV/Programm/Sender/?sen dung=2810611230022414 (10.02.2015) (bearbeitet).

204 f. August Kopisch, Die Heinzelmännchen zu Köln, aus: http://gutenberg.spiegel.de/ (10.02.2015) (Auszug).

206 Das Hornberger Schießen, aus: http://www.sagen.at/texte/sagen/sagen_historisch/ursprungs_erklaerungssagen/hornbergerschiessen.html (11.02.2015) (bearbeitet).

208 Raquel J. Palacio, Der Sommer-Tisch, aus: R. J. Palacio: Wunder, aus dem Englischen von André Mumot, Hanser Verlag, München 2013, S. 68–70.

211 Der Löwe und der Hase, nach Äsop, aus: Fabeln von Aesop. Eine Auswahl aus dem Griechischen. Neu verfasst und übertragen aus dem Alt- und Neugriechischen von Jakovos Papadopoulos, Fischer Verlag, Frankfurt / Main 1989 (verändert).

212 Das Pferd und der Esel, aus: Fabeln von Aesop. Eine Auswahl aus dem Griechischen. Neu verfasst und übertragen aus dem Alt- und Neugriechischen von Jakovos Papadopoulos, Fischer Verlag, Frankfurt / Main 1989 (verändert).

213 Die Mücke und der Löwe, aus: Fabeln von Aesop. Eine Auswahl aus dem Griechischen. Neu verfasst und übertragen aus dem Alt- und Neugriechischen von Jakovos Papadopoulos, Fischer Verlag, Frankfurt / Main 1989 (bearbeitet).

229
- Der Teufelsfelsen und die Teufelskanzel, aus: http://www.sagen.at/texte/sagen/deutschland/bayern/waltinger/teufelskanzel.html (11.02.2015) (bearbeitet).
- Die Knödelsage von Deggendorf, aus: Ingrid Bolte, Marie Luise Hoffmann, Renate Könke, Die Schwarzen Führer, Niederbayern – Oberbayern, Eulen Verlag Harald Gläser, Freiburg i. Br. 2000 (bearbeitet).

253 Heute im Angebot, aus: Hans-Joachim Gelberg (Hrsg.), Großer Ozean. Gedichte für alle, Beltz und Gelberg Verlag, Weinheim und Basel 2000, S. 35 (bearbeitet).

254 Das Ross und der Stier, aus: Gotthold Ephraim Lessing, Das Ross und der Stier, nach: www.gutenberg.spiegel.de (11.02.2015) (bearbeitet).

258 Mira Lobe, Das U (Es sprach der Aal), aus: Das Sprachbastelbuch, hrsg. von Hans Domenego, Jugend und Volk, Wien, München 1975 (bearbeitet).

259 Leonardo da Vinci, Der Schimpanse und das Vögelchen, aus: Die Fabeln des Leonardo da Vinci, gesammelt und hrsg. von Bruno Nardini, ins Deutsche übertragen und mit einem Vorwort versehen von Rudolf Hagelstange, Arena Verlag, Würzburg 1973, S. 96.

260 Die Meditation (Fabel aus Japan), aus: http://www.hekaya.de/fabeln/die-meditation--fabeln_asien_15.html (10.02.2015) (verändert).

261 Die ziemlich intelligente Fliege, nach James Thurber, aus: J. T., 75 Fabeln für Zeitgenossen, den unverbesserlichen Sündern gewidmet, übersetzt von Ulla Hengst, Rowohlt, Hamburg 1967, S. 8.

262
- Der Hirsch, aus: http://www.labbe.de/lesekorb/index.asp?themaid=82&titelid=251 (10.02.2015) (bearbeitet).
- Antina Heinolff, Der kleine Nussknacker (Originalbeitrag).
- Wolfdietrich Schnurre: Die Macht der Winzigkeit, aus: W. S., Protest im Parterre, Langen, München 1957.

264 Winfried Ulrich, Trennungen, aus: W. U. (Hrsg.), Sprachspiele für jüngere Leser und Verfasser von Texten. Texte und Kommentare. Ein Vorlesebuch, Lesebuch und Sprachbastelbuch für Schule und Elternhaus, Hahner Verlagsgesellschaft, Aachen 2004, S. 446.

287 Das Leben der Schweinswale, aus: http://de.wikipedia.org/wiki/Schweinswale (11.02.2015) (bearbeitet).

289 Theodor Etzel, Die Mücke, aus: http://www.fabelnundanderes.at/theodor_etzel.htm (10.02.2015).

291 Heinz Erhardt, Überlistet, aus: Weihnachtszauber Winternacht. Geschichten und Gedichte hrsg. von Koranyi, Stefan und Seifert, Gabriele, Reclam, Stuttgart 2005.

292 Der Ritter von Wolf (lokale Volkssage), aus: http://www.furor-normannicus.de/ger/info/sagen/wolfsritter.html (10.02.2015) (verändert).

294
- Sehenswertes in Cuxhaven, aus: http://www.cuxhaven-lodge.de/Regionales/Cuxhaven-Sehenswuerdigkeiten-Highlights/Alte-Liebe-Cuxhaven/ (10.02.2015) (verändert).
- Die Insel Neuwerk, aus: http://www.cuxhaven-lodge.de/Regionales/Cuxhaven-Sehenswuerdigkeiten-Highlights/Insel-Neuwerk/ (10.02.2015) (verändert).

Bildquellen

Abbildungen

8 oben, Hintergrund: Picture-Alliance GmbH, Frankfurt/M. (dpa/Daniel Karmann u. Hubert Link/ZB); **links:** F1online digitale Bildagentur GmbH, Frankfurt/M. (Chris Hermann); **9 oben links:** Rudolf Steiner Schule Hamburg-Altona e.V., Hamburg; **oben rechts:** argum Fotojournalismus, München (Falk Heller); **unten links:** Alexander Sell Fotografie, Nieder-Olm; **unten rechts:** Michaela Begsteiger Foto- und Bildagentur, Gleisdorf; **15 Mitte:** fotolia.com, New York (Andreas Koch); **links, rechts:** Picture-Alliance GmbH, Frankfurt/M. (Friedhelm Mädje); **18:** Caro Fotoagentur GmbH, Berlin; **74:** Picture-Alliance GmbH, Frankfurt/M.; **75 oben:** Picture-Alliance GmbH, Frankfurt/M. (dpa/Patrick Pleul); **unten:** teamwork text und foto GbR, Hamburg (Gehner); **76, 82:** Wefringhaus, Klaus, Braunschweig; **84:** iStockphoto.com, Calgary; **87:** PHÄNOMENTA Lüdenscheid, Lüdenscheid; **88:** Picture-Alliance GmbH, Frankfurt/M.; **103:** Wefringhaus, Klaus, Braunschweig; **134 oben:** Willemsen, Thomas, Stadtlohn; **unten:** fotolia.com, New York (photosvac); **140:** Tönnies, Frauke, Laatzen; **145:** Panther Media GmbH (panthermedia.net), München; **154 oben:** Picture-Alliance GmbH, Frankfurt/M.; **154, 155 Hintergrund:** Panther Media GmbH (panthermedia.net), München; **155 oben links:** Picture-Alliance GmbH, Frankfurt/M. (dpa/Horst Pfeiffer); **oben rechts:** Förderverein „Rettet den Leuchtturm Roter Sand e. V.", Bremerhaven (Volker Siemers); **156:** argus Fotoagentur GbR, Hamburg; **162:** Picture-Alliance GmbH, Frankfurt/M. (dpa/DB Biewer); **163 unten:** fotolia.com, New York (Wolfgang Meyer); **165 oben:** stockmaritime.com, Hamburg (Peter Andry); **unten:** Rossner, Roland, Bonn (Deutsche Stiftung Denkmalschutz); **167:** www.8komma0.de, Seelze (Bernd Ellerbrock); **168 links, rechts, 2. v. rechts:** fotolia.com, New York (T.Michel); **2. v. links:** North Sea Cycle Route (Nordseeküsten-Radweg); **170:** Picture-Alliance GmbH, Frankfurt/M.; **176 links:** Franckh-Kosmos Verlags-GmbH & Co. KG, Stuttgart (Cover zu Marco Sonnleitner: Die drei ???: Fußballfieber, 2008); **rechts:** Deutscher Taschenbuch Verlag GmbH & Co. KG, München (Cover zu Michael Gerard Bauer: Nennt mich Ismael, Reihe Hanser 2009); **2. v. links, 178:** Carl Hanser Verlag, München; **2. v. rechts:** cbj Kinder- und Jugendbücher, München (Cover zu Carola Wimmer: Ostwind, 2013); **183 rechts, 186:** Shutterstock.com, New York; **190:** Grammophon: iStockphoto.com, Calgary; Kassette: Fabian, Michael, Hannover; Telefon Holz u. schnurlos: INTERFOTO, München; Telefon grün: Visum Foto GmbH, Hamburg (Jan Braun /); Telefon schwarz: ullstein bild, Berlin; **oben rechts:** Shutterstock.com, New York; **unten:** Deutsches Museum, München; **191 Mitte:** fotolia.com, New York (Picture-Factory); **oben links:** Studio Schmidt-Lohmann, Gießen; **oben rechts:** Schuster, H., Köln; **unten:** fotolia.com, New York; **unten rechts:** iStockphoto.com, Calgary (monkeybusinessimages); **196 oben 2. v. rechts, unten 2. v. links:** ARD Foto, Köln; **oben Mitte, unten links, 2. v. rechts:** Picture-Alliance GmbH, Frankfurt/M. (landov/Monty Brinton); **oben links:** ullstein bild, Berlin (Reuters); **oben rechts:** Gerasimov, Vlad/designed for Eurovision TV by vladstudio.com; **unten Mitte:** dfd Deutscher Fotodienst GmbH/ddp images, Hamburg; **196 unten rechts:** RTL 2 Fernsehen GmbH & Co. KG, Grünwald; **197:** Klambt Programmzeitschriften GmbH, Hamburg; **198:** NDR Presse und Information, Hamburg (Romano Ruhnau); **199, 200:** Norddeutscher Rundfunk, Hamburg; **205 unten:** Köcher, Ulrike, Hannover; **207:** Wefringhaus, Klaus, Braunschweig; **214:** fotolia.com, New York (Christian Schwier); **215 oben:** Die JugendHerbergen GmbH, Bremen (Danny Gohlke); **unten:** fotolia.com, New York (Gabriele Rohde); **232:** still pictures, Berlin (images.de); **233:** Tönnies, Frauke, Laatzen; **246:** Wefringhaus, Klaus, Braunschweig; **249:** Wildlife Bildagentur GmbH, Hamburg (Arndt); **271:** Stadt Feuchtwangen, Feuchtwangen; **281:** GEOlino, Hamburg; **287:** Wildlife Bildagentur GmbH, Hamburg (F. Graner); **295 links:** mauritius images GmbH, Mittenwald (Norbert Rosing); **rechts:** OKAPIA KG – Michael Grzimek & Co., Frankfurt/M.; **297 oben links:** Picture-Alliance GmbH, Frankfurt/M. (dpa); **oben rechts:** Juniors Bildarchiv GmbH, Hamburg; **unten links, unten rechts:** Blickwinkel, Witten (U.Walz/); **298:** Wefringhaus, Klaus, Braunschweig.

Illustrationen

4 Mitte, 5 unten, 6 unten, 7 unten, 114–130, 174–189, 210–248, 284: Matthias Berghahn, Bielefeld; **2 oben, 7 oben, 10–32, 192–201, 247–279, 289–293:** Sabine Kranz, Frankfurt/M.; **3, 6 oben, 56–92, 202–206:** Klaus Müller, Berlin; **2 unten, 4 oben, unten, 5 oben, 34–54, 94–112, 132–169:** Jaroslaw Schwarzstein, Hannover.

Druck A[1] / Jahr 2015
Alle Drucke der Serie A sind im Unterricht parallel verwendbar.

Redaktion: Stefanie Hein, Marei Kortas; Barbara Holzwarth, Gröbenzell
Illustrationen: Matthias Berghahn, Sabine Kranz, Klaus Müller,
Jaroslaw Schwarzstein
Umschlaggestaltung: LIO Design GmbH, Braunschweig
Typografisches Konzept: designbüro Arndt + Seelig, Bielefeld
Satz: kaltner verlagsmedien GmbH
Druck und Bindung: westermann druck GmbH, Braunschweig

ISBN 978-3-14-123751-1